工程造价系列丛书（根据"2013规范"编写）

工程审计

（第2版）

主　编　赵庆华

副主编　余璠璟　严　斌

东南大学出版社
SOUTHEAST UNIVERSITY PRESS
·南京·

内容提要

本书根据最新的法律法规，结合工程审计最新的实践与研究，全面阐述了工程审计概念、特点及法律法规，工程审计实施方案设计，工程项目决策阶段、设计阶段和招标投标阶段的审计，工程项目合同审计、造价审计和财务审计，工程项目绩效审计等理论和实践问题。

本书可作为高等学校工程管理专业、审计专业及其他相关专业的教材使用，也可供工程领域相关专业人员以及相关政府部门、建设单位、咨询单位、监理单位、施工单位等技术和管理人员参考使用。

图书在版编目(CIP)数据

工程审计/赵庆华主编．—2版．—南京:东南大学出版社,2015.5(2022.7重印)
(工程造价系列丛书/刘钟莹,卜龙章主编)
ISBN 978-7-5641-5716-6

Ⅰ.①工… Ⅱ.①赵… Ⅲ.①建筑工程-审计 Ⅳ.①F239.63

中国版本图书馆 CIP 数据核字(2015)第 097029 号

书　　名：工程审计
主　　编：赵庆华
副 主 编：余璠璟　严　斌
出版发行：东南大学出版社
社　　址：南京市四牌楼 2 号　　邮　编：210096
网　　址：http://www.seupress.com
出 版 人：江建中
印　　刷：江苏扬中印刷有限公司
开　　本：787mm×1092mm　1/16　印张：22.75　字数：568 千
版　　次：2015 年 5 月第 2 版　2022 年 7 月第 6 次印刷
印　　数：21201—23700 册
书　　号：ISBN 978-7-5641-5716-6
定　　价：49.00 元
经　　销：全国各地新华书店
发行热线：025-83790519　83791830

* 版权所有，侵权必究
* 凡购买东大版图书如有印装质量问题，请直接与营销部联系
  （电话：025-83791830）

《工程造价系列丛书》编委会

丛 书 主 编：刘钟莹　卜龙章

丛书副主编：(以姓氏笔画为序)

　　　　　　朱永恒　李　泉　余璠璟　赵庆华

丛书编写人员：(以姓氏笔画为序)

　　　　　　卜龙章　卜宏马　王国云　朱永恒　仲玲钰

　　　　　　刘钟莹　孙子恒　严　斌　李　泉　李　俊

　　　　　　李婉润　李　蓉　余璠璟　张晶晶　陈冬梅

　　　　　　陈红秋　陈　艳　陈　萍　茅　剑　周　欣

　　　　　　孟家松　赵庆华　徐太朝　徐西宁　徐丽敏

　　　　　　郭仙君　陶运河　董荣伟　韩　苗

第 2 版前言

《工程审计》于 2010 年出版了第 1 版,基于以下原因,需对第 1 版进行修改:

1. 《工程审计》第 1 版出版以来,国家相继修订了《中华人民共和国审计法》,出台了《中华人民共和国审计法实施条例》《中华人民共和国招标投标法实施条例》;国家审计署出台了《中华人民共和国国家审计准则》《审计机关审计档案管理规定》,同时修订和废止了一系列审计准则和管理规定;住房和城乡建设部出台了《建设工程工程量清单计价规范》(GB 50500-2013)、《建设工程施工合同(示范文本)》(GF-2013-0201)等等。这些法律法规、标准、规范和合同使得本书第 1 版内容已经不符合规定,需要对本书的内容进行相应的调整。

2. 近几年来,随着工程审计理论研究和工程实践的不断深入,工程审计在项目建设和投资管理中的重要性日益明显和突出;工程审计内容在广度上不断拓展和丰富,在深度上不断深化和优化,本书的内容需要做相应的补充。

3. 《工程审计》第 1 版出版以来,国内的许多专家、学者通过各种途径提出不少意见,希望增加本书的实践操作性,增加工程案例及案例分析。

本书在保留第 1 版的总体结构的基础上,基于尽可能满足上述要求的原因,对本书的内容做了如下几方面修改:

(1)对本书涉及的法律法规、标准、规范进行相应的修订。

(2)第 2 章增加了审计人员的职业道德、审计人员的职责及审计档案管理,补充了审计文件的内容。

(3)第 8 章内容做了适当调整,重点增加了工程项目竣工决算审计的内容。

4. 增加了大量工程审计案例

本书反映的工程审计的实务,注重实用性和可操作性,力求将审计理论、工程项目管理理论与工程项目实践相结合,使读者通过对本书的阅读,对工程审计有较系统、全面的认识。本书可供工程管理专业、审计专业及其他相关专业的高等院校选择使用,也可供工程领域相关专业人员参考使用。

本书由赵庆华负责总体策划、构思及定稿。其中,第 1、2、6、9 章由赵庆华编写,第 3、4、8 章由严斌、赵庆华编写,第 5、7 章由余璠璟编写。

本书在编写过程中得到了许多单位和学者的支持和帮助,特别是扬州市建设工程造价管理站、扬州筑苑工程招标咨询有限公司、江苏省鼎诚建设工程顾问有限公司、扬州市唯诚建设工程咨询代理有限公司、江苏汇诚投资咨询管理有限公司、江苏时代投资咨询有限公司等单位提供了大量案例,在此表示衷心感谢。同时,在编写过程中编者查阅、检索了许多工程审计方面的信息资料和有关专家、学者的著作、论文,在此一并表示衷心感谢。

本书得到了扬州大学出版基金的资助,编写过程中得到编者单位和东南大学出版社的大力支持,出版社的曹胜玫、李成思、谢淑芳三位老师为本书的出版付出很多努力。在本书出版之际,表示衷心感谢。

由于工程审计学科较新,其理论体系尚不完备,理论、方法和运作还在工程实践中不断丰富、发展和完善,加之作者水平有限,书中难免有疏忽甚至错误之处,敬请各位读者、同行批评指正,对此编者不胜感激。

编 者

2014.10

第1版前言

随着经济的高速发展和国家经济刺激政策的实施,我国在固定资产投资领域的投资额日益扩大,国家、地方审计机关及建设单位急需大量适合工程领域的审计复合型人才,以适应社会需求。由于工程项目投资资金的使用效果关系到社会稳定、经济发展、人居和谐以及生态环境优化,在工程项目建设过程中急需建立切实有效的工程审计体系、审计方法、评价指标,及时反馈信息,提出建设性意见,对未来的项目建设提供科学可靠的决策依据。工程审计已经不仅仅是对工程的合法、合规性的审计,其内涵已从单纯的造价审计向工程的效益审计和管理审计等多方面扩展,工程建设的跟踪审计、绩效审计,工程运营期的优化管理、评估性审计,已逐步融入工程审计的内涵和实践中。

在工程项目全寿命周期过程中,工程审计起着不可或缺的作用,从工程建设过程中的合法、合规性审计,到工程项目绩效审计,工程审计贯串于工程项目实施全过程。工程审计是我国工程管理专业和审计专业的重要组成内容,其特点是融技术、经济、管理、审计与法律为一体,具有较强的专业性和综合性。

目前已有相关院校开设工程审计专业,还有不少院校的工程管理专业、审计专业、工程造价专业及其他相关专业也开设了工程审计课程。这反映了政府审计部门、社会审计机构、企事业单位内部审计部门以及社会相关岗位对工程审计专门人才的需求。

本书从工程项目管理角度出发,以工程项目全寿命周期为主线,介绍了如何对工程项目从项目构思、投资决策,到项目投产运营全过程的合法、合规性情况及项目绩效状况进行审计。本书根据最新的法律法规,结合工程审计最新的实践与研究,全面系统地阐述了工程审计概念、特点及法律法规,工程审计方案设计,工程项目决策、设计、招标投标阶段的审计,工程项目合同审计、造价审计和财务审计,工程项目绩效审计等内容。全书理论与实践紧密结合,并附有大量案例,可供工程管理专业、审计专业及其他相关专业的高等院校选择使用,也可供工程领域相关专业人员参考使用。

本书由赵庆华担任主编,负责总体策划、构思及定稿,余璠璟、严斌担任副主编。全书共分9章,其中,第1、2、6、9章由赵庆华编写,第3、4、8章由严斌编写,第5、7章由余璠璟编写。

本书在编写过程中得到了许多单位和学者的支持和帮助,特别是东南大学成虎教授对本书的大纲编撰提出了宝贵的意见,在此表示衷心感谢。同时,在编写过程中编者查阅、检索了许多工程审计方面的信息资料和有关专家、学者的著作、论文,在此一并表示衷心感谢。

由于工程审计学科较新,其理论体系尚不完备,理论、方法和运作还在工程实践中不断丰富、发展和完善,加之作者水平有限,书中难免有疏忽甚至错误之处,敬请各位读者、同行批评指正,对此编者不胜感激。

编 者

2010.6

目 录

1 概 述 ·· (1)
　1.1 工程项目 ·· (1)
　1.2 工程审计 ·· (11)
　1.3 工程审计相关法律及部门规章 ·· (19)
　1.4 工程审计的法律效力 ·· (23)

2 工程审计业务操作流程设计 ··· (29)
　2.1 工程审计的分类 ··· (29)
　2.2 工程审计的内容 ··· (33)
　2.3 工程审计的程序 ··· (37)
　2.4 工程审计方法 ·· (39)
　2.5 审计文件的编写 ··· (44)
　2.6 工程审计人员的职业道德 ·· (69)
　2.7 工程审计人员的职责 ·· (72)
　2.8 审计档案管理 ·· (74)

3 工程项目决策阶段审计 ·· (77)
　3.1 工程项目前期决策的主要工作 ·· (77)
　3.2 工程项目前期决策中主要存在的问题及管理对策 ······················· (78)
　3.3 工程项目前期决策审计的主要内容 ·· (80)
　3.4 工程项目决策审计的主要方法 ·· (86)
　3.5 建设项目前期决策审计所依据的法规文件 ································· (88)

4 工程项目勘察设计审计 ·· (99)
　4.1 概述 ·· (99)
　4.2 建设项目勘察设计所依据的法规 ··· (102)
　4.3 工程项目勘察设计审计 ··· (105)

5 工程项目招标投标审计 ·· (113)
　5.1 工程项目招标投标概述 ··· (113)

· 1 ·

5.2 工程项目招标工作审计 ……………………………………………………… (125)
5.3 设备和材料采购审计 ………………………………………………………… (143)

6 工程项目合同审计 ………………………………………………………………… (154)
6.1 概述 …………………………………………………………………………… (154)
6.2 工程合同管理内控制度审计 ………………………………………………… (158)
6.3 工程专项合同通用内容的审计 ……………………………………………… (162)
6.4 工程勘察设计合同的审计 …………………………………………………… (165)
6.5 施工合同的审计 ……………………………………………………………… (165)
6.6 委托监理合同的审计 ………………………………………………………… (172)
6.7 设备和材料采购合同的审计 ………………………………………………… (173)
6.8 工程合同履行的审计 ………………………………………………………… (175)

7 工程造价审计 ……………………………………………………………………… (184)
7.1 工程造价概述 ………………………………………………………………… (184)
7.2 工程项目造价构成与确定 …………………………………………………… (188)
7.3 建筑安装工程造价构成与确定 ……………………………………………… (197)
7.4 工程项目概算审计 …………………………………………………………… (208)
7.5 工程项目预算审计 …………………………………………………………… (214)
7.6 工程项目结算审计 …………………………………………………………… (227)

8 工程项目财务审计 ………………………………………………………………… (247)
8.1 工程项目财务收支审计概述 ………………………………………………… (247)
8.2 工程项目财务收支审计过程 ………………………………………………… (248)
8.3 工程项目财务收支审计相关的法律法规 …………………………………… (260)
8.4 工程项目决算审计 …………………………………………………………… (269)

9 工程项目绩效审计 ………………………………………………………………… (294)
9.1 概述 …………………………………………………………………………… (294)
9.2 工程项目管理审计 …………………………………………………………… (307)
9.3 工程项目投资效益审计 ……………………………………………………… (322)
9.4 工程项目绩效审计评价指标体系的构建和评价方法 ……………………… (338)

参考文献 ……………………………………………………………………………… (350)

1 概　述

1.1 工程项目

1.1.1 工程项目的概念及特征

1) 工程项目的概念

工程项目是指需要一定的投资,按照一定的程序,在一定的时间内完成,符合质量要求,以形成固定资产为目标的一次性的任务。

工程项目是最为常见、最为典型的项目类型,它属于投资项目中最重要的一类,是一种投资行为和建设行为相结合的投资项目。

一般来讲,投资与建设是分不开的,投资是项目建设的起点,没有投资就不可能进行建设;反过来,没有建设行为,投资的目的就不可能实现。建设过程实质上是投资的决策和实施过程,是投资目的的实现过程,是把投入的货币转换为实物资产的经济活动过程。

2) 工程项目的特征

工程项目一般具有下列特征:

(1) 工程项目的对象是有着预定要求的工程技术系统

通常可以用一定的功能要求、实物工程量、质量、技术标准等指标表达预定要求,如:一定规模的医院、一定长度和等级的公路、一定规模的住宅小区等。

这个工程技术系统决定了工程项目的范围,它在项目的生命期中经历了由构思到实施、由总体到具体的过程:在项目前期策划和决策阶段形成概念;在项目的设计和计划阶段被逐渐分解、细化和具体化,通过项目任务书、设计图纸等定义和描述;通过工程的施工过程逐渐形成工程实体,形成一个具有完备的使用功能的工程技术系统;最终在运行(使用)过程中实现它的价值。

(2) 具有明确的建设目标

工程项目建设目标按照性质可分为功能性目标和约束性目标。

功能性目标即工程项目的预定要求,包括宏观目标和微观目标。政府主管部门审核项目,主要审核项目的宏观经济效果、社会效果和环境效果;企业则多重视项目的盈利能力等微观财务目标。

工程项目目标的实现要受到多方面的限制:时间约束,即一个工程项目要有合理的建设工期限制;资源约束,即工程项目要在一定的人、财、物条件下来完成建设任务;质量约束,即工程项目要达到预期的生产能力、技术水平、产品等级或工程使用效益的要求;环境约束,包括自然条件的限制(如气候、水文和地质条件、地理位置、地形和现场空间等的制约)和社会条件的限制及法律的制约(如环境保护法对工程施工和运行过程中废弃物排放标准的规定、招标投标法的规定、劳动保护法的规定等)。

(3) 具有一次性和不可逆性

主要表现为工程项目建设地点固定、项目建成后不可移动，以及设计的单一性、施工的单件性。工程项目与一般的商品生产不同，不是批量生产。工程项目一旦建成，要想改变非常困难。

(4) 影响的长期性

工程项目一般建设周期长，投资回收期长，工程项目的使用寿命长，工程质量好坏影响面大，作用时间长。

(5) 投资的风险性

由于工程项目的投资巨大和项目建设的一次性，建设过程中各种不确定因素多，因此项目投资的风险很大。

(6) 特殊的组织和法律条件

与企业组织相比，项目组织有它的特殊性。

① 由于社会化大生产和专业化分工，现代工程项目都有几十个、几百个，甚至几千个企业和部门参加，需要严密的特殊的组织形式。

② 企业组织按企业法和企业章程建立，企业的组织单元之间主要为行政的隶属关系，它们之间的协调和行为规范按企业规章制度执行。

工程项目参加单位之间主要靠合同作为纽带，建立起项目组织，以合同作为分配工作、划分责权利关系的依据，作为最重要的组织运作规则。

工程项目适用与其建设和运行相关的法律条件，例如：合同法、环境保护法、税法、招标投标法、城市规划法等。

③ 企业组织结构是相对稳定的，而工程项目组织是一次性的、多变的、不稳定的。

由于工程项目组织和法律条件的特殊性，合同对项目的管理模式、项目运作、组织行为、组织沟通有很大的影响。合同管理在工程项目管理中有特殊的地位和作用。

(7) 复杂性

现代工程项目的复杂性体现在投资大、规模大、高科技含量大、涉及专业多、参加单位多，是复杂的系统工程。

现代工程项目的对象不仅包括传统意义上的建筑工程，而且可能有软件系统、运行程序、操作规程和活动等。

现代工程项目常常是研究过程、开发过程、工程施工过程和运行过程的统一体，而不是传统意义上的仅按照设计任务书或图纸进行工程施工的过程。

现代工程项目的资本组成方式(资本结构)、管理模式、组织形式、承包方式、合同形式是丰富多彩的。

现在我国有许多工程项目，如三峡工程项目、青藏铁路建设工程项目、南水北调工程项目、大型国防工程项目、城市地铁建设项目等，它们都是特大型的、复杂的、综合性的工程项目。

1.1.2 工程项目的分类

由于工程项目的种类繁多，如各类工业与民用建筑工程、城市基础设施项目、机场工程、港口工程等,为了便于科学管理,需要从不同角度对工程项目进行分类。

1) 按投资的再生产性质分类

工程项目按投资的再生产性质可以分为基本建设项目和更新改造项目,如新建、扩建、改建、迁建、重建项目(属于基本建设项目),技术改造项目、技术引进项目、设备更新项目等(属于更新改造项目)。

(1) 新建项目

新建项目是指从无到有、"平地起家"的项目,即在原有固定资产为零的基础上投资建设的项目。按国家规定,若建设项目原有基础很小,扩大建设规模后,其新增固定资产价值超过原有固定资产价值3倍以上的,也当作新建项目。

(2) 扩建项目

扩建项目是指企事业单位在原有的基础上投资扩大建设的项目。如在企业原有场地范围内或其他地点为扩大原有产品的生产能力或增加新产品的生产能力而建设的主要生产车间、独立的生产线或总厂下的分厂等工程项目,事业单位和行政单位增建的业务用房(如办公楼、病房、门诊部等)。

(3) 改建项目

改建项目是指企事业单位对原有设施、工艺条件进行改造的项目。我国规定,企业为消除各工序或车间之间生产能力的不平衡,增加或扩建的不直接增加本企业主要产品生产能力的项目为改建项目。现有企业、事业、行政单位增加或扩建部分辅助工程和生活福利设施并不增加本单位主要效益的,也为改建项目。

(4) 迁建项目

迁建项目是指原有企事业单位,为改变生产布局,或出于环境保护和安全生产等需要,迁移到另外地方进行建设的项目,不论其建设规模和原来相比是扩大还是缩小,都属于迁建项目。

(5) 重建项目

重建项目也称恢复项目,是指企事业和行政单位因自然灾害、战争和人为灾害等原因,使已建成的固定资产的全部或部分报废以后又投资重新建设的项目。这类项目,无论是按原有规模恢复建设,还是在恢复中又进行扩建的,都属于重建项目。但是尚未建成投产或交付使用的项目,因灾害损坏后,仍继续按原设计再重建的,仍按原项目看待,不属于重建项目;若按新设计重建的,则根据新建设内容确定其建设性质。

(6) 技术改造项目

技术改造项目又称为更新改造项目,是指企事业单位采用先进的技术、工艺、设备和管理方法,为增加产品品种、提高产品质量、扩大生产能力、降低生产成本、改善劳动条件而投资建设的改造项目。其综合范围为总投资50万元以上的更新改造项目。

其特点是:① 技术改造项目一般针对生产性项目;② 技术改造项目的目的是通过增加产品品种、提高产品质量、扩大生产能力、降低生产成本、改善劳动条件等手段实现内涵式扩大再生产;③ 技术改造项目既包括设备、生产线和工艺流程的改造,也包括与之配套的工程的改建。

(7) 技术引进项目

技术引进项目是技术改造项目的一种,少数是新建项目,其主要特点是由国外引进专利、技术许可证和先进设备,再配合国内投资建设的工程。

(8) 设备更新项目

设备更新项目是指经批准具有独立设计文件(或项目建议书)的更新改造工程,或更新改造计划方案中能独立发挥效益的工程。一般由企业利用折旧基金、自有资金、国内外技术改造贷款资金,对现有企业的设施进行改造工作。

2) 按建设规模划分

按建设规模(设计生产能力或投资规模)划分,分为大、中、小型项目。划分标准根据行业、部门不同而有不同的规定。

(1) 工业项目按设计生产能力规模或总投资,确定大、中、小型项目。

生产单一产品的项目,按产品的设计生产能力划分。

生产多种产品的项目,按主要产品的设计生产能力划分;生产品种繁多的项目,难以按生产能力划分者,按投资总额划分。

对改扩建项目,按改扩建增加的设计生产能力或所需投资划分。

(2) 非工业项目可分为大中型和小型两种,均按项目的经济效益或总投资额划分。

3) 按建设阶段划分

按建设阶段划分,可分为:

(1) 预备项目(投资前期项目)或筹建项目

预备项目是指按照中长期投资计划拟建而又未立项的建设项目。一般对此类项目只进行初步可行性研究或提出设想方案供决策参考,并不进行实质性建设准备工作。

筹建项目是指已经获得批准立项,正在进行建设前期准备工作,如征地拆迁、设计、招标等,但尚未正式开始施工建设的项目。

(2) 新开工项目

建设准备工作已经就绪,工程开工报告已经获得批准并已经列入年度计划开始建设的项目。

(3) 续建项目

是指本年度以前已正式开始建设,并在本年度继续进行建设的项目。续建项目可以是上年度跨入本年度继续施工的项目,也可以是以前停建而在本年度经过批准得以重新恢复施工的项目。

(4) 投产项目

是指本年度内按照设计文件要求建成主体工程及相应的配套辅助设施,形成生产能力或发挥工程效益,经验收合格并正式投入生产或交付使用的建设项目。投产项目又分为全部投产项目、部分投产项目和建成投产单项项目。

(5) 收尾项目

以前年度已经全部建成投产,但尚有少量不影响正常生产或正常使用的辅助工程或非生产线工程,在本年度继续施工的项目。

(6) 停建项目

因某种特殊原因使得正在建设被停止建设的项目。

4) 按投资建设的用途划分

按投资建设的用途划分,可分为:

(1) 生产性建设项目

如工业项目、运输项目、农田水利项目、能源项目等,即用于物质产品生产的建设项目。

(2) 非生产性建设项目

指满足人们物质文化生活需要的项目。非生产性建设项目可分为经营性项目和非经营性项目。

5) 按资金来源划分

按资金来源划分,可分为:

(1) 国家预算拨款项目。

(2) 银行贷款项目。

(3) 企业联合投资项目。

(4) 企业自筹项目。

(5) 利用外资项目。

(6) 外资项目。

1.1.3 工程项目的生命期与建设程序

1) 工程项目的生命期

项目的时间限制和一次性决定了项目的生命期。每一个项目通常都分为多个项目阶段(Project Phase)。项目阶段的集合组成一个项目生命周期(Project Life Cycle)。

项目阶段随项目的复杂性或所属行业的不同而不同。根据项目管理知识体系(Project Management Body of Knowledge,PMBOK)规定,典型的项目阶段包括以下四个阶段:

◆ 概念(Concept)

◆ 开发/规划(Development/Planning)

◆ 实施/执行(Implementation/Executing)

◆ 收尾/结束(Close-out/Termination)

前两个阶段也称为项目可行性阶段(Project Feasibility Phase)。项目可行性阶段约占总的项目周期的25%(其中概念阶段占5%,开发阶段占20%)。后两个阶段也称为项目获得阶段(Project Acquisition Phase)。项目获得阶段约占总的项目周期的75%(其中实施阶段占60%,收尾阶段占15%)。

与此对应,工程项目生命期可以分为如下四个阶段:

(1) 项目的前期策划和决策阶段(又被称为概念阶段)。这个阶段从项目构思到批准立项为止。

(2) 项目的设计与计划阶段,即开发阶段。这个阶段从批准立项到现场开工为止。

(3) 项目的施工阶段,即实施阶段。这个阶段从现场开工直到项目的可交付成果完成,工程竣工并通过验收为止。

(4) 项目的结束阶段。

一个工程建设项目的阶段划分可如图1-1所示。

图 1-1 工程项目的生命期阶段划分

2) 工程项目的建设程序

在上述工程项目的生命期中,每个阶段又有复杂的过程,形成工程项目建设程序。工程项目建设程序是指一项工程从设想提出到决策,经过设计、施工直到投产使用的全部过程的各阶段、各环节以及各主要工作内容之间必须遵循的先后顺序。

建设程序反映了建设工作客观的规律性,由国家制定法规予以规定。严格遵循和坚持按建设程序办事是提高工程建设经济效益的必要保证。

工程建设项目的建设程序如图 1-2 所示。

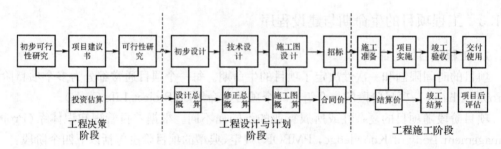

图 1-2 工程项目的建设程序

按照工程项目的性质、规模、采购模式的不同,建设程序会有一定的差别。目前,我国大中型项目的建设程序大体上分为项目决策和项目实施两大阶段。

(1) 项目决策阶段

项目决策阶段的主要工作是工程项目的前期策划,编制项目建议书,进行可行性研究和编制可行性研究报告。以可行性研究报告得到批准作为一个重要的"里程碑",通常称为批准立项。

① 工程项目的前期策划

工程项目的前期策划过程主要包括如下工作:

◆ 工程项目构思的产生和选择。
◆ 确定工程项目建设要达到的预期总体目标。
◆ 项目的定义和总体方案策划。

根据项目总目标,对项目的总体实施方案进行策划,如工程总的功能定位和各部分的功能分解,总的产品方案,工程总体的建设方案,工程的总布局,项目的总阶段的划分,总的融资方案,设计、实施、运营方面的组织策略等。

② 提出项目建议书

项目建议书是建设单位向主管部门提出的要求建设某一建设项目的建议文件,是对建设项目的轮廓设想。投资者对于拟兴建的项目要论证项目建设的必要性、可行性以及建设的目的、要求、计划等内容,写成报告,请求批准。

③ 可行性研究

项目建议书被批准后,应着手进行可行性研究。

可行性研究是为了评估建设项目在技术上和经济上是否可行而进行的科学的分析和论证,为项目决策提供科学依据。

可行性研究的主要任务是通过多方案比较,提出评价意见,推荐最佳方案。其内容可概括为市场研究、技术研究和经济研究。在可行性研究的基础上编写可行性研究报告。

④ 工程项目的评价和决策

在可行性研究报告的基础上,对工程项目进行财务评价、国民经济评价和环境影响评价。根据可行性研究报告和评价的结果,由主管部门对工程项目的立项做出最后决策。

在我国,可行性研究报告经过批准,项目就立项,经批准的可行性研究报告就作为工程项目的任务书,是项目初步设计的依据。

(2) 项目实施阶段

立项后,建设项目进入实施阶段,主要工作是工程项目管理组织筹建、项目设计、计划、工程招标、建设准备、施工安装和使用前准备、竣工验收等。

① 工程项目管理组织筹建

在可行性研究报告被批准后,项目即获得立项,就应正式组建工程建设单位,由它负责工程项目的建设管理。

② 设计

可行性研究报告经批准后,建设单位可委托设计单位,按可行性研究报告中的有关要求,编制设计文件。设计文件是安排建设项目和组织工程施工的主要依据。

一般建设项目进行两阶段设计,即初步设计和施工图设计。技术上比较复杂而又缺乏设计经验的建设项目,进行三阶段设计,即初步设计、技术设计和施工图设计。

初步设计是为了阐明在指定地点、时间和投产限额内,拟建项目在技术上的可行性、经济上的合理性,并对建设项目做出基本技术、经济规定,编制建设项目总概算。

技术设计是进一步解决初步设计的重大技术问题,如工艺流程、建筑结构、设备选型及数量确定等,同时对初步设计进行补充和修正,然后编制修正总概算。

施工图设计在初步设计及技术设计的基础上进行,需完整地表现建筑物外形、内部空间尺寸、结构体系、构造状况以及建筑群的组成和周围环境的配合,还包括各种运输、通信、管道系统、建筑设备的设计。施工图设计完成后应编制施工图预算。国家规定,施工图设计文件应当经有关部门审查。

③ 计划

计划是对工程建设和运营的实施方法、过程、预算投资、资金使用、建设进度、采购和供应、组织等做详细的安排,以保证项目目标的实现。

应根据批准的总概算和建设工期,合理地编制建设项目的建设计划和建设年度计划,计划内容要与投资、材料、设备相适应;配套项目要同时安排,相互衔接。

④ 工程招标

即通过招标委托工程项目范围内的设计、施工、供应、项目管理(咨询、监理)等任务,选择这些项目任务的承担者。

根据招标对象的不同,有些招标工作会延伸到工程的施工过程中,如有些装饰工程、部分材料和设备的采购等。

⑤ 建设准备

为了保证施工顺利进行,必须做好各项建设准备工作。包括征地、拆迁、场地的平整,现场施工用的水电气、通信等工程,组织设备、材料订货等。

⑥ 工程项目的施工阶段

这个阶段从现场开工到工程竣工、验收交付为止。在这个阶段,工程设计单位、监理单位、施工单位等项目相关者按照合同规定完成各自的工程任务,密切合作,按照实施计划将项目由构思到设计蓝图,再经过施工形成符合要求的实体工程。这个阶段是项目管理最为活跃的阶段,资源的投入量最大,管理的难度也最大、最复杂。

⑦ 项目投产前的准备工作

项目投产前要进行生产准备,这是建设单位进行的一项重要工作,包括建立生产经营管理机构,制定有关制度和规定,招收培训生产人员,组织生产人员参加设备的安装,调试设备和工程验收,签订原材料、协作产品、燃料、水、电等供应及运输协议,进行工具、器具、备品、备件的制造或订货,进行其他必要的准备。

⑧ 竣工验收

当建设项目按设计文件内容全部施工完毕后,应组织竣工验收。当整个工程都经过竣工检验,则标志着整个施工任务(阶段)结束。这是建设程序的最后一步,是投资成果转入生产或服务的标志,对促进建设项目及时投产、发挥投资效益及总结建设经验都有重要意义。

(3) 工程项目结束阶段

① 工程由业主移交工程的运营单位,或工程进入运营状态,则标示着工程建设阶段任务的结束,工程项目进入运营(生产或使用)阶段。移交过程有各种手续和仪式,对于工业工程项目,在此前要共同进行试生产(试车)。

② 工程项目竣工后工作,包括工程竣工决算,竣工资料的总结、交付、存档等工作。

③ 工程的保修(缺陷通知期)和回访。在运营的初期,施工阶段的任务承担者(如设计、施工、供应、项目管理单位)和业主按照项目任务书或合同还要继续承担因建设问题产生的缺陷责任,包括维护、维修、整改、进一步完善等。他们还要对工程项目做回访,了解工程项目的运营情况、质量、用户的意见等。

④ 工程项目的后评价。项目的后评价指对已经完成的项目或已投入运营的项目的目标、实施过程、运营效益、作用、影响进行系统的、客观的总结、分析和评价。

⑤ 在运营过程中的维护管理,还可能包括对本工程的扩建、更新改造、资本的运作管理等。本项工作原来不作为工程项目生命期的一部分,但现在运营和维护管理已成为工程项目管理的延伸,无论是业主,还是承包商,都十分注重这项工作。

3) 工程建设项目实施程序

工程建设项目实施程序,是指工程项目新建、扩建、改建活动的施工准备、施工阶段、竣工阶段应遵循的有关工作步骤。其中,施工准备阶段分为工程建设项目报建、委托建设监理、招标投标、施工合同签订;施工阶段分为建设项目施工许可证领取、施工;竣工阶段为竣工验收及保修。

(1) 工程建设项目报建

建设单位或其代理机构在工程建设项目可行性研究报告或其他立项文件批准后,须向当地建设行政主管部门或其授权机构进行报建,交验工程建设项目立项的批准文件、批准的建设用地等其他有关文件。

① 报建内容

工程建设项目的报建内容主要包括:工程名称、建设地点、投资规模、资金来源、当年投资额、工程规模、开竣工日期、发包方式、工程筹建情况。

② 报建程序

◆ 建设单位到建设行政主管部门或其授权机构领取《工程建设项目报建表》。

◆ 按报表的内容及要求认真填写。

◆ 向建设行政主管部门或其授权机构报送《工程建设项目报建表》,经批准后,按规定进行招标准备。

工程建设项目的投资和建设规模有变化时,建设单位应及时到建设行政主管部门或其授权机构进行补充登记。筹建负责人变更时,应重新登记。

③ 建设行政主管部门报建管理

◆ 贯彻实施《建筑市场管理规定》和有关的方针政策。

◆ 管理监督工程项目的报建登记。

◆ 对报建的工程建设项目进行核实、分类、汇总。

◆ 向上级主管机关提供综合的工程建设项目报建情况。

◆ 查处隐瞒不报违章建设的行为。

凡未报建的工程建设项目,不得办理招标手续和发放施工许可证,设计、施工单位不得承接该项工程的设计和施工任务。

(2) 开工前审计

固定资产投资项目实行开工前审计制度。大中型建设项目和总投资3 000万元以上的楼堂馆所项目(不包括技术改造项目,下同)的开工报告,须先经审计机关审计,方可向有权审批机关报批。小型建设项目和3 000万元以下的楼堂馆所项目开工前,须先经审计机关审计,方可向有权审批开工的机关办理项目开工手续。

(3) 委托建设监理

建设单位应当根据国家有关规定,对必须委托监理的工程,委托具有相应资质的建设监理单位进行监理。

(4) 工程建设项目招标

工程建设项目施工,除某些不适宜招标的特殊建设工程项目外,均需依法实行招标。施工招标可采用公开招标、邀请招标的方式。

工程建设项目的施工招标,按《招标投标法》的规定进行。

(5) 签订施工合同

建设单位和施工企业必须签订建设工程施工合同。总承包企业将承包的工程建设项目分包给其他单位时,应当签订分包合同。分包合同与总承包合同的约定应当一致;不一致时,以总承包合同为准。

施工合同的签订,应使用国家工商管理局、建设部制订的《建设工程施工合同》示范文本,并严格执行《合同法》、《建设工程施工合同管理办法》的规定。

(6) 办理建设项目施工许可证

建设单位必须在开工前向建设项目所在地县级以上人民政府建设行政主管部门办理建设项目施工许可证手续。未取得施工许可证的,不得开工。

申请施工许可证应当具备下列条件:

① 已经办理该建设工程用地批准手续。

② 在城市规划区的建设工程,已经取得建设工程规划许可证。

③ 需要拆迁的,其拆迁进度符合施工要求。

④ 已经确定施工单位。

⑤ 有满足施工需要的施工图纸和技术资料。

⑥ 有保证工程质量和安全的具体措施。

⑦ 建设资金已经落实。

⑧ 法律、法规规定的其他条件。

建设单位应当自领取施工许可证之日起3个月内组织开工。因故不能按期开工的,建设单位应当向发证机关说明理由,申请延期。延期以两次为限,每次不超过3个月。不按期开工又不按期申请延期的或超过延期时限的,施工许可证自行废止。

(7) 工程施工

承包工程建设项目的施工单位必须持有资质证书,并在资质许可的范围内承揽工程。建设项目开工前,建设单位应当指定施工现场的工程师,施工单位应当指定项目经理,并分别将工程师和项目经理的姓名及授权事项书面通知对方,同时报工程所在地县级以上地方人民政府建设行政主管部门备案。

施工单位项目经理必须持有资质证书,并在资质许可的业务范围内履行项目经理职责。

项目经理全面负责施工过程中的现场管理,并根据工程规模、技术复杂程度和施工现场的具体情况,建立施工现场管理责任制,并组织实施。

施工单位必须严格按照有关法律、法规和工程建设技术标准的规定,编制施工组织设计,制定质量、安全、技术、文明施工等各项保证措施,确保工程质量、施工安全和现场文明施工。

施工单位必须严格按照批准的设计文件、施工合同和国家现行的施工及验收规范进行工程建设项目施工。施工中若需变更设计,应按照有关规定和程序进行,不得擅自变更。

建设、勘察、设计、施工、监理单位和建筑材料、构配件及设备生产供应单位,应按照《建筑法》、《建设工程质量管理条例》的规定承担工程质量责任和其他相应责任。

(8) 竣工验收

竣工验收是全面考核建设工作、检查项目是否符合设计要求和工程质量的重要环节,对促进建设项目及时投产、发挥经济效益、总结建设经验有重要作用。

(9) 建设项目保修

为使建设项目在竣工验收后达到最佳使用条件和使用寿命,施工企业在工程移交时,必须向建设单位提出建筑物及设备使用和保养要领,并在用户开始使用后,认真执行移交后回访和保修。

《建筑工程质量管理条例》规定:建设工程实行质量保修制度。施工单位在向建设单位提交竣工验收报告时,应当向建设单位出具质量保修书。质量保修书中应当明确建设工程的保修范围、保修期限和保修责任等。

建设工程保修期限是指从竣工验收合格之日起,对出现的质量缺陷承担保修和赔偿责任的年限。保修期限、返修和损害赔偿按《建设工程质量管理条例》的规定执行。

1.2 工程审计

1.2.1 工程审计的概念

1) 审计的概念

审计是独立于被审计单位的机构和人员,对被审计单位的财政、财务收支及其有关的经济活动的真实性、合法性和效益性进行检查、评价、公证的一种监督活动。

审计作为一门独立学科,其主要研究对象是审计理论、审计方法、审计组织和审计制度等审计活动。现代审计学科体系一般由理论审计学、审计技术学、历史审计学、应用审计学4个分学科组成。理论审计学,主要研究审计基本概念、原理和规律,以及对不同类项、不同国家的审计进行比较研究等。它包括审计学原理和比较审计等。其中,审计学原理主要研究审计基本概念、原理、知识和规律,它对于整个审计学科研究具有指导意义。审计技术学,主要研究各种审计方式、技术、方法和手段及其应用。历史审计学,主要研究审计的产生、发展和兴衰存亡的规律性。应用审计学,主要研究各类不同目标的审计和各个不同行业的审计以及审计法学。工程审计主要研究如何在工程项目建设过程中开展审计工作。

2) 工程审计的概念

随着我国经济的飞速发展,工程建设项目众多,工程建设投资数额巨大,然而我们现行的建设管理模式尚未完善,一些项目还存在建设周期过长、损失浪费情况比较严重、项目建成后达不到预期目标等问题。因此,如何利用现代化的管理技术和手段,加强工程项目的管理,按照工程项目建设程序进行有效的计划、组织、协调和控制,以适应内部及外部环境,并组织高效益的施工,使生产要素优化组合、合理配置,保证施工生产的均衡性,从而促进我国工程项目管理水平和投资效益的全面提高,已是投资者和建设方等各方日益关注的问题。

工程审计是指由独立的审计机构和审计人员,依据国家现行法律法规和相关审计标准,运用审计技术,对工程项目建设的全过程的技术经济活动和建设行为进行监督、评价和鉴证的活动。

工程审计作为我国审计监督工作的重要组成部分,通过对建设项目建设过程的合法性、合规性和有效性进行监督、评价和鉴证,提出提高工程项目管理成效的意见和建议,达到提高建设项目投资效益的目的。

中国内部审计协会2005年颁发的《内部审计实务指南1号:建设项目内部审计》第2条规定:"建设项目内部审计,是指组织内部审计机构和人员对建设项目实施全过程的真实性、合法性、效益性所进行的独立监督和评价活动。"第4条指出:"建设项目内部审计的目的是为了促进建设项目实现质量、速度、效益三项目标。"由此可以看出工程审计有以下几层含义:

(1) 工程审计的主体

根据定义，工程审计应当由独立的审计机构以及该机构所派的审计人员进行，其中包括政府审计机关、企事业单位内部审计机构和社会审计组织。其中，政府审计机关工程重点是审计以国家投资或融资为主的基础设施项目和公益性项目。《中华人民共和国审计法》第22条规定："审计机关对政府投资和以政府投资为主的建设项目的预算执行情况和决算，进行审计监督。"2010年5月1日正式实施的《中华人民共和国审计法实施条例》（国务院令第571号）第20条规定："审计法第22条所称政府投资和以政府投资为主的建设项目，包括：（一）全部使用预算内投资资金、专项建设基金、政府举借债务筹措的资金等财政资金的；（二）未全部使用财政资金，财政资金占项目总投资的比例超过50%，或者占项目总投资的比例在50%以下，但政府拥有项目建设、运营实际控制权的。审计机关对前款规定的建设项目的总预算或者概算的执行情况、年度预算的执行情况和年度决算、单项工程结算、项目竣工决算，依法进行审计监督；对前款规定的建设项目进行审计时，可以对直接有关的设计、施工、供货等单位取得建设项目资金的真实性、合法性进行调查。"

内部审计机构重点审计本单位或本系统内投资建设的所有建设项目。而社会审计是指依法成立的社会审计机构和审计人员接受委托人的委托，对委托审计的项目实施审计。对于以国家投资或融资为主的基础设施项目和公益性项目，视建设单位的归属，由国家或地方审计机关组织审计。国家或地方审计机关也可以授权建设单位组织工程内部审计，或者委托社会审计机构进行审计。交通部2007年6月1日起实施的《交通建设项目委托审计管理办法》第2条规定："列入各级交通主管部门、企事业单位固定资产投资计划的建设项目办理委托审计事项，适用本办法。本办法所称建设项目委托审计，是指各级交通主管部门、企事业单位根据审计工作需要，将建设项目审计业务委托给包括会计师事务所、工程造价咨询企业等在内的社会审计组织实施的行为。"

对于非国家投资或融资的基础设施项目和公益性项目，如BOT等方式建造的项目，根据审计法的要求，应当由项目出资方决定审计主体。

不具备审计职能和资格的非审计组织和审计人员不能进行工程审计。

(2) 工程审计的客体

即工程审计的对象。从其性质上可以分：一是所审计的具体工程项目，既包括生产性建设项目，也包括基础设施项目及各企事业单位的各种建设项目。二是审计工作所面对的工程项目实施的主体即工程项目参与者，包括建设单位、设计单位、施工单位、监理单位、金融机构、建设行政主管部门、建设单位主管部门等所有参与工程项目建设和管理工作的部门和单位。三是审计各项目实施参与者在工程项目建设过程中的技术经济活动，包括工程项目投资决策阶段、项目实施阶段和竣工验收阶段的所有工作。

(3) 工程审计的依据

工程项目的审计依据包括三个层次：

① 现行方针政策

主要指国家、行业和地方现行实施的与工程项目建设密切相关的方针政策，如与国民经济发展有关的宏观调控政策、产业政策和发展规划等。这些方针政策直接决定了项目的性质和规模，也决定了工程审计工作的目标和方向。因此，它是工程审计宏观性和指导性的依据。

② 法律法规

主要指国家现行与工程审计相关的法律法规,包括三个层次:一是相关法律,包括《中华人民共和国审计法》、《中华人民共和国建筑法》、《中华人民共和国合同法》、《中华人民共和国招标投标法》、《中华人民共和国价格法》、《中华人民共和国税法》、《中华人民共和国土地管理法》等;二是行政法规,包括《建设工程质量管理条例》、《建设工程勘察设计管理条例》等;三是包括各地区、各行业所颁发的地区和部门规章,如《内部审计实务指南第1号——建设项目内部审计》、《中华人民共和国招标投标法实施条例》、《建设工程价款结算暂行办法》、《建设工程施工发包与承包计价管理办法》等。

③ 相关技术经济指标

包括两个方面指标:一是与工程项目投资决策评价相关的技术经济指标,拟建项目的投资、费用、盈利状况、清偿能力及外汇效果等财务评价指标,影子价格、影子工资、影子汇率、社会折现率等国民经济评价指标等,这些指标主要是工程项目绩效审计的依据;二是与工程造价相关的定额指标,包括概算定额、概算指标、预算定额等,这主要是确定工程项目最终价格的依据。

(4) 工程审计的目的

《内部审计实务指南第1号——建设项目内部审计》第4条规定:"建设项目内部审计的目的是为了促进建设项目实现质量、速度、效益三项目标。"

具体来说,工程审计的目的包括:

① 监督财政、财务收支的合法性,项目信息的真实性

工程项目审计,首先是以监督财政、财务收支的合法性为主要目标。随着我国公共财政基本框架的建立,工程项目信息的真实性也成为审计机关监督的重点。工程项目审计具备鉴证职能,能对工程项目信息是否真实做出合理的判断。通过审计,可以判断建设项目的建设成本是否真实、可靠,在投资中有无随意扩大建设规模,挪用、挤占建设资金,盲目采购造成浪费的情况等。

② 审计建设项目实施过程的合法性

主要审查工程项目在实施期间是否严格遵守《中华人民共和国建筑法》、《中华人民共和国招标投标法》等有关规定,项目法人的设立是否符合要求,项目手续是否健全完备,项目立项、实施程序是否合规、合法等。

③ 监督建设单位内控制度的建立

主要审计建设单位内控制度是否健全,有无缺少关键业务流程和管理流程,是否有明确各控制点的职责分工、监督评价、绩效考核制度等。

④ 预警作用

工程审计是事前、事中和事后审计相结合的全过程跟踪审计,通过审计,及时发现工程项目管理过程中存在的漏洞以及存在的苗头性、倾向性的违纪违规问题,及时预警并有针对性地提出建议,促进被审计单位及时采取有效措施,完善相关制度,堵塞管理漏洞,防止或降低工程建设过程中各种风险的发生。

⑤ 审计工程项目的绩效状况

绩效审计是审计的重要工作。绩效审计包括效率审计和效益审计,所谓效率审计是监督审查整个建设活动按照批准的投资计划和进度、设计质量标准和相应规范的要求,高质量、速度按期或提前交付使用,尽快形成和达到设计生产能力;效益审计是指审计监督建设

活动的各个阶段和环节,坚持以全面提高经济效益为中心,确保投资项目达到预期质量、速度、效益三项目标。

1.2.2 工程审计的特点

工程项目的审计活动是对投资者、建设单位及其他项目参加者从其主观和客观上进行的一种经济监督、评价和鉴证活动,是对建设单位及其他项目参加者所进行的建设活动中的经济行为的客观评价。

作为审计业务的一部分,工程审计与其他审计业务一样,具有以下特点:

1) 工作的相对独立性

这是审计的本质属性。主要体现在:

组织上——审计机构是独立的专职机构,与被审单位无隶属关系。

人员上——审计机构与被审单位无利益冲突关系,实行回避制度,受法律保护。

工作上——审计机构独立行使审计监督权,不受干预,客观审计。

经费上——审计机构有足够的经费来源,不受被审单位牵制。

在审计过程中必须根据国家法律法规及有关财务会计制度,独立地检查、评价被审部门、单位及所属各部门、各单位的财务收支及与此相关的经营管理活动,维护国家利益。但是对于内部审计来说,由于内部审计人员是本单位的职工,这就使内部审计的独立性受到很大的制约。特别是遇到国家利益与部门、单位利益冲突的情况下,内部审计机构的独立决策可能会受到本单位利益的限制。而社会审计的独立性往往也受委托者的利益或观念制约。

2) 服务性

工程审计的目的在于促进建设项目实现质量、速度、效益三项目标,因此审计既是被审计单位的审计监督者,也可为被审计单位提供专门咨询服务。

3) 审查范围的广泛性

工程审计主要是为实现建设项目既定的质量、速度和效益目标,这就决定了工程审计必然要涉及项目建设活动的方方面面。

由于工程项目建设涉及面广,建设周期长,投资数额较大,项目相关者众多,且必须遵循基本建设程序,因此,与其他专业审计相比,工程审计有其自身固有的特征,主要表现在:

(1) 审计对象的复杂性

工程项目涉及面广,既包括生产性建设项目,也包括非生产性建设项目。建设项目的投资主体千差万别,不同行业的建设项目投资特点也不尽相同。同时,工程项目参与者众多,各项目参加者在工程项目建设过程中担任的角色也不一样。因此工程审计涉及面广,审计工作量较大。

(2) 审计内容的多样性

传统的审计工作着重于对被审计单位财务收支活动及会计资料进行审计。而工程审计涉及被审计单位工程项目建设过程中的所有技术经济活动,包括工程项目投资决策阶段、项目实施阶段和竣工验收阶段的所有工作。

(3) 审计过程的阶段性

由于建设项目建设周期长,建设程序性强,因此审计人员进行工程审计时,应当根据基本建设程序分阶段地进行审计。

(4) 审计职能的特殊性

传统的审计是通过事后财务审计来监督被审计单位的财务活动,以监督为主。而工程审计是以建设职能为主,对建设项目进行全过程审计,以经济性、效益性为主,强调事前、事中和事后审计相结合的全过程跟踪审计,围绕"提前跟进、全程跟踪,立足服务、着眼防范"的思路,将审计的关口前移。其优势在于及时发现资金和项目管理中的漏洞以及存在的苗头性、倾向性的违纪违规问题,并有针对性地提出建议,促进被审计单位完善相关制度,堵塞管理漏洞,防止铺张浪费和投资损失,以达到"边审计、边整改、边规范、边提高"的目的。

(5) 审计方法的灵活性

建设项目建设过程就是知识、组织、管理和技术的集成,在进行工程审计时,既要对建设单位的财务收支、项目资金来源、资金使用情况进行审计,也要根据审计目标,对建设项目工程造价和投资效益等进行审计,还要对建设过程项目管理情况进行审计。因此,工程审计是一项较为复杂的工作。为了实现审计目标,工程审计除了采用传统的审计方法,还应当根据审计目标和审计方案,吸收管理学、计量经济学、工程技术等领域发展的方法,比如价格确定方法、项目评估方法、经济预测方法、工程项目管理方法等技术经济方法,以便更加有效地实施监督。

(6) 审计目的的确定性

传统的审计着重对被审计单位的财务活动的真实性、合法性、合规性进行审计。而《内部审计实务指南第1号——建设项目内部审计》第4条规定:"建设项目内部审计的目的是为了促进建设项目实现质量、速度、效益三项目标。"由此可见,工程审计主要是促进被审计单位规范建设程序,改善建设管理,提高工程质量,加快施工进度,防止资金流失,节约资金成本,提高资金使用效益。

1.2.3 我国现行审计体系

在我国审计实践工作中,按审计主体分类所分成的国家审计、内部审计和社会审计,正好与我国的审计组织体系相符合。也可以说,这种分类在组织上构成了具有中国特色的社会主义审计体系。

1) 国家审计

(1) 国家审计的特点

我国国务院审计署及派出机构和地方各级人民政府审计厅(局)所组织和实施的审计,均属于国家审计。我国国家审计机关代表政府实行审计监督,依法独立行使审计监督权。其权威性和独立性是国家审计区别于其余两类审计最重要的特点。

(2) 国家审计体系的构成

① 国家最高审计机关

中华人民共和国审计署成立于1983年9月15日,它是国务院所属部委级的国家机关,是我国最高审计机关。在国务院总理领导下,组织领导全国的审计工作,对国务院负责并报告工作。它负责对国务院所属各部门、经济实体、金融机构,各省、自治区、直辖市、计划单列市,以及接受中央财政拨款单位的财政财务收支进行审计,检查和督促这些行业改进管理,提高整个行业的经济效益;对财政经济活动中的重要问题进行专题审计调查,从宏观经济角度进行研究,向政府和有关部门提出改进宏观调控的建议;对省级地方审计机关审计的事项进行抽查和对被审计单位提出的申诉进行复审。

② 地方审计机关

我国地方审计机关共分三级,即:各省、自治区、直辖市审计(厅)局;省辖市、自治州、盟、行政公署(省人民政府派出机关)审计局;县(旗、县级市、市辖区)级审计局。此外,中国人民解放军系统也设置了审计机构。

地方审计机关也是根据宪法、审计法有关条文规定设立的,同样也具有法律地位。

我国地方各级审计机关,分别在省长、市长、县长和上一级审计机关的双重领导下,组织领导本行政区的审计工作,负责对本级政府所属单位和下一级政府的财政财务收支进行审计。地方审计机关的审计业务以上级审计机关领导为主,接受上级审计机关部署的审计任务,审计工作情况、重要审计结论和决定,在报告本级政府的同时,要向上一级审计机关报告。为了保障地方审计机关依法独立行使职权,地方政府任免审计机关领导人员,必须征得上一级审计机关同意。

③ 审计机关派出机构

审计机关根据工作需要,可以在重点地区、部门设立派出机构,进行审计监督。审计署向重点地区、城市和计划单列市派出的代表人员,在该地区和城市组成审计署特派员办事处,代表审计署执行审计业务,解决某些地方审计局难以解决的审计项目。例如,审计署派驻××市的机构称为"审计署驻××市特派员办事处",其负责人称为"审计特派员"。审计特派员办事处根据审计署的授权,开展审计监督工作,直接对审计署负责并报告工作。

(3) 政府审计机关的主要职责

① 审查预算的执行情况和决算,以及预算外资金的管理和使用情况;

② 审查中央银行和国家各事业单位的财务收支;

③ 审查国有金融机构和国有企业的资产、负债、损益;

④ 审查国家建设项目预算的执行情况和决算;

⑤ 审查政府部门管理的社会团体受政府委托管理的社会保障基金、社会捐赠资金以及其他有关基金、资金的财务收支;

⑥ 审查国际组织和外国政府援助、贷款项目的财务收支等。

政府审计机关对与国计民生有重大关系的国有企业、接受财政补贴较多或者亏损数额较大的国有企业,以及国务院和本级地方人民政府指定的其他国有企业,应当有计划地定期进行审计。对国有资产占控股地位或者占主导地位的企业的审计监督,由国务院予以规定。

政府审计机关对各部门以及国有金融机构和企事业组织的内部审计,应予以指导和监督。

(4) 政府审计机关的权限

① 审计检查与调查权

即有权要求被审计单位报送有关资料,被审计单位不得拒绝、拖延、谎报;有权检查被审计单位的会计凭证、会计账簿、会计报表以及其他与财政收支或财务收支有关的资料和资产,被审计单位不得拒绝;有权就审计事项的有关问题向有关单位和个人进行调查,并取得有关证明材料。有关单位和个人应当支持、协助审计机关工作,如实向审计机关反映情况,提供有关证明材料。

② 制止违规行为权和处理建议权

即审计机关对被审计单位正在进行的违反国家规定的财政收支、财务收支行为有权予以制止;制止无效的,经县级以上审计机关负责人批准,通知财政部门和有关主管部门暂停拨付与违反国家规定的财政收支、财务收支行为直接有关的款项,已经拨付的,暂停使用;审计机关认为被审计单位所执行的上级主管部门有关财政收支、财务收支的规定与法律、行政法规相抵触的,应当建议有关主管部门纠正;有关主管部门不予纠正的,审计机关应该提请有权处理的机关依法处理。

③ 审计结果公布权

即审计机关可以向政府有关部门通报或者向社会公布审计结果。

④ 一定的行政处罚权

即审计机关可以对违反审计法的单位或个人做出通报批评、警告、责令限期缴纳应当上缴的收入等处罚。

国家审计机关在行使这些职权时,必须严格依法办理。审计人员滥用职权、徇私舞弊、玩忽职守或者泄露所知悉的国家秘密、商业秘密的,依法给予处分;构成犯罪的,依法追究刑事责任。

2) 内部审计

(1) 内部审计的概念

内部审计是指本部门或本单位的专职审计机构,针对本部门或本单位的财务收支和其他经济活动所进行的以提高经济效益为主要目的的审查、评价活动,由于其机构设置在本部门或本单位内部,故称为内部审计。

(2) 内部审计的特征

① 组织机构相对独立;
② 审计内容以经济效益为重点;
③ 审计范围内向为主;
④ 审计工作更具有群众性。

(3) 内部审计的内容

内部审计机构从事着一个组织内部中的独立审计活动,它的基本任务是对全部管理职能进行系统的检查和评价,向管理部门报告关于内部管理方针、实务和控制是否具有效率性、经济性和效果性。

内部审计职责包括:

① 财务计划或者单位预算的执行和决算;
② 与财务收支有关的经济活动及其经济效益;
③ 国家和单位资产的管理情况;
④ 违反国家财经法规的行为;
⑤ 本单位领导交办的其他审计事项。

内部审计机构每年应当向本单位主要负责人或者权力机构提出内部审计工作报告。

(4) 内部审计机构的权限

内部审计机构主要有以下权限:

① 要求报送资料权;

② 参加与召开会议权；

③ 参与与提高制度权；

④ 检查资料与勘察实物权；

⑤ 检查电子数据、资料权；

⑥ 调查取证权；

⑦ 临时制止决定权；

⑧ 暂时封存权；

⑨ 提出纠正、处理意见和建议权；

⑩ 批评与追究建议权。

此外，部门、单位还可以在其管理权限范围内，授予内部审计机构必要的经济处理、处罚的权限。

(5) 国家审计与内部审计机构的关系

内部审计机构实行行业管理，但应当接受国家审计机关的业务指导和监督。

3) 社会审计

(1) 社会审计的概念

社会审计，又叫民间审计，是指依法设立并接受委托从事审计和会计咨询、会计服务业务的审计活动。

社会审计组织是指根据国家法律或条例规定，经政府有关部门审核批准，注册登记的会计师事务所和其他审计咨询机构。这些机构是国家批准、依法设立并独立承办相关审计业务的机构，实行有偿服务、自收自支、独立核算、依法纳税。

(2) 社会审计的特点

① 受托审计，有偿服务；

② 承办涉外审计业务。

(3) 社会审计的业务范围

① 审计业务

审计业务是注册会计师、注册审计师、注册造价工程师等注册人员的法定业务，没有注册执业资格的个人或组织不能承担审计业务。

② 其他业务

工程造价咨询、风险评估、会计服务等。

(4) 社会审计组织的权限

① 受理业务不受行政区域和行业的限制；

② 委托业务不受任何单位和个人干预，依法审计受法律保护；

③ 执行业务有检查和查看权并有要求提供协助权；

④ 有权拒绝出具不当、不实、不正确的报告。

(5) 社会审计组织的义务

① 必须遵守法律、行政法规；

② 事务所统一受理业务并签订委托合同，承担民事责任；

③ 实行回避制度；

④ 负有保密义务；

⑤ 应按执业准则、规则确定工作程序和出具报告;
⑥ 不得有任何违反职业道德的行为;
⑦ 应依法纳税。

(6) 我国社会审计管理
① 社会审计实行行业管理;
② 由财政部、质检部等主管部门进行业务指导和管理;
③ 由审计署进行质量监督检查。

1.3 工程审计相关法律及部门规章

1.3.1 我国工程审计法律规范体系的构成

审计法律规范是由国家制定或认可的、国家强制力保证实施的、调整各种审计监督关系的行为规则。审计法律规范属于行政监督法律,具有行政监督法律固有的基本特征。

1) 我国审计法律规范的构成

我国审计法律规范体系由《中华人民共和国宪法》(以下简称"《宪法》")、《中华人民共和国审计法》(以下简称"《审计法》")、行政法规、部门行政规章和地方性法规五个层次组成,其中《宪法》居审计法律体系的最高层次,《审计法》是审计法律体系中专门性的基本法律,行政法规和部门行政规章是依据《审计法》建立的专门的而且操作性很强的法律规范,是对《审计法》一般要求的具体化。

(1)《宪法》

《宪法》是我国的根本大法,其中与审计有直接关系的规定共有7条。这些条款对审计机关的设置、性质、地位、审计监督的范围和内容、审计监督的基本原则等做了明确规定。其中,《宪法》第91条规定:"国务院设立审计机关,在国务院总理领导下,依照法律规定独立行使审计监督权;对国务院各部门和地方政府的财政收支,对国家财政金融机构和企业事业组织的财务收支,进行审计监督。"第109条规定:"县级以上的地方各级人民政府设立审计机关,依照法律规定独立行使审计监督权,对本级人民政府和上一级审计机关负责。"

(2) 审计法

审计法是由国家制定或认可,并由国家以强制力保证实施的、具有普遍约束力的、调整审计活动中形成的各种审计关系的法律规范的总称。审计法有广义和狭义之分,广义上的"审计法"是指各种审计法律规范的总和,从性质上看,既包括国家《审计法》,也包括内部审计法和社会审计法;从法律形式的效力层次上看,既包括《宪法》,全国人大及其常委会制定的审计法律,也包括国务院制定的审计行政法规、地方人大及其常委会制定的地方审计法规以及国务院各部门和地方人民政府制定的审计行政规章等等。狭义上的"审计法"专指国家审计法律,即1994年8月31日第八届全国人大常委会第九次会议通过,2006年2月28日第十届全国人民代表大会常务委员会第二十次会议修订的《中华人民共和国审计法》。《审计法》对我国审计监督制度的内容做了全面、具体的规定,是我国审计工作的基本法。另外,全国人民代表大会及其常务委员会颁布的许多法律中,对与审计监督有关的问题也做了规定,如预算法、会计法、企业法等。

（3）行政法规

行政法规由国务院制定。国务院为了贯彻执行国家法律，解决行政管理工作中存在的具体问题，颁布了大量的行政法规。在审计监督方面，1997年10月21日中华人民共和国国务院令第231号公布、2010年2月2日国务院第100次常务会议修订通过的国务院颁布的《中华人民共和国审计法实施条例》和2004年11月5日国务院第69次常务会议通过并于2005年2月1日起施行的《财政违法行为处罚处分条例》是审计工作的基本行政法规，为审计工作提供了重要的法规依据。

（4）部门行政规章

部门行政规章既包括由审计署制定颁发的业务规章，也包括审计署和其他部门联合发布的行政规章和其他部门自行发布的与审计工作有关的行政规章。目前，我国政府审计的部门规章以《宪法》、《审计法》为依据，对《审计法》有关内容予以具体化，形成合理有序、层次分明的规范体系。审计行政规章共分为4类：

① 审计准则类规范。这是对审计机关及审计人员应当具备的资格条件和职业要求的规范，是实施审计过程中编制审计方案、收集和使用审计证据、编写工作底稿、评价审计事项、审定审计报告、出具审计意见书和做出审计决定时应当遵循的行为规范。如：审计署2010年9月1日颁布、2011年1月1日起施行的《中华人民共和国国家审计准则》；中国建设工程造价管理协会也出台了《工程造价咨询单位执业行为准则》、《造价工程师职业道德行为准则》等。

② 审计项目类规范。这是审计机关开展业务审计的具体规定，包括对财政、金融、行政经费、事业经费、国有工业企业、商品流通行业、国家建设项目的预算执行情况和决算、农业专项资金、社会保障基金、社会捐赠资金、国外贷援款项目、专项审计调查等方面的内容。如：审计署于2011年出台的《政府投资项目审计规定》，水利部颁布的2008年4月1日起执行的《水利工程建设项目招标投标审计办法》等。其他还有《交通建设项目审计实施办法》、《交通行业内部审计工作规定》、《工程造价咨询业务操作指导规程》、《会计师事务所从事基本建设工程预算、结算、决算审核暂行办法》等。

③ 审计管理类规范。这是审计机关在行使审计监督权以及审计行政管理过程中有关事项的规定。这些管理规范又可以分为以下三类：第一类是对审计主体进行管理的规范，包括对审计人员和审计机构的管理规范，如：审计署1996年12月17日颁布的《审计机关审计管辖范围划分的暂行规定》、2002年6月6日颁布的《高级审计师资格评价办法（试行）》等。第二类是对审计过程和审计行为进行管理的规范，包括审计项目计划、处理处罚、行政强制性措施，以及统计、复核、复议、审计应诉等方面的规定。如：审计署1996年12月16日颁布的《审计机关审计行政应诉管理的规定》、2000年1月28日颁布的《审计机关审计听证的规定》、2002年3月19日颁布的《审计署审计结果公告试行办法》《审计机关审计复议的规定》。第三类是对审计信息和审计档案进行管理的规范，包括审计信息、公文、档案、通报和公布审计结果的规定，如：审计署1996年12月12日颁布的《审计机关审计统计工作的规定》、12月16日颁布的《审计机关公文处理的规定》、12月17日颁布的《审计机关审计信息工作的规定》等。

④ 审计督导类规范。审计机关对于其他审计行业进行监督和指导方面有关事项的规定。

(5) 地方性法规

地方性法规是由省、自治区、直辖市以及较大的市的人民代表大会及其常务委员会制定的规章制度。有关审计方面的地方政府行政规章是由省、自治区、直辖市以及较大的市的人民政府结合本地审计工作的情况制定的在本地区适用的行政规章。

2) 我国政府审计法律规范的效力等级

审计法律规范通过审计法律条文和审计法律规范性文件表现出来，它们之间是一种内容与形式的关系。审计法律规范的效力等级是指审计法律规范外部表现形式的规范性文件的效力等级。根据制定的机关不同和《宪法》及有关组织法的规定，我国政府审计法律规范的效力等级可分为以下几个层次：第一层次是《宪法》。《宪法》中关于审计监督的规定具有最高的法律效力，一切审计方面的法律、行政法规、地方性法规都不得同《宪法》相抵触。第二层次是《审计法》和其他有关工程审计方面的法律，如《中华人民共和国建筑法》、《中华人民共和国合同法》、《中华人民共和国招标投标法》等。这些法律具有较高的法律效力，一切审计方面的行政法规、地方性法规和行政规章不得同国家法律相抵触。第三层次是审计方面的行政法规，行政法规是由国务院制定的，在全国范围内具有约束力。第四层次是部门行政规章，在全国范围的某一行业内具有约束力。第五层次是地方性行政法规规章，仅在某一地区范围具有约束力，而且不得同国务院的行政法规相抵触。省级以下地方政府及政府各部门制定的有关审计方面的规范性文件，不得与地方性法规和行政规章相抵触。

1.3.2 《审计法》简介

为了加强国家的审计监督，维护国家财政经济秩序，提高财政资金使用效益，促进廉政建设，保障国民经济和社会健康发展，我国于1994年8月31日第八届全国人大常委会第九次会议通过了《中华人民共和国审计法》，并于2006年2月28日第十届全国人民代表大会常务委员会第二十次会议修订通过。《审计法》对我国的审计监督的原则、审计机关和审计人员、审计机关职责、审计机关权限、审计程序、法律责任等做了全面、具体的规定，是我国审计工作的基本法。

《审计法》按照《宪法》规定的原则，为建立与社会主义市场经济体制相适应的审计监督制度，构造了法律框架。这强化了审计监督，为审计机关依法履行审计监督职责，提供了法律保障。

审计法共分七章，即总则、审计机关和审计人员、审计机关职责、审计机关权限、审计程序、法律责任和附则，共54条。

《审计法》第22条规定："审计机关对政府投资项目和以政府投资为主的建设项目的预算执行情况和决算进行审计监督。"这为我国政府对投资项目的审计监督奠定了合法性基础。

《审计法》的颁布实施，是我国社会主义法制建设的一项重要举措。这部法律把审计监督活动进一步纳入了法制运行轨道，为审计机关和审计人员的审计监督活动提供了法律依据和行为准则；使被审计单位明确了自身在审计监督活动中的权利和义务，增强其接受监督的自觉性；同时还对广大人民群众监督审计工作做出了法律规定。这极大推动了我国审计事业的发展。

1.3.3 《内部审计实务指南第 1 号——建设项目内部审计》简介

《内部审计实务指南第 1 号——建设项目内部审计》由中国内部审计协会发布,分 12 章,共 49 条。

(1) 总则(第 1～7 条)

主要对建设项目内部审计的定义、审计目的、审计范围和内容、审计原则和方法做出规定。

(2) 投资立项审计(第 8～11 条)

主要对已立项建设项目投资决策阶段的工作程序及可行性研究报告进行审计的内容和方法做出具体规定。

(3) 设计(勘察)管理审计(第 12～15 条)

主要对建设项目建设过程中勘察、设计环节各项管理工作质量及绩效进行审计的依据、目标、审计内容和方法做出具体规定。

(4) 招投标审计(第 16～19 条)

主要对建设项目勘察设计、施工等各方面的招标和对工程承发包的质量及绩效进行审计的依据、目标、内容和方法做出具体规定。

(5) 合同管理审计(第 20～23 条)

主要对建设项目建设过程中各专项合同内容及各项管理工作质量及绩效进行审计的依据、目标、审计内容和方法做出具体规定。

(6) 设备和材料采购审计(第 24～27 条)

主要对建设项目建设过程中设备和材料采购环节各项管理工作质量及绩效进行审计的依据、目标、审计内容和方法做出具体规定。

(7) 工程管理审计(第 28～31 条)

主要对建设项目实施过程中的工作进度、施工质量、工程监理和投资控制所进行审计的依据、目标、审计内容和方法做出具体规定。

(8) 工程造价审计(第 32～35 条)

主要对建设项目实施过程中各阶段的建设成本的真实性、合法性进行审计的依据、目标、审计内容和方法做出具体规定。

(9) 竣工验收审计(第 36～39 条)

主要对已完工建设项目的验收情况、试运行情况及合同履行情况进行审计的依据、审计内容和方法做出具体规定。

(10) 财务管理审计(第 40～43 条)

主要对建设项目资金筹措、资金使用及其账务处理的真实性、合规性进行审计的依据、审计内容和方法做出具体规定。

(11) 后评价审计(第 44～47 条)

主要对建设项目交付使用经过试运行后有关经济指标和技术指标是否达到预期目标进行审计的依据、审计内容和方法做出具体规定。

(12) 附则(第 48～49 条)

主要说明指南由中国内部审计协会发布并负责解释,以及指南施行日期。

需注意的是,《内部审计实务指南第 1 号——建设项目内部审计》是由中国内部审计协会发布,并不属于法律法规,仅仅是给各类组织进行建设项目内部审计工作提供的工作指南。

1.4 工程审计的法律效力

根据工程项目资金来源的不同,工程项目可分为:国家预算拨款项目、银行贷款项目、企业联合投资项目、企业自筹项目、利用外资项目和外资项目。工程项目的投资主体不同,工程审计的法律效力也不尽相同。

1.4.1 国家建设项目审计的法律效力

1) 国家建设项目审计的法律地位

审计机关是国家行政机关,审计机关依法对国家财政、财务收支和国有资产的审计监督是行政法律关系范畴。《审计法》主要规定了行政法律关系,第 2 条规定:"国务院各部门和地方各级人民政府及其各部门的财政收支,国有的金融机构和企业事业组织的财务收支,以及其他依照本法规定应当接受审计的财政收支、财务收支,依照本法规定接受审计监督。"《审计法》也认可了行政行为介入民事法律领域,第 22 条规定:"审计机关对政府投资和以政府投资为主的建设项目的预算执行情况和决算,进行审计监督。"第 24 条规定:"审计机关对国际组织和外国政府援助、贷款项目的财务收支,进行审计监督。"2010 年 2 月 11 日颁布、2010 年 5 月 1 日起施行的《中华人民共和国审计法实施条例》(国务院令第 571 号)第 20 条规定:"审计法第二十二条所称政府投资和以政府投资为主的建设项目,包括:(一)全部使用预算内投资资金、专项建设基金、政府举借债务筹措的资金等财政资金的;(二)未全部使用财政资金,财政资金占项目总投资的比例超过 50%,或者占项目总投资的比例在 50%以下,但政府拥有项目建设、运营实际控制权的。审计机关对前款规定的建设项目的总预算或者概算的执行情况、年度预算的执行情况和年度决算、单项工程结算、项目竣工决算,依法进行审计监督;对前款规定的建设项目进行审计时,可以对直接有关的设计、施工、供货等单位取得建设项目资金的真实性、合法性进行调查。"第 22 条规定:"审计法第二十四条所称国际组织和外国政府援助、贷款项目,包括:(一)国际组织、外国政府及其机构向中国政府及其机构提供的贷款项目;(二)国际组织、外国政府及其机构向中国企业事业组织以及其他组织提供的由中国政府及其机构担保的贷款项目;(三)国际组织、外国政府及其机构向中国政府及其机构提供的援助和赠款项目;(四)国际组织、外国政府及其机构向受中国政府委托管理有关基金、资金的单位提供的援助和赠款项目;(五)国际组织、外国政府及其机构提供援助、贷款的其他项目。"因此,审计机关对国家建设项目的审计是有法律依据的,是国家审计的一项重要内容。

2) 国家建设项目审计的法律效力

审计机关按照法定程序实施审计,实施审计后,依法出具审计报告,在审计报告中对审计工作进行总结和情况反映,依法需要给予处理、处罚的,在法定职权范围内做出审计决定。审计机关依法出具的审计报告、做出的审计决定具有法律约束力,被审计单位和有关部门应当遵照执行。

(1) 审计监督的对象

① 建设单位

政府审计是由法律规定的、独立的、专门的行使监督权的政府行政机关和人员实施的强制性的行政行为。政府审计的本质是国有资产所有者对国有资产经营管理者的受托经济责任进行的监督行为。审计发生的基础是财产所有者和经营管理者分离，财产所有者要对经营管理者的受托经济责任进行监督。

依法做出审计决定是《审计法》赋予审计机关的权力。《中华人民共和国审计法实施条例》第20条规定："审计机关对前款规定的建设项目的总预算或者概算的执行情况、年度预算的执行情况和年度决算、单项工程结算、项目竣工决算，依法进行审计监督；对前款规定的建设项目进行审计时，可以对直接有关的设计、施工、供货等单位取得建设项目资金的真实性、合法性进行调查。"

由此可见，在国家建设项目审计中，审计机关和建设单位（被审计单位）之间基于审计监督权力产生行政法律关系。行政法律关系是指行政权力行使中产生的各种社会关系加以调整之后所形成的一种行政法上的权利义务关系。

行政法律关系是典型的隶属型法律关系，具有主体地位不对等的显著特点，在该法律关系中，行政主体作为公共利益的代表，以国家的名义参与法律关系并以国家强制力保证其职权的行使，这就决定了行政主体在行政法律关系中处于主导地位，行政相对人则处于从属或服从的地位。《审计法》第47条规定："审计机关在法定职权范围内做出的审计决定，被审计单位应当执行。"

② 其他项目参与者

《中华人民共和国审计法实施条例》第20条规定："审计机关对前款规定的建设项目的总预算或者概算的执行情况、年度预算的执行情况和年度决算、单项工程结算、项目竣工决算，依法进行审计监督；对前款规定的建设项目进行审计时，可以对直接有关的设计、施工、供货等单位取得建设项目资金的真实性、合法性进行调查。"

由此可见，在国家建设项目审计中，其他项目参与者（这里特指勘察、设计、施工、监理、采购、供货等单位）也可以纳入被审计对象。但是在审计实践中，需注意区分政府向相关主体（建设单位）拨付财政资金，由其管理使用，进行项目建设开发，和政府向相关主体（其他项目参与者）支付报酬，购买其服务和相关产品这两种情况的区别。国家建设项目建设单位的建设行为实际上行使了政府委托的行政职权，同时也是一种国有资产的经营管理行为，审计机关可以对其进行审计监督。而其他项目参加者的建设行为，仅仅是为建设单位提供了产品或服务，如设计单位提供了设计图纸，监理单位提供监理服务，施工单位提供工程建设工作，而供应单位则提供了工程项目建设所需要的建筑材料和设备。政府并没有委托这些主体行使行政职权，这些主体也没有使用、管理财政资金，而仅是向政府提供服务和产品并收取了相应的报酬。因此审计机关很难直接对其进行审计。在实践中，即使审计机关发现这些企业存在以次充好、以假充真的欺诈行为，也只能追究建设单位的责任，要求其通过法律渠道进行解决，或者将这些企业的违法行为的相关证据移送相应的行政主管部门，由其对这些企业进行处理处罚。

(2) 对国家建设项目相关合同的审计监督的法律效力

审计机关可以依法对国家建设项目相关合同的签订和履行过程进行审计。但是，在对国家建设项目相关合同进行审计监督过程中,如果发现相关合同在签订和履行过程中出现不真实、不合法的情况如何处理?

要正确处理审计决定与工程承包合同法律效力的冲突问题,首先必须明确《审计法》和《合同法》的性质。

《审计法》规定各级审计机关代表国家行使审计行政权力,对行政相对人的财政收支、财务收支的真实、合法和效益进行监督,维护国家财政经济秩序,促进廉政建设,保障国民经济健康发展,调整审计机关与被监督对象之间的行政权力义务关系,是公法。《合同法》调整平等主体的自然人、法人、其他组织之间的民事权利义务关系,是私法。两者在各自范围内、各自层面上发挥作用,各得其所,互不冲突。

综上所述,审计依据《审计法》实施,具有公法属性;合同依据《合同法》签订,具有私法属性。公法和私法的区别,决定了在公法领域中遵守行政主导原则,在私法领域中遵守私法自治原则。区分公法和私法,有助于在私法领域提倡当事人意思自治,尽可能地减少国家的干预。因此,审计决定对建设单位具有法律强制力,但其效力不及承建单位;合同是建设单位和承建单位平等、自主协商的结果,适用私法关系中的意思自治原则,审计机关不应以行政权力干预民事权利。

在国家建设项目审计中,合同和审计决定在各自范围内发生效力,发挥作用,一般情况下并不冲突。合同是否有效取决于合同是否符合《合同法》规定,而不取决于审计机关是否认可。《合同法》第52条规定:"有下列情形之一的,合同无效:一方以欺诈、胁迫的手段订立合同,损害国家利益;恶意串通,损害国家、集体或者第三人利益;以合法形式掩盖非法目的;损害社会公共利益;违反法律、行政法规的强制性规定。"因此,只要工程合同无上述情形即有效。而根据《审计法》的有关规定,审计决定符合《行政处罚法》、《审计法》等有关法律规定的,即为有效。审计决定一经做出就对建设单位具有先定力、公定力、确定力、拘束力、执行力(但对其他项目参加者无上述效力)。综上所述,合同和审计决定即使内容上有所冲突,但仍在各自范围内发生法律效力。合同、审计决定的法律效力都是客观存在的,合同的效力非因法定事由,不会因为审计决定的存在、审计机关的看法而失去其效力。同理,审计决定的法律效力也不会因为被审计单位的不同认识、人民法院的采信与否而有所改变。

审计机关对项目相关合同进行审计监督并不是对合同的合法性和有效性进行判定,而是检查被审计单位经营管理行为的真实性、合法性和效益性,以保证其正确履行项目合同的各项义务。无论审计机关的审计结论是什么,都不必然导致合同的无效,因为判定合同是否合法、有效并不是审计机关的法定职责。因此,审计机关即使在审计过程中发现了足以证明项目合同存在违法、无效的事实,也不能以自己的名义判定合同违法或者无效,而只能移送给有权机关或者向政府报告,由其进行处理。

(3) 审计机关项目决算价款审计的法律效力

《审计法》第22条规定:"审计机关对政府投资和以政府投资为主的建设项目的预算执行情况和决算,进行审计监督。"这就赋予审计机关工程决算审计的权利。但是在审计实践中,审计决定认定应付的价款往往与合同价款不一致。在这种情况下,判断国家建设项目价款应以何者为准,要根据有关行政法律、民事法律的规定分析行政法律关系和民事法律关系的不同内涵。

在国家建设项目审计中,涉及审计机关、建设单位(被审计单位)、承包商三个主体,存在行政、民事两种法律关系。民事法律关系是典型的平权型法律关系,平等、自愿、契约自由、意思自治是其显著特点。而行政法律关系是典型的隶属型法律关系,具有主体地位不对等的显著特点,在该法律关系中,行政主体作为公共利益的代表,以国家的名义参与法律关系并以国家强制力保证其职权的行使,这就决定了行政主体在行政法律关系中处于主导地位,行政相对人则处于从属或服从的地位。这明显地区别于民事法律关系的平等、自愿、意思表示一致等特征。在国家建设项目审计中,审计机关和建设单位(被审计单位)之间基于审计监督权力产生行政法律关系,建设单位与承包商之间则基于工程承包合同产生民事法律关系,这是两种相互独立的法律关系。审计机关的审计决定只对行政法律关系的另一方——建设单位(被审计单位)起作用,并不对承包商起作用。因此,建设单位究竟应当支付多少价款给承包商是个民事法律问题,解决该问题合同优先,应当以双方合法签订的合同为准。

 例 1-1 审计机关能否否定施工合同双方当事人达成合意的工程结算结果

1996 年 8 月,发包方与承包方就一国家建设项目签订安装施工承包合同,约定工程承包费用为 346.3 万元。1997 年 10 月,承建的工程经验收合格,并由双方对工程如实核对增减后,签订了工程结算单,结算单载明工程总造价为 340.855 7 万元。截止到 1998 年 12 月,上述工程总造价减去已付 296.503 5 万元尚有 44.352 2 万元未支付,双方对工期、质量、欠款均无异议。1998 年 5 月,经审计局审计,审计定案的工程决算额为 2 733 519.05 元,审减金额为 675 037.95 元。审计局并向发包方下达了"暂停拨付款通知书",发包方以此为由拒付剩余工程款,后承包方起诉。针对此案件,最高人民法院答复河南省高级人民法院的《关于建设工程承包合同案件中双方当事人已确定的工程价款与审计部门审计的工程价款结算不一致时如何运用法律问题的电话答复意见》(2001 民—他字第 2 号 2001 年 4 月 2 日)内容如下:"经研究认为,审计是国家对建设单位的一种行政监督,不影响建设单位与承建单位的会谈效力。建设工程承包合同案件应以当事人的约定作为法院判决的依据。只有在合同明确约定以审计结论作为结算依据或者合同约定不明确、合同约定无效的情况下,才能将审计结论作为判决的依据。"这一电话答复意见再次说明了《审计法》的立法原意,也明确了国家审计机关的审计结论只能作为法院判决合同纠纷时的证据之一,在法律上并不具有高于其他证据的效力。

但需注意的是,审计机关尽管无权否定合同,但有权监督建设单位(被审计单位)签订合同时是否尽到了应有的谨慎职责、支付的价款是否真实合法效益,这是行政法律问题。即使建设单位(被审计单位)在签订合同时有过失,支付的价款与审计机关的审计决定不一致,但只要该过失的程度达不到《合同法》规定的合同无效的程度,合同仍然有效,承包商仍然有权获得合同价款。在民事诉讼中,法院也会依法判决建设单位依照合同付款,并不会采信审计决定。建设单位过失多付价款的,审计机关可以对其进行审计处理处罚,或建议其主管部门追究其行政责任,并不能以行政权力干预合法民事权利,要求承建单位少收价款或退回多收的价款。

1996 年由审计署、财政部、建设部、国家工商行政管理局、国家发展计划委员会、国家经济贸易委员会联合印发的《建设项目审计处理暂行规定》的第 14 条规定:"工程价款结算中多计少计的工程款应予调整;建设单位已签证多付工程款的,应予以收缴。施工单位偷工减料、虚报冒领工程款金额较大、情节严重的，除按违纪金额处以20%以下的罚款外，对质量低劣的工程项目，应由有关部门查明责任并由施工单位限期修复，费用由责任方承担。"但是根据行政法理论，政府行使这种单方面合同变更权和制裁权是有严格条件限制的，即只有在对方当事人的行为已经产生了严重危害公共利益的结果或者威胁的情况下，为了保护公共利益才能够行使。

被审计单位对审计机关做出的有关财务收支的审计决定不服的，可以依法申请行政复议或者提起行政诉讼。

1.4.2 非国家建设项目审计的法律效力

非国家建设项目审计从其性质上来说属于内部审计范畴。内部审计是由本单位或本部门的审计机构或审计人员实施的审计。随着我国现代企业制度的逐步完善，内部审计性质相应地发生了变化，它不再从属于国家审计的监督、评价体系，而是转变为管理职能的重要组成部分，在审计组织体系中所起的作用日益重要。

《内部审计实务指南第1号——建设项目内部审计》第2条规定："本指南所称建设项目内部审计，是指组织内部审计机构和人员对建设项目实施全过程的真实、合法、效益性所进行的独立监督和评价活动。"

内部审计是以检查评价被审计单位内部控制制度为基础，其主要目标是通过对被审计单位内部控制的测评，找出薄弱环节，协助单位完善内部管理，降低工程项目成本支出，促进建设项目实现质量、速度、效益三项目标。

1) 建设项目内部审计对建设单位的法律效力

《内部审计实务指南第1号——建设项目内部审计》第3条规定："本指南适用于各类组织的内部审计机构、内部审计人员及其从事的内部审计活动。"由此可见，无论建设单位是何类型组织，都可以进行建设项目内部审计。

建设项目内部审计是一种独立、客观的保证工作与咨询活动，它的目的是为了促进建设项目实现"质量、速度、效益"三项目标。

建设项目内部审计是组织内部管理职能的一部分，内部审计是接受组织最高管理层的委托，对工程项目建设活动进行评价和监督，对下属管理人员的行为进行监督，对建设项目实施全过程的真实、合法、效益性进行监督和评价，其目的是为了促进建设项目实现"质量、速度、效益"三项目标。

由此可见，在建设项目内部审计中，内部审计部门与建设管理部门之间基于审计监督权力产生组织关系。建设项目内部审计的监督职能应该是代表组织最高管理层监督组织内部建设管理人员和员工的行为和效果，而不是监督管理当局本身。事实上，由组织最高管理层委任和领导的内部审计机构来监督组织最高管理层本身也是不可行的。内部审计是管理职能的一部分。内部审计是为组织最高管理层服务的，是组织最高管理层管理组织的手段，内部审计人员并不是管理人员，而是管理人员的参谋、助手。最终的决定和处理应当由组织最高管理层做出。

2) 建设项目内部审计对其他项目参与者的法律效力

《内部审计实务指南第1号——建设项目内部审计》第5条规定："建设项目内部审计的

内容包括对建设项目投资立项、设计(勘察)管理、招投标、合同管理、设备和材料采购、工程管理、工程造价、竣工验收、财务管理、后评价等过程的审查和评价。"

由此可见,建设项目内部审计范围涉及工程建设项目建设全过程。但其审计结论能否对其他项目参与者(这里特指勘察、设计、施工、监理、采购、供货等单位)产生法律效力,笔者认为这应当与建设单位在和其他项目参与者所签订的工程合同中是否赋予内部审计部门相应的权力有关。如果工程合同中赋予内部审计部门相应的权力,则在工程合同履行过程中内部审计部门就可以依据工程合同规定,行使合同权力,如工程变更价款的确认、工程签证单的复核等,其他项目参与者应当按照合同约定执行。相反,如果工程合同中并未赋予内部审计部门相应的权力,则内部审计部门所出具的审计结论只能给组织最高管理层提供参考,而对其他项目参与者将不产生任何法律效力。

2 工程审计业务操作流程设计

2.1 工程审计的分类

从不同的角度对工程审计加以考查,从而做出不同的分类,有利于加深对工程审计的认识,从而有效地组织工程审计活动,充分发挥审计的积极作用。

2.1.1 按照投资主体划分

随着现代工程融资模式的多样化,建设项目投资主体也逐渐呈现多元化格局。按照投资主体的不同,工程项目审计可分为:

1) 国家投资建设项目审计

主要是对中央政府投资的建设项目进行审计,包括全部或主要由国家财政性资金、国家直接安排的银行贷款资金和国家通借通还的外国政府或国际金融组织及其他资金投资的建设项目。

2) 地方政府投资建设项目审计

主要是对各级地方政府投资的建设项目进行审计,即对以各省、直辖市、自治区、省级市、县、乡等各级地方政府财政性资金及其他资金投资的建设项目进行审计。

3) 单位投资建设项目审计

主要是对各单位自己投资的建设项目进行审计,包括企事业单位利用自有资金或自筹资金投资的建设项目。

4) 外商投资建设项目审计

主要是对外商投资的建设项目进行审计,包括中外合资、中外合作和外商独资投资兴建的建设项目。

5) 联合投资建设项目审计

主要是对多方组成的投资联合体投资兴建的建设项目进行审计。

投资主体不同,工程审计的作用及法律效力也有较大差异。

对政府投资和以政府投资为主的建设项目,审计机关按照法定程序实施审计,实施审计后,依法出具审计报告,在审计报告中对审计工作进行总结和情况反映,依法需要给予处理、处罚的,在法定职权范围内做出审计决定。审计机关依法出具的审计报告、做出的审计决定具有法律约束力,被审计单位和有关部门应当遵照执行。

而对于非国家投资建设项目审计,从其性质上来说属于内部审计,内部审计的监督职能应该是代表组织最高管理层监督组织内部建设管理人员和员工的行为和效果。

2.1.2 按照工程项目建设过程划分

根据工程项目生命周期理论,工程项目生命周期包括投资决策阶段、项目实施阶段和项目投产使用阶段,与之对应,工程项目审计可分为:

1) 工程项目投资决策阶段审计

包括项目可行性研究报告的财务资料以及相关经济数据的咨询服务审计、建设项目法人单位成立的前期相关审计、项目预期盈利审计、项目筹资融资情况审计等。

2) 工程项目实施阶段审计

主要包括设计单位、施工单位等项目参加者资信度审计，项目采购工作审计，建设单位、施工单位财政财务收支审计，建设单位、施工单位年度财务会计报表审计，项目资金来源与资金使用审计，建设单位法人经济责任审计，项目资金管理审计，工程概算、预算和决算审计，以及各项目参加者工作情况审计等。

3) 工程项目投产使用阶段审计

主要包括项目竣工决算审计、项目经济效益审计、项目经济效益后评估审计、项目经济责任审计、项目投资决策审计、建设项目单位清算审计等。

2.1.3 按照审计活动执行主体的性质划分

按审计活动执行主体的性质分类，工程审计可分为政府审计、独立审计和内部审计三种。

1) 政府审计

政府审计是由政府审计机关依法进行的审计，也称为国家审计。我国国家审计机关包括国务院设置的审计署及其派出机构和地方各级人民政府设置的审计厅(局)两个层次。国家审计机关依法独立行使审计监督权，对国务院各部门和地方人民政府、国家财政金融机构、国有企事业单位以及其他以国有资产投资为主的建设项目的预算执行情况和决算，及其经济效益进行审计监督。各国政府审计都具有法律所赋予的履行审计监督职责的强制性。同时，国家审计机关还有要求报送资料权，监督检查权，调查取证权，建议纠正有关规定权，向有关部门通报或向社会公布审计结果权，经济处理权、处罚权，建议给予有关责任人员行政处分权以及一些行政强制措施权等。同时，国家审计机关还可以进行授权审计和委托审计。

2) 独立审计

独立审计，即由独立的社会审计机构受托有偿进行的审计活动，也称为社会审计。我国注册会计师协会(CICPA)在发布的《独立审计基本准则》中指出："独立审计是指注册会计师依法接受委托，对被审计单位的会计报表及其相关资料进行独立审查并发表审计意见。"我国社会审计组织主要承办海外企业、横向联合企业、集体所有制企业、个体企业的建设项目建设行为审计和管理咨询业务；接受国家审计机关、政府其他部门、企业主管部门和企事业单位的委托，关于可行性方案研究、项目竣工决算审计等方面的审计工作。

3) 内部审计

内部审计是指由本单位内部专门的审计机构和人员对本单位建设项目实施过程中财务收支和经济活动实施的独立审查和评价，审计结果向本单位主要负责人报告。内部审计组织独立于财会部门之外，直接接受本部门、本单位最高负责人领导，并向他们报告工作。这种审计具有显著的建设性和内向服务性，其目的在于帮助本单位健全内部控制，改善经营管理，提高经济效益。内部审计所涉及的范围广泛，其审计方式也较为灵活。

2.1.4 按工程审计实施时间划分

按审计实施时间相对于被审单位建设行为发生的前后分类,工程审计可分为事前审计、事中审计和事后审计。

1) 事前审计

事前审计是指在工程项目正式实施之前进行的审计。这实质上是对计划、预算、预测和决策进行审计,例如,国家审计机关对工程项目批准立项的必要性和可行性、项目财政预算编制的合理性、重大投资项目的可行性等进行的审查;内部审计组织对本单位工程项目建设计划的科学性与经济性、工程合同的完备性进行的评价等。

事前审计是指在经济业务发生之前所进行的审查、评价活动。这种审计的优点是事前明确责任,因而可以防患于未然,减少或杜绝损失、浪费和违纪、违法的可能性。开展工程事前审计,有利于建设单位进行科学决策和管理,保证未来工程建设活动的有效性,避免因决策失误而遭受重大损失。

2) 事中审计

事中审计是指在工程项目实施过程中进行的审计。例如,对工程项目招标投标过程,工程合同的执行情况,工程项目概算、预算、决算情况,工程项目进展状况等进行审查。通过这种审计,能够及时发现和反馈问题,尽早纠正偏差,从而保证工程建设活动按预期目标合法合理和有效地进行。事中审计的优点是可以随时了解、掌握工程项目建设的进展情况或经济责任的履行情况,可以及时发现问题,及时进行纠正。事中审计的实时性,决定了在开展工程审计时,事中审计方法运用较广。

3) 事后审计

事后审计是指在工程项目竣工验收交付使用之后进行的审计。如对工程竣工验收情况、项目投资财政预算执行情况、项目建设目标的实现情况、工程项目管理绩效状况等进行审计。事后审计的目标是监督工程项目建设过程的合法合规性,鉴证工程建设各种报告报表的真实公允性,评价项目建设的效果和效益状况等。

2.1.5 按审计内容和目的划分

按审计内容和目的分类,可将工程审计分为财政财务审计、财经法纪审计、经济效益审计和经济责任审计。

1) 财政财务审计

财政财务审计是指检查建设项目财政预、决算和工程财务收支情况,并判断其是否真实正确和合规合法的一种审计,旨在纠正错误,防止舞弊。具体来说,财政审计又包括财政预算执行审计、财政决算审计和其他财政收支审计。财务审计则是指对企事业单位的资产、负债和损益的真实性和合法合规性进行审查。

2) 财经法纪审计

财经法纪审计是以维护国家财经法纪、保证党和国家各项方针政策的贯彻落实为目的的一种经济监督形式。在开展财政财务审计的过程中,如果发现被审单位和人员存在严重违反国家现金管理、结算制度、信贷制度、成本费用开支范围、税利上交规定等国家财经法规,侵占国家资财、损害国家利益的行为,往往会立专案进行深入审查,以查清违法违纪事实,做出相应处罚。这种专案审计实质上只是财政财务审计的深化,重点审查和揭露各种舞弊、侵占社会主义资财的事项,审查和揭露使国家和集体财产造成重大损失浪费的各种失职渎职行为。

3) 经济效益审计

经济效益审计是由审计组织或审计人员为了促进经济效益的提高,以审查评价实现经济效益的程度和途径为内容,对被审单位经济活动之经济效益状况和影响因素进行的审查、分析和评价活动。

对工程项目而言,经济效益审计是指由独立的审计机构或审计人员,依据有关法规和标准,运用审计程序和方法,对被审计建设工程项目投资活动的合理性、经济性、有效性进行监督、评价和鉴证,提出改进建议,促进其提高资金管理效益的一种独立性的监督活动。

4) 经济责任审计

经济责任审计是在我国审计实践中创立的新的审计种类。它是指由独立的审计机构或审计人员依据财经法规和有关规定对企事业单位的法定代表人或经营承包人在任期内或承包期内应负的经济责任的履行情况所进行的审查、评价和证明活动。

对工程项目而言,由于我国实行项目法人责任制,因此有必要将工程项目法人经济责任审计纳入工程审计工作范畴之中。

2.1.6 按照工程审计内容的专业特征划分

根据工程审计内容的专业特征,可分为工程项目财务收支审计、工程项目造价审计、工程项目建设管理审计和工程项目投资效益审计。

1) 工程项目财务收支审计

主要对工程项目建设过程中的项目资金的来源和支出情况进行审计。

2) 工程项目造价审计

主要检查工程项目建设过程中的工程项目投资财政预、决算情况,并判断其是否真实正确和合规合法,包括投资估算审计,工程概算、预算审计和工程决算审计。

3) 工程项目建设管理审计

主要对建设单位及其他项目参加者在工程项目建设过程中的建设行为的合规合法情况及工作效率进行审计。

4) 工程项目投资效益审计

主要对被审计建设工程项目投资活动的合理性、经济性、有效性进行监督、评价和鉴证活动。

2.1.7 按审计内容的范围划分

按审计内容的范围分类,可分为全部审计和专项审计。

1) 全部审计

全部审计或称全面审计,是指对被审单位一定期间内的财务收支和其他经济活动所进行的全面的审查、评价或证明活动。一般年终的财务审计就属于这类审计。经济责任审计要审查责任履行的各方面，所以也属于全部审计。

2) 专项审计

专项审计或称专题审计、特种审计，是指对特定的审计项目所进行的审查或鉴定活动，与此项目无关的经济业务则一般不进行审查。例如，审查某工程项目在建设过程中是否存在挪用国家下拨的项目建设资金的行为，就围绕这一特定项目进行审查，无关的效益方面的问题就不审查，审查预算外的收支，就不审查预算内的收支情况。

2.1.8 按照审计实施的周期性划分

按实施的周期性分类，审计还可分为定期审计和不定期审计。

1) 定期审计

定期审计是按照预定的间隔周期进行的审计，如注册会计师对股票上市公司年度会计报表进行的每年一次审计、国家审计机关每隔几年对行政事业单位进行的财务收支审计等。

2) 不定期审计

不定期审计是出于需要而临时安排进行的审计，如国家审计机关对被审单位存在的严重违反财经法规的行为突击进行的财经法纪专案审计、工程造价咨询单位接受建设单位委托对工程项目造价进行审计、内部审计机构接受指派对本单位物资采购部门存在的舞弊行为进行审查等。

2.1.9 按照审计执行地点划分

按审计地点不同分类，可分为就地审计和报送审计。

1) 就地审计

就地审计是指审计机构委派审计人员到被审单位现场所进行的审查活动。这种审计的优点是可以深入实际、调查研究，易于全面了解和掌握情况，因此是实际审计工作中经常使用的一种重要审计方式。如建设项目的跟踪审计即采用此方法。

2) 报送审计

报送审计是指被审单位按照审计机关的通知，将有关财务会计资料、工程技术经济资料在规定的时间内报送审计机关，由审计机关依法进行审计。

2.2 工程审计的内容

根据审计实施时间相对于被审单位建设行为发生的前后分类，工程审计可分为事前审计、事中审计和事后审计。与之相对应，工程审计的内容可分为开工前审计、工程实施期审计和工程竣工验收后审计三大主要部分。

2.2.1 开工前审计

主要对工程项目开工前各项主要工作进行审计。主要包括：

（1）检查建设项目的审批文件，包括项目建议书、可行性研究报告、环境影响评估报告、概算批复、建设用地批准、建设规划及施工许可、环保及消防批准、项目设计及设计图审核等文件是否齐全。

(2) 检查招投标程序及其结果是否合法、有效。
(3) 检查工程项目筹资融资工作进展情况。
(4) 工程项目设计工作审计。包括设计方案是否合理,设计质量水平,设计中材料、设备的选用是否符合规定等。
(5) 检查与各建设项目相关单位签订的合同条款是否合规、公允,与招标文件和投标承诺是否一致。
(6) 检查内部控制制度建立情况。检查建设单位是否建立健全了各项内部控制制度,如工程签证、验收制度;设备材料采购、价格控制、验收、领用、清点制度;费用支出报销制度等。
(7) 工程项目开工前准备工作审计。

2.2.2　工程实施期审计

我国审计机关对工程项目实施期的审计包括以下内容:
(1) 对工程项目准备阶段资金使用情况进行审计。包括建设用地是否按批准的数量和价格征用、土地使用是否符合规划要求、土地使用权是否已经取得、征地拆迁费用支出是否合理合规等。
(2) 对工程项目费用指标调整情况进行审计。包括:概算、预算指标调整是否符合国家有关规范和标准的规定,调整是否由具备相应资质的单位和人员做出,调整数据和方法是否正确,是否经过有关部门审批,设计变更是否符合规定,设计变更是否存在擅自扩大工程建设规模、提高建设标准的现象。
(3) 对工程合同履行情况进行审计。包括:检查与建设项目有关的单位是否认真履行合同义务,有无违法分包、转包工程。如有变更、增补、转让或终止情况,应检查其真实性、合法性。
(4) 对工程项目投资目标执行情况进行审计,分析重大差异产生的原因。
(5) 对内部控制制度执行情况进行审计。包括:检查建设单位是否有效执行了各项内部控制制度。如工程签证、验收制度,设备材料采购、价格控制、验收、领用、清点制度,费用支出报销制度等内部控制制度是否有效执行,是否需要加以督促、指导和健全,项目建设是否规范运行等。
(6) 对工程项目建设资金来源、到位与使用情况进行审计。包括:项目融资手段和方法是否合法,建设资金来源是否合法,项目建设资金是否已经按照计划落实到位,工程项目建设资金使用是否合法合规,有无转移、侵占、挪用项目建设资金现象等。
(7) 对工程项目建设成本及其他财务收支核算进行审计监督。重点审计工程造价结算是否真实、合法,财务报表是否完整真实;投资超支的幅度及其原因,是否有将不合法的费用列入项目费用中;是否严格按照经批准的投资目标及有关制度对工程项目建设成本进行归集,单位工程成本是否准确;生产成本和建设成本是否严格区分,有无"账外账"等违纪现象出现等。
(8) 对工程项目材料设备采购进行审计。包括:参与材料、设备等采购合同有关条款的商洽,在确保材料、设备的质量和满足使用功能的前提下,对材料、设备价格提供审核意见,并跟踪合同管理，事前提供费用签证联系单。针对无确定价格材料，提供市场调查分析报告及性价比。

（9）对工程变更签证情况进行审计。包括：与建设单位、施工单位一起参加施工图纸会审，了解施工图纸变更情况，根据现场实际情况及时审核各项变更和签证。必须变更的，应先报审变更资料，经审核需要变更的，要严格程序，避免随意变更。严格审查施工签证的规范性、及时性和必要性。

（10）对工程项目投资控制情况进行审计。包括：根据施工合同和施工进度计划，参与编制初步的工程用款计划和工程造价控制目标。根据实际进度与计划，及时进行工程费用分析与比较，找出实际发生额与投资控制目标的偏差值，制定纠偏方案。

（11）对工程项目工程进度价款支付进行审核，出具工程进度款付款意见。

（12）根据工程项目进展情况对工程项目分期或阶段性结算进行审核。

（13）及时分析评价工程项目实施过程中出现的施工索赔与反索赔，提供预防措施及处理意见。

（14）对工程项目税费计缴情况进行审计监督，检查建设单位是否按照国家规定及时足额地计提和缴纳税费。

（15）对工程项目环境保护情况进行审计监督。重点检查工程项目设计、施工等环节是否严格执行国家有关环境保护法律法规、政策，环境治理项目是否与工程项目同步建设等。

（16）对工程设计单位进行审计监督。包括：工程项目设计是否按照批准的规模和标准进行，设计是否符合规范标准的规定，设计费用收取是否符合国家规定和合同约定。

（17）对工程施工单位进行审计监督。包括：施工单位主体资格是否合法，有无违法分包、转包工程的现象，工程价款结算是否真实，有无偷工减料、高估冒领、虚报冒领工程款现象等。

（18）对工程项目监理等咨询单位进行审计监督。包括：单位主体资格是否合法、是否按照合同约定履行工程咨询服务工作、收费是否符合国家规定和合同约定。

2.2.3 工程竣工验收后审计

工程项目竣工验收后审计包括对竣工验收工作和交付使用阶段所有工作进行审计。主要有以下内容：

（1）对工程项目竣工验收情况进行审计监督。包括：检查竣工验收程序是否符合有关规定，竣工验收报告内容是否完整真实，验收标准和方法是否科学适用等。

（2）编制投资控制总结报告。包括工程项目实际投资是否符合经批准的投资计划目标，有无超越项目预算标准。

（3）对单项竣工决算进行初审，检查竣工决算计算和结果是否真实准确，出具初审报告。

（4）协助编制竣工财务决算，出具财务决算审计报告。

（5）提供一套完整的档案资料，包括招投标文件、施工合同、设计标底及图纸会审记录、签证单、隐蔽工程验收记录、开竣工报告、甲供材料及明细表、资质证书、营业执照、施工许可证书、收费许可证书以及施工组织设计等与工程结算相关的资料。

(6) 对工程项目竣工投产后评估进行审计。分析项目的实际盈利情况、市场情况、产品的竞争力等指标,并与立项时的预测相比较,以判断该工程项目建成投产后的实际效益是否达到投资决策时所预定的目标。

(7) 对工程项目交付使用资产情况进行审计监督。包括:交付的固定资产是否真实,是否办理竣工验收手续;流动资产和铺底流动资金移交的真实性和合法性;交付无形资产和递延资产情况等。

(8) 对尚未完成的工程量及所需的投资进行审计监督,检查是否留足投资,有无新增工程现象。

(9) 对工程项目结余资金进行审计监督。包括:银行存款、现金和其他货币资金;库存物资实存量的真实性,有无积压、隐瞒、转移、挪用等现象;往来款项,核实债权债务,有无转移、挪用建设资金和债权债务清理不及时现象等。

(10) 对工程项目建设资金的来源、分配、上缴和留成、使用情况的真实性、合法性进行审计监督。

(11) 对投资包干结余进行审计监督。重点审计包干指标完成情况,包干结余分配是否符合有关规定。

(12) 对工程项目投资效益进行评审。包括:评价分析建设工期对投资效益的影响;分析工程造价情况;测算投资回收期、财务净现值、内部收益率等技术经济指标;分析贷款偿还能力;评价项目经济效益、社会效益和环境效益等。

其中,决算审计是工程审计各环节中的关键一环,也是审计效益较明显的阶段。该阶段的审计重点应突出对工程结算真实性、完整性、合法性的审查。接受审计机关竣工决算审计的工程项目必须具备以下两个条件:一是已经完成初步验收;二是已经编制出竣工决算。

2.2.4 《内部审计实务指南第1号——建设项目内部审计》中规定的工程审计的内容

按照《内部审计实务指南第1号——建设项目内部审计》中的规定,建设项目内部审计的内容包括对投资项目立项、设计(勘察)管理、招标投标、合同管理、设备和材料采购、工程管理、工程造价、竣工验收、财务管理、后评价等过程进行审计和评价。

(1) 投资立项审计。投资立项审计是指对已立项建设项目的决策程序和可行性研究报告的真实性、完整性和科学性进行的审查与评价。

(2) 设计(勘察)管理审计。设计(勘察)管理审计是指对项目建设过程中勘察、设计环节各项管理工作质量及绩效进行的审查和评价。

(3) 招标投标审计。招标投标审计是指对建设项目的勘察设计、施工等各方面的招标和工程承发包的质量及绩效进行的审查和评价。

(4) 合同管理审计。合同管理审计是指对项目建设过程中各专项合同内容及各项管理工作质量及绩效进行的审查和评价。

(5) 设备和材料采购审计。设备和材料采购审计是指对项目建设过程中设备和材料采购环节各项管理工作质量及绩效进行的审查和评价。

（6）工程管理审计。工程管理审计是指对建设项目实施过程中的工作进度、施工质量、工程监理和投资控制所进行的审查和评价。

（7）工程造价审计。工程造价审计是指对建设项目全部成本的真实性、合法性进行的审查和评价。

（8）竣工验收审计。竣工验收审计是指对已完工建设项目的验收情况、试运行情况及合同履行情况进行的检查和评价活动。

（9）财务管理审计。财务管理审计是指对建设项目资金筹措、资金使用及其账务处理的真实性、合规性进行的监督和评价。

（10）后评价审计。后评价审计是指对建设项目交付使用经过试运行后有关经济指标和技术指标是否达到预期目标的审查和评价。

2.3 工程审计的程序

2.3.1 审计程序的含义

审计程序是指审计主体与客体必须遵循的顺序、形式和期限等。它说明在一定时期内审查具体对象或项目所需要的步骤。

审计程序贯串审计工作计划、实施和报告阶段的全过程，是项目审计的工作程序和步骤。确定审计程序，有利于保证审计质量，提高工作效率，有利审计规范化。审计工作能否按照规定程序有条不紊进行，是审计工作能否顺利完成、预期审计目标能否得到实现的重要条件。

审计主体不同，审计程序差异也较大。

1）国家审计程序

国家审计程序通常包括审计准备、审计实施、审计报告和审计处理四个环节。

（1）审计准备阶段

审计机关应根据国家形势和审计工作实际，对一定时期的审计工作目标任务、内容重点、保证措施等进行事前安排，编制审计项目计划。

根据年度审计项目计划组成审计组，按照审计准则的要求编制审计实施方案。审计组实行审计组长负责制，每个审计组实施审计前应当进行审前调查，编制具体的审计实施方案。在实施审计3日前，向被审计单位送达审计通知书。

（2）审计实施阶段

审计人员通过审查会计凭证、会计账簿、财务会计报告，查阅与审计事项有关的文件、资料，检查现金、实物、有价证券，以向有关单位和个人调查等方式进行审计，取得证明材料，并按规定编写审计日记，编制审计工作底稿。

（3）审计报告阶段

审计组对审计事项实施审计后，应当向审计机关提出审计组的审计报告。审计报告报送审计机关前，应当征求被审计单位的意见。被审计单位应当自接到审计报告之日起10日内，将其书面意见送交审计组或者审计机关；自接到审计报告10日内未提出书面意见的，视同无异议。

（4）审计处理阶段

审计机关审定审计报告,对审计事项做出评价,出具审计意见书;对违反国家规定的财政收支、财务收支行为,需要依法给予处理、处罚的,在法定职权范围内做出审计决定或者向有关主管机关提出处理、处罚意见。审计机关应当自收到审计报告之日起 30 日内,将审计意见书和审计决定送达被审计单位和有关单位。审计决定自送达之日起生效。被审计单位对地方审计机关做出的审计决定不服的,可以在收到决定之日起 60 日内向本级人民政府和上级审计机关申请复议。被审计单位对审计复议决定不服的,可以依照《行政诉讼法》的规定向人民法院提起行政诉讼。

2) 社会审计的程序

社会审计的审计程序因受委托业务的不同也有差异,一般来说,社会审计包括以下过程:

(1) 签订审计业务委托合同

① 审计委托业务洽谈;

② 签订业务委托合同。

(2) 编制审计计划

① 根据审计业务委托合同,编制审计计划,制定审计方案;

② 审计计划复核,报委托单位审批。

(3) 内部控制制度测评

(4) 运用审计方法获取相关证据

(5) 编制审计工作底稿

(6) 完成审计外勤工作

(7) 出具审计报告

3) 内部审计

内部审计程序通常包括审计准备、审计实施和审计终结三个阶段。

(1) 准备阶段

内部审计机构接受单位最高领导者委派,组建审计组,编制审计实施方案。

(2) 实施阶段

由本部门和本单位内部专职的审计机构,对系统内和单位内财政财务收支及有关经济活动实施审计。

(3) 终结阶段

内部审计机构在对审计事项实施审计后,向本单位主要负责人或者权力机构提出内部审计工作报告。

2.3.2 工程审计程序

由于工程项目规模大,建设周期长,项目参与者众多,涉及的审计对象较广,审计技术专业要求比较复杂,因此,在进行工程审计时,应当根据每一项业务的对象、目标、专业技术要求等不同情况,分别制定相应的审计工作程序。

工程审计程序可以分为工程项目财政财务收支及会计报表方面的审计业务操作程序和

工程项目特定业务方面的操作程序。工程项目财政财务收支及会计报表方面的审计业务操作程序可以参照一般审计业务的审计程序,而工程项目特定业务方面的操作程序应当根据工程项目的特点,制定详细的审计实施方案。按照科学合理的程序实施审计,可以提高审计工作效率,明确审计责任,提高审计工作质量。

根据《内部审计实务指南第1号——建设项目内部审计》规定,可以将工程审计分为审计准备阶段、审计实施阶段、审计终结阶段和后续审计阶段,其审计流程如图2-1所示。

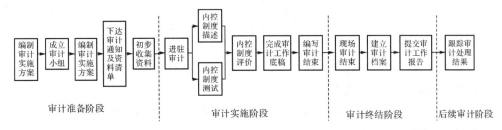

图 2-1　审计实施阶段

2.4　工程审计方法

2.4.1　审计方法概述

审计方法指为完成审计任务、实现审计目标而在审计过程中运用的方式、方法和手段。

审计方法体系包括基本方法和技术方法。在此着重介绍技术方法,也就是具体用以查明或证实审计项目真实性、合法性及正确性的各种专门方法。

审计的技术方法包括审查书面资料的方法和证实客观事物的方法。

(1) 审查书面资料的方法

① 顺序检查法。包括顺查法和逆查法。

顺查法也称正查法,是指按照经济活动运行的步骤或时间的先后顺序依次审查工程技术经济资料及其他资料的方法。

逆查法也称倒查法,是指逆着经济活动运行的步骤或时间的先后顺序来审查工程技术经济资料及其他资料的方法。

② 范围检查法。包括详查法和抽查法。

详查法是指对被审计单位一定时间内全部或某一部分经济活动的有关资料进行全面的、细致的、彻底的审查的一种方法。

详查法适用于被审单位内部控制制度和核算工作质量较差的审计项目,以及经济业务简单、工程技术经济资料较少的审计项目。

抽查法是指从被审计单位一定时间内全部或某一部分经济活动的有关资料中抽取一部分为样本进行审查,据以推断总体资料的正确性、公允性的一种方法。

抽查法适用于审计样本数目繁多的审计项目。

抽查法按抽取样本的方法不同,又分为任意抽样法、判断抽样法和统计抽样法。

③ 资料检查法,包括审阅法、核对法、查询法、分析法。

•审阅法是对有关书面资料进行仔细观察和阅读来获取审计证据的一种方法。根据法规等审计标准,对照资料记录,鉴别其真实性、正确性、合法性、合理性及有效性。

作用:获取直接证据(书面证据)、发现审计线索。

相关资料包括会计资料、统计资料、业务资料、法规文件、制度规定、合同和协议、计划和预算、定额和标准、会议记录、来往信函等。

着重审阅资料的外在形式是否符合规定和要求,记录是否符合要求,反映的内容是否真实、正确、合法和合理。

•核对法是指在相关的资料之间进行相互对照比较,以确定其内容是否一致、记录是否正确的一种审计方法。核对法主要进行证证核对、账证核对、账账核对、账单核对、账表核对、表表核对。

采用核对法审计时应当善于抓住重点,找准关键数据,反复验算,决不自信和轻信。

审阅法要和核对法结合使用。

•查询法是指通过查对和询问来取得必要资料,以获得真实可靠的审计证据的方法。

查询法包括询问法和函证法。

询问法是审计人员在审计过程中,以口头的方式向被审计单位有关人员提出问题,并将他们的口头回答做成询问笔录的审计方法。利用询问法可对会计凭证、会计账簿、会计报表及其他资料中存在的问题进行询问。

询问时应当创造适宜的气氛,注意倾听、适当引导、平易近人;注意询问技巧,把握核心问题提出机会;问题具体、条理清楚、用词恰当;要求被询问人予以保密,认真做好记录并要求被询问人签章;当涉及多人时,应当单独同时询问,防止事后串供。

函证法指审计人员为查清被审计单位的某项记录正确与否,通过发函到被审计单位或给有关人员进行查对,以取得证明材料的一种调查方法。它有两种类型:肯定式、否定式。

采用函证法审计时要注意对有关人员调查不能由被审计单位收、发函,重要事项应予保密;未收到复函,应再次发函或亲临核实;做好函证记录。

•分析法也称分析性复核法,是指审计人员在审计过程中,通过对审计事项的相关指标进行对比、分析、评价,以便发现其中有无问题或异常情况,为进一步审计提供线索的一种审计方法。

(2)证实客观事物的方法

① 盘存法也称盘点法或实物清查法,指审计人员通过实地盘点来审查以实物形态存在的有形资产,如库存现金及其他财产物资实有数额的审计方法。

盘存法按组织方式不同有直接盘存法和间接盘存法。

直接盘存法是指由审计人员亲自到现场盘点实物,以确定其实有数额的方法。

间接盘存法是指审计人员通过观察盘点借以确定实物实有数额的方法。

② 调节法是指为验证某一项目数据的正确性,使两个独立和各自分离的相关数据,通过调整而趋一致的审计方法。

调节法主要应用于证实财产物资账实是否相符,证实相关数据是否趋于一致。

注意调节法计算公式的内涵及运用。

③ 观察法是指审计人员亲临审计现场对被审单位的经济管理及业务活动进行实地观察,借以查明被审事项的事实真相的一种审计方法。

观察法适用于观察内部控制制度的执行情况及观察经济业务的运作过程。

④ 鉴定法是指通过物理、化学、技术鉴别等手段来确定实物资产的性能、质量和书面资料真伪的一种方法。

⑤ 穿行测试法(walk through testing)是指追踪交易在财务报告信息系统中的处理过程。审计人员在了解内部控制时,可以观察被审计单位的生产经营活动,检查文件、记录和内部控制手册,阅读由管理层和治理层编制的报告,实地察看被审计单位的生产经营场所和设备,追踪交易在财务报告信息系统中的处理过程。其步骤包括:第一,将公司规范某项经济业务行为的制度按业务流程的方式描述出来,这表明公司的该项经济业务应该都是按所描述的业务流程运行的;第二,抽取某几笔业务样本;第三,要求受监察的单位提供所有所抽取业务样本的运行记录;第四,按照流程环节,描述样本业务的实际运行情况;第五,对照流程环节与要求,比较并记录没有做到位的地方。这是审计人员了解被审计单位业务流程及其相关控制时经常使用的审计程序。

(3) 审计方法的选用原则

① 依据审计对象和目标选用;
② 依据被审单位具体情况选用;
③ 依据不同审计类型选用;
④ 依据审计人员素质选用;
⑤ 依据审计方式选用;
⑥ 依据审计结论保证程度和审计成本选用;
⑦ 依据系统观点选用。

2.4.2 工程审计方法

由于工程项目投资大,建设周期长,工作内容多,项目参加者涉及面广,因此,工程审计的内容不同,所采用的审计方法也各不相同。

根据《内部审计实务指南第1号——建设项目内部审计》规定,工程审计可以采用以下审计方法。

1) 投资立项审计方法

投资立项审计的主要方法包括审阅法、对比分析法等。

审阅法是对有关书面资料如项目建议书、可行性研究报告和项目立项批文等进行审计,以审查与评价已立项建设项目的决策程序和可行性研究报告的真实性、完整性和科学性情况。

对比分析法是通过相关资料和技术经济指标的对比(拟建项目与国内同类项目对比)来确定差异、发现问题的方法。

2) 设计管理审计方法

设计管理审计主要采用分析性复核法、复算法、文字描述法等方法。

分析性复核法主要是通过对设计文件的分析复查,检查设计文件是否规范、完整,是否符合经批准的可行性研究报告的要求等。

复算法主要是通过计算检查设计概算是否符合投资估算要求,施工图预算是否符合经批准的概算要求等。

文字描述法主要是通过文字描述检查施工图设计文件是否规范、完整,勘察、设计资料依据的充分性和可靠性等。

现场核查法主要是检查设计单位是否建立、健全勘察设计的内部控制工作制度,及各项管理活动的真实性、合法性和效益性。

3) 招投标审计方法

招投标审计主要采用观察法、询问法、分析性复核法、文字描述法、现场核查法等方法。

观察法是指审计人员亲临现场对招标、资格预审、现场踏察、标前会议、开标、评标、签订合同等业务活动进行实地观察,借以查明招标投标事实真相的一种审计方法。

分析性复核法,是指审计人员在审计过程中,通过对标底的单价和总价、投标报价的价格组成、工期和质量等指标进行对比、分析、评价,查看招投标过程有无问题或异常情况的一种审计方法。

文字描述法主要是通过对招标文件、资格预审文件、各投标商的投标文件、评标报告和中标通知书等进行复核,查看招标文件和资格预审文件等是否有违法违规情况出现,投标文件是否对招标文件进行实质性响应,评标报告是否与招标文件确定的评标方法和标准相符,中标通知书是否与招标文件及中标人的投标文件相符等。

4) 合同管理审计方法

对工程合同进行审计主要采用审阅法、核对法、重点追踪审计法等方法。

审阅法是对工程合同进行仔细观察和阅读,对照资料记录,鉴别其真实性、正确性、合法性、合理性及有效性。

核对法主要是对工程合同的合法性、完备性和公正性进行审核。如检查工程合同当事人双方是否按照招标文件及中标人的投标文件的内容签订合同,是否存在实质性内容的变更,合同文件各部分内容是否有前后矛盾的现象,合同条款是否与现行法律法规相冲突的情况,补偿合同、备忘录是否真实客观等。

重点追踪审计法主要是对工程合同的签订过程和履约过程进行跟踪审计,特别是对工程变更、签证、索赔和争议的处理过程进行跟踪,鉴别其真实性、正确性、合法性、合理性及有效性。

5) 设备、材料采购审计方法

设备、材料采购审计主要采用审阅法、网上比价审计法、跟踪审计法、分析性复核法、现场观察法、实地清查法等方法。

网上比价审计法主要是通过工程造价信息网、建材价格信息网等对材料设备的价格进行查询、比对,鉴别设备、材料采购价格的真实性和合理性。

实地清查法主要是通过对设备、材料供应厂商实地考察,设备、材料进场后实地检验等方法,鉴别设备材料的数量、规格、质量要求等是否符合要求。

6) 工程管理审计方法

工程管理审计主要采用关键线路跟踪审计法、技术经济分析法、质量鉴定法、现场核定法等方法。

关键线路跟踪审计法主要是针对工程建设过程中的关键工作进行跟踪审计,保证工程建设按计划、按步骤实施。

技术经济分析法主要是通过对工程建设过程中的主要技术经济指标,如投资额、工期、主要材料消耗、工程造价相关资料等进行对比分析,考查相关被审计单位的工程管理水平和能力。

质量鉴定法主要通过对工程实体质量的检查鉴定,查看工程建设过程中质量目标的实现情况。

现场核定法主要是对工程现场管理制度和程序等进行现场核定,考查被审计单位的工程管理水平和能力。

7)工程造价审计方法

工程造价审计主要采用重点审计法、现场检查法、对比审计法等方法。

重点审计法即选择建设项目中工程量大、单价高,对造价有较大影响的单位工程、分部工程进行重点审查的方法。该方法主要用于审查材料用量、单价是否正确、工资单价、机械台班是否合理。

现场检查法是指对施工现场直接考查的方法,以观察现场工作人员及管理活动,检查工程量、工程进度、所用材料质量是否与设计相符。

对比审计法主要是通过对设计概算与投资估算、施工图预算与设计概算、投标报价与标底、工程决算价与工程合同价之间的总价及其价格组成的对比分析,考查工程造价是否真实合理,投资目标是否得到有效控制。

8)竣工验收审计方法

竣工验收审计主要采用现场检查法、设计图与竣工图循环审查法等方法。

现场检查法主要是参与工程竣工验收,通过对工程的现场验收及竣工验收资料的复核检查,来考查工程建设目标的实现程度。

设计图与竣工图循环审查法是指通过分析设计图与竣工图之间的差异来分析评价相关变更、签证等的真实性与合理性的方法。

9)财务管理审计方法

财务管理审计主要采用调查法、分析性复核法、抽查法等方法对建设项目资金筹措、资金使用及其账务处理的真实性、合规性进行的监督和评价。

10)后评价审计方法

后评价审计主要采用文字描述法、对比分析法、现场核查法等方法对建设项目交付使用经过试运行后的有关经济指标和技术指标是否达到预期目标的审查和评价。

11)内控制度建设、建立及执行审计方法

内控制度建设、建立及执行审计是指在工程建设项目过程对于管理制度及体系的建设及执行情况的检查,通过制度审计审核工程管理情况,督促相关部门完善制度体系、严格执行制度以提高工程管理水平,降低因疏于管理而导致的成本增加的风险。

审计人员可采用穿行测试的方式检查内控制度体系是否完善,制度是否可行,是否还存在管理漏洞、制度缺失的情况。

审计中还应根据审计期间发现的问题追根溯源,检查是否是由于内控制度规定不明确或部分重要内容缺失导致操作无法可依或无法进行有效管理。

审计中可采用抽样调查或查阅相关文件的方式检查内控制度是否执行及执行的情况,也应采用访谈的形式了解执行人对于内控制度的理解程度、意见和建议。

2.5 审计文件的编写

2.5.1 工程审计方案的编写

1) 审计方案的概念

审计方案是对具体审计项目的审计程序及其时间等所做出的详细安排。这是保证审计效果的有效措施,也是检查、控制审计工作质量、进度的依据。

审计方案是审计计划的一部分。根据《内部审计具体准则第1号——审计计划》,审计计划一般包括年度审计计划、项目审计计划和审计方案三个层次:年度审计计划是对年度的审计任务所做的事先规划,是组织年度工作计划的重要组成部分;项目审计计划是对具体审计项目实施的全过程所做的综合安排;而审计方案是对具体审计项目的审计程序及其时间等所做出的详细安排。

审计机构可以根据组织的性质、规模、审计业务的复杂程度等因素决定审计计划层次和审计方案内容的繁简程度。

审计方案由审计业务部门编制,由审计项目负责人具体负责,审计方案编写完成后报分管领导批准,并下达到具体承担审计任务的下级审计机构或者审计组实施。

2) 审计方案的内容

《中华人民共和国审计署6号令》第6条规定:"审计机关和审计组在实施审计前,应当编制审计工作方案和审计实施方案。"

审计工作方案是审计机关为了统一组织多个审计组对部门、行业或者专项资金等审计项目实施审计而制订的总体工作计划。

审计实施方案是审计组为了完成审计项目任务,从发送审计通知书到处理审计报告全部过程的工作安排。当一个审计项目涉及单位多,财政收支、财务收支量大时,审计组为了完成审计实施方案所规定的审计目标,可以对不同的审计事项制定若干具体实施步骤和方法。

由此可见,审计工作方案是审计工作的指导性文件,而审计实施方案则是将审计工作方案的审计工作目标具体化。审计实施方案是整个审计质量控制体系的灵魂,是完成审计项目、实现审计目标的关键点。

(1) 审计工作方案的主要内容包括:
① 审计工作目标;
② 审计范围;
③ 审计对象;
④ 审计内容与重点;
⑤ 审计组织与分工;
⑥ 工作要求。

审计工作方案可以采用表格形式,如表2-1所示。

表 2-1 审计方案格式

被审计单位名称		审计方式	就地审计（　　） 送达审计（　　）	
审计项目名称		编制人员		
编制依据		编制日期		
被审计单位基本情况：				
审计目标、范围、内容与重点：				
审计方法与实施步骤：				
预定时间：				
审计组组长及成员：				
人员分工：				
部门负责人审批：				
主管领导审批：				

(2) 审计实施方案应当包括以下基本内容：

① 编制的依据；
② 被审计单位的名称和基本情况；
③ 审计目标；
④ 重要性水平的确定和审计风险的评估；
⑤ 审计的范围、内容、重点以及对审计目标有重要影响的审计事项的审计步骤和方法；
⑥ 预定的审计工作起止时间；
⑦ 审计组组长、审计组成员及其分工；
⑧ 编制的日期；
⑨ 其他有关内容。

3) 审计实施方案的编写要求

(1) 审计目标

审计目标是通过实施审计或审计调查所要达到的最终目的，它决定着整个审计项目的定位和审计所要发挥的具体监督服务作用，也决定着审计工作重点的选择。一般应当根据审计工作方案的要求，将审计工作方案中的审计工作目标具体化。

确定审计目标时，应当考虑下列因素：

① 法律、法规、规章的规定及相关政策；
② 政府、审计机关、有关部门对审计项目的要求；
③ 被审计单位的有关情况；
④ 审计组成员的业务能力、审计经验；
⑤ 审计的时间和经费预算；
⑥ 其他需要考虑的因素。

审计目标定位要明确，具有可操作性；同时要保证审计目标的可实现性。对工程审计而言，每个审计项目从不同角度可以确定出若干不同的审计目标，因此，一定要结合审计项目的定位，以及审计人员、审计环境、审计手段、可获得的信息和资料等的现状，选择出符合实际的、可以实现的、最重要和最直接的审计目标，切忌因目标多元、定位模糊、偏离实际、空洞抽象、太过理想化而无法实现。

(2) 重要性水平的确定和审计风险的评估

审计组应当分析被审计单位的有关情况，确定重要性水平和评估审计风险，围绕审计目标确定审计的范围、内容和重点。

审计组应当对被审计单位内部控制进行初步评价，确定是否依赖内部控制。依赖内部控制的，要对内部控制进行符合性测试。在内部控制测评的基础上，对被审计单位财政收支、财务收支的业务活动或者会计报表项目进行实质性测试；不依赖内部控制的，在实施审计时直接对被审计单位财政收支、财务收支的业务活动或者会计报表项目进行实质性测试。

对规模较小或者业务简单的审计项目，可以直接确定实质性测试的范围、内容和重点。

(3) 审计实施方案的审计范围

审计实施方案的审计范围是指被审计单位工程项目建设周期内建设行为和有关审计事项。

工程审计范围涉及工程项目整个生命周期，包括投资决策阶段、项目实施阶段和投产运营阶段。具体审计范围由审计机关或单位领导下达，或者根据委托者委托审计事项确定。

(4) 审计实施方案的审计内容

审计实施方案的审计内容是指为实现审计目标所需实施的具体审计事项以及所要达到的具体审计目标。

工程项目审计是财务审计与管理审计的融合，其范围包括对工程项目投资立项、设计(勘察)管理、招投标、合同管理、设备和材料采购、工程管理、工程造价、竣工验收、财务管理、后评价等过程的审查和评价。

细化审计内容就是针对每一个具体审计事项确定所要达到的具体审计目标。当一个审计项目涉及单位多、财政财务收支量大、审计事项多且复杂时，应当在实施方案上明确具体的内容，要达到的具体审计目标。审计事项一般可以按照建设单位投资财政收支、工程项目建设业务活动(环节)或者会计报表项目划分。

(5) 审计实施方案的审计重点

审计实施方案的审计重点是指对实现审计目标有重要影响的审计事项。

审计组应当对审前调查所取得的资料进行初步分析性复核，关注资料间的异常关系和异常变动，分析被审计单位财政收支、财务收支及其有关的经济活动中可能存在的重要问题和线索，确定审计重点。

(6) 确定审计的步骤和方法

对实现审计目标有重要影响的审计事项应当确定审计的步骤和方法。审计步骤和方法应当能够指导审计人员实施审计，实现具体审计目标。

(7) 审计组成员及其分工

《中华人民共和国审计法》第12条规定："审计人员应当具备与其从事的审计工作相适应的专业知识和业务能力。"

确定审计组组长、审计组成员及其分工时，应当考虑其专业胜任能力和职业道德水平符合有关规定要求。

由于现代项目大多是先进科学的产物或是一种涉及多学科、多领域的系统工程,工程审计组成员应当由工程技术人员、工程造价人员、财务会计人员、技术经济人员和项目管理人员构成。工程技术人员应当熟悉工程项目设计、招标投标、工程施工、竣工验收程序及相应的法律法规,能够胜任工程技术审计工作;工程造价人员胜任工程概算、预算、标底、竣工决算等工程造价指标的编制和审核工作;财务会计人员应当具备建设单位财务会计审计知识;技术经济人员应当熟悉工程经济、投资经济等知识,在工程审计工作中,对投资决策审计、工程项目效益审计等内容负责;项目管理人员一方面要负责工程项目管理审计工作,另一方面要负责整个审计工作的统筹和协调工作。审计人员数量根据项目规模的大小、审计期限及审计内容的复杂程度而定。

工程审计实行审计组长或主审负责制,审计组组长具体负责编制审计实施方案,经审计组所在部门负责人审核,报审计机关分管领导批准,由审计组负责实施。

例 2-1 工程项目审计实施方案

××项目工程审计部××项目全过程审计实施方案

根据审计工作计划,审计组准备自××年×月×日起对××(单位)××项目进行审计,现根据审前调查了解的情况制定出对××项目的审计实施方案。

一、编制依据

(1)《中华人民共和国审计法》、《中华人民共和国注册会计师法》、《中华人民共和国预算法》、《中华人民共和国合同法》、《中华人民共和国招投标法》、《中华人民共和国建筑法》;

(2)中华人民共和国国家审计准则(审计署8号令);

(3)××(单位)年度审计计划;

(4)住建部第16号令《建筑工程施工发包与承包计价管理办法》;

(5)财政部建设部财建〔2004〕369号关于《建设工程价款结算暂行办法》的通知;

(6)国家及地方现行的有关其他法律法规,有关部门颁布的工程建设其他费用的计取标准等;

(7)××工程建设项目建设前期文件、概算及批复文件;

(8)工程招投标文件、施工图;

(9)合同协议、委托书及会议纪要等。

二、被审计单位的名称及项目基本情况(略)

三、审计目标

① 监督财政、财务收支的合法性,项目信息的真实性;

② 审计建设项目实施过程的合法性;

③ 监督建设单位内控制度的建立;

④ 预警作用,降低工程建设过程中风险损失;

⑤ 审计工程项目的绩效状况。

四、审计对象和范围

××项目(土建、水暖通、电气、装饰工程)从项目立项到工程竣工验收及投产运营阶段的全过程审计和竣工财务决算审计。

五、审计风险的评估及重要性水平的确定

××项目的项目融资采用PPP方式,投资关系较为复杂,投资金额巨大,投资财务收支较为复杂,其中一些项目投资方存在资金不到位现象,项目建设周期长,工程技术要求较高,加之工程分标较多,项目涉及面广,鉴于以上情况,将××项目的固有风险水平评价为高等。根据审前调查情况看,建设单位内部控制制度基本健全,内设的审计部切实履行内部审计职责,重大投资决策、建设资金调度、招标投标、合同签订、工程变更等工作经过授权且实际执行良好,故对建设单位的控制风险水平评价为中等。由于只能接受中等水平的检查风险,因此决定了此次审计采用全面审计和专项审计相结合,以获取适量证据。

本次工程审计中投资财务收支审计的会计报表层次的审计重要性水平按照总资产固有比率法确定,即以项目总投资为判断基础,乘以固有比率,即重要性水平=投资总额22 635万×0.5‰=113.175万元。各账户的重要性水平分配按会计报表层次重要性的4%确定,金额为4.527万元(113.175×4%),只要发现投资财务收支账户的错报或漏报超过这一水平,就确定为重大差错。

六、审计的内容和步骤

此次审计采用全面审计和专项审计相结合,审计内容和步骤如下:

第一部分　工程全过程审计

工程全过程审计包括三个阶段。

第一阶段　对审计进入前的前期情况进行阶段性审计

审计进入前,下达审计通知书时向建设单位提交工程项目审计所需资料清单,建设单位应当提供相关资料,审计组安排工程技术人员、工程造价人员、财务会计人员、技术经济人员和项目管理人员进行前期工程建设情况阶段性审计。

(一)投资立项及前期费用审计

1)审计基本建设程序执行情况。根据现行规定,基本建设程序投资决策阶段工作包括项目建议书、可行性研究报告、批准立项等工作环节。只有前一个工作环节完成后,才能进行下一步工作。审计时重点检查各环节相关审批手续是否完备。

2)审计征地拆迁费用支出是否真实、合法,管理是否符合有关规定。

(二)工程设计审计

设计(勘察)管理审计的目标主要是:审查和评价设计(勘察)环节的内部控制及风险管理的适当性、合法性和有效性;勘察、设计资料依据的充分性和可靠性;委托设计(勘察)、初步设计、施工图设计等各项管理活动的真实性、合法性和效益性。主要内容包括:

1)委托设计(勘察)管理的审计。主要审查设计任务书编写是否完整合规,设计(勘察)单位的选择是否合法合规;设计(勘察)单位的资质是否符合项目规模要求等。

2)初步设计管理的审计。主要审查初步设计深度是否符合规定,报经批准的初步设计方案和概算是否符合经批准的可行性研究报告及估算要求,初步设计文件是否规范、完整等。

3)施工图设计管理的审计。主要审查施工图设计深度是否符合规定,设计文件是否规范、完整,施工图设计的内容及施工图预算是否符合经批准的初步设计方案、概算及标准等。

（三）工程招投标审计

招投标审计的目标主要包括：审查和评价招投标环节的内部控制及风险管理的适当性、合法性和有效性；招投标资料依据的充分性和可靠性；招投标程序及其结果的真实性、合法性和公正性，以及工程发包的合法性和有效性等。主要内容包括：

1）检查工程施工、主要建筑材料和设备采购等是否经过招投标，标段的划分是否适当，招标文件是否完整合法，招投标的程序和方式是否符合有关法规和制度的规定，标底的编制是否准确等。

2）检查开标、评标、定标的程序和方式是否符合有关法规和制度的规定，评标标准是否公正，是否存在串标、压价现象等。

（四）合同审计

合同审计的目标主要包括：审查和评价工程合同的合法性、公正性、完备性和有效性，主要内容包括：

1）审查工程项目是否全面推行合同制，合同的订立是否规范，是否存在口头协议现象等。

2）对已签订的工程合同，审查合同条款是否完整、合法，合同条款是否与招标文件及承包商的投标文件相一致，是否存在"黑白合同"的现象等。

3）审查勘察设计合同、监理合同、施工合同等是否合法合规，投标报价是否合理。

第二阶段　工程跟踪审计

（一）投资控制跟踪审计

1）甲供材料设备的审计。检查供应商的选择方法和原则是否合法合规，大宗材料设备采购是否经过招标投标程序，采购价格是否与当地实际市场价格相符等。

2）工程价款支付审计。主要检查工程计量、工程款支付程序是否按照合同约定实施，主要分部分项工程量计量结果是否真实，工程预付款是否按照合同约定扣回，工程款支付价格是否与投标报价相符，新增项目价格确定程序和方法是否合法合规，工程进度款额度是否与合同约定一致，是否存在超付现象等。

3）工程变更审计。主要检查工程变更洽商单的内容、变更程序是否符合规定，设计变更是否符合经审批的批准立项文件及施工图的要求，是否存在超量超标现象，施工方提出的变更是否经过监理和建设单位的审批，工程变更增减范围和内容是否真实、合理，变更处理方法是否与合同约定一致，变更签证文件的处理是否符合时效要求，是否存在突击补签证现象，变更工程价款的调整是否符合合同约定等。

（二）质量控制跟踪审计

1）检查验收审计。主要检查工程验收内容和程序是否与合同约定一致，工程验收结果是否达到合同约定标准，建设单位是否增加额外检验，建设单位是否存在拖延验收或检验现象等。

2）承包商施工审计。主要检查承包商施工操作是否按照规范和标准实施，是否存在偷工减料的现象，对出现的质量问题是否按照合同约定进行处理，是否按照监理和建设单位的要求对有问题部位进行返修或更换，现场见证取样是否按照规定实施等。

3）对乙供材料设备的审计。主要检查材料设备质量要求、规格品种是否符合合同约定，是否存在以次充好的现象，所提供的试验和检验报告是否真实，进场入库验收程序是否按照规定执行,代用材料是否经过监理和建设单位的批准等。

4) 对分包工程项目的审计。主要检查分包的工程项目是否经发包人同意,承包商是否按照合同约定对分包工程进行管理,分包单位有无将其承包的工程再分包现象等。

(三)进度控制跟踪审计

主要检查承包商是否按照经批准的进度计划安排施工,对工期延误的处理是否符合合同约定,承包商赶工措施是否符合质量和安全要求,承包商的延期要求是否真实合理,批准程序是否合法合规等。

第三阶段　工程竣工结算审计

(一)审计准备

向建设单位下达提供工程竣工验收所需资料清单通知,制定工程竣工结算审计方案。

(二)实施审计

审计目标:检查工程价格结算与实际完成的投资额的真实性、合法性;检查是否存在虚列工程、套取资金、弄虚作假、高估冒算的行为等。

主要审计工作包括:

1) 核查送审结算书中工程量的计算是否按照工程量清单计价规范中规定的计算规则进行,计算是否准确,必要时需到现场复核。

2) 检查分部分项工程量清单组价是否合理合规,项目选用是否恰当。

3) 检查措施项目清单、其他项目清单、规费计取是否符合标准,有无重复计费现象。

4) 核查材料设备价格是否调整,如有调整,调整是否按照合同约定执行,价格调整是否真实合理。

5) 检查结算项目是否与竣工图相一致,竣工图是否与实际相符。

6) 检查设计变更是否真实合理,变更价格调整是否按照合同约定执行。

7) 审查现场签证是否真实可靠,是否存在重复计算的现象。

8) 审查送审结算书中的材料设备的数量、品种和规格是否与实际施工相符。

9) 对于分包项目,审查分包商结算造价是否合理,承包商收取的管理费及配套费是否符合合同约定等。

对于审计中发现的问题,需要向建设单位、监理单位、设计单位和施工单位了解情况的,及时询问,有关各方应予以协助配合。

经过初步审计后出具工程造价初审定案单,在和建设单位交流后,由建设单位组织项目有关各方参加,由审计人员与施工单位针对初审定案单中的分歧问题交换意见,达成一致意见后,由建设单位、审计单位和施工单位三方签字确认。

竣工决算审计完成后,出具审计报告征求意见稿,与建设单位交流后定稿,出具审计报告,提出管理建议书。

审计工作总结。

第二部分　竣工财务决算审计

(一)审计准备

向建设单位下达提供工程财务审计所需资料清单通知,制定财务审计方案。针对实际情况开展工程前期财务情况的阶段性审计。

（二）实施审计

审计目标：审查和评价建设单位建设项目财政、财务收支的真实性、合法性和效益性。

在开展全过程跟踪审计期间，财务审计适时介入。工程结算全部完成后，进行工程竣工财务决算审计。

工程竣工财务决算审计的具体实施过程如下：

1）建设单位提供工程决算审计的有关资料，提供工程竣工财务决算审计涉及的有关会计资料。

2）审查工程项目立项手续是否完备、齐全，是否合法合规。

3）检查、评价建设项目会计核算制度、内控制度的健全性、有效性及其执行情况。

4）检查"工程物资"科目，检查明细科目中的材料和设备是否与设计文件相符，有无盲目采购的情况；款项支付有无违规多付的情况；工程完工后剩余工程物资的盘盈、盘亏、报废、毁损等是否做出了正确的账务处理。

5）检查"在建工程"科目，检查是否存在设计概算外其他工程项目的支出；是否将生产领用的备件、材料、仪器、仪表和设备列入建设成本；据以付款的原始凭证是否按规定进行了审批，是否合法、齐全；是否按合同规定支付预付工程款、备料款、进度款；支付工程结算款时，是否按合同规定扣除了预付工程款、备料款和质量保证期间的保证金；工程管理费、征地费、可行性研究费、临时设施费、公证费、监理费等各项费用支出是否存在扩大开支范围、提高开支标准以及将建设资金用于集资或提供赞助而列入其他支出的问题；是否存在以试生产为由，有意拖延不办固定资产交付手续，从而增大负荷联合试车费用的问题；是否存在截留负荷联合试车期间发生的收入，不将其冲减试车费用的问题；试生产产品出售价格是否合理；是否存在将应由生产承担的递延费用列入本科目的问题；投资借款利息资本化计算的正确性，有无将应由生产承担的财务费用列入本科目的问题；本科目累计发生额摊销标准与摊销比例是否适当、正确；有无弄虚作假、随意扩大开支范围及舞弊迹象。

6）竣工决算的审计。主要包括：

（1）检查所编制的竣工决算是否符合建设项目实施程序，有无将未经审批立项、可行性研究、初步设计等环节而自行建设的项目编制竣工工程决算的问题。

（2）检查竣工决算编制方法的可靠性。有无造成交付使用的固定资产价值不实的问题。

（3）检查有无将不具备竣工决算编制条件的建设项目提前或强行编制竣工决算的情况。

（4）检查"竣工工程概况表"中的各项投资支出，并分别与设计概算数相比较，分析节约或超支情况。

（5）检查"交付使用资产明细表"，将各项资产的实际支出与设计概算数进行比较，以确定各项资产的节约或超支数额。

（6）分析投资支出偏离设计概算的主要原因。

（7）检查建设项目结余资金及剩余设备材料等物资的真实性和处置情况，包括：检查建设项目"工程物资盘存表"，核实库存设备、专用材料账实是否相符；检查建设项目现金结余的真实性；检查应收、应付款项的真实性，关注是否按合同规定预留了承包商在工程质量保证期间的保证金。

（8）检查工程项目竣工结算报表是否真实、全面、合法。

工程竣工财务决算审计完成后，出具竣工决算审计报告征求意见稿，对审计中发现的问题，根据国家相关法律法规出具处理意见，与建设单位交换意见后，出具审计报告，并提出管理建议书。

七、审计组成员及其分工(表2-2)

表2-2 审计组成员及其分工

姓 名	职 称	执业资格	审计任务
×××	高级审计师	国际注册内部审计师(CIA)	审计组长
×××	高级审计师	国际注册内部审计师(CIA)	主持财务决算审计
×××	高级会计师	注册会计师(CPA)	财务决算审计
×××	审计师	注册会计师(CPA)	财务决算审计
×××	审计师	注册会计师(CPA)	财务决算审计
×××	会计师	注册会计师(CPA)	财务决算审计
×××	高级工程师	注册造价工程师、咨询工程师	主持工程项目审计
×××	高级工程师	注册造价工程师、咨询工程师	主持前期阶段性审计，协助跟踪审计
×××	工程师	注册造价工程师	前期审计及投资控制审计
×××	工程师	注册造价工程师	前期审计及投资控制审计
×××	工程师	注册咨询工程师	前期审计及质量控制审计
×××	工程师	注册咨询工程师	前期审计及进度控制审计
×××	高级工程师	注册造价工程师	主持工程竣工结算审计
×××	工程师	注册造价工程师	工程竣工结算审计
×××	工程师	注册造价工程师	工程竣工结算审计
×××	工程师	注册造价工程师	工程竣工结算审计
×××	工程师	注册造价工程师	工程竣工结算审计

八、工作要求

（一）审计人员在审计过程中对审计事项既要充分取证，更要注意保密，有关事项或疑难问题应及时向审计组长汇报。在执行审计实施方案过程中，如遇重大事项，按照规定程序进行修改和补充审计方案，并按规定报批。

（二）取得述职报告和审计承诺。审计实施初期，应要求建设单位向审计组就其提交的会计凭证、账簿、报表等会计资料及相关工程建设技术经济资料的真实性、完整性做出书面承诺。审计中可以要求项目参加者分级承诺或分项承诺，尽可能降低审计风险。

（三）充分利用计算机辅助审计、内部控制测评、统计抽样、项目管理软件、工程造价软件等先进的审计技术方法，降低审计检查风险，减少现场审计时间，提高审计工作效率。

（四）审计组在审计过程中要严格审计纪律。

九、审计时间要求

××年×月×日下达审计通知书；××年×月×日～××年×月×日进行工程前期阶段性审计；××年×月×日进点实施审计，××年×月×日前跟踪审计实施阶段结束；××

年×月×日前完成工程竣工结算审计;××年×月×日前完成工程竣工决算财务审计;××年×月×日前完成审计报告初稿;××年×月×日前审计报告征求意见完毕,××年×月×日前送法规处复核。

××项目工程审计部
××年×月×日

4) 审计实施方案的调整

当发生下列情况时,应当及时调整审计实施方案:

(1) 年度审计项目计划、审计工作方案发生变化的;
(2) 审计目标发生重大变化的;
(3) 重要审计事项发生变化的;
(4) 被审计单位及其相关情况发生重大变化的;
(5) 审计组人员及其分工发生重大变化的;
(6) 需要调整的其他情形。

2.5.2 审计通知书的编写

1) 审计通知书的概念

审计通知书是指审计机构在实施审计前,根据审计工作方案,通知被审计单位或个人接受审计的书面文件,也称审计指令。

无论是国家审计、社会审计,还是内部审计,在正式开展审计工作之前,向被审计单位送达审计通知书,一方面保证被审计单位对审计工作知情;另一方面也使得被审计单位对自己在审计部门开展审计工作时应当提供哪些协助工作能够有所了解,保证审计工作的顺利进行。特殊审计业务可在实施审计时送达。

2) 审计通知书格式

审计通知书一般包括以下内容:

(1) 被审计单位名称;
(2) 审计时间;
(3) 审计目的、审计范围和项目;
(4) 被审计单位应提供的具体资料和其他必要的协助;
(5) 审计组组成人员名单;
(6) 发出审计通知书的审计机构及其负责人的签章和签发日期。

 例 2-2 审计通知书格式

审计通知书

××市审计局关于审计××市××(单位)××××项目的通知

××(单位):

根据《中华人民共和国审计法》第 22 条规定,我局决定派出审计组对你单位××××项目进行审计,现将有关事项通知如下:

1. 审计时间:××年×月×日～××年×月×日
2. 审计内容
   (1) ××××
   (2) ××××
   (3) ××××
3. 审计要求
   (1) 请按要求和单位实际情况认真填写下列所附自查表;
   (2) 届时请积极配合,按要求提供有关资料和必要的工作条件,并对所提供和填列的所有资料的真实性和完整性做出承诺。
4. 审计组成员
   审计组组长:×××
   审计组成员:××× ×××

附:(1) 承诺书;
   (2) ××××

××××(审计机关全称印章)
××年×月×日

2.5.3 审计工作底稿的编写

1) 审计工作底稿的含义

审计工作底稿是审计人员在审计过程中形成的与审计事项有关的工作记录和获取的审计证据。审计工作底稿是审计证据的载体,它形成于审计过程,也反映整个审计过程。审计工作底稿是联系审计证据和审计结论的桥梁。

2) 审计工作底稿的作用

(1) 为形成审计报告提供依据

审计结论和审计意见是审计过程中一系列专业判断的结果,这些专业判断的客观依据是审计证据。审计人员所搜集到的审计证据与形成的专业判断都完整记录在审计工作底稿中,因此,审计工作底稿是形成审计结论、发表审计意见的直接依据。

(2) 为评价审计工作质量提供依据

审计质量包括审计工作质量和审计报告质量,而审计报告质量又依赖于审计工作质量,因此严格控制审计工作质量是保证审计质量的关键。审计工作质量很大程度上体现在审计工作底稿上,要控制审计工作质量,必须对审计工作底稿的编制和复核规定一整套严格的程序,层层把关,保证应该实施的审计程序没有遗漏,已实施的审计程序足够说明问题,所做的专业判断是合适的,才能使审计质量的控制和监督落到实处。

(3) 证实审计机构及人员是否遵循审计准则

审计准则是审计工作本身的规范,是审计人员的行为指南,它是衡量审计主体工作优劣和工作质量问题的标准。而审计工作底稿是审计人员在审计过程中形成的审计工作记录和获取的资料。为了提高审计质量,必须对审计工作底稿的编制和复核规定一整套严格的程序,《中国注册会计师审计准则第 1131 号——审计工作底稿》、《内部审计具体准则第 4

号——审计工作底稿》等均对审计工作底稿的编制和复核做出严格的规定。通过对审计工作底稿的检查,可以证实审计机构及人员是否遵循审计准则。

(4) 为以后的审计工作提供参考

由于工程审计是连续进行的,工程审计工作底稿可以为以后的审计工作提供参考。一般来说,当一个工程项目审计开始前,首先要全面了解以前工程审计的审计工作底稿,再结合工程项目的特点,了解内部控制的薄弱环节在哪里,重点审计的内容是什么,审计报告是哪种类型等,将其作为本项目审计计划的参考。

(5) 提高审计人员的专业素质。

依据执业准则实施必要的审计程序,发表客观公正的审计意见,是审计人员的审计责任。审计人员在审计过程中是否执行了执业准则,选择的审计是否恰当、合理,所做出的专业判断是否准确等都直接反映在审计工作底稿中。因此,审计工作底稿是评价审计人员业绩,衡量其业务水平、工作能力,反映其职业责任强弱的标尺。

通过审计工作底稿的编写,可以使审计人员掌握审计的工作方法和重点,不断提高自身的专业素质,促进审计质量的提高。

3) 审计工作底稿的编写依据

审计工作底稿是在实施审计过程中取得的,其编写依据包括:

(1) 与工程审计相关的国家方针、政策和法律法规;
(2) 被审计工程的相关批准文件;
(3) 被审单位工作计划、实施方案、管理制度;
(4) 被审单位各类账表、凭证、统计资料以及经济活动分析、财产物资实有状况等;
(5) 其他单位提供的与审计项目相关的资料;
(6) 审计工作日记、调查询问记录、各种查证、函证核实资料等。

4) 审计工作底稿的要素

根据《中华人民共和国审计署 6 号令——审计机关审计项目质量控制办法(试行)》第 50 条规定,审计工作底稿包括以下八个要素:

(1) 被审单位名称,即接受审计的单位或者项目的名称;
(2) 审计事项,即审计实施方案确定的审计事项;
(3) 审计期间或者截止日期,即审计事项所属审计期间或者截止日期;
(4) 审计人员及编制日期,即实施审计项目并编制审计工作底稿的人员及编制日期;
(5) 审计结论或者审计查出问题摘要及其依据,即简要描述审计结论或者审计查出问题的性质、金额、数量、发生时间、地点、方式等内容,以及相关依据;
(6) 复核人员、复核意见及复核日期,即审计组组长或者其委托的有资格的审计人员对审计工作底稿的复核意见及实施复核的日期;
(7) 索引号及页次,即审计工作底稿的统一编号及本页的页次;
(8) 附件,即审计工作底稿所附的审计证据及相关资料。

5) 审计工作底稿的内容

编制的审计工作底稿,应当使得未曾接触该项审计工作的有经验的专业人士清楚地了解:按照审计准则的规定实施的审计程序的性质、时间和范围;实施审计程序的结果和获取的审计证据;就重大事项得出的结论等。

审计工作底稿通常包括总体审计策略、具体审计计划、审前调查计划表、审计发现记录表、审计发现汇总表、询证函回函、管理层声明书、核对表、审计资料清单,以及与被审计单位交换意见表等。审计工作底稿的内容主要包括:

(1) 审计项目名称;

(2) 审计事项名称;

(3) 审计过程和结论;

(4) 审计人员姓名及审计工作底稿编制日期并签名;

(5) 审核人员姓名、审核意见及审核日期并签名;

(6) 索引号及页码;

(7) 附件数量。

审计工作底稿记录的审计过程和结论主要包括:

(1) 实施审计的主要步骤和方法;

(2) 取得的审计证据的名称和来源;

(3) 审计认定的事实摘要;

(4) 得出的审计结论及其相关标准。

工程审计工作底稿参考格式如表2-3~表2-9所示。

表2-3 审计项目基本情况

项目名称		建设地址	
项目法人		建设性质	
设计单位		监理单位	
施工单位		质量监督单位	
初设批复单位		项目批准文号	
工程规模及内容			
批复投资总额	项目	计划(万元)	到位(万元)
	国家财政拨款		
	业主自筹		
	银行贷款		
	其他		
	合计		
主要开工建设项目	项目名称	概算投资(万元)	已完成投资(万元)
	合计		
建设起止时间	设计:从 年 月 日开工至 年 月 日竣工		
	实际:从 年 月 日开工至 年 月 日竣工		

表 2-4　审计程序表

被审计单位			签名	日期	索引号	
项目		编制人			页次	
截止日		审核人				

一、审计目标
1. 2. 3.

二、审计流程	执行情况	索引号
1. 2. 3.		

三、审计说明

表 2-5　审计发现记录表

被审计单位			签名	日期	索引号	
项目		编制人			页次	
截止日		审核人				

一、审计结论或审计发现内容摘要

二、审计依据

三、潜在风险及影响

四、审计意见及建议

五、附件资料

六、复核意见

表 2-6 审计资料清单

被审计单位			签名		日期		索引号	
项目			编制人				页次	
截止日			审核人					
序号	资料名称	页数		资料来源		提供时间	备注	

说明

表 2-7 审前调查计划表

被审计单位		签名		日期		索引号	
项目		编制人				页次	
截止日		审核人					

一、审计目标

二、审前调查范围

三、审前调查重点

四、审前调查方法

五、审前调查人员及分工

六、审前调查时间

表 2-8 审计发现汇总表

被审计单位		签名		日期		索引号	
项目		编制人				页次	
截止日		审核人					
序号	性质	问题定性及处理意见				底稿索引号	

审计说明

表 2-9 与被审计单位交换意见表

审计组参加人员				
被审计单位参加人员				
序号	审计发现摘要	主要事实	潜在风险及影响	审计意见及建议	被审计单位意见
与被审计单位交换意见后的处理意见					

6) 编制审计工作底稿的总体要求

审计工作底稿是审计证据的载体,是形成审计意见、出具审计报告的依据,是按规定要求完成审计工作、履行应尽职责的证明。审计工作底稿应如实反映审计计划的制订及其实施情况,完整记录参审人员的审计轨迹。

审计工作底稿在内容上应做到资料翔实、重点突出、繁简得当、结论明确;在形式上做到要素齐全、格式规范、标识一致,记录清晰。

(1) 资料翔实,即记录在审计工作底稿上的各类资料来源真实可靠,内容完整;

(2) 重点突出,即审计工作底稿应反映对审计结论有重大影响的内容;

(3) 繁简得当,即审计工作底稿应根据记录内容的不同,对重要内容详细记录,对一般内容可以简单记录;

(4) 结论明确,即按审计程序对审计项目实施审计后,参审人员应对该审计项目表达明确的专业判断意见;

(5) 要素齐全,即构成审计工作底稿的基本内容应全部包括在内;

(6) 格式规范,即审计工作底稿采用的格式规范;

(7) 标识一致,即审计标识符的含义前后一致,并标识在审计工作底稿上;

(8) 记录清晰,即审计工作底稿上记录的内容连贯,文字端正,有关验算数据正确。

7) 审计工作底稿的编制方法和技巧

(1) 规范审计工作底稿

审计工作底稿编制规范化,不仅能提高审计工作质量,防范审计风险,还便于审计情况总结,提高审计工作效率。

(2) 审计工作底稿完备化

审计工作底稿的完整性是指审计工作底稿要覆盖全部审计项目。编制完整的项目审计工作底稿,既是审计准则的要求,也是实际工作的需要。通过编制审计工作底稿,可以对审计事项重新核实、查证,从而彻底了解被审计事项的基本情况,做到成竹在胸,达到审计目标。

(3) 审计工作底稿简明清晰、合理有序

由于审计涉及面广,取证的材料比较多,这就要求审计人员根据审计方案逐项逐事编制审计工作底稿,做到一项一稿或一事一稿,编写要情节表述简明清晰、定性准确、编写合理有序,以便看清问题的来龙去脉、因果关系。

(4) 注意审计工作底稿之间的关联性

相关审计工作底稿之间应当具有清晰的钩稽关系,相互引用时,应当交叉注明资料来源及底稿编号。

(5) 审计工作底稿繁简得当

编制审计工作底稿时,应当充分考虑工程审计的性质、目的和要求,体现审计工作底稿的简明性和适用性。

(6) 审计问题定性要准确

审计工作底稿是审计人员编写审计报告和审计机关做出审计决定、提出审计意见的基础,因此对审计工作底稿反映的问题进行定性一定要准确,这将关系到审计报告的质量和审计决定、审计意见书客观公正、合理有据、经得起考验。要做到定性准确,除了情节表述客观公正、简明清晰、数据要精确以外,还必须要求其所运用的法规、依据充分有效,不能使用废止、失效的法规,没有追溯力的法规和其他不适用的法规。

8) 审计工作底稿的复核

审计组应当指定专人对审计工作底稿的下列事项进行复核,并签署复核意见:

(1) 审计实施方案确定的审计事项是否实施审计;

(2) 审计实施方案确定的具体审计目标是否实现,审计步骤和方法是否执行;

(3) 事实是否清楚;

(4) 审计证据是否充分;

(5) 适用法律、法规、规章是否准确;

(6) 审计结论是否恰当;

(7) 其他有关重要事项。

对审计工作底稿中存在的问题,审计组组长应当责成审计人员及时纠正。

经复核审定的审计工作底稿,不得擅自增删或修改。若确需改动的,应当另行编制审计工作底稿,并做出书面说明。

审计工作底稿的编制人员和复核人员对审计工作底稿的真实性负责,并对审计工作底稿中涉及的被审单位的商业秘密负有保密责任,审计工作底稿未经审计机构负责人批准,不得对外提供。

审计工作底稿必须分类整理,归入审计项目档案,并由专人保管。

2.5.4 审计报告的编写

1) 审计报告的定义

审计报告是审计小组或审计人员在审计工作结束后,将审计工作任务完成情况和审计工作的结果,向审计机构、委托者或有关部门提出的书面文件。它是记载审计人员实施审计的情况和表达审计意见的书面文件。撰写审计报告是审计工作的最终产品,是审计过程中极为重要的一个环节。

2) 审计报告的作用

(1) 审计报告全面地总结了审计过程和结果;

(2) 审计报告表明了审计人员的审计意见和建议；
(3) 审计报告是审计机关据以做出审计决定的依据；
(4) 审计报告可以起到公证或鉴证的作用；
(5) 审计报告有利于被审单位纠错防弊、改善经营；
(6) 审计报告是评价审计质量、审计人员工作业绩的重要依据。

3) 审计报告的基本要素

审计报告因审计项目预定目的的不同而存在差异，一般的审计报告应包括以下基本要素：

(1) 标题

标题应能反映审计的性质，力求言简意赅，可统一表述为"审计报告"。

(2) 编号

为便于归档和索引，一般表述为"××××年第×号"。

(3) 被审计单位名称

(4) 审计项目名称

一般表述为"××××年度××××审计"。

(5) 内容正文

审计报告的正文是审计报告的核心内容。内容包括：审计概况、审计依据、审计发现、审计结论、审计建议、其他方面。

(6) 出具单位

即派出审计组的审计机关、内部审计机构，以及接受委托审计业务的社会审计单位。审计报告应当由审计机构盖章，并由审计机构负责人、审计项目负责人和其他经授权的人员签字。

(7) 签发日期

审计报告日期一般采用审计机构负责人批准送出日作为报告日期。

(8) 附件

审计报告的附件是对审计报告正文进行补充说明的文字和数字材料，其内容包括：相关问题的计算及分析性复核审计过程；审计发现问题的详细说明；被审计单位及被审计责任人的反馈意见；记录审计人员修改意见、明确审计责任、体现审计报告版本的审计清单；需要提供解释和说明的其他内容。

4) 审计报告的主要内容

(1) 审计概况

审计概况是对审计项目的总体情况的介绍和说明。一般包括以下内容：

① 立项依据

② 背景介绍

被审计项目的基本情况，包括被审计单位的名称、性质、管理体制，财政、财务隶属关系或者国有资产监督管理关系，以及财政收支、财务收支状况，工程项目基本情况，包括项目资金来源、工程概况、建设规模、工期等。

③ 被审计单位的责任

一般表述为被审计单位应对其提供的与审计相关的资料、其他证明材料的真实性和完整性负责。

④ 实施审计的基本情况

一般包括审计范围、审计方式和审计实施的起止时间。

审计范围应说明审计所涉及的被审计单位财政收支、财务收支所属的审计期间和有关审计事项。

审计报告中应当明确地陈述本次审计的目标,并应与审计计划中提出的目标相一致;还应当指出本次审计的活动内容和所包含的期间。

⑤ 审计重点

审计报告应当对本次审计项目的重点、难点进行详细说明,并指出针对这些方面采取了何种措施及其所产生的效果,也可以对审计中所发现的重点问题做出简短的叙述及评论。

⑥ 审计标准。

(2) 审计依据

即实施审计所依据的法律、法规、规章的具体规定。审计报告应声明审计程序是按照审计准则的规定实施审计的。当确实无法按照审计准则要求执行必要的审计程序时,应在审计报告中陈述理由,并对由此可能导致的对审计结论和整个审计项目质量的影响做出必要的说明。

(3) 审计发现

审计发现是审计人员在对被审计单位的经营活动与内部控制的检查和测试过程中所得到的积极或消极的事实,一般应包括以下内容:

① 所发现事实的现状,即审计发现的具体情况,对被审计单位建设项目财务收支、项目实施的真实、合法和效益情况发表评价意见。

真实性主要评价被审计单位的业务处理遵守相关业务准则、制度的情况,以及相关会计信息与实际的财政收支、财务收支状况和业务经营活动成果的符合程度。

合法性主要评价被审计单位的财政收支、财务收支符合相关法律、法规、规章和其他规范性文件的程度。

效益性主要评价被审计单位财政收支、财务收支及其经济活动的经济、效率和效果的实现程度。

② 所发现事实应遵照的标准,如政策、程序和相关法律法规。

③ 所发现事实与预定标准的差异。

④ 所发现事实已经或可能造成的影响。

⑤ 所发现事实在目前现状下产生的原因(包括内在原因与环境原因)。

(4) 审计结论

审计结论是审计人员对审计发现所做出的职业判断和评价结果,表明审计人员对被审计单位的经营活动和内部控制所持有的态度和看法。

在做出审计结论时,审计人员应针对本次审计的目的和要求,根据已掌握的证据和已查明的事实,对被审计单位的经营活动和内部控制做出评价。发表审计评价意见应运用审计人员的专业判断,并考虑重要性水平、可接受的审计风险、审计发现问题的数额大小、性质和情节等因素。

审计人员提出的结论可以是对经营活动或内部控制的全面评价,也可仅限于对部分经营活动和内部控制进行评价。审计单位只对所审计的事项发表审计评价意见,对审计过程中未涉及、审计证据不充分、评价依据或者标准不明确以及超越审计职责范围的事项,不发表审计评价意见。

(5) 审计建议

审计建议是审计人员针对审计发现提出的方案、措施和办法。审计建议可以是对被审计单位经营活动和内部控制存在的缺陷和问题提出的改善和纠正的建议,也可以是对显著经济效益和有效内部控制提出的表彰和奖励的建议。

审计建议可分为以下两种类型:

① 现有系统运行良好,无需改变;

② 现有系统需要全部或局部改变,包括:

◆ 改进的方案设计;

◆ 方案实施的要求;

◆ 方案实施效果的预计;

◆ 未实施此方案的后果分析。

(6) 其他方面

5) 审计报告的基本格式

审计报告的基本格式包括:

(1) 标题;

(2) 收件人;

(3) 审计概况(立项依据及背景介绍、上次审计后的整改情况说明、审计目的和范围、审计重点等);

(4) 审计依据;

(5) 审计发现;

(6) 审计结论;

(7) 审计建议;

(8) 附件;

(9) 签章;

(10) 报告日期。

6) 审计报告编写的基本原则

编制审计报告应当遵循以下原则:

(1) 客观性。审计报告应以可靠的证据为依据,实事求是地反映审计事项,做出客观、公正的审计结论。

(2) 完整性。审计报告应当做到要素齐全、内容完整,不遗漏审计发现的重大事项。

(3) 清晰性。审计报告应当做到逻辑性强、突出重点,简明扼要地阐明事实和结论。避免使用不必要的过于专业和技术的复杂语言。文字应当通顺流畅,用词准确,避免使用"几个、少数、大量"等模糊字眼说明情况。

(4) 及时性。审计报告应当及时编制,以便组织适当管理层适时采取有效纠正措施。在保证审计报告质量的前提下,审计报告应当在完成现场审计后尽快编制,经过征求意见和补充修改后分别送达各有关部门。

(5) 实用性。审计报告所提供的信息,应当有利于解决经营管理中存在的重要问题,并有助于组织实现预定的目标。

(6) 建设性。审计报告不仅应当发现问题和评价过去,而且还应能解决问题和指导未来,应当针对被审计单位经营活动和内部控制的缺陷提出适当的改进建议。

(7) 重要性。在形成审计结论与建议时,应充分考虑与审计项目相关的风险水平和重要性,对于被审计单位经营活动和内部控制中存在的严重差异和漏洞以及审计风险高的领域应当在审计报告中有重点的详细说明。同时,审计人员还要考虑被审单位接受审计建议、采取相应措施的成本与效益关系。

7) 审计报告的编制程序

审计报告的编制应当在结束现场审计工作之后进行。审计人员应当按照以下程序编制审计报告:

(1) 审计工作底稿的整理分析

审计人员在实施审计任务的过程中形成的审计证据集中反映在审计工作底稿中,这是拟定审计报告的基础。但由于底稿分散、不系统,不可能不分轻重地全部写进审计报告。因此,审计人员需要对审计工作底稿进行归类整理,去粗取精,作为编写审计报告的基础。

(2) 拟定审计报告提纲

由审计组成员集体讨论拟定审计报告的内容、结构安排及其格式,并逐项列出编写提纲。审计报告编写提纲包括前言概述部分怎样写,被审计单位概况写哪些内容,存在的问题部分写什么问题,次序怎么安排,使用哪些证据,引用哪些法律、法规,如何写出评价和结论等。

(3) 编制审计报告初稿

审计报告初稿由审计项目负责人或者由其授权的审计项目小组其他成员起草。如由其他人员起草时,应当由审计项目负责人进行复核。审计报告初稿应当在审计项目小组进行讨论,并根据讨论结果进行适当的修订。编制审计报告应当充分体现审计报告的质量要求。

(4) 征求被审计单位意见

为了保证审计工作的客观性和公正性,在审计报告正式提交之前,审计项目小组应与被审计单位及其相关人员进行及时、充分的沟通,征求被审计单位的意见,以便使审计报告符合客观实际,能被其所接受。

审计项目小组与被审计单位的沟通,应当根据沟通内容的要求,选择会议形式或个人交谈形式。审计机构和人员在与被审计单位进行沟通时,应注意沟通技巧,进行平等、诚恳、恰当、充分的交流。

审计项目小组应当根据沟通结果对审计报告适当进行处理,并将被审计单位的意见作为审计报告的附件一并报出。

(5) 复核、修订审计报告并最后定稿

审计报告应当由被授权的审计项目小组成员以及审计项目负责人、审计机构负责人等相关人员进行严格的复核和适当的修订。审计报告复核、修改后,再经与组织适当管理层充分沟通后,由经授权人员签章,提交给审计项目有责任的机构或个人。

8) 审计报告的编制方法

审计人员应当在实施必要的审计程序后,采用以下方法编制审计报告:

(1) 考虑审计报告使用者的各种合理需求。有些事项或后续审计结果与本次审计结论没有直接关系或关系不重要,但需审计人员向报告收件人如组织管理当局反映提请关注,此类事项和情况应适当写入审计报告。

(2) 反映被审计对象的相关成绩。对被审计单位的突出业绩应当在审计报告中予以适当说明。

(3) 反映改进的计划和行动。由于受到审计目标和准备工作的制约,或受到审计过程中新发生情况的影响,审计范围可能与年度审计计划或最初拟定的范围不一致,必要时可在审计报告中指出所改进的计划与所采取的行动。

(4) 揭示导致问题产生的外部不利因素的影响。

(5) 采用正面的、积极的语言。对审计过程中揭示的消极的审计发现,在不损害内部审计独立性和声誉的前提下,应当充分考虑被审计单位的意见及可能对其造成的不利影响,客观准确地以被审计单位可接受的语言写入审计报告。

(6) 运用恰当的图表和脚注。审计报告可以运用适当的图表和脚注,以增强灵活性,快速、准确、直观地揭示和传递提供的审计信息。

9) 编制审计报告应注意的问题

(1) 审计报告内容要全面

根据《审计机关审计项目质量控制办法(试行)》第58条规定,审计报告应当具备7个方面的具体内容:审计依据;被审计单位的基本情况;被审计单位对其所提供的工程建设财务收支资料、财务报表所应当承担的会计责任以及对其提供的工程建设过程中产生的其他工程资料所应当承担的责任;实施审计的基本情况,一般包括审计范围、审计方式和审计实施的起止时间;审计评价意见,即根据审计实施方案规定的审计目标,以审计结果为基础,对被审计单位财政财务收支真实、合法和效益情况发表评价意见;审计查出的被审计单位违反国家规定的财政财务收支行为的事实和定性、处理处罚决定以及法律、法规、规章依据,有关移送处理的决定;必要时可以对被审计单位提出改进财政财务收支管理的意见和建议。

(2) 审计报告应当以第三人称书写

由于审计报告定位为对外公开的审计法律文书,报告中人称表述应当以第三人称表述。如"××审计厅(局、办)组成审计组对××单位××项目进行了审计"。

(3) 审计报告宜按以下顺序编写

① 审计依据:对审计法规定的审计事项,审计依据一般可表述为《中华人民共和国审计法》、《中华人民共和国审计法实施条例》的具体条款。

② 审计工作开展情况:包括审计范围、审计方式、审计实施的起止时间等。一般可表述为,审计机关组织审计组从××年××月××日至××月××日,以现场审计(送达审计)的方式,对被审计单位××工程项目建设情况进行了审计。

③ 审计承诺:一般可表述为根据《中华人民共和国国家审计准则》规定,审计机关要求被审计单位对与审计事项有关的工程技术经济资料的真实、完整和其他相关情况做出了书面承诺。

④ 工程管理责任和审计责任的划分:一般可表述为,根据承诺,被审计单位对其提供的与审计相关的工程技术经济资料、其他证明材料的真实性和完整性负责。审计机关的审计是在被审计单位提供的有关资料的基础上进行的。

⑤ 正文部分，包括：

◆ 被审计单位和被审计项目基本情况，包括被审计单位的经济性质、管理体制、财政财务隶属关系或者国有资产监督管理关系、工程项目投资资金来源、工程概况等。

◆ 审计评价：审计评价是对工程项目财政财务收支、工程建设活动的真实性、合法性和效益性的评价。审计评价要根据审计实施方案确定的审计目标做出。

◆ 审计发现及处理决定

该部分对审计查出的问题，可逐个按如下要求和顺序进行表述：

第一，概括指出审计查出的问题是什么问题。如对挪用项目建设资金现象的问题，可以概括为"挤占挪用项目建设资金××万元"。

第二，对该问题进行实事求是的描述。要明确表述出违纪违规行为主体、行为时间、行为地点、行为内容、行为金额、行为结果等。有关表述应明确具体，不宜过于简单。

第三，对该问题进行定性，明确列出定性依据。定性依据一般要具体列出法律法规规定的全称、文号、条款、条款内容。

第四，该问题依法应给予处理处罚的，明确列出处理处罚依据。处理处罚依据一般要具体列出法律、法规的全称、文号、条款、条款内容，并根据上述依据做出处理处罚决定。原则上，审计决定书做出的处理处罚决定应与此决定保持一致。

◆ 意见和建议：现代审计的发展使审计功能由"监督"向"监督与服务"并举发展，要求为被审计单位的发展提供增值服务。提出意见和建议要根据审计查出的问题，突出针对性，提出的意见和建议要结合实际，具备可操作性，易于被审计单位采纳，且一经采纳确实能够收到实效。

10) 审计报告的复核

审计机构应当建立审计报告的三级复核制度。由审计项目负责人主持现场全面复核；由审计机构的业务主管主持非现场重点复核；由审计机构负责人主持非现场总体复核。三级复核的分工，可由审计机构自行决定。各级复核的主持人在必要时可以授权他人行使权力，但责任仍由主持人承担。

审计报告复核主要包括形式复核和内容复核。

(1) 形式复核。一般包括：

① 审计项目名称是否准确，描述是否恰当；
② 被审计单位的名称和地址是否可靠；
③ 审计日期是否准确，审计报告格式是否规范；
④ 审计报告收件人是否为适当的发送对象，职位、名称、地址是否正确；
⑤ 审计报告是否表示希望获得被审计单位的回应；
⑥ 审计报告是否需要目录页，目录页的位置是否恰当，页码索引是否前后一致；
⑦ 审计报告中的附件序号与附件的实际编号是否对应；
⑧ 审计报告是否征求被审计单位意见；
⑨ 审计报告的复核手续是否完整。

(2) 内容复核。一般包括：

① 背景情况的介绍是否真实，语气是否适当；
② 审计范围和目标是否明确，审计范围是否受限；

③ 审计发现的描述是否真实,证据是否充分;
④ 签发人是否恰当,签发人与收件人的级别是否相称;
⑤ 参与审计人员的名单是否列示完整,排名是否正确;
⑥ 报告收件人是否恰当,有无遗漏,姓名与职位是否正确;
⑦ 标题的使用是否适当;
⑧ 审计结论的表述是否准确;
⑨ 审计评价的依据的引用是否适当;
⑩ 审计建议是否可行。

 例 2-3 审计报告

京沪高速铁路建设项目 2011 年跟踪审计结果

(2012 年第 3 号公告)

根据《中华人民共和国审计法》的规定,审计署于 2011 年 6 月至 9 月对京沪高速铁路建设项目(以下简称"京沪高铁")进行了阶段性跟踪审计。现将跟踪审计结果公告如下:

一、基本情况

京沪高铁是我国"四纵四横"铁路快速客运网的骨干线路,途经北京、天津、河北、山东、安徽、江苏、上海 4 省 3 市,全长 1 318 公里,设天津西站、济南西站、南京南站、上海虹桥站等 24 个车站,初步设计概算 2 176 亿元,其中:征地拆迁和站房、工程施工及其他投资 1 638 亿元,动车采购、建设期利息和铺底流动资金 538 亿元。京沪高速铁路股份有限公司(以下简称"京沪公司")是项目建设单位,沿线各省市地方政府负责本省市境内征地拆迁工作,征地拆迁费用作价入股。

截至 2011 年 6 月底,除个别不影响运营的附属配套工程外,京沪高铁全部工程已完工,初步确认实际完成投资 1 962.66 亿元(不含铁道部另行采购动车费用、建设期利息和铺底流动资金)。目前,还有部分设计变更、人工和材料价差等投资增加情况尚未确认,京沪高铁项目总投资需待竣工决算后最终确定。

二、审计评价

铁道部和京沪公司按照"精心组织、精心设计、精心施工、精心管理"的要求,组织各参建单位做好征地拆迁、施工组织、工期质量控制和科技创新等工作,较好地完成了全线建设任务。

一是铁道部、京沪公司及各参建单位积极整改审计查出的问题。截至 2011 年 9 月底,2010 年度审计查出的问题已基本整改到位。通过整改,项目在资金管理、施工安全、工程质量和环境保护等方面均得到加强。

二是工程建设管理整体有效。京沪公司不断完善建设、资金管理制度,优化操作流程,结合施工进度及时优化资金预算,提高资金的使用效率,有效保障工程建设需要。施工现场安全质量管理总体可控,物资材料采购、供应整体到位,工程环保、水土保持措施基本有效。

三是工程施工科技创新力度较大。京沪高铁在引进、消化和吸收国外先进技术的基础上,积极总结和应用其他客运专线技术成果,大力开展自主研发和创新,在深水大跨桥梁建

造技术、深厚松软土地基沉降控制技术、无砟轨道制造和铺设技术等重大课题上取得了阶段性成果,并迅速运用于工程实践,有效提高了施工效率。

四是工程建设进展顺利,社会效益开始显现。自开工以来,参建各方克服各种困难,加快项目建设进度,至2011年6月30日开通试运营,项目实际工期为42个月。截至10月底,京沪高铁累计开行列车18 169列,发送旅客1 734万人,实现客票收入51.24亿元。京沪高铁的投入运行,压缩了沿线城市间的时空距离,扩充了北京至上海铁路客运能力,大大改善了沿线旅客的出行条件,已显现出较好的社会效益。

但审计也发现,京沪高铁建设还存在土建施工和个别物资采购招投标管理不规范、个别工程管理不到位等问题。

三、审计发现的主要问题及整改情况

(一)土建施工和个别物资采购招投标不规范。一是京沪高铁全线土建施工招标未认真执行有关招投标法规的时限规定。铁道部2007年12月在京沪高铁全线土建1至6标招标中,将资格预审申请文件的获取时间由规定的不得少于5个工作日,缩短至13小时;将资格预审申请文件从获取到递交时间由规定的一般不少于7天,缩短至不到24小时。二是个别物资采购未按规定招标或招标评标不规范,涉及金额8.49亿元。如京沪公司自2009年10月起,未经招标采购滑动层材料71.80万平方米,涉及金额2 833.73万元;在2010年3月公开招标后,京沪公司继续以应急采购的方式从未中标企业采购130.35万平方米,涉及金额4 952.51万元,且有86.2万平方米的供应单价高于中标企业的单价,合计高出391.80万元。京沪公司2009年8月在桥面防水材料招标中,未按招标文件要求评价企业最大履约能力,将12个物资包件授予了10家供货商,合同金额6.98亿元,不符合招标文件中有关按照最经济原则确定中标人的要求。

对于上述问题,铁道部表示,在今后的工程建设和物资采购招标投标工作中将严格做到依法合规,并出台了《铁路建设工程施工招标投标实施细则》和《铁路工程施工招标标段抽签规则》,以完善相关制度,加强铁路建设招投标管理。

(二)个别工程管理不到位。一是京沪高铁取消了部分路段风屏障,造成4.13亿元物资闲置。2011年3月,京沪公司根据京沪高铁运行时速的调整,取消了正在施工的177.73公里风屏障,采用极端大风时段局部路段限速的方式保障行车安全,导致已采购的价值4.13亿元的近15万延米风屏障闲置。二是京沪高铁北京段李营牵引变电站备用电源电缆线路工程(以下简称李营变电站电缆工程)截至2011年10月底尚未完工。李营站只有一路电源供电,不符合电气化铁路牵引变电站应由两路电源供电的规定,降低了该区段牵引供电的可靠性。

审计指出上述问题后,铁道部、京沪公司提出,京沪高铁全线已设置风监测设备系统,将按照有关规定,做好风速监测,根据风速监测结果采取相应限速措施,以保障列车运行安全,并计划将闲置的风屏障材料统筹调配至其他客运专线铁路使用;李营变电站电缆工程加快了施工进度,备用电源电缆线路已于2011年12月15日完工并开始送电,达到设计要求。

(三)沿线个别地方基层单位套取、截留、挪用征地拆迁资金4.91亿元。一是南京江宁经济技术开发区管理委员会(以下简称江宁开发区管委会)2008年10月使用虚假资料,以南京市汉典房地产开发有限公司的名义申请征地补偿款1.40亿元。截至2011年6月底,江宁开发区管委会已套取补偿款4 000万元。二是天津市西青区中北镇西北斜村2008年10

月多列办公楼拆迁面积,多计拆迁补偿资金143.10万元。三是天津市北辰区2008年在京沪高铁征地拆迁中,截留拆迁补偿资金3.40亿元;天津市北辰区青光镇人民政府2011年4月挪用京沪高铁拆迁资金910.20万元,用于增设声屏障。

审计指出上述问题后,相关地方政府高度重视,积极组织力量进行调查处理。截至目前,天津市西青区和北辰区已分别将多计和挪用的征地拆迁资金如数扣回;对于江苏省江宁开发区管委会和天津市北辰区套取、截留征地拆迁资金的问题,相关地方政府正在组织专门力量进行调查处理。

(四)京沪高铁沿线施工企业拖欠材料款、工程劳务款等款项。审计对京沪高铁沿线施工企业欠单户材料供应商100万元以上、欠单户施工队30万元以上的欠款情况进行核查发现,由于京沪高铁概算清理尚未完成、部分施工企业资金周转困难等原因,截至2011年5月底,京沪高铁土建、站房工程等施工企业欠付656家材料供应商材料款58.79亿元,欠付1 471家施工队工程劳务款23.72亿元,合计82.51亿元。

审计指出上述问题后,京沪公司已加快概算清理,积极筹措资金,协调解决施工企业资金周转困难问题,并督促施工企业加快支付拖欠款。

(摘自中华人民共和国审计署网站2012年3月19日公告)

2.6 工程审计人员的职业道德

2.6.1 工程审计人员的素质要求

审计职能的日益完善和审计地位的日益提高,对审计人员的素质提出了新要求。作为审计工作的具体执行者,审计人员素质和水平的高低直接影响着审计工作质量。

审计人员应当具备以下的素质要求:

1) 要具备良好的道德素质和职业操守

高度的责任感、强烈的正义之心是审计人员最基本的道德要求。审计一般要揭露处理一些违法违纪或违规问题,这会导致某些项目利益相关者不正当的利益因为审计而受损,因此,审计过程中往往会遇到各种阻力和压力。审计人员必须树立正确的世界观、人生观、价值观、权力观、地位观、利益观,具备良好的责任感和使命感,履行职责时,做到独立、客观、正直和勤勉,不从被审计单位获得任何可能有损职业判断的利益,保持应有的职业谨慎,不做任何违反诚信原则的事情,做国家资产和人民利益或顾客利益的忠诚卫士。

2) 具备较强的业务知识

与财务审计相比,工程审计涉及的领域非常广,工程审计人员应当掌握以下业务知识:

(1) 审计知识

审计人员必须系统掌握审计知识,精通并能熟练的运用审计标准、程序和方法,及时了解和掌握审计方面的政策法规、相关专业等知识以及运用先进审计方法和手段等方面的能力等。

(2) 财务知识

审计人员要系统掌握财会业务知识,熟悉会计制度和会计准则,精通财会制度和与之有关的法律、法规,能够通过工程项目财务收支和财务结算了解业务轨迹,为工程审计工作提供线索。

(3) 工程经济知识

工程审计涉及工程项目建设全过程,从项目的前期策划、可行性研究,到工程项目后评价,工程审计人员可通过技术经济分析,确定项目预期目标是否达到,主要效益指标是否实现;查找项目成败的原因,总结经验教训,及时有效反馈信息,提高未来新项目的管理水平;为项目投入运营中出现的问题提出改进意见和建议,达到提高投资效益的目的。

(4) 工程项目管理知识

一个工程项目能否取得成功,一个高效、强有力的项目管理至关重要。审计人员应当掌握现代项目管理知识、手段和方法,客观、公正地评价项目活动成绩和失误的主客观原因,比较公正地、客观地确定项目决策者、管理者和建设者的工作业绩和存在的问题。

(5) 工程技术知识

工程建设专业性较强,涉及设计、施工、造价等方面,工程审计人员只有掌握一定的工程技术知识,才能对设计方案是否合理科学、施工方法是否经济可行、工程造价是否准确可靠做出客观公正、实事求是的审计评价。

3) 熟练掌握专业技能

要提高工程审计工作质量,还要求工程审计人员熟练掌握以下专业技能:

(1) 高度的职业敏感性

接受审计任务后,通过查阅审计资料、现场考察等手段,凭借审计人员职业敏感,迅速找到切入点,从蛛丝马迹中发现问题,推动审计工作迅速展开。

(2) 敏锐的洞察力

敏锐的洞察力可以帮助工程审计人员找到解决问题的着眼点,以此对审计中出现的问题做出正确判断。

(3) 综合判断能力

由于工程建设涉及面较广,因此,审计中发现问题的根源往往也错综复杂,这就需要审计人员对发现的问题进行仔细的甄别和剖析,分析问题的产生和发展脉络,对审计单位所处的现状有不同程度的研究,能够把握审计所涉及的方方面面,才能在统筹分析基础上对所掌握的材料进行高度的概括和总结,做到对问题准确的处理,提出有价值的意见和建议。

(4) 良好的沟通协调能力

审计机构、人员采用适当方式与组织内外相关机构和人员进行积极有效的沟通,正确处理审计与被审计对象、与各有关部门的关系,以保证信息的快捷传递和充分交流。这就需要审计人员具备良好的交流技巧,选择合适的交流方式,与被审计人员心平气和地交换意见,既做到不卑不亢,又不能简单地以监督者自居,要掌握沟通的艺术和技巧。要学会耐心倾听,在倾听中有针对性地采用提问、回应、重述、讨论等方式,确保对问题的全面正确理解;同时,在听的过程中,要勤于思考,以获得更多的有效信息。特别是针对审计查出的问题与被审计单位交换意见、对问题看法有分歧时,必须沉着冷静,讲话有分寸,避免指责性或领导性口吻,以诚相待,尊重事实,以理服人。

(5) 良好的文字综合能力

审计工作方案、审计工作底稿、审计调查报告、综合审计报告等是审计成果的载体,反映了审计工作的整体水平和审计人员的业务水平。因此,审计人员应当具备较强的书面表达能力,尽量使用通俗的概念性语言,简明扼要,切忌因审计成果专业术语太多、数字堆砌、报告太长、文章晦涩难懂而造成与被审计对象沟通困难,从而影响审计工作的顺利开展。

2.6.2 工程审计人员的职业道德

审计人员的职业道德,是为指导审计人员在从事审计工作中保持独立的地位、公正的态度和约束自己行为而制定的职业道德规范,包括审计人员的职业品德、职业纪律、职业胜任能力和职业责任。

审计人员的职业道德水准的高低直接影响审计工作的成效。对此,审计署于2001年8月1日专门发布了《审计机关审计人员职业道德准则》(中华人民共和国审计署令〔第3号〕),对审计机关审计人员制定了专门的职业道德规范。中国内审协会也于2014年1月1日起正式施行《内部审计人员职业道德规范》(中国内部审计准则第1201号)。中国建设工程造价管理协会也出台了《工程造价咨询单位执业行为准则》、《造价工程师职业道德行为准则》等。

工程审计人员的职业道德主要体现在以下几个方面:

1) 守法

审计人员应当依照法律规定、委托合同约定或组织确定的职责、权限和程序,进行审计工作,在开展审计过程中,严格遵守法律法规、部门规章及审计准则,尊重被审计部门人员,在审计过程中有理有据有节,不得采用非法手段获取审计证明,确保审计行为和审计成果的合法性。

2) 独立性

审计人员在履行职务、执行审计业务、出具审计报告时,应当在实质上和形式上独立于被审计单位,保持应有的独立性,不受其他行政机关、社会团体和个人的干涉。工程审计人员在审计过程中,不得负责或参与被审计部门日常工作和决策,不得参与有可能影响审计公正性的工作及活动,不得以任何方式与被审计项目的各相关方有利益往来。如果审计人员在审计过程中发现自己与被审计单位或者审计事项有以下直接利害关系情况的,应当立即汇报并按照有关规定回避,被审计单位也有权申请审计人员回避。

(1) 与被审计单位负责人或者有关主管人员有夫妻关系、直系血亲关系、三代以内旁系血亲或者近姻亲关系的;

(2) 与被审计单位或者审计事项有经济利益关系的;

(3) 与被审计单位、审计事项、被审计单位负责人或者有关主管人员有其他利害关系,可能影响公正执行公务的。

3) 诚信正直

审计人员办理审计事项,应当坚持原则、客观公正、实事求是、廉洁正直、诚实守信、合理谨慎、恪尽职守。审计人员在执行职务时,应当忠诚老实,廉洁自律,不得利用职权谋取私利,或屈从于外部压力而违反审计原则,如隐瞒或者曲解事实、隐瞒审计发现的问题、进行缺少证据支持的判断或做出误导性的或者含糊的陈述等。在审计过程中应妥善保存报送资料,审计结束后应完整归还报送资料,不得遗失、涂改报送资料。

4) 客观性

审计人员应当保持客观公正的立场和态度,以适当、充分的审计证据支持审计结论,实事求是地做出审计评价和处理审计发现的问题,合理运用审计知识、技能和经验,保持职业谨慎,合理运用职业判断,不得对没有证据支持的、未经核清事实的、法律依据不当的和超越审计职责范围的事项发表审计意见。在做出审计评价、提出审计意见时,审计人员应当做到依法办事,实事求是,客观公正,不得偏袒任何一方。

5) 保密

工程审计人员应慎重地使用在履行职责过程中所获得的信息,对其执行职务时知悉的国家秘密和被审计单位的商业秘密,负有保密的义务。审计人员在执行职务中取得的资料和审计工作记录,非因有效授权、法律规定或其他合法事由不得对外提供和泄露,不得利用其在实施审计业务时获取的信息牟取不正当利益,或者以有悖于法律法规、组织规定及职业道德的方式使用信息。

6) 专业胜任能力

工程审计人员应当具备履行职责所需的审计、会计、财务、工程技术、项目管理、工程估价、投资经济、管理、内部控制、风险管理、法律和信息技术等专业知识,掌握语言文字表达、问题分析、审计技术应用、人际沟通、组织管理等职业技能,具备必要的实践经验及相关职业经历,善于总结实践中的经验教训,不断学习、更新理论知识,以保持和提高工作能力和水平。

2.7 工程审计人员的职责

工程审计应当实行审计组成员、审计组组长、审计组主审、审计机关业务部门、审计机关审理机构、总审计师和审计机关负责人对审计业务的分级质量控制。

2.7.1 审计组成员的工作职责与责任

1) 审计组成员的工作职责

(1) 遵守本准则,保持审计独立性;
(2) 按照分工完成审计任务,获取审计证据;
(3) 如实记录实施的审计工作并报告工作结果;
(4) 完成分配的其他工作。

2) 审计组成员的责任

审计组成员应当对下列事项承担责任:
(1) 未按审计实施方案实施审计导致重大问题未被发现的;
(2) 未按照本准则的要求获取审计证据导致审计证据不适当、不充分的;
(3) 审计记录不真实、不完整的;
(4) 对发现的重要问题隐瞒不报或者不如实报告的。

2.7.2 审计组组长的工作职责与责任

1) 审计组组长的工作职责

(1) 编制或者审定审计实施方案;
(2) 组织实施审计工作;

(3) 督导审计组成员的工作；
(4) 审核审计工作底稿和审计证据；
(5) 组织编制并审核审计组起草的审计报告、审计决定书、审计移送处理书、专题报告、审计信息；
(6) 配置和管理审计组的资源；
(7) 审计机关规定的其他职责。

2) 审计组组长的责任

审计组组长应当对审计项目的总体质量负责，并对下列事项承担责任：
(1) 审计实施方案编制或者组织实施不当，造成审计目标未实现或者重要问题未被发现的；
(2) 审核未发现或者未纠正审计证据不适当、不充分问题的；
(3) 审核未发现或者未纠正审计工作底稿不真实、不完整问题的；
(4) 得出的审计结论不正确的；
(5) 审计组起草的审计文书和审计信息反映的问题严重失实的；
(6) 提出的审计处理处罚意见或者移送处理意见不正确的；
(7) 对审计组发现的重要问题隐瞒不报或者不如实报告的；
(8) 违反法定审计程序的。

2.7.3 审计组主审的工作职责

根据工作需要，审计组可以设立主审。主审根据审计分工和审计组组长的委托，主要履行下列职责：
(1) 起草审计实施方案、审计文书和审计信息；
(2) 对主要审计事项进行审计查证；
(3) 协助组织实施审计；
(4) 督导审计组成员的工作；
(5) 审核审计工作底稿和审计证据；
(6) 组织审计项目归档工作；
(7) 完成审计组组长委托的其他工作。

2.7.4 审计机关业务部门的工作职责与责任

1) 工作职责

(1) 提出审计组组长人选；
(2) 确定聘请外部人员事宜；
(3) 指导、监督审计组的审计工作；
(4) 复核审计报告、审计决定书等审计项目材料；
(5) 审计机关规定的其他职责。

2) 责任

审计机关业务部门对下列事项承担责任：

(1) 对审计组请示的问题未及时采取适当措施导致严重后果的;
(2) 复核未发现审计报告、审计决定书等审计项目材料中存在的重要问题的;
(3) 复核意见不正确的;
(4) 要求审计组不在审计文书和审计信息中反映重要问题的。

业务部门对统一组织审计项目的汇总审计结果出现重大错误、造成严重不良影响的事项承担责任。

2.7.5 审计机关审理机构的工作职责与责任

1) 工作职责

(1) 审查修改审计报告、审计决定书;
(2) 提出审计意见;
(3) 审计机关规定的其他职责。

2) 责任

审计机关审理机构对下列事项承担责任

(1) 审理意见不正确的;
(2) 对审计报告、审计决定书做出的修改不正确的;
(3) 审理时应当发现而未发现重要问题的。

2.7.6 审计机关负责人的工作职责与责任

1) 工作职责

(1) 审定审计项目目标、范围和审计资源的配置;
(2) 指导和监督检查审计工作;
(3) 审定审计文书和审计信息;
(4) 审计管理中的其他重要事项。

2) 审计机关负责人对审计项目实施结果承担最终责任。

2.8 审计档案管理

为了规范审计档案管理,维护审计档案的完整与安全,保证审计档案的质量,发挥审计档案的作用,审计署、国家档案局根据《中华人民共和国档案法》、《中华人民共和国审计法》和其他有关法律法规,于 2012 年 11 月 28 日颁布、2013 年 1 月 1 日起施行《审计机关审计档案管理规定》(审计署国家档案局令第 10 号)。

审计档案,是指审计单位和部门进行审计(含专项审计调查)活动中直接形成的对国家和社会具有保存价值的各种文字、图表等不同形式的历史记录。

审计单位和部门应当设立档案机构或者配备专职(兼职)档案人员,负责本单位的审计档案工作。

2.8.1 审计档案案卷质量的基本要求

审计项目文件材料应当真实、完整、有效、规范,并做到遵循文件材料的形成规律和特点,保持文件材料之间的有机联系,区别不同价值,便于保管和利用。

审计档案应当采用"年度—组织机构—保管期限"的方法排列、编目和存放。审计案卷排列方法应当统一,前后保持一致,不可任意变动。

2.8.2 审计文件材料的归档

审计文件材料应当按照结论类、证明类、立项类、备查类 4 个单元进行排列:

(1) 结论类文件材料:上级机关(领导)对该审计项目形成的《审计要情》、《重要信息要目》等审计信息批示的情况说明、审计报告、审计决定书、审计移送处理书等结论类报告,及相关的审理意见书、审计业务会议记录、纪要、被审计对象对审计报告的书面意见、审计组的书面说明等。

(2) 证明类文件材料:被审计单位承诺书、审计工作底稿汇总表、审计工作底稿及相应的审计取证单、审计证据等。

(3) 立项类文件材料:上级审计机关或者本级政府的指令性文件、与审计事项有关的举报材料及领导批示、调查了解记录、审计实施方案及相关材料、审计通知书和授权审计通知书等。

(4) 备查类文件材料:被审计单位整改情况、该审计项目审计过程中产生的信息等不属于前三类的其他文件材料。

审计文件材料按审计项目立卷,不同审计项目不得合并立卷。

审计文件材料归档工作实行审计组组长负责制。

审计组组长确定的立卷人应当及时收集审计项目的文件材料,在审计项目终结后按立卷方法和规则进行归类整理,经业务部门负责人审核、档案人员检查后,按照有关规定进行编目和装订,由审计业务部门向本机关档案机构或者专职(兼职)档案人员办理移交手续。

审计机关统一组织多个下级审计机关的审计组共同实施一个审计项目,由审计机关负责组织的业务部门确定文件材料归档工作。审计复议案件的文件材料由复议机构逐案单独立卷归档。

为了便于查找和利用,档案机构(人员)应当将审计复议案件归档情况在被复议的审计项目案卷备考表中加以说明。

省级以上(含省级)审计机关应当将永久保管的、省级以下审计机关应当将永久和 30 年保管的审计档案在本机关保管 20 年后,定期向同级国家综合档案馆移交。

审计机关应当按照有关规定成立鉴定小组,在审计机关办公厅(室)主要负责人的主持下定期对已超过保管期限的审计档案进行鉴定,准确地判定档案的存毁。审计机关应当对确无保存价值的审计档案进行登记造册,经分管负责人批准后销毁。销毁审计档案,应当指定两人负责监销。

2.8.3 审计档案的保管期限

审计档案的保管期限应当根据审计项目涉及的金额、性质、社会影响等因素划定为永久、定期两种,定期分为 30 年、10 年。

(1) 永久保管的档案,是指特别重大的审计事项、列入审计工作报告、审计结果报告或第一次涉及的审计领域等具有突出代表意义的审计事项档案。

(2) 保管 30 年的档案,是指重要审计事项、查考价值较大的档案。

(3) 保管 10 年的档案,是指一般性审计事项的档案。

审计机关业务部门应当负责划定审计档案的保管期限。

执行同一审计工作方案的审计项目档案,由审计业务部门确定相同保管期限。

审计档案的保管期限自归档年度开始计算。

审计文件材料的归档时间应当在该审计项目终结后的 5 个月内,不得迟于次年 4 月底。

跟踪审计项目,按年度分别立卷归档。

2.8.4 审计档案的保密期限

审计机关应当根据审计工作保密事项范围和有关主管部门保密事项范围的规定确定密级和保密期限。凡未标明保密期限的,按照绝密级 30 年、机密级 20 年、秘密级 10 年认定。

审计档案的密级及其保密期限,按卷内文件的最高密级及其保密期限确定,由审计业务部门按有关规定做出标识。

审计档案保密期限届满,即自行解密。因工作需要提前或者推迟解密的,由审计业务部门向本机关保密工作部门按解密程序申请办理。

2.8.5 审计档案的管理

审计机关应当加强审计档案信息化管理,采用计算机等现代化管理技术编制适用的检索工具和参考材料,积极开展审计档案的利用工作。

审计机关应当建立健全审计档案利用制度。借阅审计档案,仅限定在审计机关内部。审计机关以外的单位有特殊情况需要查阅、复制审计档案或者要求出具审计档案证明的,须经审计档案所属审计机关分管领导审批,重大审计事项的档案须经审计机关主要领导审批。

对审计机关工作人员损毁、丢失、涂改、伪造、出卖、转卖、擅自提供审计档案的,由任免机关或者监察机关依法对直接责任人员和负有责任的领导人员给予行政处分;涉嫌犯罪的,移送司法机关依法追究刑事责任。档案行政管理部门可以对相关责任单位依法给予行政处罚。

3 工程项目决策阶段审计

按照传统项目的建设程序划分,建设项目审计可以划分为三个阶段的审计,即开工前审计、项目在建期间审计和竣工后审计。其中,开工前审计工作内容包括项目决策审计和项目设计审计。项目决策审计涉及建设项目工作内容、建设项目技术和经济及管理方面的可行性研究、建设项目投资规模等问题,是建设项目审计的关键。

3.1 工程项目前期决策的主要工作

建设项目决策是对建设项目的预定目标及为实现该目标的有关问题做出的选择和决定。项目决策应贯串项目建设的始终。前期决策所涉及的主要内容包括确定项目建议书和进行可行性研究。

3.1.1 确定项目建议书

确定项目建议书是在项目投资机会分析后进行的,在投资机会分析中,投资者已经对发展前景较好、贡献较大、投资效益较高和可行性较大的方案做出了优选。作为形成项目构思的设想,是项目生产的萌芽。项目建议书是拟建单位向行政主管部门提出的要求建设某一具体工程项目的建议文件,是对工程项目建设的轮廓构想。其主要目的是为建设项目投资提出建议,在一个确定的地区或部门内,以自然资源和市场预测为基础,选择建设项目。项目检验手段作用是建议一个拟建项目,论证其建设的必要性、建设条件的可行性、建设资源的可获得性和项目建成后获利的可能性,以供审批机关选择是否进行下一步工作。项目建议书经批准后,可进行详细可行性研究工作。依据项目建议书,进一步对项目进行技术和经济的可行性论证。

项目建议书的内容根据项目的类别有所不同,一般情况下包括以下内容:
(1) 项目建设的必要性及相关依据;
(2) 产品方案、建设规模及关于项目选址的初步设想;
(3) 建设资源条件分析、各参与方协作关系、设备选择、生产条件、供应商选择等初步分析;
(4) 项目投资估算、建设和生产资金筹措、融资方案、还贷方案等初步设想;
(5) 项目建设和运营的进度初步安排;
(6) 产品的经济效益和社会效益分析;
(7) 环境影响初步评价。

3.1.2 进行可行性研究

决策阶段的可行性研究是非常重要的环节,它贯串决策阶段的全过程。可行性研究是项目决策之前,通过调查、研究、分析论证与项目有关的工程、技术、经济、管理、法律等方面的条件和可能遇到的实际情况,对可能的多种方案进行比较论证,同时对项目建成后的经济效益进行预测和评价的一种投资决策分析研究和科学分析活动。可行性研究是对基本建设项目在技术上、经济上是否可行所进行的科学分析与论证。其主要做法是经过科学的调查研究，对建设项目进行技术、经济方面论证，为决策提供可靠的依据。

工程建设可行性研究一般分为以下三个阶段：
(1) 投资机会研究；
(2) 初步可行性研究；
(3) 可行性研究。

工程建设可行性研究的作用包括：
(1) 为投资项目决策提供依据；
(2) 为建设项目设计、融资、申请开工建设、建设项目实施、项目评估、科学实验、设备制造以及项目的投产运行提供依据。

工程建设可行性研究的内容包括：
(1) 市场研究，为项目建设必要性论证提供依据；
(2) 工艺技术方案的研究，为项目建设的工艺和技术可行性提供依据；
(3) 财务和经济分析，为项目建设经济方面的合理性提供依据。

3.2 工程项目前期决策中主要存在的问题及管理对策

3.2.1 工程项目前期决策中主要存在的问题

进行工程项目前期决策的根本在于确定项目建设的必要性，既确定工程项目的建设时间、地点、资金使用大约额度、项目建成后的大约效益等，而恰恰是这些目的目标，使得前期决策极其重要，同时也正是因为这些目的目标的存在，使前期决策出现了大量的问题。

从全国审计工作实践来看，前期决策中主要存在的问题有：

(1) 前期决策中提出的建设条件难于落实，投资项目选址不当。项目的选址决定了项目的地理位置，一旦确定则等于确定了与项目相关的许多内容，如项目建设的成本、项目的管理效果、项目建成后的运行成本。与项目建设条件直接相关的是项目的建设进度和项目的经济性。在项目建设过程中，建设场地过小、原材料获取困难、项目所在地人力资源条件匮乏等问题会直接影响项目建设进度，最终会导致项目不经济。

(2) 可行性研究报告中使用的基础数据不全、不实，从而导致前期决策结果失真，深度不能满足设计工作的要求。固定资产投资项目的建设，作为一种特殊形式的物质生产活动和决策行为，必须要在项目建设前期，以科学的方法和手段对项目的可行性做出科学的论证，以保证项目的建设能够实现其建设的目的。因可行性研究偏差而导致项目失败造成巨大损失的案例可谓是比比皆是。

(3) 部分项目是领导项目和人情项目，致使可行性研究报告成为可批性报告，前期决策工作流于形式。一直以来，政绩工程、领导项目、人情项目是我国建设项目的一大构成，部分地区、领导为了达到某些与地区经济建设无关但与个人、小团体利益联系密切的目的，不顾项目建设的实际和国民经济的发展要求，或为了争投资、争项目，或为了实现个人、小团体利润最大化，根本不顾科学的决策程序、民主的决策要求，使得项目可行性研究从利己出发，迎合部分人的口味要求,为了项目而做项目,使可行性研究成为一纸空文,前期决策只是形式上的决策。这样的前期决策不过是为了欺骗人民大众,走走过场,根本不可能解决决策的根本目的。

(4) 投资决策过程中对投资项目的经济评价分析失误,致使投资效益目标难以实现。建设项目在缺乏必要的市场预测资料和产业结构导向的前提下,对可行性研究不深入、不充分,对项目技术经济分析不够。如地区重复建设,工程使用目的类同,盲目学习其他地区,而不分析本地区特点等,这样的决策正如沙滩上建立的大厦,只能是看起来很美,不可能经受市场和地区经济发展的考验。

(5) 部分项目建设周期过长,项目建设的环境条件发生变化,导致项目投资决策出现失误。我国正处于计划经济向市场经济过渡的关键时期,客观上存在较大的投资决策风险,由于政府政策变动的频发性,许多在投资决策阶段考虑的相关因素,到投资项目实施时发生较大变化,这也是影响投资决策质量的重要因素之一。

3.2.2 工程项目前期决策审计的管理对策研究

工程项目前期决策审计管理,是对工程项目前期有关决策事项进行的审计监督。工程项目前期决策审计,对促使被审计单位进行科学决策、减少投资损失、提高投资效益都具有重要的意义。

工程项目前期决策审计应结合我国现行的投资决策审批制度进行。根据2004年国务院《关于投资体制改革的决定》,政府投资项目和私人投资项目分别实现审批制、核准制和备案制。政府投资项目,对采用直接投资和资本金注入方式的,从投资决策角度只审批项目建议书和可行性研究报告,除特殊情况外不再审批开工报告,同时要审批其初步设计和概算;对采用投资补助、转贷和贷款贴息方式的,只审批资金申请报告。私人投资项目,一律不再实行审批制,区别不同情况实行核准制和备案制。政府对企业投资建设《政府核准的投资项目目录》中的项目,主要从维护经济安全、合理开发利用资源、保护生态环境、优化重大布局、保障公共利益、防止出现垄断等方面进行核准。对《政府核准的投资项目目录》以外的企业投资建设项目,实行备案制。

所以在前期决策审计管理中应区分政府投资项目和私人投资项目,分别有所侧重地进行审计。对政府投资项目的审计要经过符合资质要求的咨询机构评估论证,特别重大项目要实行专家评议制。并逐步实行政府投资项目公示制度,以广泛听取各方意见。

工程项目前期决策审计中存在的问题给所有的国家监督部门提出了共同的研究课题,那么建设项目投资决策审计工作的深度标准是什么,如何把握投资决策审计的尺度?这是困扰审计人员的主要问题之一,也是在建设项目审计领域中尚未达成完全一致的理论争端之一。有一部分专家学者认为,建设项目投资决策是在建设业主与建设项目管理部门充分论证的基础上确认的,具有较强的科学性和合理性,因此,建设项目审计人员不必在此投入过多的精力再反复论证可行性研究报告的真实性和科学性,这样可以避免重复劳动,减少审计成本;另一方面也可以保证建设项目投资决策审计工作的独立性和客观性,以此维护投资决策审计的权威性。另外,还有一部分专家认为,在不违反审计原则的前提下,可以实施建设项目前期决策审计,审计人员应深入了解审计建设项目投资决策的质量,对投资决策的各项技术经济指标进行论证和评价，必要时，从基础数据分析入手，评价数据的采集工作是否真实，数据来源是否可靠。当然，若做到这一点，必须将建设项目审计作为一个完整连续的过程来看。

由于我国建设项目审计工作起步较晚，建设项目审计的环境基础尚未完全形成，因此，我们认为建设项目前期决策审计的方法也在探索阶段。建设项目审计与其他专业审计工作的最大不同之处在于其具有较强的技术经济综合性的特点。为此，审计人员进行审计时，必须考虑到这种区别，一方面意识到建设项目前期决策对投资效益的影响巨大；另一方面又要关注由于其本身特点所决定的审计风险。为了解决这个矛盾，建设项目审计人员需将上述提到的两种观点融合起来，在审计工作中综合运用，既要避免重复劳动，又要避免审计风险。为此，需要改变审计者的身份，变被动审计为主动参与。具体来说就是使用跟踪审计的方法，使建设项目前期决策审计与决策工作本身同步进行。通过按照审计法律法规和审计准则要求的标准，完善细致地恪守审计监督本职工作，达到审计监督的目的。进行投资决策审计的控制，可从以下几方面进行：

（1）重视建设项目前期投资决策审计工作，将决策审计工作纳入到建设项目审计范畴。

（2）重视可行性研究工作，使用适当的技术经济分析方法，全面、系统地分析项目的建设条件、建设环境以及项目在技术和经济上的可行程度。以定量分析、动态分析和宏观分析为主，并尽量减少主观因素的干扰，确保决策过程的客观性和可行性。

（3）重视对投资估算的编制工作。加强对投资估算指标的管理，完善投资估算程序，减少投资估算的随意性，达到正确确定投资估算目标的目的。

（4）建立严格的投资估算风险责任制。由决策者承担相应风险，及建立项目法人经营责任制，明确投资主体和建设单位的关系，分清双方的责任范围，确保投资资金能获得预期回报。

（5）充分发挥事前审计作用，降低由于前期决策工作失误带来的损失。事前审计最大的作用就是防患于未然，在决策风险发生之前及时发现，并采取适当措施及时纠正，以保证项目目标的顺利实现。同时做好审计结果的及时反馈，使决策工作各阶段衔接有序，避免决策进程由于审计工作发生延误。对项目前期决策的事后审计主要是做好经验总结，提高建设项目决策水平。

（6）注重先进的、合理的审计方法在审计工作中的应用。要注重审计和调查配合，提高数据资料的真实性和准确性，并注重审计数据的时效性。运用科学的方法提高审计工作效率，降低审计成本。在保持审计工作客观性的基础上，提高审计工作的灵活性，可综合运用多种审计方法，避免单一审计方法的缺陷对审计工作效果的影响。

3.3 工程项目前期决策审计的主要内容

3.3.1 审计前期决策的程序的合规性

建设项目前期决策程序的合规性是审计工作的首要内容。合规性审计的内容包括：审计投资决策程序是否完整，是否做到了前后呼应；审计建设项目投资决策程序是否符合项目的建设要求，是否与项目的建设程序相一致。对大中型建设项目的审计要注重是否具备可行性研究报告书,可行性研究报告书的编批程序是否符合国家要求,有无先报批、后论证的行为等问题。如果审计人员在在建期或竣工后对建设项目投资决策进行审计的话,则应注意审计前期的决策方案是否得到了严格的执行,建设质量和建设项目的综合效益是否达到了前期投资决策中所预期的目标和标准。投资决策行为的这种前后呼应性,从客观上要求前期决策审计必须注重决策过程的符合性。可以说,就目前的国家审计面临的实际情况和项目前期决策的特点而言,审计工作的重点就是程序审计,通过程序审计来反映前期决策的问题,提出审计意见。当前,投资决策程序的合规性审计是我国审计部门比较重视的审计内容之一,在审计实务中,主要是通过查文件、看批文等具体工作得以体现的。

3.3.2 审计可行性研究报告的编制与审批单位的资质和级别的合规性

国家对可行性研究报告的编制、审批单位资质和级别有明确规定,尤其是政府工程项目,要进行编制单位的资质符合性审计。按照我国有关部门的规定要求,编制可行性研究报告的单位必须是经各部、各省和各有关部门批准的工程咨询机构和设计院所,必须有合法的营业执照和资质证书。甲级设计单位或咨询机构,可以在全国范围内承揽大中型项目的可行性研究报告的编制任务;乙级设计单位或工程咨询机构可以在地方或行业范围内承揽中小型项目的可行性研究报告的编制任务。大中型建设项目,由主管部门负责评审,报国家计委审批;特大型项目的可行性研究报告,由国家计委会同各主管部门评审,报国务院批准。审计过程中发现建设项目可行性研究报告的编制和审批单位不符合规定的资格或标准的,则应要求建设单位重新报批,否则不得进行后续工作。

3.3.3 审计可行性研究报告内容的完整性和编制深度的到位程度

可行性研究是在大量调查的基础上,对项目在技术上、经济上和生产布局的可行性上进行论证,并做多方案比较,从而选择最佳方案的过程。可行性研究报告的内容主要从市场、技术、经济、管理、工艺等影响项目可操作性的方面进行。可行性研究,可以使建设项目的质量标准符合建设业主的意图,并与建设目标相一致,使项目与所在地区的环境相协调,为项目在长期的使用过程中创造良好的运行条件和环境。在进行可行性研究审计时,应从整个国民经济角度出发,根据国民经济发展的长期计划和我国在一定时期的产业规划,有效地控制投资规模,要做到量力而为,资金、材料、设备不留缺口;投资方向、投资结构应有利于国民经济发展,有利于搞好综合平衡;要讲究投资效益,预测投资回收期,正确处理局部和整体、近期和远期、直接与间接、社会效益与经济效益之间的关系;要本着由外延转向内涵、由粗放经营转向集约经营,先改进、挖潜、革新,后建的原则,对建设规模、发展速度、投资方向、投资结构和效益进行全面考虑,运用技术经济分析的方法,认真核对可行性研究报告中所确定的各项经济指标,使建设项目最大可能地实现质量目标、工期目标和效益目标。评价建设项目可行性的主要指标有:财务内部收益率、投资回收期、投资利税率、固定资产借款偿还期、经济内部收益率及其经济换汇成本等。审计时,审计人员应采用抽样审计的方式,着重检查上述指标在原可行性研究报告中所用的基础数据是否真实,计算方法是否正确;参考依据是否合理,有无虚假分析的行为发生等相关内容。从理论上说,这是可行性研究报告审计的核心内容,也是重点内容。

3.3.4 审计投资决策文件本身的科学性和合理性,财务评价是否可行

财务评价,是指在财务数据估算的基础上,从企业和项目的角度出发,根据现行财务制度和价款,对项目财务可行性所进行的分析和评价。财务评价的内容包括:财务盈利能力(投产后产生的利润和税金);清偿能力(财务、债务清偿);财务外汇平衡能力。

财务评价的基本程序为:第一步:估算财务数据,具体包括总投资额;总成本、销售收入或营业收入、销售税金及附加、利润和利润的分配。第二步:编制财务报表,具体包括编制资产负债表、现金流量表、损益表等主要报表和固定资产投资估算表、投资计划与资金筹措表、总成本费用估算表等辅助报表。第三步:计算财务指标,具体包括静态指标(投资回收期、投资利润率、投资利税率、资本金利润率)和动态指标(财务净现值、财务内部收益率、动态投资回收期等)。第四步:提出财务评价结论,看项目是否可行。

财务评价的具体内容包括:

1) 财务数据估算

(1) 总投资额估算

投资估算是对项目的建设规模、技术方案、设备方案、工程方案及项目实施进度等进行研究并在基本确定的基础上,估算项目投入总资金(包括建设投资和流动资金)并测算建设期内分年资金需要量。投资估算作为制定融资方案、进行经济评价以及编制初步设计概算的依据,是项目决策的重要依据之一。准确、全面地估算建设工程项目的投资额是项目可行性研究乃至整个工程项目投资决策阶段的重要任务。

生产性建设项目总投资包含建设投资和流动资金两部分,非生产性建设项目总投资不含流动资金。建设投资由建筑工程费、设备及工器具购置费、安装工程费、工程建设期其他费、预备费(涨价预备费、基本预备费)和建设期利息构成。建设投资可分为静态投资和动态投资两部分:所谓静态投资是指建筑安装工程费、设备和工具器具购置费、工程建设其他费、基本预备费,它不随时间变化而变化。动态投资包括建设期贷款利息、涨价预备费,是随时间而变化的投资。动态资金投资在生产性项目投资中必不可少。项目投资需要量和体现项目投资效益的总资金是建设投资总额与全部流动资金需要量之和。建设投资最终形成4类资产,其中建筑工程费、安装工程费、设备及工器具购置费形成固定资产;工程建设其他费可形成固定资产、无形资产、其他资产;预备费、建设期利息在可行性研究阶段为简化计算一并计入固定资产。流动资金最终形成流动资产。

① 固定资产投资。建设投资中形成固定资产的投资为固定资产投资。固定资产是指在社会再生产过程中较长时间为生产和人民生活服务的物质资料。通常要求使用期限超过一年,单位价值在规定的限额以上(具体规定按国家有关财务制度和主管部门制定的固定资产目录办理),否则,只能算作低值易耗品。建设投资包括基本建设投资、更新改造投资、房地产开发和其他固定资产投资4个部分。其中基本建设投资是用于新建、改建、扩建和重建项目的资金投入行为,是形成固定资产的主要手段,在建设资产投资中占的比重最大,占社会建设投资总额的50%～60%。更新改造投资是在保证固定资产简单再生产的基础上,通过先进技术改造原有技术,以实现扩大再生产的目的,占社会建设投资总额的20%～30%,是固定资产再生产的主要方式之一。房地产开发投资是房地产企业开发厂房、宾馆、写字楼、

仓库和住宅等房屋设施和开发土地的资金投入行为,约占社会建设总投资的20%。其他资产投资是按规定不纳入投资计划和占用专项基本建设和更新改造基金的资金投入行为,在建设资产投资中所占比重较小。

② 无形资产投资。现代企业无形资产的比例逐渐增高,这一点不同于以往企业资产的构成。无形资产是指专利权、商标权、著作权、土地使用权、非专利技术和信誉等的投入。

③ 其他资产投资。其他资产指固定资产、无形资产、流动资产和长期投资之外的其他资产,包括其他长期资产(特准储备物资等)、递延税款借项、长期待摊费用(开办费、租入固定资产改良支出、固定资产大修支出等)。

④ 流动资金投资。流动资金是指企业购置劳动对象(原材料等)和支付职工劳动报酬及其他生产周转费用所垫支的资金。它是流动资产和流动负债的差额。流动资金的实物形态是流动资产,包括必要的现金、各种存款、应收及应付款项、存货等,流动负债主要是指应付账款。一般来说,流动资产的使用价值和价值基本上一次全部转移到产品中去。此处所说流动资产是指为维持一定规模生产所需最低周转资金和存货;流动负债主要是指应付账款(不包括短期借款)。为了区别,将资产负债表中通常含义下的流动资产称为流动资产总额,即包括了最低需要的流动资产和新生产的盈余资金。同样,通常含义下的流动负债总额除包括应付账款外还包括短期借款。

(2) 总成本的估算

总成本费用是指在一定时期内(一般为一年)为生产和销售产品或提供服务而发生的全部费用,它由制造成本和期间费用两大部分组成。制造成本包括直接材料费、直接燃料和动力费、直接工资、其他直接支出和制造费用;期间费用包括管理费用、财务费用和销售费用。为了估算简便,财务评价中通常按成本要素进行归结分类估算。归结后,总成本费用由外购原材料费、外购燃料及动力费、工资及福利费、修理费、折旧费、矿山维简费(采掘、采伐项目计算此项费用)、摊销费、财务费用(主要指利息支出)以及其他费用组成。具体分项成本估算如下:

① 外购原材料费。外购原材料指在生产过程中消耗的各种原料、主要材料、辅助材料和包装物等。按入库价对外购原材料费进行估算,并要估算进项税额。

$$外购原材料费 = 消耗数量 \times 单价(含税)$$

② 外购燃料及动力费。外购燃料及动力指在生产过程中消耗的固体、液体和气体等各种燃料及水、电、蒸汽等。按入库价对外购燃料及动力费进行估算,并要估算进项税额。

$$外购燃料及动力费 = 消耗数量 \times 单价(含税)$$

③ 工资及福利费。工资总额按职工定员人数(分为工人、技术人员和管理人员)及人均年工资计算,福利费按工资总额一定的比例(14%)计算。

$$工资额 = 人数 \times 人均年工资$$

④ 修理费。修理费是指为保持固定资产的正常运转和使用,充分发挥其使用效能,对其进行必要修理所发生的费用。

$$修理费 = 固定资产原值(扣除建设期利息) \times 百分比率$$

百分比率的选取应考虑行业和项目特点。一般修理费可取固定资产原值(扣除建设期利息)的 1‰~5‰。

⑤折旧费。折旧是对固定资产磨损的价值补偿。按照我国的税法,允许企业逐年提取固定资产折旧,并在所得税前列支。一般采用直线法,包括年限平均法和工作量法计提折旧,也允许采用加速折旧的方法(双倍余额递减法、年数总和法)。

⑥矿山维简费。矿山维简费是在计划经济体制下规定对采矿地下工程不计提折旧,而是按产量提取矿山维简费作为补偿。因此在传统的项目财务评价方法中将其作为折旧对待,在计算经营成本时予以扣除。目前有的行业已不提矿山维简费而改提折旧,或者缩小了计提矿山维简费的范围。矿山维简费的具体计算应按行业习惯或规定计取。

⑦摊销费。摊销费包括无形资产摊销和其他资产摊销两部分。无形资产摊销:无形资产从开始使用之日起,在有效使用期限内平均摊入成本。如果法律和合同或者企业申请书中均未规定有效期限或受益年限的,按照不少于 10 年的期限确定。摊销采用年限平均法,不计残值。其他资产摊销:其他资产包括开办费,从企业开始生产经营月份的次月起,按照不少于 5 年的期限分期摊入成本。摊销采用年限平均法,不计残值。

⑧财务费用。财务费用是指因筹资而发生的各项费用,包括利息支出(减利息收入)、汇兑损失(减汇兑收益)以及相关的手续费等。在项目的财务评价中,一般只考虑利息支出。利息支出主要由长期借款利息、流动资金借款利息以及短期借款利息组成。

⑨其他费用。其他费用由其他制造费用、其他管理费用和其他销售费用三部分组成,是指从制造费用、管理费用和销售费用中分别去除工资及福利费、修理费、折旧费、矿山维简费、摊销费后的其余部分。

(3) 销售收入或营业收入的估算

销售(营业)收入是指销售产品或者提供服务取得的收入。在估算销售收入时,需同时估算与销售收入有关的销售税金及附加金额,并计算相应的增值税额。年销售量设定等于生产量并按各年生产负荷加以确定;国家控制的物资的销售单价实行计划价,其他均为市场价,市场价又主要表现为出厂价或离岸价。

$$销售收入 = 销售量 \times 单价(含税)$$

(4) 销售税金及附加的估算

产品或劳务取得了销售(营业)收入,就要缴纳相应的税费,包括增值税、消费税、营业税、资源税、城乡维护建设税、教育费附加以及地方教育附加。

①增值税。增值税是以商品生产和流通各环节的新增价值或商品附加值为征税对象的一种流转税。凡在中国境内销售货物或提供加工、修理修配劳务以及进口货物的单位和个人,都是纳税人。

②消费税。某些商品除了征收增值税,还要征收消费税,它是对一些特定消费品和消费行为征收的一种税。凡在中国境内生产、委托加工和进口所规定的消费品的单位和个人都是纳税人。

③营业税。凡在中国境内提供所规定的劳务、转让无形资产或销售不动产的单位和个人都是纳税人。

④城乡维护建设税。凡在中国境内缴纳增值税、消费税和营业税的单位和个人都是纳税人。

⑤ 资源税。凡在中国境内开采矿产品或生产盐的单位和个人都是纳税人。

⑥ 教育费附加以及地方教育附加。教育费附加以及地方教育附加是伴随增值税、消费税、营业税而附加上缴的税种。

(5) 利润及利润分配的估算

利润总额的估算公式为：

$$利润总额 = 产品销售(营业)收入 - 总成本 - 销售税金及附加$$

根据利润总额可计算企业所得税及净利润。

税后利润一般按下列顺序分配：弥补被没收的财务损失，支付各项税收的滞纳金和罚款，弥补以前年度的亏损，提取法定盈余公积金，提取公益金，向投资者分配利润。

2) 计算财务指标

静态指标：

① 投资利润率＝年利润总额或平均利润/总投资×100％

② 投资利税率＝年利税之和/总投资×100％

③ 静态投资回收期：项目净收益抵偿全部投资所需要的时间

④ 资本金利润率＝年利润总和/资本金×100％

动态指标：

① 财务净现值($FNPV$)：建设项目按部门或行业的基准收益率计算出的项目计算期各年财务净现金流量的现值之和。

$$FNPV = \sum_{t=1}^{n}(CI-CO)_t(1+i_c)^{-t}$$

式中：CI——现金流入量。

CO——现金流出量。

$(CI-CO)_t$——第 t 年的净现金流量。

n——计算期。

i_c——基准收益率或设定的折现率。

当 $FNPV \geqslant 0$ 时，说明项目收益率超过或等于国家规定的基准收益率，项目是可行的。

② 财务内部收益率($FIRR$)：项目计算期内各年财务净现金流量现值之和等于零的折现率，反映项目财务确切的盈利能力或项目筹资所能承受的最高利率。

$$\sum_{t=1}^{n}(CI-CO)_t \times (1+FIRR)^{-t} = 0$$

财务内部收益率就是项目收益期内，资金流入的现值总额和资金流出的现值总额相等即财务净现值等于零时的折现率。一般采用内插法，计算式为：

$$FIRR = i_1 + \frac{FNPV_1(i_2-i_1)}{|FNPV_1|+|FNPV_2|}$$

式中，i_1——低折现率，％；

i_2——高折现率,%;
$FNPV_1$——低折现率对应的财务净现值,一般为正;
$FNPV_2$——高折现率对应的财务净现值,一般为负。
一般要求 i_1 和 i_2 差值的绝对值不超过3%,以保证 $FIRR$ 的准确性。

3.4 工程项目决策审计的主要方法

为提高审计调查的有效性,审计人员在审计调查过程中应该把握如下几个原则:

(1) 审计方法与调查方法相配合的原则

审计调查要综合运用审计和调查方法对有关事项进行分析研究。审计方法与调查方法只是达到审计目的的手段,在选用时应该区分的原则是宜采用能提高调查工作效率和质量的方法。一般来说,运用审计方法获取的数据资料真实性强、准确度高,但耗用的时间多;调查方法在一般问题的调查上,具有简便、易行、效率高的特点,但不如审计方法的权威性高。因此,应该用审计的方法获取一些重要的财务数据以及用调查方法难以获取到的真实情况的数据,以确保审计调查的权威性;能用调查方法查明的问题,尽量用调查方法获取,以提高审计调查的时效性。

(2) 调查的范围与层次适度的原则

调查的范围也就是调查的广度,调查的范围越广,需要消耗的人力和时间成本就越大。为体现审计的经济效益性,调查的范围要有边界。经济运行中的具有普遍性、倾向性、苗头性的问题是各级党政领导十分关心和亟待解决的问题。这也是审计过程中重点关注的问题。对该类问题要适当提高调查力度。对其他非普遍性问题,可采用先分类、再抽样的方式进行调查,可在一定程度上避免资源消耗过大的问题,并且保证了审计工作的及时性。

(3) 个别访谈与集体访谈相结合的原则

审计调查离不开访谈,个别访谈和集体访谈是两种常用的方法,各有优劣。个别访谈的保密性比较强,容易得到真实情况,但是调查面窄,比较费时;集体访谈具有公开性的优点,有利于在短时间内就某一问题了解一些观点情况,但却很难把隐秘性的问题挖掘出来。因此在审计调查中要把两者结合起来。

(4) 直接资料调查与间接资料调查相结合的原则

对于较大的调查项目,其资料不可能完全依靠现场调查获取直接资料,为弥补直接调查的不足,同时检查直接调查内容的真实性和准确性,对有关数据指标进行比较等等,需要到与调查对象有关的其他单位、互联网、图书馆或各类文献资料中获取一些相关的间接资料和数据。这就是直接资料调查与间接资料调查相结合,这种方法有助于调查者全面掌握情况,有较多的参考资料进行纵向和横向比较,写出有理有据的调查报告。可先根据调查的内容确定若干个量化指标,设计成审计调查表,让被调查者据实填写,审计人员对填写后的数据进行审核后,将其中的重要问题或填报可能失实的数据作为调查的切入点,通过现场审计调查予以核实,往往能够发现问题线索。

(5) 调查与研究相结合

调查与研究是审计调查中有着紧密联系的两个阶段,两者的主要区别在于两者的主要目标不同:调查的目标主要在于搜集情况,认识事物的表象;研究的主要目标则在于认识事物的本质,得出结论。但是两者又是密切联系在一起的,调查是研究的前提和基础,没有调查的研究只能是空谈,研究是调查的深化和发展,没有研究的调查只能浮在表面,不能解决问题。调查过程中不仅要搜集问题方面的材料,还要随时分析研究问题的原因和对策,以便于在调查阶段搜集齐全与此有关的材料。

(6) 注重审计方式的合理运用

工程项目前期决策审计不同于一般的财务收支的审计,在审计方法上主要应用对比分析的方法、经济活动分析的方法、现代管理的方法、数理统计的方法以及数学的方法等。具体来说:对可行性研究审计中的工程及技术问题用统计分析法;审计市场预测、生产增长率用计量经济法、市场预测回归法;投资效益决策审计可采用效益分析的线性和非线性方法;对投资估算的审计可采用投资估算法、决策分析的期望值法等。

开展决策审计可以有两种主要方式:第一,借助于内部审计的力量完成。内部审计部门在实施建设项目审计时,与外部审计相比的一个最大优势是能够进行跟踪审计,随时掌握第一手资料,通过全过程跟踪审计起到完善决策程序的作用。第二,国际内部审计师协会(IIA)2001年颁发的《内部审计实务标准》规定:"内部审计是一项独立客观的咨询活动,以增强价值、促进单位经营为基本指导思想,它通过系统化、规范化的方法,评价和提高单位风险控制和治理程序的效果,帮助完成其目标。通过内部审计师建立的执业机构,促进专业技能,并发挥其优势。"从这个定义中我们可以看出,内部审计机构的核心目标是帮助组织增加价值,而开展前期决策审计,更好地体现了增加价值的精神。故此,由内部审计机构履行前期决策审计的任务与国际内部审计潮流相吻合。那么,充分利用内部审计成果,发挥内外审计的协作功能,将会使前期决策审计可行且有效。多年来,我国三大审计主体(国家审计、社会审计和内部审计)各自为战,致使建设项目审计局面混乱,一方面,可能会出现一个项目被多家审计的情况;另一方面又不断出现重大项目无人问津的问题。另外,不同的审计主体对项目审计关注重点的不同也导致了一个项目的审计标准混乱等一系列问题,如:社会审计组织更关心的是造价审计,所以,它们的审计业务围着决算审计展开,造价的核减额成了评价审计成果的主要标准;内部审计大多按照单位领导交办,蜻蜓点水般地例行公事,未能发挥应该发挥的作用;国家审计则把焦点放在财政财务收支审计方面,多少年来,一贯如此。在审计资源十分匮乏的情况下,我们必须改变这种无序局面,在共同的审计目标下,整合审计资源,明确分工,使建设项目审计能够在互补的基础上完成前期决策审计任务。其实,现实也很清楚,不管是从哪个角度讲,国家审计机关都是无法独自承担起决策审计之重任的。

工程项目跟踪审计是运用现代审计方法对建设项目决策、设计、施工、竣工结算等全过程的技术经济活动和固定资产形成过程中的真实性、合法性和有效性进行审计监督和评价,维护国家、业主及相关单位的合法权益,有效控制和如实反映工程造价,促进管理和廉政建设,提高投资效益。建设项目决策阶段跟踪审计是由事后结算审计向事前、事中、全过程延伸的一种审计方法,这种方法使整个工程实施处于受控状态,能有效地克服事后监督的局限性,更好地达到控制造价的目的,在促进相关管理单位提高投资效益方面发挥重要作用。

工程项目审计的关键是建设项目投资决策审计,由于种种原因,在实际操作中投资项目决策的审计还是一个很薄弱的环节甚至被排斥在审计的范围之外。外部审计对投资决策的审计主要是对决策的程序合规性进行审计,表现在查文件、看批文等。内部审计在审计的时间上可以保持与建设工作同步进行,在审计过程中直接获取第一手资料,另外内审部门作为建设单位的一部分,对项目的建设环节和技术管理方法都很熟悉,所以,在项目前期决策审计时，应以内部审计为主，外部审计依赖内部审计的结果。审计的核心内容是着重检查可行性研究报告中所用基础数据是否真实、计算方法是否正确、参考依据是否合理、有无虚假分析的行为等。通过审计，及时指出论证过程中存在的问题并向本单位领导报告，由领导决定是否采纳。

3.5 建设项目前期决策审计所依据的法规文件

《中华人民共和国预算法》第三十条规定：各级预算支出的编制，应当贯彻厉行节约、勤俭建国的方针。

各级预算支出的编制，应当统筹兼顾，确保重点，在保证政府公共支出合理需要的前提下，妥善安排其他各类预算支出。

《国家重点建设项目管理办法》第三条规定：国家重点建设项目的确定，根据国家产业政策、国民经济和社会发展的需要和可能，实行突出重点、量力而行、留有余地、防止资金分散、保证投资落实和资金供应的原则。

《国家重点建设项目管理办法》第四条规定：国家重点建设项目由国务院计划主管部门和国务院有关主管部门确定。

《国家重点建设项目管理办法》第五条规定：省、自治区、直辖市以及计划单列市的人民政府计划主管部门和国务院有关主管部门（公司），按照本办法第二条规定的范围和第三条规定的原则，对本地区、本部门的基本建设项目进行平衡后，每年可以向国务院计划主管部门提出列为国家重点建设项目的申请。

国务院计划主管部门收到申请后，应当征求国务院有关主管部门的意见，进行综合平衡，在所申请项目的可行性研究报告批准后，确定国家重点建设预备项目；在所申请的项目批准开工后，正式确定国家重点建设项目。

国家重点建设项目和国家重点建设预备项目确定后，由国务院计划主管部门公布。

《关于基本建设程序的若干规定》规定：计划任务书（又称设计任务书），是确定基本建设项目，编制设计文件的主要依据。所有的新建、改扩建项目，都要根据国家发展国民经济的常用规划和建设布局，按照项目的隶属关系，由主管部门组织计划、设计等单位，提前编制计划任务书，列入国家长远规划的重点专业化协作和挖潜改造项目，也要编制计划任务书。

《建设项目环境保护管理条例》第六条规定：国家实行建设项目环境影响评价制度。建设项目的环境影响评价工作，由取得相应资格证书的单位承担。

《建设项目环境保护管理条例》第九条规定：建设单位应当在建设项目可行性研究阶段报批建设项目环境影响报告书、环境影响报告表或环境影响登记表；但是，铁路、交通等建设项目，经有审批权的环境保护行政主管部门同意，可以在初步设计完成前报批环境影响报告书或环境影响报告表。

按照国家有关规定，不需要进行可行性研究的建设项目，建设单位应当在建设项目开工前报批建设项目环境影响报告书、环境影响报告表或环境影响登记表；其中，需要办理营业执照的，建设单位应当在办理营业执照前报批环境影响报告书、环境影响报告表或环境影响登记表。

《建设项目环境保护管理条例》第十条规定：建设项目环境影响报告书、环境影响报告表或环境影响登记表，由建设单位报有审批权的环境保护行政主管部门审批；建设项目有行业主管部门的,其环境影响报告书或环境影响报告表应当经行业主管部门预审后,报有审批权的环境保护行政主管部门审批。

环境保护行政主管部门应当自收到建设项目环境影响报告书起 60 日内、收到环境影响报告表 30 日内、收到环境影响登记表 15 日内,分别做出审批决定并书面通知建设单位。

预算、审核、审批建设项目环境影响报告书、环境影响报告表或者环境影响登记表,不得收取任何费用。

《财政违法行为处罚处分条例》第 9 条规定:单位和个人有下列违反国家有关投资建设项目规定的行为之一的,责令改正,调整有关会计账目,追回被截留、挪用、骗取的国家建设资金,核减或者停止拨付工程投资。对单位给予警告或通报批评,其直接负责的主管人员和其他直接责任人员属于国家公务员的,给予记大过处分;情节较重的,给予降级或者撤职处分;情节严重的,给予开除处分:(一)截留、挪用国家建设资金;(二)以虚报、冒领、关联交易等手段骗取国家建设资金;(三)违反规定超概算投资;(四)虚列投资完成额;(五)其他违反国家投资建设项目有关规定的行为。

《中华人民共和国审计法》第 23 条规定:审计机关对国家建设项目预算的执行情况和决算,进行审计监督。

《财政性基本建设资金项目工程预、决算审查操作规程》第 4 条规定:参与项目前期论证,重点了解项目建议书、可行性研究报告、初步设计等资料,对项目可行性提出意见。

例 3-1 工程项目决策审计案例分析

(1) 计算期估算相关资料。建设期 2 年,生产期 15 年,其中,投产期为 1 年。生产负荷为 80%,设计生产能力:年产量 1 000 吨。

(2) 总投资估算相关资料。建筑工程,总建筑面积 1 500 平方米,均方造价 2 000 元。设备购置:全部进口设备离岸价为 210 万美元,合同货价为到岸价,以美元结算。海运费率为 6%,海运保险率 0.2%,进口关税率 10%,进口增值税率为 17%,外贸、银行手续费、国内运杂费计费依据均为到岸价,费率分别为 1.5%、0.4%、2%。国内设备全部到厂费用 220 万元。设备安装费取进口设备和到厂设备费用的 10%。工程建设其他费用为 500 万元。预备费用:建筑工程、设备购置费用、设备安装费用和工程建设其他费用之和的 10%(分别按人民币和美元计算)。固定资产投资方向调节税税率为 15%。建设期利息估算资料:在该项目固定资产投资和固定资产投资方向调节税中,自有资金为 600 万元,其余均为外部借款。人民币投资中 60%(含 600 万元自有资金)在项目建设期第一年投入,其余 40% 在第二年投入,人民币借款由当地银行提供,年利率为 7.02%。外币在建设期第二年投入,均为借款,由国际金融机构提供,年利率为 5.25%。

(3) 流动资金估算相关资料。根据经验数据和本项目的具体情况,流动资金取正常生产年度销售收入的 18%,根据生产负荷投入。在流动资金中,自有资金 30%,其余 70% 为当地银行借款,贷款年利率为 6.21%,自有流动资金全部在投产期投入。

(4) 总承包估算相关资料。原材料达产年需要量为 1 000 吨,单价为 0.8 万元,辅助材料达产年费用总额为 35 万元。购入的动力和燃料经测试达产年耗用为 100 万元。工资及福利费,该项目职工定员为 40 人,人均年工资为 26 000 元,职工福利资金取工资总额的

14%。固定资产折旧费,折旧年限为15年,净残值率为4%。修理费取折旧费的30%。利息支出只考虑流动资金利息,根据各年实际占用,分别加以计算。

(5) 销售收入和销售税金估算的相关资料。销售收入,本项目所生产的产品,出口和内销各占50%,销售价格为:产品1出口5 000美元/吨,内销3万元/吨;产品2出口4 500美元/吨,内销2.8万元/吨;产品3出口3 500美元/吨,内销2.4万元/吨。税金及附加,该项目为一般项目纳税人,增值税进项税和销项税税率均为17%,城市建设维护税、教育附加税率分别为7%和3%,出口产品免税。项目产品年产量指标产品1为250吨,产品2为500吨,产品3为250吨。

(6) 利润总额及分配估算,该项目不缴纳资源税,企业所得税率为33%。

(7) 相关参数,汇率取1美元=6.8元人民币,基准收益率为12%。

项目前期决策审计过程:

(1) 编制前期决策情况调查表

表3-1 建设项目前期决策审计调查表

客户:×××公司		签名	日期	
项目:建设项目前期决策调查	编制人	××	索引号	
截止日期:××××年××月××日	复核人	××	页次	
调查内容		是	否	备注
1. 建设项目前期决策是否科学?				
2. 建设项目前期决策程序是否合理?				
3. 建设项目前期决策是否必要?				
4. 编制可行性研究报告的单位和批准单位是否具备相应资格?				
5. 可行性研究报告的内容是否完整?				
6. 项目建设的条件是否具备?				
7. 项目产品方案是否先进、可行?				
8. 投资估算的依据是否符合国家和地区的有关规定?				
9. 资金的筹措方式是否合法、可行?				
10. 建设项目是否着眼于长期的、综合的、符合社会要求的利益?				
审计小结:				

(2) 进行建设项目的财务效益评审

① 固定资产投资额=建筑工程投资额+设备购置费用+安装费+其他费用
　　　　　　　　　　+预备费用
　　　　　　　　　=300+2 230.91+223.09+500+310.40
　　　　　　　　　=3 564.4(万元)

其中:建筑工程投资额=0.2×1 500=300(万元)

设备购置费用=进口设备购置费用+国内设备购置费用

进口设备购置费用=离岸价+海运费+海运保险费+进口关税+进口增值
　　　　　　　税+国内运杂费(装卸费+运输费)+手续费

（银行手续费＋外贸手续费）

到岸价(CIF)＝离岸价＋海运费＋海运保险费
$$=210\times(1+6\%+0.2\%)=223.02(万美元)$$
$$=1\,516.53(万元)$$

关税＝到岸价×进口关税税率＝$1\,516.53\times10\%=151.65(万元)$

进口增值税＝$(1\,516.53+151.65)\times17\%=283.59(万元)$

国内运杂费、银行、外贸手续费＝到岸价×适用费率
$$=1\,516.53\times(2\%+0.4\%+1.5\%)$$
$$=59.14(万元)$$

国产设备购置费用＝220(万元)

设备购置费用小计：$1\,516.53+151.65+283.59+59.14=2\,230.91(万元)$

安装费＝$2\,230.91\times10\%=223.09(万元)$

其他费用＝500(万元)

预备费用：人民币预备费＝$[(300+2\,230.91+223.09+500)-1\,516.53]\times10\%$
$$=173.75(万元)$$
　　　　　美元预备费＝$223.02\times10\%\times6.8=151.65(万元)$

预备费用小计：$173.75+151.65=325.4(万元)$

投资方向调节税＝$3\,564.4\times15\%=534.66(万元)$

建设期利息估算：

借入投资额：第一年$(3\,564.4+534.66-1\,516.53-151.65)\times60\%-600=858.53(万元)$
　　　　　　第二年人民币$(3\,564.4+534.66-1\,516.53-151.65)\times40\%=972.35(万元)$
　　　　　　美元 $223.02+22.302=245.32(万美元)$

$L_1=(0+858.53/2)\times7.02\%=30.13(万元)$

$L_2=(858.53+30.13+972.35/2)\times7.02\%=96.51(万元)$

L_2外币＝$245.32/2\times5.25\%=6.44(万美元)$ 合人民币 $43.79(万元)$

建设期利息小计：$30.13+96.51+43.79=170.43(万元)$

流动资金估算：$[125\times3+250\times2.8+125\times2.4+(125\times0.5+250\times0.45+125\times$
　　　　　　$0.35)\times6.8]\times18\%=515.25(万元)$

总投资额＝$3\,564.4+534.66+170.43+515.25=4\,784.74(万元)$

② 成本估算

原材料：达产年$1\,000\times80\%+35=835(万元)$，投产年$835\times80\%=668(万元)$

动力和燃料：达产年100(万元)，投产年$100\times80\%=80(万元)$

工资及福利费：$40\times2.6\times(1+14\%)=118.56(万元)$

折旧费：$3\,564.4\times(1-4\%)/15=228.12(万元)$

净残值：$3\,564.4\times4\%=142.58(万元)$

修理费：$228.12\times30\%=68.44(万元)$

利息支出：投产年$515.25\times(80\%-30\%)\times6.21\%=16.00(万元)$
　　　　　达产年$515.25\times(1-30\%)\times6.21\%=22.40(万元)$

其他费用：$(835+100+118.56+228.12+68.44+22.4)\times10\%=137.25(万元)$

总成本:投产年:668+80+118.56+228.12+68.44+16.0+137.25=1 316.37(万元)
       达产年:835+100+118.56+228.12+68.44+22.40+137.25=1 509.77(万元)
经营成本:投产年:1 316.37-228.12-16.0=1 072.25(万元)
        达产年:1 509.77-228.12-22.40=1 259.25(万元)

③ 销售收入与销售税金及附加的估算

销售收入:达产年:$(125\times3+250\times2.8+125\times2.4)+(125\times0.5+250\times0.45+125\times0.35)\times6.8$
$=1\ 375+1\ 487.5=2\ 862.5$(万元)
投产年:$2\ 862.5\times80\%=2\ 290$(万元)

税金及附加:达产年:$(1\ 375-835-100)\times17\%\times(1+7\%+3\%)=82.28$(万元)
          投产年:$82.28\times80\%=65.82$(万元)

利润:投产年:2 290-1 316.37-65.82=907.81(万元)
    达产年:2 862.5-1 509.77-82.28=1 270.45(万元)

④ 财务指标

静态指标:

投资利润率=$[(907.81+1\ 270.45\times14)/15]/4\ 784.74=26.05\%$

投资利税率=$[(907.81+1\ 270.45\times14+65.82+82.28\times14)/15]/4\ 784.74$
$=27.74\%$

投资回收期$(Pt)=2+1+(4\ 784.74-907.81)/1\ 270.45=6.05$(年)

资本金利润率=$[(907.81+1\ 270.45\times14)/15]/(600+515.25\times30\%)$
$=165.16\%$

动态指标:经过计算本项目 $FNPV>0$,$FIRR>12\%$,均可行。

 例 3-2 　生活垃圾焚烧发电厂 BOT 项目垃圾焚烧服务经济审计

【案例背景】

为解决日益增多的生活垃圾,创建环保生态城市,YZ 市于 2007 年 9 月公开招标建设 YZ 市生活垃圾焚烧发电厂 BOT 项目,2008 年 9 月确定 TJTD 环保有限公司为中标人,授权 TJTD 环保有限公司在 YZ 市成立项目公司(YZTD 环保有限公司)对项目进行融资、投资、设计、建设,并在特许经营期(28 年)内,按照《特许经营权协议》及《垃圾处理服务协议》的内容对垃圾焚烧发电厂进行运营、围护和修理,并在特许经营期满后将项目全部资产无偿交给 YZ 市政府或其指定的第三人。

经过各方共同努力,该项目于 2011 年 4 月通过验收并同意并网,项目运营后各项环保指标达标,实现了市区生活垃圾处理的减量化、无害化和资源化。

YZTD 环保有限公司生活垃圾焚烧服务费中标价为 72 元/吨,2011 年 9 月 16 日 YZTD 环保有限公司向 YZ 市城管局、YZ 市财政局递交请示报告,申请将生活垃圾焚烧服务费调整为 89 元/吨。2011 年 10 月,某审计单位接收 YZ 市财政局委托,对该垃圾服务费的调整进行审计。

【争议焦点】

YZTD环保有限公司要求调高垃圾服务费的理由如下:从该项目2008年9月中标至申请调整日期已4年多,固定资产投资上涨21.84%,前期投资提高引起项目固定成本增加;YZ市CPI上涨18.68%,项目运营成本增加;渗滤液处理标准由原三级排放提高为一级排放,运营成本增加。以上成本的增加会引起垃圾焚烧服务费的增加。

但市城管局及财政局认为,其他边界条件的变化引起了该项目收入的增加。如:处理垃圾规模由800吨/天调整为1000吨/天,引起服务费收入增加及售电收入增加;原投标文件计算营业收入时上网电价按0.575元/度,现实际并网电价为0.636元/度,售电收入增加。以上收入的增加会使得垃圾焚烧服务费降低。

【问题分析】

造成双方对垃圾焚烧服务费争议的主要原因是由该BOT项目的特殊性决定的。

YZ市政府为了能够在前期投入较小的情况下,引进社会资本及技术,有效处理日益增多的城市生活垃圾,实现垃圾处理的"无害化、减量化、资源化"的总体目标,总体上节约土地资源,改善YZ市的生存与投资环境,通过招标方式引进了该BOT项目。

该BOT项目的主要特征是:由TJTD环保有限公司在特许经营期内在YZ市成立项目公司(YZTD环保有限公司)建设并经营该垃圾焚烧发电厂,通过焚烧的方式处理YZ市的城市生活垃圾,该BOT项目通过焚烧垃圾发电并网及向YZ市政府收取垃圾处理服务费收回项目投资,并达到其投标所期望的项目投资财务内部收益率及资本金财务内部收益率。

以下分别为"依据该项目实际基础数据测算的垃圾服务费"及"其他需要说明的问题"对该项目的垃圾服务费所做的详细分析。

(一)依据该项目实际基础数据测算的垃圾服务费

审计单位本着"客观公正、实事求是"的原则,依据YZ市生活垃圾焚烧发电厂BOT项目招标文件、投标文件、国家有关法规规定和其他有关资料,通过计算该项目建设总投资、固定资产的折旧额、其他长期资产摊销费用及财务费用,根据投标文件的单位消耗水准与本项目的实际边界条件的变化,确定出项目的单位可变成本,然后进一步估算出运营期内的总成本费用、总经营成本以及单位成本费用和单位经营成本,通过计算年垃圾处理量和上网发电量确定经营收入,最后编制全部投资现金流量表、自有资金现金流量表、利润与利润分配表等财务分析表格。通过分析,满足投标文件期望的项目投资财务内部收益率及资本金财务内部收益率的垃圾焚烧服务费价格为85元/吨。以下为该价格的测算过程:

1. 项目总投资

经测算本工程项目的总投资额约为47 000万元,其中:建设投资44 963万元、建设期利息1 619万元、流动资金418万元。由于该项目的竣工决算工作还未最终完成,总投资额是依据当时的财务数据测算的。

2. 运行成本分析

依据该项目的投标文件、技术方案、运营方案、国家及地方有关财税政策以及本项目处理垃圾规模由800吨/天调整为1000吨/天的变化,确定出本项目所需材料动力消耗、折旧年限、项目定员、财务费用等技术经济基础数据,由此计算出项目的主要成本费用指标为:

年平均总成本5 473.4万元,其中年平均经营成本为3 130.14万元;

平均单位垃圾处理成本164.37元/吨,其中平均单位经营成本为93.91元/吨。

1) 成本分析原则

符合国家和地方的相关政策与法规的原则；全面性原则；费用效益一致性原则；以项目相关成本分析为基础原则确定基础数据的原则；满足环保要求的原则；与招投标文件精神一致的原则。

2) 成本分析的范围及基础数据

(1) 成本分析范围

该垃圾焚烧发电项目正常年份年处理生活垃圾33.33万吨，年均上网电量8 756万千瓦时。垃圾由YZ市环卫部门负责运到YZTD环保有限公司的垃圾仓，垃圾运输及其运输设备，不属于本项目的工程建设范围。项目运营成本及费用包括焚烧发电、烟气净化、渗滤液处置、飞灰固化、污水处理的成本及其他各项费用。

(2) 成本分析基础数据

① 运营所需各种原辅材料、动力的消耗依据投标文件经济分册消耗量及实际消耗量测算，原辅材料的价格按市场价计；生产用水价格按2.77元/吨计价，生活用水价格按3.53元/吨计价，地表取水按0.29元/吨计价；各种原辅材料费1 108.71万元，燃料费166万元，动力费65.88万元。

② 投标文件劳动定员为51人，人均工资及福利为42 000元；结合YZ市物价上涨因素(2008年4.8%、2009年-1%、2010年3.4%、2010年5.1%)，工资及福利按年人均47 355元计($42 000 \times 1.048 \times 0.99 \times 1.034 \times 1.051$)，劳动定员按日处理垃圾规模调整为63人(其中高层管理人员3人，其他人员按日处理规模调整，即$48 \times 1 000/800 = 60$人)，按以上数据调整全年工资及福利总额为298.34万元。

③ 由于是BOT项目，建设运营后最终要移交，不考虑项目残值，项目运营期为26年，确定项目资产按26年摊销，每年摊销额为1 807万元/年。

④ 对符合技术标准要求的炉渣和稳定化后飞灰，不计厂外填埋处置费，但需承担运输费用。

⑤ 根据招标文件，生产废水、生活污水经预处理达到三级纳入污水管网排放标准后向厂外排放，不计污水排放费，现根据要求，和渗滤液一并处理，标准提高到一级，渗滤液处理成本按70元/吨计算(参照北京××科技发展有限公司出具的"YZTD渗滤液处理系统运行费用分析")。

⑥ 财务费用包括长期贷款和流动资金贷款的利息。

3) 运营总成本及费用

按以上方法估算，正常年份年处理垃圾33.3万吨/年，按投标文件的计算口径结合实际边界条件的变化，测算出达产年平均的垃圾焚烧发电成本费用为5 473.4万元，按处理垃圾计的单位成本为164.37元/吨。详见达产年平均垃圾焚烧发电总成本费用估算对比表。

4) 运营成本分析评价

YZ市垃圾焚烧发电项目的运营成本主要有物料成本、维护成本、人力成本以及废物处理成本等，以日处理垃圾1 000吨的数量计算，项目的运营成本总括如下：

(1) 物料成本

物料主要包括水、柴油、化学药品、石灰粉、活性炭、水泥、螯合剂等。根据原投标文件结合YZTD环保有限公司提供实际消耗量，本分析报告采用物料消耗量如下：自来水的消耗量为12.5万吨/年,冷却水消耗量为75万吨/年;化学药品每年费用预计50万元;石灰粉4 995吨/年,活性炭166吨/年,水泥2 997吨/年,柴油消耗包括点停炉、助燃共计200吨,螯合剂459万元/年。详见达产年平均垃圾焚烧发电总成本费用估算对比表,如表3-2所示。

表3-2 达产年平均垃圾焚烧发电总成本费用估算对比表　　　　单位:元

序号	项目	单位	投标数据			报告采用数据			
			单价	总用量	年总成本(万元)	单价	单位成本	总用量	年总成本(万元)
1	原辅材料								
	石灰粉	吨	650	1 648	107.12	720		4 995	359.64
	活性炭	吨	5 000.00	72	35.75	5 300.00		166.5	88.25
	水泥	吨	400	3 095	123.8	420		2 997	125.87
	化学药剂				40				50.00
	螯合剂(飞灰处理)	吨飞灰	0	0	0	460		9 999	459.95
	其他				20				25.00
	小计				326.67				1 108.71
2	燃料动力								
	轻柴油	吨	7 000.00	160	112	8 300.00		200	166.00
	冷却水	万立方米	0.29	60	17.4	0.29		75	21.75
	自来水	万立方米	2.77	10	27.7	3.53		12.5	44.13
	小计				157.1				231.88
3	工人工资及福利	元	42 000.00	51	214.2	47 355.35		63	298.34
4	外委修理	元			460				575.00
5	备品备件	元			300				375.00
6	摊销费	元			1 483.67				1 807.00
7	渗沥液处理运行费				160	70		49 995	349.97
8	灰渣运输费用				8				10.00
9	财务费用	元			536.26				536.26
10	其他费用				145				181.25
11	总成本费用合计	元			3 790.9				5 473.40
	其中:可变成本	元			1 411.77				2 650.55
	固定成本	元			2 379.13				2 822.85
12	经营成本	元			1 770.97				3 130.14
	垃圾经营成本	万吨			66.829				93.91

(2)维护成本

设备维护费用计算按投标文件报价口径结合垃圾日处理规模的变化,预计全年维护费用575万元(460×1 000/800),备品备件费用全年预计375万元(300×1 000/800)。

(3)废物处理成本

废物主要指飞灰、炉渣、渗滤液、生活污水、工业废水等。其中炉渣为一般废弃物,可综合利用,故处理费用较低,飞灰需要固化填埋,主要消耗水泥和螯合剂,物料成本里已经计算了。渗滤液预计产生49 995吨,处理费用359万元/年,生活污水、工业废水的处理消耗化学药品,已计入物料成本中。

3. 上网电量预测

依据投标文件日处理规模800吨/天的上网电量预测数据,测算出每天焚烧1 000吨生活垃圾的上网电量指标数值,如表3-3所示。

表3-3 上网电量预测表

时间	垃圾热值	投标数据		投产数据	
		垃圾处理量（吨）	年上网电量（千瓦时）	垃圾处理量（吨）	年上网电量（千瓦时）
建设期2年	4 600(千焦/千克)				
第3年	5 234(千焦/千克)	200 000	37 941 917	250 000	47 427 396.25
第4年	5 444(千焦/千克)	200 000	40 272 986	250 000	50 341 232.50
第5年	5 654(千焦/千克)	264 000	60 791 144	330 000	75 988 930.00
第6年	5 864(千焦/千克)	264 000	63 868 091	330 000	79 835 113.75
第7年	6 074(千焦/千克)	266 667	67 764 772	333 333	84 705 774.41
第8年	6 284(千焦/千克)	266 667	70 872 864	333 333	88 590 880.67
第9年	6 494(千焦/千克)	266 667	73 987 477	333 333	92 484 138.16
第10~28年	6 704(千焦/千克)	266 667	73 987 477	333 333	92 484 138.16
26年均值					87 560 465.03

4. 营业收入估算

依据招投标文件,营业收入来源,一是根据特许权协议中所提供的垃圾处理量,对所提供的垃圾进行焚烧处理,获取垃圾处理服务费;二是利用在处理过程中产生的热能进行发电并上网销售。

根据招标文件特许经营协议中垃圾处理量的约定,项目从第3年起,垃圾日处理量不低于1 000吨,按照垃圾处理费85元/吨,年均可收取垃圾处理费2 774万元。

在项目达产年平均发电量扣除垃圾焚烧发电车间自用电和线损、灰渣处理及渗滤液处理用电后,年外售电量8 756万千瓦时,按上网电价0.636元/千瓦时计算,项目的售电收入为5 569万元。

综合以上内容,在正常年份营业收入可达8 343万元。

5. 税金及损益计算

根据财政部、国家税务总局财税[2001]198号文,本项目享受增值税免税优惠政策,实行即征即退的政策。城市维护建设税及教育费附加分别按增值税的7%和3%计,销售税金及附加共计60.5万元/年。

企业所得税为25%,考虑所得税税收优惠政策,达产年平均的所得税额为702.28万元。

按以上营业收入和税金估算的数据及运营成本费用估算的结果,估算运营期内年平均税后利润为1 896万元,盈余公积金按利润10%计提。达产年平均损益计算表如表3-4所示。

表 3-4　达产年平均损益计算表　　　　　　　单位：万元

序号	项目	单位	投标数额	按 85 元/吨
1	营业收入	万元	5 909	8 343
1.1	垃圾处理费收入	万元	1 882	2 774
1.2	售电收入	万元	4 028	5 569
2	销售税金及附加	万元	38	60.5
3	总成本费用	万元	3 791	5 473.40
4	利润总额	万元	2 080	2 809
5	弥补以前年度亏损	万元		
6	所得税	万元	438	702.28
7	税后利润	万元	1 643	2 107
8.1	盈余公积金	万元	164	211
8.2	可供分配利润	万元	1 479	1 896

6. 项目盈利能力分析

项目的评价计算期为 28 年，由编制的损益表和现金流量表分析可得盈利能力指标表，如表 3-5 所示。

表 3-5　盈利能力指标表

指标名称	全投资指标	自有资金指标
投资内部收益率	7.07%	8.13%
投资净现值（万元）	300.9	114.66
投资回收期（年）	13.37	15.53

项目的投资利润率 5.97%。

（二）其他需要说明的问题

1. 以上分析的依据主要是该项目的招标文件、投标文件，以及 YZTD 环保有限公司提供的部分技术数据及购货合同等，该部分资料的真实性由提供单位负责，审计单位只是对其影响垃圾处理服务费的多少提出分析意见。

2. 依据招投标文件"恢复约定经济地位"条款，即"非甲乙双方的原因导致乙方的收入减少或成本增加幅度较大，或者乙方的收入增加或成本增加幅度较大时，为保持原约定的经济地位，垃圾处理服务费可以做相应调整"。本报告对以下影响垃圾处理服务费的因素做了调整：

对照该项目招投标文件和环评批复文件，飞灰处理环保标准由 GB5085.3—1996 提高为 GB16889—2008，根据 YZTD 环保有限公司提供的《飞灰固化稳定化运营处理协议》测算，螯合剂费用为 459 万元/年（33.3 万吨×3‰×460 元/吨飞灰）。由于原投标文件在成本测算时未考虑该项费用，该项费用的增加引起垃圾处理服务费在原 72 元/吨的基础上增加约 13.8 元/吨。详见达产年平均垃圾焚烧发电总成本费用估算对比表。

投标文件中石灰粉掺入量在技术分册部分说明消耗量为 4 482 吨/年，在商务分册部分计算运营成本时消耗量为 1 648 吨/年。依据飞灰处理环保标准由 GB5085.3—1996 提高为

GB16889—2008，本分析报告计算运营成本时石灰粉掺入量按YZTD环保有限公司提供的4 995吨/年(33.3×1.5‰×10 000)计算，详见物料和动力消耗表；单价按720元/吨(依据YZTD环保有限公司提供的《氢氧化钙采购合同》)。如果石灰粉仅按垃圾日处理规模调整，掺入量为2 060吨/年(1 648×1 000/800)，石灰粉掺入量按实际调整与按日处理规模调整引起垃圾处理服务费在原投标72元/吨的基础上增加约6.4元/吨。详见达产年平均垃圾焚烧发电总成本费用估算对比表。

渗滤液处理标准由原三级排放提高为一级排放，依据北京××科技发展有限公司出具的"YZTD渗滤液处理系统运行费用分析"，渗滤液处理成本按70元/吨计入运营成本，渗滤液量按垃圾日处理规模调整，该项费用引起垃圾处理服务费在原投标72元/吨的基础上增加约4.5元/吨。

其他如物价上涨、人员工资及福利上涨、垃圾日处理规模调整等共同影响垃圾处理服务费增加约3元/吨。

原投标文件计算营业收入时上网电价按0.575元/度，现按实调整为0.636元/度，该项收入的增加引起垃圾处理服务费在原投标72元/吨的基础上减少约14.5元/吨。

4 工程项目勘察设计审计

4.1 概述

工程项目勘察、设计是指根据建设项目的要求,对工程项目所需的技术、经济、资源、环境等条件进行综合分析、论证,编制建设项目勘察、设计文件的活动。国务院以《中华人民共和国建筑法》为依据,于 2000 年 9 月 25 日制定颁布了《建设工程勘察设计管理条例》,该条例是建设工程勘察和建设工程设计的工作准则和法律依据。从工程项目管理的角度来讲,设计阶段的管理其核心任务仍是进行项目投资、进度、质量三大目标的控制,以保障工程项目安全、可靠,提高其适应用性和经济性。国内外对项目实施阶段节约投资的潜力研究表明,勘察设计阶段节约投资的潜力均在 10% 以上,设计准备阶段可达 95%。设计的进度不能按计划完成,设计不便于施工等等,都直接影响到整个项目的投资、进度和质量目标的实现。因此,对建设项目勘察设计阶段的有效控制是实现建设工程项目管理目标的有力保障。

4.1.1 工程项目设计分类

工程项目设计依据工作进度和深度不同,一般分为扩大初步设计阶段、施工图设计两个阶段进行;技术复杂的建设工程项目可按初步设计、技术设计和施工图设计三个阶段进行。二阶段设计和三阶段设计,是我国工程设计行业长期形成的基本工作模式,各阶段的设计成果包括设计说明、技术文件(图纸)和经济文件(概预算)。其目的在于通过不同设计阶段设计深度的控制来保证设计质量。

(1) 设计方案阶段:这里的设计方案,主要是指初步设计前建设工程项目的总体规划设计方案,个体建筑物、构筑物的设计方案的竞选。

(2) 扩大初步设计,一般建设工程项目的方案设计深度满足不了指导施工图设计,编制施工招标文件或主要设备材料订货的需要和政府有关部门的审批要求,应通过扩初设计使设计具体化,解决遗留的复杂疑难问题。

(3) 施工图设计是在初步设计、技术设计或方案设计的基础上进行详细、具体的设计,把工程和设备各构成部分尺寸、布置和主要施工做法等,绘制出正确、完整和安装详图,并配以必要的详细文字说明。

4.1.2 工程项目设计原则

国家对从事建设工程设计的单位,实行资质管理,对从事建设工程设计活动的专业技术人员,实行执业资格注册管理制度,建设工程设计单位应当在其资质等级许可的范围内承揽业务。对此,《中华人民共和国建筑法》,国务院《建设工程勘察设计管理条例》均有明确规定。国家建设行政主管部门先后颁发了与之相配套的《建设工程勘察设计市场管理规定》(建设部第 65 号令)、《建设工程勘察设计企业资质管理规定》(建设部第 93 号令)和《工程设计资质分级标准》(建设部设计司发 22 号文件)。单位资质制度是指建设行政主管部门对从事建筑活动单位的人员素质、管理水平、资金数量、业务能力等进行审查,以确定其承担任务的范围,并发给相应的资质证书。建设项目设计的原则根据设计的不同阶段也有所不同,可分为方案设计阶段、初步设计阶段、施工图设计阶段。

1) 工程项目方案设计的一般原则

工程项目的方案设计应符合国家有关工程建设的方针政策,符合现行建筑设计标准规范,在以符合城市规划、消防、节能、环保的前提下,按照设计任务书的要求,综合考虑设计方案的经济、技术、功能和造型等方面,就其能否发挥工程项目的社会效益、经济效益和环境效益进行比选、评价。方案设计的深度要求是:满足初步设计的展开,主要大型设备、材料的预算安排及土地征用的需要。

2) 工程项目初步设计文件的编制的一般原则

工程项目初步设计文件应符合已审定的设计方案,应能据以确定土地征用范围、应提供工程设计概算,作为审批确定项目投资的依据,应能据以准备主要设备及材料,应能据以进行施工图设计并能据以进行施工准备。

3) 工程项目施工图设计文件编制的一般原则

工程项目施工图应能据以编制施工图预算、能据以安排材料、设备订货和非标准设备的制作、能据以进行施工和安装、能据以进行工程验收。

4.1.3 工程项目设计从业单位的相关规定

1) 工程勘察单位资质和等级

工程勘察资质分为综合类、专业类和劳务类。综合类包括工程勘察所有专业;专业类是指岩土工程、水文地质工程、工程测量等专业中的某一项,其中,岩土工程专业可以是岩土工程勘察、设计、测试监测检测、咨询监理中的一项或全部;劳务类是指岩土工程治理、工程钻探、凿井等。

工程勘察综合类资质只设甲级;工程勘察专业类资质原则上设甲、乙级两个级别,确有必要设置丙级勘察资质的地区经过建设部批准后方可设置专业类丙级;工程勘察劳务类资质不分等级。

2) 工程设计单位资质类别和等级

工程设计资质分工程设计综合资质、工程设计行业资质和工程设计专项资质三类。工程设计资质分级标准按单位资历和信誉、技术力量、技术水平、技术装备及应用水平、管理水平、业务成果等6方面考核确定,其中业务成果指标供资质考核备用,其余5项为硬性要求。工程设计资质等级的设立:

(1) 工程设计综合类资质不设级别。

(2) 工程设计行业资质根据其工程性质划分为煤炭、化工石化医药、石油天然气、电力、冶金、军工、机械、商物粮、核工业、电子通讯广电、轻纺、建材、铁道、公路、水运、民航、市政公用、海洋、水利、农林、建筑等21个行业。工程设计资质设甲、乙、丙3个级别,除建筑工程、市政公用、水利和公路等行业设工程设计丙级外,其他行业工程设计丙级设置对象仅为企业内部所属的非独立法人单位。工程设计行业资质范围包括本行业建设工程项目的主体工程和必要的配套工程(含厂区内自备电站、道路、铁路专用线、各种管道和配套的建筑物等全部配套工程)以及与主体工程、配套工程相关的工艺、土木、建筑、环境保护、消防工程、安全、卫生、节能等。

(3) 工程设计专项资质划分为建筑装饰、环境工程、建筑智能化、消防工程、建筑幕墙、轻型房屋钢结构等 6 个专项。工程设计专项资质根据专业发展需要设置级别。工程设计专项的设立,需由相关行业部门或授权的行业协会提出并经建设部批准,其分级可根据专业发展的需要设置甲、乙、丙或丙级以下级别。

承担任务的范围和地区:

(1) 甲级工程设计行业资质单位承担相应行业业务范围和地区不受限制。

(2) 乙级工程设计行业资质单位承担相应行业中、小型建设项目的工程设计任务,地区不受限制。

(3) 丙级工程设计行业资质单位承担相应行业小型建设项目的工程设计任务,限定在省、自治区、直辖市所辖区行政范围内。

(4) 具有甲、乙级行业资质的单位,可承担相应的咨询任务,除特殊规定外,还应承担相应的工程设计专项资质业务。

(5) 取得工程设计专项甲级资质证书的单位可承担大、中、小型专项工程设计项目,不受地区限制;取得乙级资质的单位可承担中小型专项工程设计项目,不受地区限制。

(6) 持工程设计专项甲、乙级资质的单位可承担相应咨询业务。

(7) 工程设计单位取得市政公用、公路、铁道等行业中任一行业中桥梁、隧道工程设计类型的甲级设计资质,即可承担其他两个行业桥梁、隧道工程甲级设计范围的设计业务。

建筑工程设计甲级及其他工程设计甲、乙级资质由国务院建设行政主管部门审批,委托企业工商注册所在地省、自治区、直辖市建设行政主管部门负责年检,年检合格的报国家建设行政主管部门备案,基本合格或不合格的亦应上报确认其年检结论。建筑工程设计乙级资质和其他建设工程设计丙级及以下资质,由企业工商注册所在地省、自治区、直辖市建设行政主管部门审批并负责年检。年检结论为合格、基本合格、不合格 3 种。

4.1.4 工程项目设计从业人员的相关规定

注册建筑师、注册结构工程师的资格考试、注册和执业由国家建设主管部门和人事主管部门共同指导和监督。对注册建筑师、注册结构工程师这两种专业技术性最强的职业资格,国家住房与城乡建设部和人力资源和社会保障部还会组建专门的管理委员会。全国注册建筑师管理委员会和省、自治区、直辖市注册建筑师管理委员会,依照有关规定负责注册建筑师的考试和注册的具体工作。全国和省、自治区、直辖市的注册结构工程师管理委员会可依照有关规定,负责或参照注册结构工程师的考试和注册等具体工作。

勘察设计注册工程师由于承担的业务不局限于房屋建筑工程和市政工程,还涉及水利、交通、铁路等专业工程领域,其执业资格管理体制都是由国务院建设主管部门统一监督管理。

4.1.5 工程项目施工图设计文件审查

1) 审图工作作用

根据《建设部关于建筑工程施工图设计文件审查暂行规定》,各省市下达了相关文件,同时各市相继成立了审图机构,并收取审图费用,建筑工程施工图审查进行到了实质性阶段。工程图纸是工程项目的法律性文件,也是工程施工的依据。熟悉核查施工图纸是监理工程师实施工程质量、进度、投资预控的重要环节,也是施工准备阶段监理工作的重要部分。审图机构工作人员通过熟悉图纸,了解工程特点,以及设计对施工工艺材料等方面的要求,使自己建立起工程整体质量概念。编制审图工作流程和实施准则,制定工程质量预控措施和重要部位工序施工的质量控制措施。与此同时,在熟悉图纸的过程中要对施工图纸进行核查,对图纸上存在的差错,记录汇总,把设计方面存在的问题在施工前予以纠正,避免施工中因设计问题而造成返工,影响工程质量。尤其在目前建筑设计市场尚未达到规范化的状态下,加大图纸的核查力度,完善设计质量,对工程质量有着举足轻重的作用。审图工作的作用包括:

(1) 通过熟悉图纸,掌握工程质量控制重点。

(2) 通过审图,核查施工单位人员安排与工程工作量是否相符。

(3) 通过审图,核查构造设计的合理性及是否遗漏构造措施。

(4) 通过审图,了解工程材料的需求情况,及时组织材料供给,保证工作顺利进行,避免工期延误。

(5) 通过审图,提出优化建议,加快工程进度。

(6) 通过审图,提出优化建议,节约投资。

2) 审图工作内容

常规审图工作内容包括:审查几何尺寸、标高、平面位置等是否正确;审查施工图中是否有施工不便之处,对不合理设计方案提出修改意见;审查可能对工程质量、进度、投资等造成影响的设计内容,对施工图局部提出修改意见;审查施工图中是否采用了新技术、新材料、新工艺,对采用新技术、新材料、新工艺部分设计内容请设计单位提出设计要求,介绍材料性能,论证新技术的可行性,证明新工艺的科学性。审查图纸中要求采用的规程、规定及施工标准、图集、图册等,并请设计单位做好相关交底工作。审查施工图预算,将工程项目的投资额控制在相应范围之内。对审图程序的有效控制是把握建设工程项目质量、进度和投资的重要途径,是确保建设工程项目目标的必要手段。

4.2 建设项目勘察设计所依据的法规

4.2.1 《中华人民共和国建筑法》的规定

《中华人民共和国建筑法》第56条规定:"建筑工程的勘察设计单位必须对其勘察设计的质量负责。勘察、设计文件应当符合有关法律、行政法规的规定和建筑工程质量、安全标准、建筑工程勘察、设计技术规范以及合同的约定。设计文件选用的建筑材料、建筑构配件和设备,应当注明其规格、型号、性能等技术指标,其质量要求必须符合国家规定的标准。"

4.2.2 《建设工程质量管理条例》的规定

《建设工程质量管理条例》第3条规定:"建设单位、勘察单位、设计单位、施工单位、工程监理单位依法对建设工程质量负责。"

第18条规定:"从事建设工程勘察、设计的单位应当依法取得相应等级的资质证书,并在其资质等级许可的范围内承揽工程。禁止勘察、设计单位超越其资质等级许可的范围或者以其他勘察、设计单位的名义承揽工程。禁止勘察、设计单位允许其他单位或者个人以本单位的名义承揽工程。勘察、设计单位不得转包或者违法分包所承揽的工程。"

第19条规定:"勘察、设计单位必须按照工程建设强制性标准进行勘察、设计,并对其勘察、设计的质量负责。注册建筑师、注册结构工程师等注册执业人员应当在设计文件上签字,对设计文件负责。"

第20条规定:"勘察单位提供的地质、测量、水文等勘察成果必须真实、准确。"

第21条规定:"设计单位应当根据勘察成果文件进行建设工程设计。"

第22条规定:"设计文件应当符合国家规定的设计深度要求,注明工程合理使用年限。设计单位在设计文件中选用的建筑材料、建筑构配件和设备,应当注明规格、型号、性能等技术指标,其质量要求必须符合国家规定的标准。除有特殊要求的建筑材料、专用设备、工艺生产线等外,设计单位不得指定生产厂、供应商。"

第23条规定:"设计单位应当就审查合格的施工图设计文件向施工单位做出详细说明。"

第24条规定:"设计单位应当参与建设工程质量事故分析,并对因设计造成的质量事故,提出相应的技术处理方案。"

4.2.3 《建设工程勘察设计管理条例》的规定

《建设工程勘察设计管理条例》第7条规定:"国家对从事建设工程勘察、设计活动的单位,实行资质管理制度。具体办法由国务院建设行政主管部门同国务院有关部门制定。"

第8条规定:"建设工程勘察、设计单位应当在其资质等级许可的范围内承揽建设工程勘察、设计业务。禁止建设工程勘察、设计单位超越其资质等级许可的范围或者以其他建设工程勘察、设计单位的名义承揽建设工程勘察、设计业务。禁止建设工程勘察、设计单位允许其他单位或者个人以本单位的名义承揽建设工程勘察、设计业务。"

第9条规定:"国家对从事建设工程勘察、设计活动的专业技术人员,实行执业资格注册管理制度。未经注册的建设工程勘察、设计人员,不得以注册执业人员的名义从事建设工程勘察、设计活动。"

第10条规定:"建设工程勘察、设计注册执业人员和其他专业技术人员只能受聘于一个建设工程勘察、设计单位;未受聘于建设工程勘察、设计单位的,不得从事建设工程的勘察、设计活动。"

第11条规定:"建设工程勘察、设计单位资质证书和执业人员注册证书,由国务院建设行政主管部门统一制作。"

第12条规定:"建设工程勘察、设计发包依法实行招标发包或者直接发包。"

第13条规定:"建设工程勘察、设计应当依照《中华人民共和国招标投标法》的规定,实行招标发包。"

第14条规定:"建设工程勘察、设计方案评标,应当以投标人的业绩、信誉和勘察、设计人员的能力以及勘察、设计方案的优劣为依据,进行综合评定。"

第15条规定:"建设工程勘察、设计的招标人应当在评标委员会推荐的候选方案中确定中标方案。但是,建设工程勘察、设计的招标人认为评标委员会推荐的候选方案不能最大限度满足招标文件规定的要求的,应当依法重新招标。"

第 16 条规定:"下列建设工程的勘察、设计,经有关主管部门批准,可以直接发包:(一)采用特定的专利或者专有技术的;(二)建筑艺术造型有特殊要求的;(三)国务院规定的其他建设工程的勘察、设计。"

第 17 条规定:"发包方不得将建设工程勘察、设计业务发包给不具有相应勘察、设计资质等级的建设工程勘察、设计单位。"

第 18 条规定:"发包方可以将整个建设工程的勘察、设计发包给一个勘察、设计单位;也可以将建设工程的勘察、设计分别发包给几个勘察、设计单位。"

第 19 条规定:"除建设工程主体部分的勘察、设计外,经发包方书面同意,承包方可以将建设工程其他部分的勘察、设计再分包给其他具有相应资质等级的建设工程勘察、设计单位。"

第 20 条规定:"建设工程勘察、设计单位不得将所承揽的建设工程勘察、设计转包。"

第 21 条规定:"承包方必须在建设工程勘察、设计资质证书规定的资质等级和业务范围内承揽建设工程的勘察、设计业务。"

第 21 条规定:"建设工程勘察、设计的发包方与承包方,应当执行国家规定的建设工程勘察、设计程序。"

第 25 条规定:"编制建设工程勘察、设计文件,应当以下列规定为依据:(一)项目批准文件;(二)城市规划;(三)工程建设强制性标准;(四)国家规定的建设工程勘察、设计深度要求。铁路、交通、水利等专业建设工程,还应当以专业规划的要求为依据。"

第 26 条规定:"编制建设工程勘察文件,应当真实、准确,满足建设工程规划、选址、设计、岩土治理和施工的需要。编制方案设计文件,应当满足编制初步设计文件和控制概算的需要。编制初步设计文件,应当满足编制施工招标文件、主要设备材料订货和编制施工图设计文件的需要。编制施工图设计文件,应当满足设备材料采购、非标准设备制作和施工的需要,并注明建设工程合理使用年限。"

第 27 条规定:"设计文件中选用的材料、构配件、设备,应当注明其规格、型号、性能等技术指标,其质量要求必须符合国家规定的标准。除有特殊要求的建筑材料、专用设备和工艺生产线等外,设计单位不得指定生产厂、供应商。"

第 28 条规定:"建设单位、施工单位、监理单位不得修改建设工程勘察、设计文件;确需修改建设工程勘察、设计文件的,应当由原建设工程勘察、设计单位修改。经原建设工程勘察、设计单位书面同意,建设单位也可以委托其他具有相应资质的建设工程勘察、设计单位修改。修改单位对修改的勘察、设计文件承担相应责任。施工单位、监理单位发现建设工程勘察、设计文件不符合工程建设强制性标准、合同约定的质量要求的,应当报告建设单位,建设单位有权要求建设工程勘察、设计单位对建设工程勘察、设计文件进行补充、修改。建设工程勘察、设计文件内容需要作重大修改的,建设单位应当报经原审批机关批准后,方可修改。"

第 29 条规定:"建设工程勘察、设计文件中规定采用的新技术、新材料,可能影响建设工程质量和安全,又没有国家技术标准的,应当由国家认可的检测机构进行试验、论证,出具检测报告,并经国务院有关部门或者省、自治区、直辖市人民政府有关部门组织的建设工程技术专家委员会审定后,方可使用。"

第 30 条规定:"建设工程勘察、设计单位应当在建设工程施工前,向施工单位和监理单位说明建设工程勘察、设计意图,解释建设工程勘察、设计文件。建设工程勘察、设计单位应当及时解决施工中出现的勘察、设计问题。"

第 33 条规定:"县级以上人民政府建设行政主管部门或者交通、水利等有关部门应当对施工图设计文件中涉及公共利益、公众安全、工程建设强制性标准的内容进行审查。施工图设计文件未经审查批准的,不得使用。"

第 34 条规定:"任何单位和个人对建设工程勘察、设计活动中的违法行为都有权检举、控告、投诉。"

4.3 工程项目勘察设计审计

4.3.1 工程项目勘察设计审计内容和程序

1) 工程勘察设计审计的目标

设计(勘察)管理审计是指对项目建设过程中勘察、设计环节各项管理工作质量及绩效进行的审查和评价。

设计(勘察)管理审计的目标主要是:审查和评价设计(勘察)环节的内部控制及风险管理的适当性、合法性和有效性;勘察、设计资料依据的充分性和可靠性;委托设计(勘察)、初步设计、施工图设计等各项管理活动的真实性、合法性和效益性。

工程项目勘察设计审计主要包括:审计建设项目勘察、设计的质量是否符合设计规范以及项目使用的要求,是否符合适用、经济、美观的设计原则,重点审计建设项目勘察、设计文件的内容是否齐全、是否经过有关部门的审核;审计勘察、设计的内容是否符合批准的投资计划的要求,建设标准与建设规模是否突破了投资计划的内容、标准;审计勘察、设计单位的选定过程是否合法合规,勘察、设计单位的资质和级别是否符合项目建设规模的要求;审计建设项目勘察、设计收费是否合理。

2) 工程勘察设计审计的依据

工程勘察设计审计应依据以下主要资料:

(1) 委托设计(勘察)管理制度;

(2) 经批准的可行性研究报告及估算;

(3) 设计所需的气象资料、水文资料、地质资料、技术方案、建设条件批准文件、设计界面划分文件、能源介质管网资料、环保资料概算编制原则、计价依据等基础资料;

(4) 勘察和设计招标资料;

(5) 勘察和设计合同;

(6) 初步设计审查及批准制度;

(7) 初步设计审查会议纪要等相关文件;

(8) 组织管理部门与勘察、设计商往来文件;

(9) 经批准的初步设计文件及概算;

(10) 修正概算审批制度;

(11) 施工图设计管理制度;
(12) 施工图交底和会审会议纪要;
(13) 经会审的施工图设计文件及施工图预算;
(14) 设计变更管理制度及变更文件;
(15) 设计资料管理制度等。

3) 工程项目勘察设计审计的程序

(1) 明确建设项目勘察设计审计的目的,制定审计程序

建设项目勘察设计审计的目的是为了确定勘察设计的合规性、可行性和合理性。建设项目勘察设计的程序包括:收集与建设工程项目勘察设计有关的资料、调查勘察设计过程和综合评价勘察设计总体情况。在审计过程中审计人员要准确把握建设项目审计目的,并根据审计总体计划和所了解的勘察设计的情况确定建设项目勘察设计的审计程序。对审计执行情况应做好记录,以便在今后的工作中进行查询。

(2) 资料准备

建设工程项目审计人员应注意收集与勘察设计有关的各种资料,对收集的相关资料进行整理和分类,编制建设项目勘察设计审计的资料清单。资料的整理和分类可根据建设项目勘察设计资料来源进行划分。

(3) 审计建设项目勘察设计执行程序

建设项目勘察设计执行程序的审计内容主要包括:审查建设项目的类型及建设项目勘察、设计工作的承发包方式是否符合国家有关法律法规的规定、审查项目勘察单位资质是否符合项目建设要求、审查设计单位资质是否符合项目建设要求、审查设计人员的执业资格是否符合项目建设要求。

(4) 审计建设项目勘察设计执行过程

建设项目勘察设计执行过程的审计内容包括:审查勘察和设计成果深度是否达到项目建设需要、审查勘察和设计成果技术是否先进、审查勘察和设计成果经济性是否符合项目建设要求。

4) 勘察设计审计的内容

勘察设计审计主要包括两部分:

(1) 行政性审查

① 勘察设计单位是否具备与被审查项目相应的资质等级和范围;

② 施工图设计文件是否按规定由具备执业资格的人员签字盖章,以及按规定所要求的其他签字、盖章手续是否齐全,设计人员是否为该单位备案人员;

③ 项目是否按规定履行了方案设计招投标、初步设计等审批手续,各相关部门的审批资料是否齐全,包括项目立项批件、建设规划许可证、建筑工程消防设计审核意见书和节能、安评、环评的批准文件等;

④ 甲、乙双方所签订的勘察设计合同在价格、设计周期等方面是否符合国家规定,以及合同的履行是否正常等;

⑤ 法律、法规、规章规定的其他审查内容。

(2) 技术性审查

① 建(构)筑物的稳定性、安全性审查,包括地基基础和主体结构是否安全、可靠;

② 是否符合抗震、消防、节能、环保、防雷、卫生、人防安全防范、无障碍设计等国家有关强制性标准、规范和我省的有关规定；

③ 法律、法规、规章规定的其他审查内容。

建筑设计分方案设计、扩初设计、施工图设计。勘察设计审计不同阶段，审计的内容也不尽相同。具体内容如下：

(1) 委托设计(勘察)管理的审计

① 检查是否建立、健全委托设计(勘察)的内部控制，看其执行是否有效；

② 检查委托设计(勘察)的范围是否符合已报经批准的可行性研究报告；

③ 检查是否选用招投标方式来选择设计(勘察)商及其有关单位的资质是否合法合规；招投标程序是否合法、公开，其结果是否真实、公正，有无因选择设计(勘察)商失误而导致的委托风险；

④ 检查组织管理部门是否及时组织技术交流，其所提供的基础资料是否准确、及时；

⑤ 检查设计(勘察)合同的内容是否合法、合规，其中是否明确规定双方的权利与义务以及针对设计商的激励条款；

⑥ 检查设计(勘察)合同的履行情况，索赔和反索赔是否符合合同的有关规定。

(2) 初步设计(方案设计)的审计

① 行政性审查

初步设计(方案设计)阶段行政性审查主要包括：

◆ 检查是否建立、健全初步设计审查和批准的内部控制，看其执行是否有效；

◆ 检查是否及时对国内外初步设计进行协调；

◆ 检查初步设计完成的时间及其对建设进度的影响；

◆ 检查是否及时对初步设计进行审查，并进行多种方案的比较和选择；

◆ 检查报经批准的初步设计方案和概算是否符合经批准的可行性研究报告及估算；

◆ 检查初步设计方案及概算的修改情况；

◆ 检查初步设计深度是否符合规定，有无因设计深度不足而造成投资失控的风险；

◆ 检查概算及修正概算的编制依据是否有效、内容是否完整、数据是否准确；

◆ 检查修正概算审批制度的执行是否有效；

◆ 检查是否采取限额设计、方案优化等控制工程造价的措施，限额设计是否与类似工程进行比较和优化论证，是否采用价值工程等分析方法；

◆ 检查初步设计文件是否规范、完整。

② 技术性审查

◆ 总平面设计方面，重点审查以下内容：图面是否标明指北针；建筑用地是否满足退红线的要求；各指标是否满足《建筑用地规划许可证》的要求，包括总占地面积、总建筑面积、容积率、覆盖率、建筑高度、各分项建筑面积等；建筑设计是否满足朝向、通风、景观、视线、间距的要求；流向设计是否合理，包括人流、车流等；道路设计是否合理；景观设计、环境设计是否合适；各空间设计是否合适；是否满足均好性的要求；总体设计是否有创意；是否满足各规范的要求；是否满足甲方要求等。

◆ 平面图设计方面，重点审查以下内容：图面是否标明指北针；尺寸标注是否完整，包括总尺寸、轴线尺寸、标高标注等；功能设计方面包括各空间面积配比关系是否合适，各空间平面关系是否合理,流线是否通畅,朝向、视线、景观是否满足要求,门的大小是否满足各功能空间的要求,门的选型是否合适等;窗的大小是否满足各功能空间对采光、通风的要求,开启扇是否合理、美观,窗的选型是否合适;空调位设计是否满足功能、经济的要求,留洞高度是否符合功能要求;阳台面积大小、标高设计是否满足功能要求;卫生间面积大小、标高设计是否满足功能要求;厨房面积大小、标高设计是否满足功能要求;屋面设计是否满足功能要求,构架设计是否合适;交通空间面积是否满足功能要求、流线是否合理;设计是否满足各规范要求;是否有创意;能否反应甲方意图等。

◆ 立面图设计方面,重点审查以下内容:尺寸标注是否完整,包括总尺寸、层高尺寸、标高等;平面各元素表达是否准确;立面整体效果如何,是否有新意,能否反映甲方要求;材质、色彩选择是否合适;门的尺度、式样是否美观,窗的尺度、式样、分格形式是否美观、合理,开启扇是否满足功能、美观的要求;空调高度,空调板、罩设计是否满足美观要求;阳台栏杆式样、阳台造型是否满足功能、美观的要求;屋面构架造型是否满足经济、美观要求;各元素标高是否表达准确;天际线设计效果如何;设计是否满足各规范要求等。

◆ 剖面图设计方面,重点审查以下内容:尺寸标注是否完整,包括总尺寸、层高尺寸、门窗尺寸、标高尺寸;平面各元素表达是否准确;各元素标高表达是否准确;门洞高度是否满足功能要求;窗台高度是否合适,窗洞尺寸是否满足功能要求,窗台是否设计护栏,护栏高度是否满足要求;空调高度是否满足要求;阳台栏杆高度是否满足要求;卫生间标高设计是否准确,是否有降板设计;厨房标高设计是否准确,是否有降板设计;是否满足各规范要求;设计能否满足甲方意图等。

◆ 其他方面:是否达到设计合同的要求;是否达到国家对方案设计深度的要求。

(3) 建筑施工图设计的审计

① 行政性审查

施工图设计阶段行政性审查主要包括:

◆ 检查是否建立、健全施工图设计的内部控制,看其执行是否有效;

◆ 检查施工图设计完成的时间及其对建设进度的影响,有无因设计图纸延迟而导致的进度风险;

◆ 检查施工图设计深度是否符合规定,有关因设计深度不足而造成投资失控的风险;

◆ 检查施工图交底、施工图会审的情况以及施工图会审后的修改情况;

◆ 检查施工图设计的内容及施工图预算是否符合经批准的初步设计方案、概算及标准;

◆ 检查施工图预算的编制依据是否有效、内容是否完整、数据是否准确;

◆ 检查施工图设计文件是否规范、完整;

◆ 检查设计商提供的现场服务是否全面、及时,是否存在影响工程进度和质量的风险。

② 技术性审查

◆ 总平面设计方面,重点审查以下内容:图面是否标明指北针;建筑用地是否满足退红线的要求;各指标是否满足《建筑用地规划许可证》的要求,包括总占地面积、总建筑面积、容积率、覆盖率、建筑高度、各分项建筑面积等;建筑设计是否满足朝向、通风、景观、视线、间距的要求;流向设计是否合理,包括人流、车流等;道路设计是否合理;景观设计、环境设计是否合适;各空间设计是否合适;是否满足均好性的要求;是否满足各规范的要求;设计是否反映方案设计特点;方案设计是否合理、可行;是否满足甲方要求等。

◆ 平面图设计方面,重点审查以下内容:图面是否标明指北针;尺寸标注是否完整,包括总尺寸、轴线尺寸、细部尺寸、标高标注等;功能设计方面包括各空间面积配比关系是否合适,各空间平面关系是否合理,流线是否通畅,朝向、视线、景观是否满足要求,门的大小是否满足各功能空间的要求,门的选型是否合适等;窗的大小是否满足个功能空间对采光、通风的要求,开启扇是否合理、美观,窗的选型是否合适,空调位设计是否满足功能、经济的要求,留洞高度、空调板设计是否满足要求,阳台面积大小、排水、标高设计是否满足功能要求,卫生间面积大小、排水、标高设计是否满足功能要求,厨房面积大小、排水、标高设计是否满足功能要求;屋面设计是否满足功能要求,构架设计是否合适;交通空间面积是否满足功能要求、流线是否合理,消火栓位置是否合适,设备管井及门的设计是否合适;各空间标高设计是否准确无误;大样图设计是否准确;设计是否满足各规范要求;设计是否反映方案设计特点;方案设计是否合理、可行;能否反应甲方意图等。

◆ 立面图设计方面,重点审查以下内容:尺寸标注是否完整,包括总尺寸、层高尺寸、门窗尺寸、标高等;平面各元素表达是否准确;立面整体效果如何,能否反映方案特点及甲方要求;方案设计是否合理、可行;材质、色彩选择是否合适;门的尺度、式样是否美观;窗的尺度、式样、分格形式是否美观、合理,开启扇是否满足功能、美观的要求;空调高度,空调板、罩设计是否满足美观要求;阳台栏杆式样、阳台造型是否满足功能、美观的要求;屋面构架造型是否满足经济、美观要求;各管线设计是否影响立面效果;各元素标高是否表达准确;天际线设计是否优美、新颖,反映方案设计特点;设计是否满足各规范要求等。

◆ 剖面图设计方面,重点审查以下内容:尺寸标注是否完整,包括总尺寸、层高尺寸、门窗尺寸、标高尺寸;平面各元素表达是否准确;各元素标高表达是否准确;门洞高度是否满足功能要求,窗台高度是否合适,窗洞尺寸是否满足功能要求,窗台是否设计护栏,护栏高度是否满足要求;空调高度是否满足要求;阳台栏杆高度是否满足要求;卫生间标高设计是否准确,是否有降板设计;厨房标高设计是否准确,是否有降板设计;是否满足各规范要求;设计是否反映方案设计特点;方案设计是否合理、可行;设计能否满足甲方意图等。

◆ 其他方面:是否达到设计合同的要求;是否达到国家对施工图设计深度的要求。

(4) 结构施工图设计的审计

结构施工图设计技术性审查主要包括:

◆ 对结构选型及基础和设计基本条件的确认;

◆ 设计有否漏项和深度审查,包括核查设计范围确认有否漏项;设计深度确认;人防部分深度确认。

◆ 计算书确认审查;

◆ 工种协调审查;

◆ 设计过程中的管理,包括专题例会,确定设计控制要点,中间检查,图纸校审检查,图纸会签检查等。

(5) 设计变更管理的审计

① 检查是否建立、健全设计变更的内部控制,有无针对因过失造成设计变更的责任追究制度以及该制度执行是否有效;

② 检查是否采取提高工作效率、加强设计接口部位的管理与协调措施;

③ 检查是否及时签发与审批设计变更通知单,是否存在影响建设进度的风险;

④ 检查设计变更的内容是否符合经批准的初步设计方案;

⑤ 检查设计变更对工程造价和建设进度的影响,是否存在工程量只增不减而提高工程造价的风险;

⑥ 检查设计变更的文件是否规范、完整。

(6) 设计资料管理的审计

① 检查是否建立、健全设计资料的内部控制,看其执行是否有效;

② 检查施工图、竣工图和其他设计资料的归档是否规范、完整。

5) 工程项目勘察设计审计重点

(1) 工程项目勘察工作的审计重点

① 审计勘察证书;

② 审计建设工程勘察工作报告;

③ 审计建设工程勘察取费;

④ 审计建设工程勘察合同。

(2) 工程项目设计工作的审计重点

① 审计建设工程设计单位的资格、等级;

② 审计建设工程设计合同,审计过程中重点对建设工程设计单位是否遵循合同条款约定,是否按时按质完成合同约定工作量,是否由于设计单位责任导致交付延迟而影响工程进度,设计单位的取费是否符合有关法律法规的要求,设计单位是否存在采用不正当方式取得设计任务,设计费用支付是否符合相关财务规定和现金管理制度;

③ 审计设计任务书;

④ 审计初步设计。

4.3.2 工程项目勘察设计审计方法

建设工程勘察设计的审计包括勘察设计文件的合理性和合规性审查。审计人员应了解建设工程类型、建设工程特点和建设单位对建设工程勘察设计的特定要求,了解国家关于建设工程勘察设计方面的各项规定,了解建设工程勘察设计文件编制的要求,了解设计任务书内容和勘察设计合同的相关条款的约定。勘察设计审计主要有:

(1) 审查初步设计与批准的可行性研究报告的一致性。可行性研究报告是初步设计的主要依据,在审查过程中主要关注初步设计是否按照可行性研究报告中确定的建设项目的规模、标准、技术方案等进行,如果初步设计不符合主要指标,则可认定初步设计不合格。

(2) 审查初步设计的合规性。初步设计编制的程序和内容必须符合国家有关规定。

(3) 审查初步设计的合理性。初步设计作为设计过程的首要环节,对建设工程投资和项目的成功度会造成极大影响,需要对初步设计中项目的规划布局、环节保护和配套条件等进行重点审查,对发现的不合理支出应及时进行调整。

设计管理审计主要采用分析性复核法、复算法、文字描述法、现场核查法等方法。

分析性复核法主要是通过对设计文件的分析复查,检查设计文件是否规范、完整,是否符合经批准的可行性研究报告的要求等。

复算法主要是通过计算检查设计概算是否符合投资估算要求,施工图预算是否符合经批准的概算要求等。

文字描述法主要是通过文字描述检查施工图设计文件是否规范、完整,勘察、设计资料依据的充分性和可靠性等。

现场核查法主要是检查设计单位是否建立、健全勘察设计的内部控制工作制度,各项管理活动的真实性、合法性和效益性。

设计审计采用的方法如表4-1所示。

表4-1 设计审计的内容及方法表

审计对象	审计方法	审计内容	审计目的
设计内控制度	穿行测试、现场核查法	制度体系	检查制度体系是否完善,制度是否可行
设计合同、工程进度	对比法	设计进度、设计深度	检查设计进度控制情况
设计图纸、设计成果	重点抽样、复算法	可行性、经济性、严谨性	检查工程设计经济性,是否可控制工程成本
	文字描述法、分析复核法	设计文件内容、设计依据	检查内容是否规范、完整,设计依据是否充分、可靠
设计变更、洽商、现场签证	调查分析	设计是否存在缺陷、漏洞	检查设计是否存在问题导致工程成本增加
工程现场	现场观测	设计图纸符合性	检查设计能否符合工程现场情况及工程进度

 例4-1 某项目设计审计意见书

根据设计合同、项目投资估算及设计所需的基础资料,×××审计局自2009年1月开始,组织审计组,对×××项目的设计工作情况进行了跟踪审计。现将项目阶段性跟踪审计结果总计如下:

一、跟踪审计情况和审计评价

(一)项目跟踪审计情况。

本次审计以设计阶段为主线,从项目入手,及时跟进,及时查处,及时整改。通过跟踪审计,及时揭示了设计管理等方面的问题,以点带面,积极反映设计工作实施等方面情况,及时防止和纠正一些设计过程中违纪违规问题。审计中,审计组提前介入,全过程跟踪,立足服务,着眼预防,帮助规范,坚持边审计、边整改、边提高,督促各单位及有关部门及时整改,充分发挥国家审计"免疫系统"功能。整个项目设计跟踪审计共提出审计建议16条,有关部门和单位全部采纳,目前已整改完成12条,另有4条正在整改中。

(二)审计评价。审计结果表明,建设单位和设计单位认真落实项目规划要求,积极采取措施保障设计进度和设计质量,设计进展比较顺利。方案设计、扩初设计及施工图设计均按照合同约定时间如期完成。项目建设单位和设计单位对工程设计质量意识较强,不断建立健全各项管理制度,加强了项目设计管理和监督,并对跟踪审计发现的问题及时整改规范,设计管理情况总体是好的,没有发现重大违法违规问题。但跟踪审计也发现,部分工作存在一些应引起重视的问题。

二、跟踪审计发现的主要问题及整改情况

（一）项目设计任务书编制不够准确。由于项目初期建设单位建设目标不够明确，造成项目设计过程中出现较多变更，导致设计工作量加大，施工受到一定干扰。审计发现上述问题后及时提出审计建议，建设单位已根据审计意见对投资目标进行了调整，并细化建设目标。

（二）设计的内部控制制度执行不够严格。有的补充的设计修改图、设计变更通知未进行专业会签，有的补充的设计修改图、设计变更缺少专业负责人和工程负责人签字，并加盖执业注册章。存在一专业的修改涉及其他专业的，其相关专业未做出相应修改。审计发现上述问题后及时提出审计建议，设计单位已根据审计意见规范了内控制度。

（三）在跟踪审计过程中，审计组从便于施工的角度提出如下改进意见：

① 连续框架梁相邻跨度较大，图纸中中间支座负弯矩筋分开锚固，造成梁柱接头处钢筋太密，捣砼困难，审计组建议：负筋能连通的尽量连通。在保证梁负筋的前提下，尽量保持各跨梁宽一致，只对梁高进行调整，以便于面筋连通和浇捣砼。

② 由于结构造型复杂，结构施工难以一次完成，在设计交底时应当说明砼施工缝如何留置。

③ 阳台面标高降低后，由于中间有梁，且此梁与室内相通，梁受力筋在降低处是弯折还是分开锚固，设计未做出说明。

④ 工程结构混凝土用量及钢筋用量偏高。主体砼总量为 19 454 立方米，混凝土含量为 0.655 立方米/平方米；钢筋总量为 2 266 吨，钢筋含量为 76.3 千克/平方米。混凝土含量及钢筋含量均超出本地区同类工程，经对施工图仔细研究认真分析后认为主要原因是结构设计方面不经济，基础、梁、柱砼截面、钢筋量设计偏大所至，建议设计单位进行优化，对结构重新复核计算。

⑤ 地下工程分割不够合理，建议优化平面布置。

跟踪审计过程中，审计人员就上述问题及时向有关单位提出审计建议，各单位认真进行了整改。优化后钢筋含量调整为 56.3 千克/平方米，混凝土含量调整为 0.485 立方米/平方米，节约混凝土 5 049 立方米，节约钢筋 594 吨，节约造价 450 万元，仅结构部分优化造价节约 12.1%。建筑面积节约了 2 860 平方米，装饰部分按单价 400 元/平方米，节约约 115 万元。同时，连通的地下室还多出 38 个车位。按 8 万元/个计算，可多盈利 304 万元。综上所述，由于优化设计总造价可节约约 18.25%。

三、审计建议

（一）建设单位应当重视前期项目策划工作，在编制设计任务书时尽量将工程建设目标具体化，保证设计工作的科学性、合理性和针对性。

（二）虽然设计单位已经建立了内部控制制度，但制度并未得到有效的执行。应当加强对设计的关键环节审批控制，完善相关程序。

（三）在审计中所发现的问题中，涉及违反工程建设标准强制性条文或危及安全和公众利益等的，必须进行修改；涉及施工图设计深度不够或技术资料不完整的，必须补充完善。

5 工程项目招标投标审计

5.1 工程项目招标投标概述

5.1.1 工程项目招标投标的概念

招标是在市场经济条件下进行建设工程、货物买卖、财产租售和中介服务等经济活动的一种竞争和交易形式,其特征是引入竞争机制以求达成交易协议(或)订立合同,它兼有经济活动和民事法律行为两种性质。所谓工程项目的招标,是指招标人事先提出工程项目的条件和要求,邀请众多投标人参加投标并按照规定程序从中选择承包商的一种市场交易行为。工程项目的投标是指投标人对招标人提出的实质性要求和条件做出响应,按招标文件的要求编制、提交投标文件,通过投标报价的方式承揽工程项目的过程。

从招标交易过程来看必然包括招标和投标两个最基本的环节,前者是招标人以一定的方式邀请不特定或一定数量的潜在投标人组织投标,后者是投标人响应招标人的要求参加投标竞争。没有招标就不会有承包商的投标;没有投标,招标人的招标就没有得到响应,也就没有随后的开标、评标、定标和合同签订等环节,没有投标的招标没有任何实际意义。在世界各国和有关国际组织的招标投标法律规则中,尽管大都只称招标(如国际竞争性招标、国内竞争性招标、选择性招标、限制性招标等),但无不对投标做出相应的规定和约束。因此,招标与投标是一对相互对应的范畴,无论叫招标投标还是叫招标,都是内涵和外延一致的概念。

招标投标具有以下几个特征:① 通过竞争机制,实行交易公开。② 鼓励竞争、防止垄断、优胜劣汰,可较好地实现投资效益。③ 通过科学合理和规范化的管理制度与运作程序,可有效地杜绝不正之风,保证交易的公正和公平。市场经济下国家的各级政府部门和其他公共部门的采购和建设资金主要来源于法人和公民的税金和捐赠,必须尽量节省开支,最大限度地透明与公开,保证公平竞争、提高采购效率,保证有效使用公共资金,因此招标投标成为政府采购和工程项目建设的最主要方式。招标是市场经济条件下最具竞争性的采购方式,在工程项目建设承包中采用招标方式的目的就是在工程项目建设中引进竞争机制,择优选定勘察、设计、设备安装、施工、装饰装修、材料设备供应、监理和工程总承包等单位,以保证缩短工期、提高工程质量和节约建设投资。《中华人民共和国招标投标法》规定在中华人民共和国境内进行的大型基础设施、公用事业等关系社会公共利益、公众安全的项目、全部或者部分使用国有资金投资或者国家融资的项目和使用国际组织或者外国政府贷款、援助资金的项目的勘察、设计、施工、监理以及与工程建设有关的重要设备、材料等的采购,必须进行招标。

在国际建筑市场上,工程项目承发包采用招标投标的方式已经流行了两百多年,并形成了一整套系统、完善的为各国政府和企业所共同遵循的国际规则,各国政府也加强和完善了本国相应的招标投标法律制度和规范体系。我国在鸦片战争以后,随着国门的被动打开,国外工程管理方式也被引入国内,工程项目招标投标逐渐成为建筑业承发包的主要方式,并且一直延续到我国建国之初。在第一个五年计划结束之后,理论认为招标投标是资本主义管理方式因此予以了摒弃,改由基本建设主管部门,按照国家计划,把建设单位的工程任务以行政指令方式分配给建筑企业承包。建设单位作为发包一方(甲方),建筑企业作为承包一方(乙方),双方签订承发包合同,合同中明确规定双方的权利、义务与经济责任。这种以行政手段分配工程施工任务,合同实质上是同为政府单位的甲、乙双方之间的约定,类似政府给双方下的任务单。直到20世纪80年代初,我国又一次地引入招标制度,1981年以吉林省吉林市和深圳经济特区作为试点,率先试行工程项目的招标投标,效果显著,对招标投标在工程项目承发包的全面推广起到示范性的影响作用。1983年,城乡建设环境保护部颁布了《建筑安装工程招标投标试行办法》,这是我国第一部关于工程招标投标的法规性文件,1984年国家计委和城乡环境保护部联合制定了《建筑工程招标投标暂行规定》,1992年建设部发布了《工程建设招标投标管理办法》,1999年《中华人民共和国招标投标法》颁布,并于2000年1月1日起实施,这也标志着我国的招标投标工作进入了法治化、规范化的崭新阶段。

随着我国市场经济体制改革的不断深入,招标投标这种能反映公平、公正、有序竞争的有效方式得到了广泛应用,在工程项目招标投标中使用审计手段,则可以防止某些漏洞的发生,减少贪污腐败行为,监督整个招标投标过程,纠正不正确的操作和程序,确保工程项目资金的使用更为合理、有效,达到节资增效的目的,因此加强招标投标审计势在必行。

5.1.2 工程项目招标的类型

工程项目招标若按若按按行业分类可分成勘察设计招标、设备安装招标、土建施工招标、建筑装饰招标、货物采购招标、工程咨询和建设监理招标;按工程项目招标的类型可分成工程项目可行性研究招标、工程勘察设计招标、施工招标和材料设备采购招标;按工程建设项目组成分类可分成建设项目招标(如一个住宅小区或工厂)、单项工程招标(如项目中某栋房屋的全部工程)、单位工程招标(如一栋房屋的土建工程)、分部或分项工程招标(如土方工程等非主体工程或特殊专业的分部分项)招标;按工程发包范围分类可分成工程项目总承包招标、工程分包招标。

若按招标方式来分,根据我国招标投标法规定可分成公开招标和邀请招标。

公开招标(Open Tendering),又叫竞争性招标,即由招标人在报刊、电子网络或其他媒体上刊登招标公告,吸引众多潜在投标人参加投标竞争,招标人从中择优选择中标人的招标方式。按照竞争程度,公开招标可分为国际竞争性招标和国内竞争性招标。国际竞争性招标ICB(International Competitive Tendering)是在世界范围内进行招标,国内外合格的投标人均可以投标。要求制作完整的英文标书,在国际上通过各种宣传媒介刊登招标公告。国内竞争性招标(National Competitive Tendering)是在国内进行招标,用本国语言编写标书,只在国内的媒体上登出广告,公开出售标书,公开开标。适用于合同金额较小、劳动密集型、商品成本较低而运费较高、当地价格明显低于国际市场等项目的招标。从国内招标工程项目承包商可以大大节省时间,而且这种便利将对项目的实施具有重要的意义。在国内竞争性招标的情况下,如果外国公司愿意参加,则应允许他们按照国内竞争性招标参加投标,不应人为设置障碍,妨碍其公平参加竞争。

邀请招标也称有限竞争性招标(Restricted Tendering)或选择性招标(Selective Tendering),即由招标人选择一定数目的承包商,向其发出投标邀请书,邀请他们参加投标竞争。其优点在于:经过选择的投标单位在施工经验、技术力量、经济和信誉上都比较可靠,因而一般都能保证进度和质量要求。此外,参加投标的承包商数量少,因而招标时间相对缩短,招标费用也较少。招标人采用邀请招标方式的,应当向三个以上具备承担招标项目的能力、资信良好的法人或其他组织发出投标邀请书。

公开招标与邀请招标区别主要表现在:

(1) 招标信息的发布方式不同

公开招标是利用招标公告发布招标信息,而邀请招标则是采用向三家以上具备实施能力的投标人发出投标邀请书,请他们参与投标竞争。

(2) 对投标人的资格审查时间不同

进行公开招标时,由于投标响应者较多,为了保证投标人具备相应的实施能力,以及缩短评标时间,突出投标的竞争性,通常设置资格预审程序。而邀请招标由于竞争范围较小,且招标人对邀请对象的能力有所了解,不需要再进行资格预审,但评标阶段还要对各投标人的资格和能力进行审查和比较,通常称为"资格后审"。

(3) 适用条件

公开招标方式广泛适用;在公开招标估计响应者少或公开招标不经济,达不到预期目的的情况下,则可以采用邀请招标方式委托工程项目的建设任务。

公开招标与邀请招标各有特点,招标人可根据工程项目特点、潜在投标人数量和资质等情况来确定招标方式,因公开招标比邀请招标更具竞争性、程序上更公开、更能体现招标特点,所以我国招投标法规定依法必须进行施工招标的工程,全部使用国有资金投资或者国有资金投资占控股或者主导地位的,应当公开招标的方式,对于不适宜公开招标的工程程目,需经国务院发展计划部门或者省、自治区、直辖市人民政府批准,可以进行邀请招标。

总体来看,目前世界各国和有关国际组织的有关招标法律、规则都规定了公开招标、邀请招标、议标等三种招标方式,我国招标投标法只确认了公开招标和邀请招标两种招标方式,对于依法强制招标项目,议标招标方式已不再被法律认同。但是对于"涉及国家安全、国家秘密或者抢险救灾而不适宜招标的"是可以考虑采用非招标的方式来确定承包商的。

5.1.3 工程项目招标主要工作

工程项目招标的程序大致可分成招标准备、招标、投标、定标等几个主要阶段,具体流程可参见图 5-1。

1) 招标准备阶段

在工程项目招标准备阶段工作基本由招标人完成,主要工作包括以下几个方面:

(1) 项目报建

建设工程项目的立项批准文件或年度投资计划下达后,按照《工程建设项目报建管理法》规定具备条件的,须向建设行政主管部门报建备案。建设工程项目报建范围:各类房屋建筑(包括新建、改造、扩建、翻建、大修等)、土木工程(包括道路、桥梁、房屋基础打桩)、设备安装、管道线路敷设、装饰装修等建设工程。建设工程报建内容主要包括：工程名称、建设地点、投资规模、资金来源、当年投资额、工程规模、结构类型、发包方式、计划开竣工日期、工程筹建情况等。

(2) 拟定招标内容，确定招标方式

建设工程招标，可以是整个建设过程各个阶段的全部工作，也可以是其中某个阶段的工作，或是某一个阶段中的某一专项的工作。

① 工程建设总承包招标是建设项目立项后，对建设全过程的实施进行的招标，包括工程勘察设计、设备询价与选购、材料订货、组织工程施工，直至试车、交付使用的招标承包。即通常所说的"交钥匙"工程招标。这种承包方式主要适用于大型住宅区建设，大中型项目的建设。招标人提出功能要求和竣工期限，建设项目各阶段的全部工作都由一个总承包单位负责完成。

② 设计招标。工程建设实行设计招标，旨在优化设计方案，择优选择设计单位，可以是一次性总招标，也可以分单项、分专业招标。

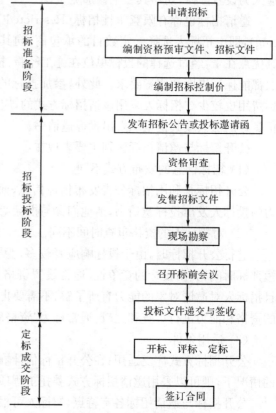

图 5-1 工程项目招标程序

③ 工程项目施工招标。施工招标有施工全部工程招标、单项工程招标、专业工程招标等形式。工程承包可采取全部包工包料、部分包工包料或包工不包料。招标承包的工程，承包人不得将整个工程分包出去，部分工程分包出去也必须征得工程师（监理单位或业主代表）的书面同意。分包出去的工程其责任由总包负责。

④ 设备材料供应招标。大中型建设项目设备招标，视项目设备的不同情况，可以由业主直接向设备供应商招标，也可以委托设备成套管理机构或工程承包单位招标。招标的方式可以是单项设备招标，也可以按分项工程或整个项目所需设备一次性招标。

经批准的工程项目只有具备一定的条件后，才能进行招标，这些条件主要有以下三方面要求：一是资金条件；二是相关审批手续；三是必要的准备工作。如工程项目施工招标时必须具备下列条件：

① 项目列入国家或地方基本建设计划；
② 项目应具备相应设计深度的图纸及概算；
③ 项目总投资及年度投资资金有保证，项目设备供应及施工材料订货与到货落到实处；
④ 项目施工现场应做到路通、水通、电通、通讯通、风（气）通、场地平，并具备工作条件；
⑤ 有政府主管部门签发的建筑许可证。

工程项目具备必要条件后，招标人可以向当地行政主管部门或招标办事机构提出招标申请，经审查批准后才可开展招标活动。

招标方式分公开招标和邀请招标两种方式。招标人在此阶段的工作应综合考虑以下几方面：

① 根据工程项目特点和招标人自身管理能力确定招标范围。

② 依据项目建设总进度计划确定项目建设过程中的招标次数和每次招标的工作内容。

③ 按每次招标前准备工作完成情况，选择合同计价方式。如施工招标时，对于已完成施工图设计中的中小项工程，可采用总价合同；若是初步设计完成后的大型复杂工程，则应采用估计工程量的单价合同。

④ 依据工程项目的特点、招标前准备工作的完成情况、合同类型等因素，最终确定招标方式。

(3) 申请招标

招标人向建设行政主管部门或招标管理机构办理招标的申请手续。申请招标文件主要内容有：招标工作范围、招标方式、计划工期、对投标人资质要求、招标项目的前期准备工作完成情况（如施工招标时土地情况、拆迁情况、勘察设计情况、施工现场条件等）、招标机构组织（自行招标或者委托招标）等。

招标人的招标申请获得批准后，可以编制资格预审文件、招标文件。

(4) 编制资格预审文件、招标文件

资格审查分为资格预审和资格后审，公开招标工程项目采用资格预审时，只有通过资格预审的单位才可参加投标；不采用资格预审的公开招标项目则在开标后进行资格后审。采用资格预审时招标人需编制资格预审文件和招标文件；采用资格后审时招标人只需编招标文件，而将有关资格审查的内容放在招标文件内。

招标人编制资格预审文件时可参照"资格预审文件范本"、根据工程具体情况和要求编写，资格预审文件一般应包括以下内容：

① 投标单位组织机构；

② 近3年完成工程的情况及重大质量和安全事故记录；

③ 目前正在履行的合同情况；

④ 过去2年经审计过的财务报表；

⑤ 过去2年的资金平衡表和负债表；

⑥ 下一年度经营状况预测；

⑦ 拟用于本招标工程的施工机械设备情况；

⑧ 拟派往本招标工程项目负责人与主要技术人情况；

⑨ 与本资格预审有关的其他资料。

招标人应根据工程项目的具体情况、招标投标法及相应的规定编写招标文件，编写格式可参照"招标文件范本"，一般招标文件的内容有：

① 投标须知；

② 招标工程的技术要求和设计文件；

③ 采用工程量清单招标的，应提供工程量清单及招标控制价；

④ 投标函的格式及附录；

⑤ 拟签订合同的主要条款；

⑥ 资格审查表（资格后审的工程）；

⑦ 要求投标人提交的其他材料。

招标人编写的招标文件在向投标人发放的同时应向建设行政主管部门备案。建设行政主管部门发现招标文件有违反法律、法规内容的,责令其改正。

(5) 编制工程量清单与招标控制价

工程量清单是表现拟建工程的分部分项工程项目、措施项目、其他项目的项目编码、项目名称计量单位和工程数量的详细清单,采用工程量清单招标的项目,工程量清单由招标人统一提供,是招标文件的重要组成部分,投标人根据市场行情和自身实力对工程量清单项目逐项报价。我国规定国有资金投资的工程应实行工程量清单招标,2013清单计价规范规定招标人应编制招标控制价。招标控制价是公开的拟招标工程的最高限价并在招标文件中公布,这体现了招标公开、公正的原则。当招标控制价超过批准的概算时,招标人应报原概算审批部门审核。投标人的投标报价高于招标控制价的,其投标应予拒绝。招标控制价不应上调或下浮,同时招标人将招标控制价的明细表报工程所在地工程造价管理机构备查。招标控制价的编制依据是:

① 清单计价规范;
② 国家或省级、行业建设主管部门颁发的计价定额和计价办法;
③ 建设工程设计文件及相关资料;
④ 招标文件中的工程量清单及有关要求;
⑤ 与建设项目相关的标准、规范、技术资料;
⑥ 工程造价管理机构发布的工程造价信息,工程造价信息没有发布的材料,按市场价;
⑦ 其他的相关资料。

投标人经复核认为招标人公布的招标控制价未按照本规范的规定进行编制的,应在开标前5日向招投标监督机构或(和)工程造价管理机构投诉。招投标监督机构应会同工程造价管理机构对投诉进行处理,发现确有错误,应责成招标人修改。

2) 招标投标阶段

公开招标时从发布招标公告开始,邀请招标从发出投标邀请函开始,到投标截止的这段时间称为招标投标阶段,在这段时间内招标人做好招标的组织工作,而投标人则按招标的有关要求响应招标,进行投标报价竞争工作。具体工作有:

(1) 发布招标公告或投标邀请书

招标公告的作用是让潜在投标人获得招标信息,以便进行项目筛选确定是否参加投标,我国招标投标法规定:采用公开招标方式的应当发布招标公告,依法必须招标的项目,其招标公告必须在国家指定的报刊或信息网等媒介上公开发布。实行邀请招标的工程项目,招标人可以向三个以上符合资质条件的投标人发出投标邀请书。招标公告或投标邀请函的具体格式可由招标人自定,内容一般包括:招标单位名称;建设项目资金来源;工程项目概况和本次招标工作范围的简要介绍;购买资格预审文件的地点、时间和价格等有关事项。

(2) 资格审查

资格审查程序是为了在招标投标过程中剔除不适合承担或履行合同的潜在投标人。根据我国招标投标法的规定:招标人可以根据招标项目本身的要求,在招标公告或者投标邀请书中,要求潜在投标人提供有关证明文件和业绩情况,并对潜在投标人进行资格审查;国家对投标人的资格条件有规定的,依照其规定。招标人不得以不合理的条件限制或者排斥潜在投标人,不得对潜在投标人实行歧视待遇。

资格审查,主要考查该企业的总体能力是否具备完成招标工作所要求的条件。公开招标时设置资格预审程序,一是保证投标人在资质和能力等方面能够满足完成招标工作的要求;二是通过评审优选出综合实力较强的投标人,再请他们参加投标竞争,以减少评标的工作量。进行资格预审,对潜在投标人讲,当了解工程具体情况及要求后,达不到条件时可放弃投标,节约投标费用;对招标人来说,可淘汰那些不合格的投标人,缩减评审和比较投标文件的数量,同时可以了解潜在投标人的财务能力、技术状况及类似本工程的施工经验,筛选出确有实力和信誉的潜在投标人参与投标。

一般采用资格预审来筛选投标人。采用资格后审的招标工程,招标人应在招标文件中设置专门的章节,明确合格投标人的资格条件、资格后审的评审标准和评审方法,其中合格投标人的资格条件应当清晰明确,易于准确判定。

(3) 发售招标文件

招标文件是由招标人编制并提供给投标人的重要文件。招标文件说明拟招标工程的性质、范围,招标人对投标人的所有实质性要求和条件;评定标准以及订立合同的条件等。招标文件规定的各项实质性要求和条件,对工程招标和承发包双方都具有约束力,是投标人编制投标文件的依据,是评标及招标人与中标人签订承发包合同的基础,它还规定了招标人与投标人之间的权利和义务,作为今后签订施工合同的基础。

招标人向合格的投标人发放招标文件。招标人对于发出的招标文件可以酌收工本费,但不得以此牟利。投标人收到招标文件、图纸和有关资料后,应认真核对,核对无误后应以书面形式予以确认。投标人若有疑问或不清的问题需要解答、解释,应在收到招标文件后在规定的时间前以书面形式向招标人提出,招标人应以书面形式或在答疑会上予以解答。招标人对招标文件所做的任何澄清或修改,须报建设行政主管部门备案,并在投标截止日期15日前发给获得招标文件的投标人。投标人收到招标文件的澄清或修改内容应以书面形式予以确认。招标文件的澄清或修改内容作为招标文件的组成部分,对招标人和投标人起约束作用。

(4) 现场踏勘

现场踏勘的目的在于让投标人了解工程现场场地情况和周围环境情况等,以便投标人编制施工组织设计或施工方案,以及获取计算各种措施费用时必要的信息,另外也可要求投标人通过自己的实地考察确定自己的投标策略,避免合同履行过程中投标人以不了解现场情况为由推卸应承担的合同责任。一般招标人在投标须知规定的时间组织投标人自费进行现场考察。

投标人在踏勘现场中如有疑问问题,应在答疑会前以书面形式向招标人提出。投标人踏勘现场的疑问问题,招标人可以书面形式答复,也可以答疑会上答复。

(5) 标前会议

标前会议也称"答疑会",在招标文件规定的时间和地点,由招标人主持召开,其目的在于招标人解答投标人提出的、招标文件和踏勘现场中的疑问问题。解答的疑问问题包括会议前由投标人书面提出的和在答疑会上口头提出的质疑。答疑会结束后,由招标人整理会议记录和解答内容(包括会上口头提出的询问和解答),以书面形式将所有问题及解答向获得招标文件的投标人发放。会议记录作为招标文件的组成部分,内容若与已发放的招标文件有不一致之处,以会议记录的解答为准。问题及解答纪要作为招标文件的组成部分,具有同等的法律效力,须同时向建设行政主管部门备案。

(6) 投标文件的递交与接收

投标人应按招标文件的要求编制投标文件,在投标截止时间前按规定时间、地点将投标文件递交至招标人。在开标前,任何单位和个人均不得开启投标文件。投标截止时间之前,投标人可以对所递交的投标文件进行修改或撤回。招标人可以在招标文件中要求提交投标保证金或者投标保函,投标人应当按照招标文件要求的方式和金额,将投标定金或者投标保函随投标文件提交招标人。

招标人应做好投标文件的接收工作,并做好接收记录。招标人应将所接收的投标文件在开标前妥善保存;在规定的投标截止时间以后递交的投标文件,将不再予以接收或原封退回。

3) 定标成交阶段

从开标到签订合同这一期间称为定标成交阶段,是对各投标文件进行评审比较,最终确定中标人的过程。这期间的主要工作是:

(1) 开标

开标是招标人将所有的投标文件当众启封揭晓。开标应在招标文件确定的投标截止时间的同一时间公开进行;开标地点应是在招标文件中规定的地点。公开招标和邀请招标均应举行开标会议,体现招标的公平、公正和公开原则。开标会议由招标人组织并主持,可以邀请公证部门对开标过程进行公证。招标人应对开标会议做好签到记录,以证明投标人出席开标会议。

启封投标文件后,按报送投标文件时间先后的逆顺序进行唱标,当众宣读有效投标的投标人名称、投标报价、工期、质量、主要材料用量,以及招标人认为有必要的内容。但提交合格"撤回通知"和逾期送达的投标文件不予启封。招标人应对唱标内容做好记录,并请投标人法定代表人或授权代理人签字确认。

(2) 评标

评标由评标委员会按照招标文件中明确的评标定标方法进行。

评标委员会成员由招标人和招标人邀请的有关经济、技术专家组成,评标委员会是负责评标的临时组织。有关经济、技术专家应从建设行政主管部门及其他有关政府部门确定的专家名册或者工程招标代理机构的专家库内相关专业的专家名单中随机抽取,随机抽取的评委人员如与招标人或投标人有利害关系的应重新抽取。招标人、招标代理机构以外的经济、技术专家人数不少于评标委员会总人数的三分之二。

评标的工作程序一般如下:首先评标委员会对投标文件进行符合性鉴定,核查投标文件是否按照招标文件的规定和要求编制、签署;投标文件是否实质上响应招标文件的要求;其次评标委员会应按招标文件规定的评标定标方法,对投标人的报价、工期、质量、主要材料用量、施工方案或组织设计、以往业绩、社会信誉、优惠条件(如果有时)等方面进行评审;必要时,评标委员会可要求投标人澄清其投标文件或答辩。投标文件的答辩一般召开答辩会,分别对投标人进行答辩,先以口头形式询问并解答,随后在规定的时间内投标人以书面形式予以确认,澄清或答辩问题的答复作为投标文件的组成部分。但澄清的问题不应更改投标价格或投标的实质性内容。

评标委员会按照招标文件中规定的评标定标方法完成评标后,编制评标报告,向招标人推选中标候选人或确定中标人;评标报告中应阐明评标委员会对各投标人的投标文件的评审和比较意见。评标报告应包括评标情况说明、对各合格投标文件的评价、推荐合格的中标候选人等。如果评标委员会经过评审认为所有投标都不符合招标文件的要求,可以否决所有投标。出现这种情况,招标人应重新招标。

(3) 定标

我国招标投标法规定中标人的投标应当符合下列条件之一:能够最大限度地满足招标文件中规定的各项综合评价标准;能够满足招标文件的实质性要求,并且经评审的投标价格最低;但是投标价格低于成本的除外。

在确定中标人前,招标人不得与投标人就投标价格、投标方案等实质性内容进行谈判。招标人根据评标委员会提出的书面评标报告和推荐的中标候选人确定中标人。招标人也可以授权评标委员会直接确定中标人。中标人确定后,招标人应当向中标人发出中标通知书,同时将中标结果通知所有未中标的投标人并同时退还其投标保证金。中标通知书对招标人和中标人具有法律效力。中标通知书发出后,招标人改变中标结果的,或者中标人放弃中标项目的,应当依法承担法律责任。

依法必须进行招标的项目,招标人应将工程招标、开标、评标情况,根据评标委员会编写的评标报告编制招标投标情况书面报告,并在自确定中标人之日起 15 日内,将招标投标情况书面报告和有关招标投标情况备案资料、中标人的投标文件等向建设行政主管部门备案。

(4) 签订合同

招标人和中标人应当自中标通知书发出之日起 30 日内,按照招标文件和中标人的投标文件订立书面合同。招标人和中标人不得再行订立背离合同实质性内容的其他协议。

4) 评标标准与方法

评标是招标投标工作中的重要关节,评审依据是招标文件中载明的评标标准与方法,对所有投标文件进行系统的评审和比较。评标的方法标准应体现公正、合理的原则,不得含有倾向或者排斥潜在投标人的内容,不得妨碍或者限制投标人之间的竞争。评标活动遵循公平、公正、科学、择优的原则,评标委员会应秉着"三公"的原则对待所有的投标人,明确各自的工作职责,这体现了招标投标工作中的公开、公正原则。按照我国招标投标法的相关规定,中标人的投标应当符合下列条件之一:能够最大限度地满足招标文件中规定的各项综合评价标准;能够满足招标文件的实质性要求,并且经评审的投标价格最低;但是投标价格低于成本的除外。对应着我国招标投标法规中的中标条件,我国目前工程项目中的评标方法主要有经评审的最低投标价法和综合评估法。

(1) 经评审的最低投标价法

经评审的最低投标价法是在投标文件能够满足招标文件实质性要求的投标人中,评审出投标价格最低的投标人,但投标价格低于其企业成本的除外。这种评标方法是以"合理低报价、不低于成本价"为标准,一般适用于具有通用技术、性能标准或者招标人对其技术、性能没有特殊要求的招标项目。

采用经评审的最低投标价法的,一般要求评标委员会在技术标评审满足招标文件要求的基础上再进行商务标评审。评标委员会对技术标认定为"可行"的标书,其商务标按有效投标总报价从低到高的顺序进行详细评审,主要评审其是否低于成本,评审主要内容为分部分项工程量清单项目、主要材料项目、措施费项目。如评审认定报价不低于成本后,即确定该投标人为中标人。

实行经评审的最低投标价法的工程项目要求:① 资格审查工作需严格,确保投标人都有能力完成工程;② 招标前期工作质量要求高,图纸要达到一定深度和精度,招标文件编写要细致周到,招标保证措施齐全,特别是工程担保措施;③ 投标人应有完整的成本核算经验。采用经评审的最低投标价法其优点是:招标人可以最低的价格获得最优的服务,能够降低投资成本;有利于建立竞争机制,促使企业加强管理,积极采用新技术,降低成本;能有效遏制投标人的围标行为,有利于招投标市场的健康发展,防止滋生腐败;有利于与国际惯例接轨。但在具体的实施过程中,也会产生一些问题如:低价中标,高价索赔;恶性竞争;低价低质或因价格太低无法完工而形成"半拉子工程"和"胡子工程"等。

当工程技术、性能没有特殊要求,且工程管理水平较高,工程设计图纸深度足够,招标文件及工程量清单详尽、准确,宜采用经评审的最低投标价法。

(2) 综合评估法

综合评估法是指在投标人的投标文件能够最大程度的满足招标文件规定的各项综合评价标准的投标人中择优选择中标人的评标定标方法。评审的指标因素围绕工程质量、工期、成本"三大目标",一般按照工程质量、施工工期、投标报价、施工组织设计或者施工方案、投标人及项目经理业绩等相关内容要求全面评价投标人,以评分方式进行评估,得分最高者中标。

采用综合评估法时投标人的投标报价最低不一定能中标,为防止投标人以低于成本的报价参与投标形成恶性竞争,也为防止投标人哄抬投标价,招标人往往会设置"评标基准价"用以对投标人的投标报价进行评审,当投标人投价等于基准价时最为理想,当投标人报价高于基准价或低于基准价被扣一定分值,此"评标基准价"类似于以前实践中的招标标底,基本是该工程常规或略偏低一点的报价水平,可认为是招标人的"招标期望值",为防止招标腐败行为,一般该值会设定为开标前无法预知,下面以某些工程中的评标方法为例来说明。

例 5-1

某图书馆工程,业主采用公开招标。招标文件规定采用综合评估法评标,商务标和技术标分别以百分制的方式评分,其中,商务标的权重为 60%,技术标的权重为 40%,投标文件中的投标函部分列入符合性审查的范围,不作为评分内容。其中商务标按下列方法进行详细评审:

1) 评标基准价的确定

基准价的计算方式:

基准价=各有效投标中去掉一个最高报价和一个最低报价以后的投标报价的算术平均值×98%。最高报价和最低报价仍为有效报价。

2) 评分方法

(1) 每高于基准价 1.0% 扣 2 分,计算公式为:

$$商务标得分 = 100 - \frac{投标报价 - 基准价}{基准价} \times 100 \times 2。最多扣 100 分。$$

(2) 每低于基准价 1.0% 扣 1 分,计算公式为:

$$商务标得分 = 100 - \frac{基准价 - 投标报价}{基准价} \times 100 \times 1。最多扣 100 分。$$

在投标文件商务标、技术标详细评审完成后,按下列公式计算各投标文件的得分:

$$投标文件得分 = 商务标得分 \times 60\% + 技术标得分 \times 40\%$$

经评审后,评标委员会按照得分由高到低的顺序,向招标人推荐 3 名中标候选人。

该工程 A、B、C、D、E 5 位投标人的有效投标报价分别是:2 258.68 万元、2 289.48 万元、2 278.65 万元、2 326.58 万元、2 396.36 万元。其商务标部分评审如下:

按规定从各有效投标中去掉一个最高报价和一个最低报价以后计算评标基准价:

$$基准价 = \frac{2\ 289.48 + 2\ 278.65 + 2\ 326.58}{3} \times 98\% = 2\ 252.27(万元)$$

则各投标人商务标得分为:

A: $100 - \dfrac{2\ 258.68 - 2\ 252.27}{2\ 252.27} \times 100 \times 2 = 99.43$

B: $100 - \dfrac{2\ 289.48 - 2\ 252.27}{2\ 252.27} \times 100 \times 2 = 96.7$

C: $100 - \dfrac{2\ 278.65 - 2\ 252.27}{2\ 252.27} \times 100 \times 2 = 97.66$

D: $100 - \dfrac{2\ 326.58 - 2\ 252.27}{2\ 252.27} \times 100 \times 2 = 93.4$

E: $100 - \dfrac{2\ 396.36 - 2\ 252.27}{2\ 252.27} \times 100 \times 2 = 87.2$

例 5-2

某综合楼工程施工招标,由于有技术难度,业主采用邀请招标,共邀请了 5 家施工企业参与投标。招标文件中规定采用综合计分法评标,要求评标委员会对其商务标、技术标、综合标 3 部分进行综合评审。商务标的权重占 60%,技术标的权重占 20%,综合标(含质量、工期、项目经理业绩)的权重占 20%。其中商务标(100 分)的评标标准是:

1) 工程量清单总报价(60 分)

$$工程量清单评标基准价 = \frac{招标人报价 + 各投标企业有效报价算术平均值}{2}$$

其中:招标人报价 = 招标控制价 $\times (1-F)$,F 为下浮比例系数,建筑工程 F 值一般在 6% ~ 9% 幅度范围内,本工程招标控制价为 1 564.65 万元,本工程 F 值在开标后当众随机抽取。

当有效投标人总报价低于评标基准价下浮值时[注:下浮值 = 工程量清单评标基准价 $\times (1-F)$],或在评标过程中评标委员会发现投标人的投标总报价明显低于其他投标报价,使其投标报价可能低于其个别成本的,评标委员会应当对其质询,并要求该投标人做出书面说明和提供相关的证明材料,该投标人不能合理说明或提供证明材料的,应按废标处理。

有效投标人的总报价以工程量清单评标基准价为基准,等于基准价的得满分,正偏离基准价的每偏离 1% 扣 3 分,负偏离基准价的每偏离 1% 扣 1 分,按比例进行扣减得分。

2) 分部分项工程量清单项目综合单价(任选10项,每项1分共10分)

清单项目综合单价以各有效投标人的清单项目综合单价的算术平均值作为评标基准价,在评标基准价105%～90%范围内的综合单价,每项得1分。超出该范围的不得分。若漏某一项或量与业主提供的量不一样,则不参与计算清单项目综合单价的算术平均值,且扣3分。

3) 主要材料单价(任选10项,每项1分共10分)

各有效投标人的材料单价最高报价得0.5分,最低报价得1分,中间报价采用插入法计算。提供材料单价与清单项目中的材料单价不一致时每项扣1.5分。

4) 措施项目费(10分)

措施项目费最低报价得10分,最高报价得6分,中间报价采用插入法计算。措施项目费前后不一致时该项只计3分。

5) 工程量清单项目费(10分)

最低报价得10分,最高报价得7分,中间采用插入法计算。每项清单项目合价之和不等于工程量清单项目费时,或工程量清单项目费前后不一致时该项只计3分。

开标后,各投标人 A、B、C、D、E 的工程量清单总报价分别是 1 425.8 万元、1 448.45 万元、1 396.89 万元、1 388.69 万元、1 483.35 万元,开标后当众抽取的 F 值为7%。

则对本工程各投标人商务标中的工程量清单总报价部分评审如下:

1) 计算工程量清单评标基准价

招标人报价 $=1\,564.65\times(1-7\%)=1\,455.12$(万元)

工程量清单评标基准价

$$=\frac{1\,455.12+\dfrac{1\,425.8+1\,448.45+1\,396.89+1\,388.69+1\,483.35}{5}}{2}$$

$=1\,441.88$(万元)

评标基准价下浮值 $=1\,441.88\times(1-7\%)=1\,340.95$(万元)

本工程中各投标人的工程量清单总报价均高于评标基准价下浮值.

2) 计算各投标人清单总报价得分

$A: 60-\dfrac{1\,441.88-1\,425.8}{1\,441.88}\times 100\times 1=58.88$

$B: 60-\dfrac{1\,448.45-1\,441.88}{1\,441.88}\times 100\times 3=58.63$

$C: 60-\dfrac{1\,441.88-1\,396.89}{1\,441.88}\times 100\times 1=56.88$

$D: 60-\dfrac{1\,441.88-1\,388.69}{1\,441.88}\times 100\times 1=56.31$

$E: 60-\dfrac{1\,483.35-1\,441.88}{1\,441.88}\times 100\times 3=51.37$

余略。

采用综合评估法可以综合考虑投标人的投标报价、质量、工期、业绩信誉、安全生产、文明施工、施工组织设计等条件,同时兼顾了价格、技术等因素,能客观反映招标文件的要求,能全面评估投标单位的总体实力。招标人也可根据工程实际情况,根据相关规定调节评分项目及分值权重,这有利于工程项目的顺利实施。但应注意招标文件规定采用的评分标准中各项目的量化方式应科学,另外评审时评标专家不易在较短时间内对投标文件中的资料进行全面仔细的了解、核实,评审中主观性较大,易出现不公正的评标。

一般当工程技术复杂或者具有特殊专业技术要求,或建设工程管理水平不高、工程设计图纸深度不够、招标文件及工程量清单粗放时,不适宜采用经评审的最低投标价法,而应采用综合评估法。

5.1.4 工程项目招标的管理

国家发展与改革委员会指导和协调全国招投标工作,会同有关行政主管部门拟定《中华人民共和国招标投标法》配套法规、综合性政策和必须进行招标的项目的具体范围、规模标准以及不适宜进行招标的项目,报国务院批准;指定发布招标公告的报刊、信息网或者其他媒介。有关行政主管部门根据《中华人民共和国招标投标法》和国家有关法规、政策,可联合或分别制定具体实施办法。

项目审批部门在审批必须进行招标的项目可行性研究报告时,核准项目的招标方式以及国家出资项目的招标范围。项目审核后,及时向有关行政主管部门通报所确定的招标方式和范围等情况。

对于招投标过程中泄露保密资料、泄露标底、串通招标、串通投标、歧视排斥投标人等违法活动的监督执法,按现行的职责分工,分别由有关行政主管部门负责并受理投标人和其他利害关系人的投诉。按照这一原则,工业、水利、交通、铁道、民航、信息产业等行业和产业项目的招投标活动的监督执法,分别由商务、水利、交通、铁道、民航、信息产业等行政主管部门负责;各类房屋建筑及其附属设施的建造和与其配套的线路、管道、设备的安装项目和市政工程项目的招投标活动的监督执法,由建设行政主管部门负责;进口机电设备采购项目的招投标活动的监督执法,由外经贸行政主管部门负责。

从事各类工程建设项目招标代理业务的招标代理机构的资格,由建设行政主管部门认定;从事与工程建设有关的进口机电设备采购招标代理业务的招标代理机构的资格,由商务行政主管部门认定;从事其他招标代理业务的招标代理机构的资格,按现行职责分工,分别由有关行政主管部门认定。

国家发展与改革委员会负责组织国家重大建设项目稽察特派员,对国家重大建设项目建设过程中的工程招标投标进行监督检查。

各有关部门严格依照上述职责分工,各司其职,密切配合,共同做好招投标的监督管理工作。各省、自治区、直辖市人民政府可根据《中华人民共和国招标投标法》的规定,从本地实际出发,制定招投标管理办法。

5.2 工程项目招标工作审计

5.2.1 工程项目招标投标审计时间

招标投标工作是工程项目的建设程序之一,其工作质量的好坏直接影响到项目的投资效益,因此加强工程项目招标投标的审计工作就显得十分必要。当前,在工程项目审计领域,尚不存在对于招标投标审计时间的明确规定,我国政府审计机构一般在招标投标工作完成之后进行事后审计。但从审计实务角度看,内审人员应在开标时介入以实施建设项目招标投标审计,在招标投标时实施对工程项目的跟踪审计能够及时发现问题,可建议有关部门及时改正;此时承包合同尚未签订,审计建议也能够易于有效执行,招标投标阶段工程项目的审计工作属于工程项目的早期审计,这相当于事前审计,具有主动性,可以提高工程项目承发包的质量与绩效。但在这个过程中,审计人员不得参与招标投标管理,不能参与标书的评定,审计意见只能作为评标委员会评定标书的依据。审计人员应当注意保持审计工作的独立性,只有在独立基础上进行的审计,才能保证审计结果的公正与客观。在承包合同签订之后,审计人员注重审计合同的执行情况,即审计人员以已经经过审计的招标投标过程确认的合同为依据,审计招标人与投标人在合同履行过程中的合法合规性程度,实施建设全过程的监督。

不过实施招标投标环节的审计工作,需要良好的内部审计工作环境和外部审计工作环境,需要单位相关职能部门的大力支持与配合,只有这样才能实现工程项目的最佳经济性、效率性、效益性的统一。

5.2.2 工程项目招标投标审计依据

工程项目招标投标审计的主要依据有:
(1)我国建设工程项目招标投标的法律法规。
(2)单位内部招标管理制度。
(3)内部审计实务指南第1号——建设项目内部审计。
(4)招标投标程序中各项文件资料,主要有:① 招标文件;② 招标答疑文件;③ 标底文件;④ 投标保函;⑤ 投标人资质证明文件;⑥ 投标文件;⑦ 投标澄清文件;⑧ 开标记录;⑨ 开标鉴证文件;⑩ 评标记录;⑪ 定标记录;⑫ 中标通知书;⑬ 专项合同等。

5.2.3 工程项目招标中主要问题

招标投标被称为是阳光工程,但这并不意味着只要采取了招标方式就可以杜绝腐败,就可以阻止不正当的竞争行为。当前在招标实践中还存在着许多不规范的行为、不规则的操作,在招标投标阶段比较典型的问题有:

1)利用职务之便招标腐败

招标的目的是为了节约资源、提高工程质量,而有些招标人、政府有关职能部门负责人却无视法律法规,利用职务之便中饱私囊,工程招标日益成为职务犯罪频发的集结地,曾一度被冠以"中国首富"称号的"公路大王"×××在上海及浙江的许多高速公路项目招标中,虽然经过严格的招投标程序,最后却都能中标。湖南凤凰县沱江大桥垮塌、山西侯马市西客站候车厅坍塌、云南昆禄高速公路沉陷等恶性事件的工程,承包商承揽施工任务表面上都是投标人经过了"合法"投标取得的,但种种现象背后难掩的是这些项目在招标过程中都存在腐败、职务犯罪的事实。

2)肢解工程,规避招标

工程项目发包的内容与方式应该根据工程项目的特征来确定,一般是以单项工程作为发包对象,工程达到一定规模就必须招标。但有的招标人将招标范围仅仅限定于主体建筑安装工程,而依法应招标的设计、监理、重要设备材料的采购和一些配套附属工程则直接发包。有些招标人为了规避招标任意肢解工程,将一个应当招标的工程项目肢解为若干个子项目,由于各子项目的造价低于依法应当招标的限额,如某单位将办公楼装修工程肢解为楼地面装修、吊顶等项目对外单独发包,从而规避招标。也有的招标人肢解工程项目是为了关照某些特别的承包人,如上海某小高层住宅小区的总包工程项目,开发商将塑钢门窗、防水卷材、保温工程、防火防盗门等20多个项目直接发包,而这些直接发包的项目基本都是相对利润较大的项目。

我国《建筑法》第24条规定:"提倡对建筑工程实行总承包,禁止将建筑工程肢解发包。……但是不得将应当由一个承保单位完成的建筑工程直接分成若干部分发包给几个承包单位。"但是在利益的驱使下,仍有很多招标人置若罔闻。招标人违规肢解工程项目进行发包,不仅使工程整体质量难以保证,也埋下了安全隐患,同时也为腐败问题的产生提供了便利条件。

3) 规避公开招标

我国招标投标法规定招标方式包括公开招标与邀请招标两种方法。与邀请招标相比,公开招标更加体现了招标的"公开、公平、公正"的原则,其选择范围更大、竞争更激烈、公开程度也更大,因此我国法规规定重点建设项目以及全部使用国有资金投资或者国有资金投资占控股或者主导地位的工程建设项目,应当公开招标。而有些招标人在操作过程中,为了照顾特定的关系,将本应公开招标的项目,采用邀请招标,为其特定对象减轻竞争压力,创造中标条件。如某综合楼项目,招标人提出由于该项目中弱电工程须由设计单位来完成,而具有弱电设计资质的施工企业全省不足10家,因此以"潜在投标人过少"作为理由提出采用邀请招标。我国建筑法第24条规定:"……建筑工程的发包单位可以将建筑工程的勘察、设计、施工、设备采购一并发包给一个工程总承包单位,也可以将建筑工程勘察、设计、施工、设备采购的一项或者多项发包给一个工程总承包单位;……"因此该招标项目是没有必要将弱电设计与工程施工捆绑在一起招标的,果然经核查后发现该招标人是早已有了意向的承包商,该承包商恰好是具有弱电设计资质的土建施工企业。另有一家建设单位有标准操场跑道需要招标,拟招标项目标的金额不大,招标人以公开招标不经济为由申请了邀请招标,确定中标人签订工程合同后,在施工过程中通过变更将工程承包工作内容增加了篮球场工程,合同造价大幅度提高。也有招标人在信息发布上做文章:如采用限制信息发布范围、缩短发布信息的时间甚至于不发布招标信息,在客观上造成了获知信息的不平等从而规避公开招标。

4) 虚假招标,明招暗定

有的招标人弄虚作假、随意更改招标文件,明招暗定、虚假招标,使招标流于形式,某国家重点建设项目,主管部门为了使一家公司中标,自定规则,甚至多次修改规则,开标日期竟被推迟了35天,最终使某投标人以高出其他投标者400万至600万元的报价中标,给国家带来数百万元损失。还有的项目招标人故意缩短投标人编制标书的时间。《招标投标法》规定:"自招标文件发出之日起至投标人提交投标文件截止之日止,最短不得少于20日。"而某机场航站楼、航管楼工程规定的招标时间只有10天,飞行区场道工程招标只有14天。这也是为了给内定投标者扫除障碍。而为了防止业主在投标截止后至开标前出现违规行为,《招标投标法》专门规定:"开标应当在招标文件确定的提交投标文件截止时间的同一时间公开进行。"

有些招标人确定一家意向单位,在招标文件上制定倾向性条款,为意向的投标单位排斥潜在投标人,排除障碍,按规定该办理的手续都办理、招标应有的程序形式上也很规范,但这种招标却仅仅是具备招标的外表,招标人打着招标的幌子,中标人早已内定,多数投标人都是陪衬,或自愿或被骗地陪着中标者走过场。如某综合楼工程,业主组织了现场勘察、招标答疑,众多投标人均认真参加,各自编制了投标文件,参与投标竞争,事后才知业主其实早就内定了中标者,在其他投标人忙于准备投标文件之际,内定的"中标人"早已准备进场施工了,看似规范的招标文件其实是为内定者量身定做的。在招标过程中,设置一些"门槛",利用"技术手段",排斥潜在的投标人,这种招标从程序上看非常规范,这样虚假的招标也具有更大的欺骗性。也有是在评标环节中做手脚,评标时暗示或明示评委,操纵评委,操纵评审结果。

在招标投标过程中违法违规行为的背后,常常会出现招标代理机构的身影,某些招标代理机构为了满足招标人不合理甚至违法的要求,以便今后能够获得更多的招标代理业务,不顾法律法规的严肃性,利用掌握的专业知识,协助业主的意向单位顺利"中标";也有招标代理人员受利益驱使,与投标人勾结私下操纵招标结果。

评标人员在评标过程中是否公正对评标结果的影响较大。但是有少数评委在评标过程中缺乏应有的职业道德,接受投标人的财物或其他好处,在评标时不能公正行使自己的权利,与招标人、投标人串通损害国家利益、社会公共利益或他人合法权益。也有少数评委缺乏相应的专业知识和经验,难以胜任评标工作,在评标过程中不能独立参评,随意附和他人的意见,致使评标工作走过场,不能保证招标投标的公平公正。

5) **资质等级不够,挂靠现象严重**

挂靠是指一些低资质、无资质的单位甚至个人通过借用、挂靠高资质的单位获取投标资质参与投标。其主要表现形式有:一个投标人挂靠、租借多个企业资质集中参加一个标段的投标;有的投标人将通过资格预审的所有潜在投标人的投标权买断后获取中标;有的投标人租借多个企业资质集中参加一个标段的资格预审,通过资格预审后将投标权利卖出;一些高资质的单位因标段太小,本身无兴趣参与投标,而将资质借与他人投标,从中收取管理费用。"挂靠"的企业存在两个普遍问题:一是缺乏技术实力,二是缺乏经济实力,这将给工程质量带来极大隐患,投标挂靠行为也加大了建设过程中相关部门的监管难度,严重扰乱了建筑行业的秩序。

6) **市场竞争激烈,压价现象严重**

这主要是投标人的问题。当前的建筑市场上僧多粥少,市场竞争异常激烈,不少建筑企业为了生存,参加投标时不惜任何手段,过度压价;也有的建设单位由于其在建筑市场是处于极强势主导地位,迫使施工单位接受建设单位提出的苛刻条件低价中标。从客观上来说,招标投标工作应体现实际报价水平,只有这样,才能保证其行为的公平公正,压价的直接后果主要表现在两个方面:一是在既有的施工技术水平和管理条件下,为了保证在低标价下还能有利可图,承包者常常在施工时偷工减料,最终导致工程质量的严重下降,实际投资效益降低,甚至造成严重的投资浪费;二是尽管中标价已被压低,但施工单位一旦承揽了工程,则会在施工期间不断以各种理由要求建设单位追加资金,使建设单位的管理工作被动,最后结算价严重超标,非但不能达到节约资金的目的,反而使招标工作失去了意义,而在招标投标过程中所发生的各项费用也没有发挥效益。另外招标时的过度压价也干扰了建筑市场的正常交易秩序,也会使施工企业丧失了自我发展和自我积累的能力并失去了进一步发展的动力,长此以往,不利于建筑业的健康有序发展。

7) 投标人互相串通,串标、围标现象严重

投标人相互串通,相互勾结,抬高工程价。一些承包商为了避免市场竞争给自己带来的压力,最终达到"多赢"的目的,在投标时采取工程项目轮流做,相互掩护,相互帮助的办法,相互串通投标报价,达成协议,抬高工程报价,使某一投标人的报价最低,帮助其取胜,排挤其他投标人的公平竞争。如有些施工单位同时挂靠数家施工企业参加投标,通过编制不同的投标方案进行串标、围标,从而将其他投标人排挤出局,甚至有的地方还出现了专业的围标集团,专门组织一些施工单位去投标,中标后再私下交易。

例 5 - 3

全国最大的温州市政工程串标案一审宣判,所有涉案人员分别被温州市瓯海区法院以串通投标罪判处 6 个月至 2 年、缓刑 1 年至 2 年不等的有期徒刑,同时处 5 万元至 80 万元的罚金。据了解,数家投标人在投标过程中频频串通,让其中一家公司中标,其他人收"好处费",先后拿下三大工程,总标的金额近 3 亿元。温州市政工程串标案串标的三个工程分别是温州市某道路工程二期工程的第二标段和第三标段,中标标的额共 1.5 亿余元;温州经济技术开发区某道路工程第二标段,工程标的额是 1.46 亿余元。而在这三个工程中,参与串标的人员仅"好处费"就收取了上千万元。2002 年 6 月,温州经济技术开发区某道路工程第二标段向社会公开招标,并采用最低造价中标评标办法。张某等人经过多次密谋串通投标,最后商定"××市市政工程公司"与"中国××第×工程局"合伙,由"××市市政工程公司"中标,被告张某等则支付其他 5 家投标单位各 100 万元的"好处费"。2008 年 7 月和 10 月这些人又同样参加温州市某大道二期工程第三标段和第二标段的投标。"××市市政工程公司"中标后,又拿出 500 多万元分给那些串通者。这种行为极大损害了其他投标人的权益,也损害了招标人的利益。

我国建设项目招标投标工作中存在着上述问题,其原因涉及诸多方面,要解决上述问题,光凭强化招标投标审计工作是不够的,但是加强工程项目招标投标审计工作,有助于构建全方位审计监督体系,实施全程同步审计监督,形成系统的监督体制和机制,对规范建筑市场行为,提高工程质量和投资效益,保证工程建设资金合法高效使用具有重大意义。

5.2.4 招标工作审计目标与内容

工程项目招标审计工作,主要是指对招标准备阶段、招标投标阶段的各项工作进行审查、评价,审计的主要目标是:

(1) 招投标环节的内部控制及风险管理的适当性、合法性和有效性;
(2) 招标资料依据的充分性和可靠性;
(3) 招投标程序的真实性、合法性和公正性等;
(4) 工程发包的合法性和有效性等。

在工程项目招标投标环节中的每项工作都有可能出现问题,因此以招标投标工作程序

为主线,审视招标投标全过程的每一项工作内容,是招标投标审计工作的客观要求,在此基础上,审计工作应主要包括以下内容:

(1) 审核工程项目招标条件的可行性、完备性。根据我国各地关于招标程序的规定,拟招标项目在立项审批获得批准后,招标人需向建设行政主管部门或招标管理机构办理招标申请,招标申请获得批准后,招标人方可进行招标。因此审计人员应从项目立项审批程序是否已履行、是否得到了相关部门的批复、建设资金是否已到位、征地拆迁工作是否完成等几方面入手,查检工程项目是否具备招标条件、申请资料是否真实、招标审批手续是否齐全。

(2) 招标内容范围的审核。我国法律规定建设工程可根据项目实际情况可以将工程项目拆分成多个标段进行招标,标段的划分应有利于竞争。若标段过小,可能会产生资质较高、业绩及信誉较好的大型企业不愿意参加投标,不能构成有效竞争。若标段过大,中小型企业根据自有资源将无力参与竞争,造成仅少数几个大型企业之间的竞争,投标也无竞争性,容易引起较高的投标报价。一般新建工程是以单项工程或单位工程为单位进行招标。审计人员应注意检查标段的划分是否适当,是否存在标段划分过细,增加工程成本和管理成本的问题;是否存在化整为零、肢解项目、规避招标的情况。

(3) 招标方式的审核。采用公开招标的,主要审查招标人是否在国家指定的报刊和信息网络上公开发布招标公告,招标公告内容是否完整。采用邀请招标方式时,需审核是否办理审批手续、是否邀请了三个以上投标人参加投标。

招标人具有编制招标文件和组织评标能力的,可以自行办理招标事宜。任何单位和个人不得强制其委托招标代理机构办理招标事宜招标人有权自行选择招标代理机构,委托其办理招标事宜。任何单位和个人不得以任何方式为招标人指定招标代理机构。依法必须进行招标的项目,招标人自行办理招标事宜的,应当向有关行政监督部门备案。

(4) 招标程序的审核。审查招标单位编制的招标文件是否已获批准,是否按规定发布招标公告或发出招标邀请书,其内容是否合规、合法,是否与招标方式的相应规定一致;审查招标单位出售、发布的招标文件是否符合规定要求,是否组织投标单位在招投标前进行解答疑难问题;审查工程招标工作人员的内部控制情况,看是否做到权责分离。

(5) 招标文件的审核。招标文件是招标人以法定方式吸引投标人参加竞争,择优选承包商的书面文件,它是投标人编制投标文件的依据,对招投标双方都具有约束力,招标结束后,对招标人和中标单位也同样有约束力。招标文件的内容和条款也是中标后承发包双方签订工程合同条件的一部分,招标文件的内容必须符合有关法律和法规条款,一份全面、规范的招标文件,可避免日后承发包双方在合同实施过程及结算过程中产生不必要的争议。

招标文件应包括招标项目的技术要求、对投标人资格要求、投标报价的要求、评标标准等实质性要求和条件,以及拟签合同的主要条款;国家对招标项目的技术、标准有规定的,招标人应当按照其规定在招标文件中提出相应要求。招标文件不得以不合理的条件限制或者排斥潜在投标人,不得对潜在投标人实行歧视待遇;招标文件不得要求或者标明特定的生产供应者以及含有倾向或者排斥潜在投标人的其他内容。审计招标文件时应注意审查有无招标人以不合理的条件限制、排斥潜在投标人或者投标人的现象,有无对潜在投标人或者投标人实行歧视待遇的现象,有无其他单位和个人以行政手段或者其他不合理方式限制投标人的数量的现象。

对招标文件的审核应本着公平、公正的原则,逐点审查招标文件内容是否合法、合规,是否全面、准确地表述招标项目的实际状况;招标文件是否全面、准确地表述招标人的实质性要求;施工现场的实际状况是否符合招标文件的规定;招标文件中有关价格调整和结算的条款是否明确合理,风险分配结构是否合理;投标保函的额度和送达时间是否符合招标文件的规定;评标标准与方法是否取决于工程项目的特点和条件,是否存在可能对某一投标人有利而对其他投标人不利的条款,是否含有倾向性等。

(6) 工程量清单、招标控制价的审核。编制工程量清单是招标人应完成的工作,它是投标人报价的依据,工程承包中量的风险是由发包人承担的,因此必须对工程量清单的编制质量进行审核。清单编制应遵循客观、公正、科学、合理的原则,严格依据设计图纸和资料、现行的定额和有关文件以及国家制定的建筑工程技术规程和规范,客观公正,兼顾招标人和投标人双方的利益。审核工程量清单时应注意以下几方面:① 清单内容的完整性。不遗漏、不重复,清单项目所附属的特征说明、技术标准和工艺要求应明确、无歧义。② 审核工程量计算,合理立项。以工程量计算规则、图纸为依据,根据工程现场情况,考虑合理的施工方法和施工机械,分部分项地逐项计算工程量、准确立项。③ 力求图纸做法与材料设备的明确,并且尽量不留活口。

招标控制价是对招标工程限定的最高工程造价,投标人的投标报价高于招标控制价的,其投标将予以拒绝。招标控制价应由具有编制能力的招标人,或受其委托具有相应资质的工程造价咨询人编制。对招标控制价应审查应注意两方面:一是其编制是否合法,包括招标控制价的编制人是否具有相应资质,委托的编制机构是否专业、合法、证件是否真实有效,所编项目与本职专业是否相符,对委托项目的编制原则把握是否准确,历史编制纪录中失误情况;另外招标控制价所制依据的工程量清单、招标文件、设计文件及有关的标准、规范、技术资料是否合法有效。二是招标控制价编制的准确性,包括计价定额套用是否合理,取费程序是否正确,计算方法是否得当,有无漏算、重算、错算等。

(7) 投标资格审核。对投标人资格的审核重点是审查投标单位是否具备规定资格,审查的主要内容是:投标人的组织机构、财务状况、设备情况、施工经验等,资格审查的文字和条款要求严密和明确,应注意审查投标人资格审查资料的真实性。

审计潜在投标人或者投标人的资格审查是资格预审还是资格后审。主要审计是否达到国家有关规定对潜在投标人或者投标人资格条件,是否达到资格预审文件或招标文件对潜在投标人或者投标人资格条件;是否具有独立订立合同的权利;是否具有履行合同的能力,包括专业、技术资格和能力,资金、设备和其他物质设施状况,管理能力、经验、信誉和相应的从业人员。

审计有无潜在投标人或者投标人的任何不具独立法人资格的附属机构(单位),或者为招投标项目的前期准备或者监理工作提供设计、咨询服务的任何法人及其任何附属机构(单位)参加投标的现象,有无投标人以他人名义投标的现象。

审核投标文件的送达时间是否符合招标文件的规定、法人代表签章是否齐全,有无存在将废标作为有效标的问题。

(8) 开标的审核。主要审查开标的程序是否符合相关法规的规定;招标人的招标组织工作是否得力,应参加开标会的有关方面代表是否齐全,特别是公正人员或检察部门代表是否到场;检查委托的招标代理机构是否合法有效,投标企业是否具备合法的资质,各种证件是否真实;投标文件是否按保密要求存放;是否按规定要求唱标、记录。

(9) 评标的审核。主要检查评标委员会的组成是否符合规定,相应专家是否按规定随机抽取,是否有与投标人有利害关系的人参加评标委员会;检查招标组织方统计工作是否准确;审核评标是否规范,评标委员会是否按招标文件中规定的评标标准与评标方法公平、公正地评价各投标文件;检查对于过低的投标报价是否进行了合理性评审、是否进行了答辩与澄清以及答辩与澄清的内容是否真实合理;检查对于废标的评定决定是否由评标委员会做出,依据是否充分等。

(10) 定标的审计。主要检查定标的程序和结果是否符合规定,审查评标委员会提交的评标报告是否符合实际情况,推荐的中标候选人排序与评标结果是否一致;审查中标价格是否符合市场行情;审查建设单位领导批准的中标人是否是中标候选人中排序第一的,否则要查清第一名是否放弃中标或拒签合同,对没有任何理由推翻中标结果的,要查明原因,分清责任;审查评标结果是否进行了公示;审核招标人和中标人是否在规定时间内订立书面合同,所订合同是否有悖于招标文件的实质性内容,审查中标单位是否有违法转包或违规分包中标项目的问题,是否存在违法转包或分包造成工程质量隐患或影响工期的问题,审查工程合同的签订过程是否完整、手续是否齐全,防止签订"阴阳合同"。

审计机构还应加强招标后的监督,建立信息反馈和追踪制度,看其是否按合同执行,并达到招标文件提出的要求。对发现的在招投标过程中的幕后交易、以权谋私等问题,要及时严肃处理,并加大处理处罚力度;对招投标中的违纪违法行为,要及时移送有关部门进行查处。

工程项目招标投标审计工作的内容提要如表 5-1 所示。

表 5-1 招标投标工作审计主要内容提要表

流程名称	审查目的	审查内容提要
招标前期	工作是否可控	签批文件
	招标能否符合工程需要	招标文件是否真实、全面及标底编制情况等
	合同形式是否与工程相符	招标文件所附合同主要条款是否符合工程特点
招投标过程	招标过程合规性	开标过程是否符合规定、有人监督
	招标过程真实性	是否有围标、串标、虚假招投标的迹象
评标及定标	评标严谨性	检查评标人员是否符合制度及相关规定
	评标合理性	评标标准是否与招标文件一致、真实合理;中标单位是否在投标单位内
	工作可控情况	评标结果是否经审批等
	招投标结果实现情况	签订合同是否与招标文件一致、与评标结果一致

加强工程项目招标投标审计工作,有助于构建全方位审计监督体系,实施全程同步审计监督,形成系统的监督体制和机制,对规范建筑市场行为,提高工程质量和投资效益,保证建设资金合法、高效使用具有重大意义。

5.2.5 工程项目招标投标审计方法

根据《内部审计实务指南第 1 号——建设项目内部审计》的要求,审计人员在工程招标投标审计工作时可采用观察法、询问法、分析性复核法、文字描述法、现场核查法等方法,来获取充分、相关、可靠的审计证据,以支持其审计结论和建议。

(1) 观察法。观察法是指审计人员亲临审计现场对被审单位的招标投标的管理工作及招标投标活动进行实地观察,以获取第一手资料的方法。

(2) 询问法。询问法是审计人员通过面对面的方式询问调查有关情况。审计执法中常用询问的方式进行调查取证。在实践中,应结合实际情况,有针对性地选用询问方法,注意询问技巧,另外还需判断被调查人员回答得是否准确等。

(3) 分析性复核法。分析性复核是获取审计证据的一种基本方法,主要是指对招标投标中相关事项的相关指标进行对比、分析、评价,以便发现其中有无问题或异常情况,为进一步审计提供线索的一种审计方法。在招标投标阶段采用此法主要对工程标底或招标控制价、投标人的投标报价等工程造价文件中的重要比率进行分析,确定是否存在可能影响工程造价准确性的异常情况,以确定重点审计领域。招标投标阶段可采用分析性复核法的主要内容如下:

① 项目招投标情况是否符合国家法规及企业内部规定;
② 工程施工合同、补充合同的签订是否符合规定;
③ 相关造价文件的编制单位、编制人是否有相应资质,是否已签章;
④ 单方造价与同类工程平均单价是否存在重大差异;
⑤ 主要材料、设备用量与定额含量或设计含量是否存在重大差异等。

(4) 文字说明法。是指完全用文字说明形式来调查、记录被审计对象具体情况的方法。这种方法的特点是完全用书面文字形式,一面调查询问一面逐笔记录,而后再用简明扼要的文字在书面上综合说明。文字说明法的优点是简便、灵活,可以进行全面系统的描述;缺点是费时费力,尤其比较复杂的业务,记述冗长而不清楚,如果审计人员的书面语言表达能力不强,则容易发生曲解。

(5) 现场核查法。现场核查法也是审计实践中较为常用的一种审计方法,即通过对被审计对象的现场观察来核实资料记录的真实性和准确性,在招标投标审计中可用于对工程项目工程量的核查。

各种审计方法各具特点,也各有优缺点。在招标投标审计实践中,审计人员对审计方法的具体使用是没有定法的,应结合工程实际情况,可采用其中的一种方法,或数种方法联合使用,扬长避短、互为补充。除采用上述传统方法外,审计人员还要充分利用现代信息技术对招标投标进行审计,如采用网上查询法与调查询问法相结合,通过互联网建立材料等价格数据库备用;对招标中可能出现的索贿、吃回扣行为则采用询问法、调研核查法相结合,注意发现招标投标中的舞弊、违法线索,对招标中由于违法而中标者应依法查处。

例 5 - 4

某审计小组在事后审计某工程项目的招标投标工作时,发现该招标投标项目合同价与中标通知书中标价不一致,合同价比中标价低约 5%。经调查核实,原来在招标人发中标通知书之前,招标人向中标单位提出了优惠让利 5% 的要求,理由是本地此类工程实际造价一般都会比按计价定额计算出的招标控制价低 5% 左右,而本项目各投标单位报价基本没让利,因此,招标人要求所有投标人必须做出标前承诺,承诺若一旦中标,中标人必须按照其投标报价的95%与发包人签订施工合同。如果不做出标前承诺,招标人将拒绝该投标人参加投标。投标单位迫于无奈同意了此项要求。

对此,审计人员提出以下审计意见:

首先,招投标双方签订的合同价与中标通知书中标价应该一致。依据是《中华人民共和国招标投标法》第46条规定:"招标人和中标人应当自中标通知书发出之日起三十日内,按照招标文件和中标人的投标文件订立书面合同。招标人和中标人不得再行订立背离合同实质性内容的其他协议。"

其次,针对本地此类工程投标价一般会比招标控制价低5%左右,招标人认为该工程的投标人应该让利的问题,如果招标人事先在招标文件中提出对该工程的期望,在招标文件中载明有关让利的要求,使得后期的签订合同本身变成是执行招标文件规定,那么是可行的、正确的;但本工程项目招标人却没有在招标文件中提出有关让利的要求,而在招标投标过程中借助自己在招标投标中的强势地位单方提出,则违背了招标投标公平竞争的原则,也不符合招标投标程序要求,因此,这种做法是不适当的。

另外,《招标投标法》也不容许招标人、投标人就投标价格等实质性内容进行谈判,依据《招标投标法》第55条规定:"依法必须进行招标的项目,招标人违反本法规定,与投标人就投标价格、投标方案等实质性内容进行谈判的,给予警告,对单位直接负责的主管人员和其他直接责任人员依法给予处分。前款所列行为影响中标结果的,中标无效。"

假设是跟踪审计的项目,在合同尚未签订时审计人员发现了这一问题,则可及时指出,并加以制止;但本工程合同已按法定程序签订完毕,审计人员只能予以指出,并建议合同当事人双方能够改正,并按照一定的程序签订补充合同。

审计的基本原则是客观公正,作为审计人员应本着客观公正的原则维护所有被审计单位的利益。

例 5-5

某审计小组在对某工程项目招标投标情况进行审计时,发现以下问题:

(1) 本次招标投标中同时有几家投标单位的标书被认为出现了重大偏差,基本原因相同:招标控制价中列出了暂列金额110万元,并说明是按分部分项清单费用的2%计取的,结果这几家投标单位在报价时更改了暂列金额的数值,分别按自己报价中的分部分项费用重新计算了此费用。

(2) 本工程随招标文件一起发放的工程量清单、招标控制价中也存在许多问题,如工程项目漏项、工程量不实、计价定额套错、费用计算不合理等。

对此,审计人员提出如下审计意见:

① 本次评标时认定这几家投标单位出现重大偏差是正确的。根据建设工程工程量清单计价规范的规定,暂列金额是招标人包含在合同价款中的一笔暂定款项,在招投标时属于不可竞争费用,结算时根据工程实际情况调整。在招标人提供的招标控制价中,说明暂列金额是按分部分项清单费用的2%计取,表明了招标控制价中暂列金额110万元的计算方法,并不意味着让投标人照此法重新计算暂列金额,更不表明暂列金额可以变成可竞争费用参与报价。因此,这是各投标人对工程量清单计价理解错误。评标委员会将不可竞争性费用

的改变评为重大偏差是对的。

② 关于工程量清单、招标控制价中的问题,根据建设工程工程量清单计价规范的规定,招标工程量清单作为招标文件的组成部分,其准确性和完整性应由招标人负责,招标工程量清单是工程量清单计价的基础,是编制招标控制价、投标报价、计算或调整工程量、索赔等的依据之一。投标人可对招标控制价进行复核,但大多数投标人对其中有利于投标人的错误一般是不会提出来的。如果是招标投标的跟踪审计,如果能在发放招标文件时发现这些问题,则审计人员可建议对错误进行及时修正,如果是在开标时发现的话,则审计人员应将正确的招标控制价报送给评标委员会,供其评标时参考;而本工程是在招标投标过程结束之后进行审计的,则审计人员无权纠正招标控制价,无权更改合同价,无论其他问题对评标结果有无影响,审计人员都只能揭示相关问题,并向有关部门汇报。

例 5 - 6

某市政府投资的污水处理工程以公开招标方式选择承包人。招标文件规定采用资格后审方式审查投标人资格。

2013年3月26日,招标人在国家指定媒介上发布招标公告,并规定招标文件发售时间自公告之日起至3月31日(星期日)止。2013年3月27日,一家施工单位X前来购买招标文件,该企业以前与招标人发生过经济纠纷,招标人以此为由拒绝出售。

2013年4月1日上午10时,招标人点名确定除投标人A外其他投标人均到场,随后进行了现场踏勘。第二天,投标人A提出需要进行现场踏勘,招标人组织该投标人进行了现场踏勘并详细讲解了现场情况。

2013年4月18日上午9时整为投标文件递交截止时间,开标时间定于2013年4月18日下午4时整。投标截止时间之前,共有12家单位提交了投标文件。开标前,投标人代表检查投标文件的密封情况,当场宣布密封完好后,工作人员当场拆封,唱标人依次唱出了投标人名称、投标价格、工期及投标保证金合格与否等内容。

随后,招标人组建评标委员会,由当地建设局市政处派出1人,政府专家库中随机抽取4人。评定过程中,评标委员会成员Y声明,投标人C是其所在单位的全资子公司,本人应当回避,但评标委员会认为,Y专家是该行业的技术权威,可以参加评标。最终,包括Y专家在内的评标委员会出具体报告,推荐投标人C为排名第一的中标候选人。

发出中标通知书之前,招标人与投标人C开始合同谈判,要求其将合同范围内的水泵改为招标人供货,投标人C提出在核减设备费用基础上增加50万。招标人不同意,并与排名第二的投标人D进行商谈,投标人D接受了招标人的条件,最终在核减设备费用基础上增加10万,并以此作为签约合同价。招标人据此向投标人D发出中标通知书。

审计人员通过审计,提出如下审计意见:
(1) 招标文件发售时间不妥。
理由:招标文件发售时间少于5个工作日。
(2) 招标人以曾经发生过经济纠纷为由,拒绝向X出售招标文件不妥。
理由:这是招标人以不合理的条件排斥潜在投标人。
(3) 招标人点名确认参加现场踏勘的投标人不妥。

理由:我国《招标投标法》第22条规定:"招标人不得向他人透露已获取招标文件的潜在投标人的名称、数量以及可能影响公平竞争的有关招标投标的其他情况。"招标人点名确认参加现场踏勘的投标人,显然是泄露了其他投标人的信息。

(4) 单独组织投标人A踏勘现场不妥。

理由:招标人不得单独或者分别组织投标人现场踏勘。

(5) 投标文件递交截止日期与开标时间不一致不妥。

理由:开标时间应与投标文件递交截止时间为同一时间。

(6) 开标时宣布投标保证金合格与否不妥。

理由:投标保证金合格与否由评标委员会评审。

(7) 当地建设局市政处派人参加评标不妥。

理由:项目主管部门人员不得担任评标委员会成员。

(8) 评标委员会成员Y参加评标不妥。

理由:Y与投标人C有利害关系,应当回避。

(9) 招标人与投标人合同谈判不妥。

理由:确定中标人之前,招标人不得与投标人就投标价格等实质性内容进行谈判。

例 5-7

第二生活垃圾填埋场工程是X市市政府财政拨款建设的市政工程项目,2012年10月15日,该工程依法发布了公开招标公告,11月10日,该市辖区内某县的市政工程公司(投诉人)和另外7家施工企业通过了资格预审后并获取了招标文件。招标文件确定的评标办法是:"经评审的合理低价法",即采用有效投标报价加权平均后乘以 β 系数(β 系数为 1、1.5、2 三个数字中在开标时随机抽取)得出基准价,低于且接近基准价的投标人为第一中标候选人;投标报价不设标底值,但设最高限价;最高限价根据清单计价规范、当地计价定额和取费标准、市场价格并考虑常规施工方法计算,最高限价于开标当日在开标地点与投标报价同时公布。

12月15日,该项目公开开标。但招标人公布的最高限价让众投标人非常意外:该价格是众投标报价中最高报价的62%,最低报价的70%,只相当于如果按当地造价定额、市场价格等计算,该价格仅仅只有基准造价的60%。所有报价均高于最高限价而均被定为废标,本次招标失败。

12月16日,一家未参与该项目投标的某市政工程公司向市政府递交了一份申请:"鉴于生活垃圾场建设工程已经流拍,已无法正常进行招投标,我司为国有市政工程建设专业单位,请市政府直接指定由我司承建该项目。"于是,该市政府将该依法应当招投标的重点市政基础设施工程直接交给该市政工程公司承建。

次年2月5日得知此情况后,投诉人实名投诉,投诉该招标人、市政府相关部门在该市生活垃圾填埋场工程招投标活动中违法。

审计人员通过审计,提出如下审计意见:

(1) 最高限价的问题

招标中的最高限价即工程量清单规范中的招标控制价,其在招标中的作用是招标人向投标人公示的工程价格的最高限制标准,要求投标人的投标报价不能超过它,否则即为废标。根据《中华人民共和国招标投标法实施条例》第27条规定:"招标人设有最高投标限价的,应当在招标文件中明确最高投标限价或者最高投标限价的计算方法。"因此,本工程招标人在招标文件中明确最高限价的计算方法在开标时公布的做法是可行的。

工程量清单规范(2013)规定招标控制价应由具有编制能力的招标人或受其委托具有相应资质的工程造价咨询人编制和复核,以保证其准确性。如果投标人经复核认为招标人公布的招标控制价误差较大,则应及时(公布后5天内)向招投标监督机构和工程造价管理机构投诉,工程造价管理机构则应当受理投诉进行复查,当招标控制价复查结论与原公布的招标控制价误差大于±3%时,应当责成招标人改正。在2013工程量清单规范实施之前,各地实践中采用工程量清单招标项目,招标人则会要求投标人对招标人提供的工程量清单进行认真细致的复核,如果投标人经过检查和复核以后认为招标人提供的工程量清单存在差异,则投标人应将此类差异的详细情况连同按投标人须知规定提交的要求招标人澄清的其他问题一起提交给招标人,招标人将根据实际情况决定是否颁发工程量清单的补充或修改文件。

本案中招标人的最高限价是在开标时予以公布的,因此投标人没有任何机会对招标人的最高限价进行复核,但从最高限价只有定额价(社会平均价)的60%这一结果分析,其原因有两种:一是招标人特意为之,即以定额价的60%作为招标人的期望值;二是最高限价计算有误。

《招标投标法》规定:"投标人不得以低于成本的方式投标竞争。"《评标委员会和评标方法暂行规定》则明确规定:投标人以低于成本报价竞标,其投标应作废标处理。招标人的最高限价显然不可以低于成本。虽然对如何界定低于成本没有统一尺度,但对建筑工程来说,定额价的60%是显然低于成本,而招标人特意以低于成本的价格作为最高限价来进行招标这一说法是行不通的。因此,本案较大的可能是最高限价计算有误。

开标时发现最高限价计算有误该如何处理?招标人应积极采取补救措施予以纠正,我国现有法规没有专门应对此问题的处理条款,而2012年3月新疆阿克苏地区行政公署发布的《阿克苏地区建设工程招标投标监督管理办法(修订)》中第35条规定:"经评标委员会评审,282投标文件均不符合招标文件实质性要求的,评标委员会可以否决所有投标。经评标委员会评审,投标价格与标底价格有明显出入的,按下列方式处理:(一)属于标底编制错误,废除标底,以投标人有效报价作为计算依据,进行评标;……"标底和最高限价是不能等同的,但这一规定对本案问题的处理却有借鉴作用,且实践中,很多地方对这类问题的处理方式也都与此相似。放在此案中则应重新计算最高限价。重新计算最高限价会使本案不能如国内常规的做法:开标后即评标,但没有任何法律法规规定评标的开始时间。因此,本案中招标人以错误的最高限价来判定投标人的投标均为废标且因此招标失败的做法是错误的。

(2) 招标失败后的处理

《中华人民共和国招标投标法》第42条:"评标委员会经评审,认为所有投标都不符合招标文件要求的,可以否决所有投标。依法必须进行招标的项目的所有投标被否决的,招标人应当依照本法重新招标。"这一条款明确规定了招标失败后该如何处理:重新招标。

七部委30号令(2013年4月修订)《工程建设项目施工招标投标办法》第38条规定："依法必须进行施工招标的项目提交投标文件的投标人人少于三个的,招标人在分析招标失败的原因并采取相应措施后,应当依法重新招标。重新招标后投标人仍少于三个的,属于必须审批、核准的工程建设项目,报经原审批、核准部门审批、核准后可以不再进行招标;其他工程建设项目,招标人可自行决定不再进行招标。"这一条款规定了在重新招标失败后的处理方式:须审批的项目,报经原审批部门批准后可以不再进行招标;其他项目,招标人自行决定不再进行招标。

因本案是市政府财政拨款的须审批的工程项目,所以第一次招标失败后应重新招标;在第二次招标失败后,招标人须报请原审批部门批准不再招标的申请。而本案却由一施工企业在第一次招标失败后即向市政府申请直接指定工程承包权,而市政府也直接指定了。因此,本案招标人、市政府(审批部门)的做法与我国法规不相容之处是非常明确的。

(3) 招标人过失行为的责任

本案中招标人以一过低的最高限价拦住了所有的投标报价,致使招标失败,那么由于招标人的过失行为使招标工作失败,招标人是否应承担什么法律后果呢?招标人是否应赔偿给投标人造成的损失?

以我国现行法律规定,招标人无需承担赔偿责任。根据《合同法》规定,招标属于要约邀请,投标是要约,而确定中标人发出中标通知书是承诺。根据合同法原理,发出要约邀请的一方无需承担法律责任。对于招标活动,招标人更是无法保证投标人中标,招标人无法对投标人不中标行为承担赔偿责任。在招标活动期间,招标人的修改、补充、中止招标行为,投标人必须承担商业风险。《招标投标法实施条例》第31条规定:"招标人终止招标的,应当及时发布公告,或者以书面形式通知被邀请的或者已经获取资格预审文件、招标文件的潜在投标人。已经发售资格预审文件、招标文件或者已经收取投标保证金的,招标人应当及时退还所收取的资格预审文件、招标文件的费用,以及所收取的投标保证金及银行同期存款利息。"而在开标后招标失败的,招标人退还投标保证金,无需退还所收取的资格预审文件、招标文件的费用,以及所收取的投标保证金银行利息。

招标人也无违约及缔约过失责任。招标阶段合同没有成立,当事人没有违约责任;缔约过失责任只发生在要约、承诺阶段,实际上发生在中标通知书发生后、签订合同之前。在要约发生前,当事人只承担一般人之间的信用,无缔约过失问题。

招标人过失行为给投标人造成损失,应包括无心造成的过失和故意失误,如果无心的过失要求招标人赔偿,是招标人无法承受的风险,因此于法不支持赔偿,于情理可以理解;招标人故意失误,如招标人蓄意操作或为某利益集团量身定做招标文件等,从而给投标人造成损失的,其实质形同欺骗,则投标人无法长期承受,不赔偿于情理不符,于立法原则不符。

例 5-8

某市政府投资3 500万元建设残疾人康复大厦,施工招标采用工程量清单计价和综合评估法评标,其招标文件规定评标程序为:(1) 初步评审;(2) 详细评审;(3) 澄清、说明和补正;(4) 完成评标报告。开标后有10家投标人的投标文件是有效投标文件并进入评标环节。

招标人代表在评标时提出,该项目急于开工,当天须完成评标,评标委员会其他成员无不同意见。评标专家 A 在初步评审时,发现投标人甲的外保温子目的单价明显高于正常的市场价格水平,与其他投标人的该子目平均价格相比,高出 8 倍多,基于该投标人投标总价与其他投标人投标报价相比,处于平均偏低的水平,建议对该投标人投标报价进行详细分析,同时分工对其他投标人的投标报价进行分析,并视情况要求相关投标人澄清、说明和补正。

招标人代表认为,对投标价格进行必要的分析是评标工作内容,但是投标人有 10 家,如果在评标时开展该项工作并进行澄清、说明和补正,时间上不允许,建议由招标人在签订合同前针对中标人一家,进行分析及必要的澄清、说明和补正。其他评标委员会成员对该意见均不持异议。评标报告中推荐投标人甲为排名第一的中标候选人,同时建议招标人在签订合同前对中标人的投标价格进行详细分析和必要的澄清、说明和补正。

签订合同前,招标人和中标人协商达成口头一致,先签订合同,以尽快办理开工手续,施工过程中再协商解决投标价格中存在的问题。直到工程结算时,双方才就投标价格中的问题进行协商。招标人提出,外保温子目价格应当按投标报价时的市场价格水平进行结算,中标人提出,可以按招标人要求进行调整,但是认为,其之所以能够中标,是由于其投标总价水平是相对合理和有竞争力的,因此,应当按照保持签约合同价不变的原则,同时对其标价的工程量清单中低于市场价格水平的子目价格进行调整。招标人以审计单位不同意为由,坚持只对外保温子目单价进行调整。双方产生争议。

问题:
(1) 指出评标过程的不妥之处,逐一说明理由。
(2) 招标人和投标人的观点是否正确?说明理由。
(3) 评标阶段如何避免给合同履行造成纠纷隐患?

参考答案:
(1) 评标过程的不妥之处及理由如下:
① 招标人代表提出当天须完成评标,评标委员会默许不妥。
理由:评标委员会应按照招标文件规定的评标标准和方法评标,不能事先确定时间。
② 评标委员会未按照规定的程序评标不正确。
理由:评标委员会应按照招标文件规定评标程序进行评标。
③ 评标专家 A 建议分工负责对各投标人投标报价进行详细分析不妥。
理由:评标委员会成员独立评审,具有同等表决权。
④ 招标人代表建议在签订合同前进行澄清、说明和补正不妥,评标报告中据此建议不妥。
理由:澄清、说明和补正属于评标委员会应在评标阶段完成的工作。

(2) 招标人和投标人的观点均不正确。首先,签订合同前,双方就投标价格中的问题协商并达成一致意见,在履约过程中再协商的做法违反了《招标投标法》第 46 条的规定:"……按照招标文件和中标人的投标文件订立书面合同。招标人和中标人不得再行订立背离合同实质性内容的其他协议。"这种做法是为合同顺利履行埋下重大隐患。其次,工程结算时双方再协商调整价格更为不妥,在合同订立后双方都应当信守合同,诚信履约。

(3) 评标委员会评标时应当详细分析投标价格构成的合理性,并对其中存在的疑问,书面要求投标人进行澄清、说明和补正,前提是不得超出投标文件范围和改变投标文件的实质性内容,以提高合同的可执行力,招标人应当将合理确定评标时间的权力交予评标委员会,以保证能够严格按照评标办法规定的程序完成评标工作,确保评标质量。

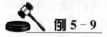
例 5-9

某省政府投资 3 500 万元建设该省信息中心办公楼,按照《建筑业企业资质管理规定》,该工程投标人必须具备房屋建筑工程施工总承包三级及以上资质等级。

招标人在"中国工程建设和建筑业信息网"上发布了完整的招标公告,其中对投标人资格要求是:"投标人须具备房屋建筑工程施工总承包三级资质及装修装饰专业工程三级施工资质,有类似项目业绩,并在人员、设备、资金等方面具有相应的施工能力";在招标文件获取方面的要求是:"(1)凡有意参加投标者,请于 2014 年 5 月 16 日(星期五)至 5 月 20 日,每日上午 8 时 30 分至 12 时 00 分,下午 1 时 30 分至 17 时 30 分(北京时间,下同),在××××地点购买招标文件;(2)购买招标文件时,须提交 8 万元人民币投标保证金;(3)招标文件售价 200 元/套,图纸 3 000 元/套,售后不退。"同时,招标人在《中国建设报》上发布了该工程招标公告,但公告中仅明确了项目概况和投标人资格要求。

招标公告发出 3 日后,已经有 26 家满足资格要求的施工企业购买了招标文件和图纸,此时招标人感觉公布的资格条件要求过低,潜在投标人太多也不经济,于是决定提高投标资格等级要求:将投标人资质等级提高到投标人须有房屋建筑工程施工总承包二级资质及装修装饰专业工程二级施工资质,8 项以上类似项目业绩。为了减少招标时间,招标人决定直接在招标文件的澄清与修改中对上述两项资格条件进行调整,并在开标前十五日通知所有购买招标文件的投标人,这样可以保证原开标工作如期进行。最后,有 7 家投标人递交了投标文件。

试指出招标人在上述招标过程中的不妥之处,并说明理由。

分析:招标人在本次招标过程中的不妥之处如下:

(1)要求投标人具备装修装饰专业工程三级施工资质不妥。

理由:根据《建筑业企业资质管理规定》,三级总承包施工资质可以承揽其项目的装饰装修工程,招标人要求专业承包资质是以不合理条件限制和排斥潜在投标人。

(2)招标文件发售时间"2014 年 5 月 16 日至 5 月 20 日"不妥。

理由:"招标文件的发售时间最短不少于五个工作日",而招标人的发售时间中包含了星期六、星期天两个法定休息日,非工作日。

(3)购买招标文件时提交 8 万元投标保证金不妥。

理由:投标保证金属于投标文件的一部分,投标人只要在投标截止时间前提交即可。

(4)图纸按 3 000 元/套销售不妥。

理由:对于招标所附设计文件,可以酌收押金,但不得销售。

(5)招标人在《中国建设报》的招标公告中仅明确项目概况和投标人资格要求做法不妥。

理由:在两家以上媒介发布的统一招标公告内容应一致。

(6)在招标文件的澄清与修改中,将投标人资格要求直接调整为房屋建筑工程施工总承包二级资质及装修装饰专业工程二级施工资质,8项以上类似项目业绩不妥。

理由:招标文件是对招标公告的细化,不能在其中修改投标人资格要求;提高投标人资质等级,是对潜在投标人实行歧视待遇。《招标投标法》规定,招标人在招标公告发布后修改其中的实质性条件的,需要重新发布招标公告,重新确定投标截止时间和开标时间。

例 5 - 10

某依法必须进行招标的公路工程施工项目,要求投标人具备公路工程施工总承包一级及以上资质等级,该项目共分为两个标段招标。招标人依法公开招标,招标程序顺利进展到定标环节时,招标人在对投标文件和评标报告进行审查过程中,发现两个标段都出现了问题:

标段一:排名第一的中标候选人A没有实质上响应招标文件的要求。招标文件要求的计划开工日期:2014年4月18日,而投标人在其投标文件工期计划中均按2012年9月28日为开工时间节点安排进度,且其投标文件中的进度计划安排的总工期与其投标函中的工期并不等。但评标委员会对投标人A投标评审的结论是响应性投标,并将其推荐为第一中标候选人。招标人该如何定标?招标人定标过程中可否修改评标委员会的评标结果?

标段二:排名第一的中标候选人B虽然具有公路工程施工总承包一级企业资质,但不满足建设部会同铁道部、交通部等部委联合制定的《建筑业企业资质等级标准》规定"公路工程施工总承包一级企业可承担单项合同额不超过企业注册资本金5倍的各等级公路及其桥梁,长度3 000米及以下的隧道工程的施工"中"5倍注册资本金"的规定。而招标人在招标公告中并没有这一要求,且投标人B是经过了招标人的资格预审认可了其投标资格的。那么招标文件中对投标人资格的要求是否应当明示?投标人B是否可以作为中标候选人?

分析:

(1)标段一。招标人定标的依据是评标委员会的书面评标报告和其推荐的中标候选人,在定标过程中,招标人无权修改评标委员会的评标结果,除非评标委员会在评标过程中违规。

因此,本案的关键在于评标委员会是否依法履行了其职责,即按照招标文件中的评标标准和方法,对投标人A的投标文件进行评审。评标委员会在对A的投标评审过程中,没能审查出投标人A将工程开工时间定在了早已逝去的2012年9月28日一事,从而将A的非响应性投标评审为响应性投标,这不是简单的失误,而是没有按照招标文件确定的评标标准和方法来进行评审,是没有履行法律赋予其的职责。

七部委《工程建设项目施工招标投标办法》(30号令2013年4月修订)第58条规定:"国有资金占控股或者主导地位的依法必须进行招标的项目,招标人应当确定排名第一的中标候选人为中标人。排名第一的中标候选人放弃中标、因不可抗力提出不能履行合同、不按照招标文件的要求提交履约保证金,或者被查实存在影响中标结果的违法行为等情形,不符合中标条件的,招标人可以按照评标委员会提出的中标候选人名单排序依次确定其他中标候选人为中标人。依次确定其他中标候选人与招标人预期差距较大,或者对招标人明显不利的,招标人可以重新招标。"《招标投标法实施条例》第55条规定:"国有资金占控股或者主导地位的依法必须招标的项目,招标人应当确定排名第一的中标候选人为中标人。排名第一的中标候选人放弃中标、因不可抗力不能履行合同、不按照招标文件要求提交履约保证金，或者被查实存在影响中标结果的违法行为等情形，不符合中标条件的，招标人可以按照评标委员会提出的中标候选人名单排序依次确定其他中标候选人为中标人，也可以重新招标。"

因此，当招标人发现第一中标候选人投标文件不响应招标文件时（情况必须属实），也即不符合中标条件，招标人有权改第二中标候选人为第一中标候选人，也可以重新招标。

（2）标段二。我国招投标法规定："投标人应当具备承担招标项目的能力；国家有关规定对投标人资格条件或者招标文件对投标人资格条件有规定的，投标人应当具备规定的资格条件。"《建筑业企业资质等级标准》中明确规定了建筑企业的不同资质等级的要求和相应的承包工程范围的限制，因此，"五倍注册资本金"的要求是属于国家规定的对本项目投标人的资格条件，作为合格的投标人是应当具备。

建设部相关部委关于施工企业资质的规定是我国全国范围内施工企业从事施工活动普遍适用的行政规范，作为投标人的施工企业属于受规范约束的行政相对人，对适用的行政规范也应当知道。因此，在建设项目的施工招投标活动中，有关施工企业资质规定中"五倍注册资本金"的要求作为行政法规内容之一，无论在招标文件中是否明示，招投标双方均必须遵守。

建筑企业的施工活动符合有关资质等级的要求属于强制性规范。我国建筑法第22条中规定："禁止建筑施工企业超越本企业资质等级许可的业务范围……承揽工程。"《最高人民法院关于审理建设工程施工合同纠纷案件适用法律问题的解释》第1条规定：承包人超越资质等级签订的建设工程施工合同，应当根据合同法第52条第（五）项的规定，认定该合同无效。因此，在本案状况下，即使招标人将投标人B作为中标人候选人并最终与其签订合同，由于投标人B超越了本企业资质等级许可的业务范围，双方据此签订的工程施工合同也应当是无效的。因此，投标人B是不可以作为中标候选人的。

但是，本案中招标人在公开媒体上刊发的资格预审公告中并未提及"五倍注册资本金"的要求，如果说这是一项必备的默示条件的话，在资格预审阶段不满足此项条件的投标人应该属于不合格的投标者，招标人就应该将他们排除在被正式邀请的投标人之外，而本案中招标人在资格预审阶段，是已知每个标段的估算金额的，而招标人却确认了投标人B的投标资格，而开标后再以"五倍注册资本金"否定投标人的中标资格，招标人是否应承担相应的法律责任？

招投标的实质是通过竞争的方式来订立合同的过程，《合同法》中缔约过错责任是一项重要的责任制度，它是指在缔约合同的过程中，一方因违背其依据诚实信用原则所应尽的义务，致使另一方的信赖利益遭受损失时所应承担的民事责任。其内涵系指信赖利益损害之赔偿，而非履行利益之赔偿。当事人为缔约而进行协商之际，已由一般的普通关系进入一种特殊的信赖关系，依民法诚实信用原则，尽管此时合同尚未成立，仍然在当事人之间产生了互相协助、照顾、保护、通知、诚实等附随义务。违反这种注意义务，即构成缔约上过失。如因此而造成合同不成立或者无效，违反注意义务的当事人应对信赖其合同有效的对方当事人赔偿基于此项信赖而发生的损害。

资格预审是招投标过程中重要的一个环节，招标人由于自身的过错，使本不合格的投标人被确认为合格而进入正式投标程序，但在开标后又加以否认。招标人的这一过错，导致投标人在正式投标中花费大量的人力物力财力，甚至会因此而放弃或者丧失其他商业机会。

根据缔约过失责任的原理,招标人的过失使投标人的信赖利益造成了损害,应该承担缔约过失的法律责任。

因此,如果最终投标人 B 能确认招标人是因不满足"五倍注册资本金"的要求取消投标人 B 作为中标候选人资格的,则投标人 B 有权要求招标人承担缔约过失责任,包括:为编制和提交投标文件以及因信赖并为准备履行合同而开展的全部工作的经济损失,如投标文件编制费、现场踏勘费用、其他调研费用、向招标人递交投标的有关费用、为满足招标文件中提出的对投标人的其他要求而与第三方缔结合同造成的合同损失等。

当然,如果最终投标人 B 没取得中标候选人资格是招标人基于其他正当理由做出的,则招标人尽管仍然存在上述在资格预审过程中的过错,但该过错与投标人 B 不能中标不存在因果关系,则招标人将不存在缔约过失责任。

5.3 设备和材料采购审计

5.3.1 设备和材料采购

设备和材料采购是工程项目实施中的重要工作之一,采购质量的好坏、采购价格的高低,直接关系到工程质量与投资效益。我国法规定工程建设项目符合《工程建设项目招标范围和规模标准规定》(原国家计委令第 3 号)规定的范围和标准的,必须通过招标选择货物供应单位,这里所称货物,是指与工程建设项目有关的重要设备、材料等。由于工程建设中设备和材料产品多种多样、技术上专业性较强、价格层次极其丰富,因此设备和材料的招标采购工作与工程项目的施工招标相比,又有其自身的特点。

1) 设备和材料采购方式

为做好设备和材料采购工作,采购人员应根据采购物资的特征,选择最合适、最经济的采购方式。

(1) 公开招标

对于设备和材料采购,公开招标可在尽量大的范围内征集设备和材料采购的供应商,能引起最大范围内的竞争,使采购者以合理的价格获得所需的设备与材料。公开招标的组织方式严密,涉及环节众多,因此所需工作时间较长,成本较高。因此,一些紧急需要或价值较小的设备、材料不适宜这种方式。

(2) 邀请招标

设备和材料采购采用邀请招标方式时,招标人应当向三家以上具备供货能力的单位直接发出投标邀请书,邀请其参加投标。一般设备和材料采购采用邀请招标是有条件的,主要有:

① 招标人对拟采购的设备的制造商的分布情况比较清楚,并且制造厂家有限。

② 已经掌握采购设备的供应商或制造商或其他代理商的有关情况,对他们的履约能力、资信状况等都已有了解。

③ 工程项目工期较短,若采用公开招标进行采购时间不允许。

④ 还有一些是不宜公开招标的项目,如涉及国家安全、国家秘密或者抢险救灾的适宜招标而不适宜公开招标的项目。

同时,如果是国家重点建设项目的设备和材料的邀请招标,应当经国务院发展改革部门批准;地方重点建设项目的设备和材料的邀请招标,应当经省、自治区、直辖市人民政府的批准。

(3) 其他方式

① 竞争性谈判

是指采购人直接邀请三家以上供应商就采购事宜进行谈判的方式。竞争性谈判采购方式适用于下列情况下的货物采购:招标后没有供应商投标、没有合格标的或者重新招标未能成立的;技术复杂或性质特殊,不能规定详细规格或者具体要求的;采用招标所需时间不能满足用户紧急需要的;不能事先计算出价格总额的。

② 询价

一般是向几家供应商就采购货物询问价格,在对各供应商的报价进行比较后,选择其中的一家与之签订供货合同。以询价方式选择设备、材料供应商的采购方法一般适用于现货供应或价值较小的标准规格产品。

③ 直接采购

直接采购也称单一来源采购,即采购部门向一家供应商直接订货采购。这种采购方式是没有竞争性的,所以采用这种方式必须有一定条件。主要适用于这样的情况:增购与现有采购合同类似货物而且其合同价格也较低廉的;为保证设备或零配件标准化,以便适应现有设备需要的;所需设备设计较简单或属于专卖性质的;要求从指定的供货商采购关键性货物以保证质量的;特殊情况下急需采购某种材料、工具或设备的。

2) 设备和材料采购的评标

设备和材料采购的评标原则应是以最合理价格采购为原则,即评标时不仅要看其报价的高低,还要考虑货物运抵现场过程中可能需支付的费用,考虑设备在项目寿命期内运营期间的运营、维修和管理的费用。设备和材料采购招标和工程施工招标的评标方法是有所不同的,由于其复杂的采购种类和采购内容,决定了货物类采购项目的评标办法不可能有固定的模式,它需根据采购项目的独特性而不断变化。对工程货物采购的现行评标方法名称虽然不尽相同,但实质上都属于《招标投标法》中规定的两类:"综合评估法"和"经评审的最低投标价法"。实践中设备和材料采购评标的主要方法有:综合评标价法、全寿命费用评标价法、最低投标价法和百分制评分法。

(1) 综合评标价法

指以设备投标价为基础,将评定各要素按预定的方法换算成相应的价格,在原投标价上增加或扣减该值而形成评标价格。评标价格最低的投标书为最优。适用于采购机组、车辆等大型设备,除投标价格外,主要考虑的因素包括运输费用、交货期、付款条件、零配件和售后服务、设备性能、生产能力等。

(2) 全寿命费用评标价法

评标时应首先确定一个统一的设备评审寿命期,然后再根据各投标书的实际情况,在投标价上加上该年限运行期内所发生的各项费用,再减去寿命期末设备的残值。适用于采购生产线、成套设备、车辆等运行期内各种后续费用(备件、油料及燃料、维修等)较高的货物,此方法是在综合评标价法的基础上,进一步加上一定运行年限内的费用作为评审价格。这些费用包括估算寿命期内燃料消耗费;备件及维修费用。

(3) 最低投标价法

最低投标价法也称为经评审的最低投标价法,一般是先对各投标人的投标报价进行算术性修正,将报价以外的其他评价因素量化折合成一定的报价增减值,并扣除相关备用(或暂定)金额后之后形成的报价。

(4) 百分制评分法

百分制评分法是按照预先确定的评分标准,分别对各设备投标书的报价和各种服务进行评审打分,得分最高者中标。一般评审打分的要素包括:投标价格;运输费、保险费和其他费用;投标书中所报的交货期限;偏离招标文件规定的付款条件,备件价格和售后服务;设备的性能、质量、生产能力;技术服务和培训;其他。百分评定法的好处是简便易行,评标考虑因素全面,可以将难以用金额表示的各项要素量化后进行比较,从中选出最好的投标书。采用百分制评分法评标,评判指标及评判指标的分值分配都应在招标文件中加以明确说明。当然,评标时所用的评标标准和评标方法都必须在招标文件中加以载明的,招标文件中没有提到的评标方法在评标时是不可以使用的。

上述这些评标方法各有特点,即各种评标方法是各有其适用范围的,采用不同的评标方法,会得出不同的评标结果。因此,采购人员在编制招标文件时,应根据所需采购货物的特征性能要求选择适合的评标方法,在招标文件中载明,从而取得良好的采购效果。而审计时则应重点审查所采用的评标方法的合理性和科学性。

5.3.2 设备和材料审计时间和依据

工程项目货物采购的内部审计时间介入一般较早,是全过程、全面审计,全过程审计是指从计划、审批询价、招标、签约、验收、核算、付款和领用等所有环节的监督。审计重点是对计划制订、签订合同、质量验收和结账付款4个关键控制点的审计监督,以防止舞弊行为;全方位的审计是指内控审计、财务审计、制度考核三管齐下,把审计监督贯穿于采购活动的全过程,是确保采购规范和控制质量风险的第二道防线。这种科学规范的采购机制,不仅可以降低公司的物资采购价格,提高物资采购质量,还可以保护采购人员、避免外部矛盾。

设备和材料采购的外部审计事后审计比例依然很大,但也有相当多的工程依据相关规定,通过公开招标方式聘用了中介机构参与工程跟踪审计,从而增强了跟踪审计的功能。

在进行设备和材料采购审计时应依据以下主要资料:

(1) 采购计划;
(2) 采购计划批准书;
(3) 采购招投标文件;
(4) 中标通知书;
(5) 专项合同书;
(6) 采购、收发和保管等的内部控制制度;
(7) 相关会计凭证和会计账簿等。

5.3.3 设备和材料采购审计目标与内容

设备和材料采购审计是指对项目建设过程中设备和材料采购环节各项管理工作质量及

绩效进行的审查和评价。设备和材料采购审计的目标主要包括:审查和评价采购环节的内部控制及风险管理的适当性、合法性和有效性;采购资料依据的充分性与可靠性;采购环节各项经营管理活动的真实性、合法性和有效性等。

对设备和材料采购审计工作应贯穿于货物采购过程的各个环节,包括采购计划、采购方式、采购过程、签订合同、质量检验验收入库等过程审计,重点是以下几方面内容:

1) 采购计划的审计

计划环节是具体实施设备和材料采购活动的起点,对设备和材料采购实行计划管理,有助于确保建设单位在需要的情况下落实采购资金,保障整个采购活动的有序进行,提高设备采购工作的效率和采购资金的使用效益。对设备和材料采购计划的审计的重点是审查设备和材料采购计划的合理合规性。主要应检查单位的采购批准权与采购权等不相容职务分离及相关内部控制是否健全、有效;检查单位是否是根据已报经批准的设计文件和基本建设计划编了采购计划,是否存在无计划采购、盲目采购的现象;检查采购计划所订购的各种设备、材料是否合理、科学,是否符合工程项目总进度计划;检查大宗物资材料的采购、大型设备购置是否进行了风险安全评估,是否有有效的风险防范措施,是否按照有关规定的程序实施;检查采购计划是否按照规定程序进行了审批,审批手续是否完备、资料齐全。

在对采购设备和材料采购计划审计时,还应检查采购计划的执行情况,如采购部门是否严格按采购计划要求的品种、数量、质量、时间等按期完成采购任务;采购计划在实施中有无变更,如果有变更是否严格按规定的程序进行等。

2) 采购方式的审计

设备和材料的招标采购可以通过事先公布采购条件和要求,使众多的投标人按照同等条件进行竞争,招标人从中选出性价比最优的货物,另外因招标具有较高的透明度,能有效地防止采购领域腐败现象,因此应提倡招标采购,尤其鼓励采用公开招标。但采购方式的选择也需要遵循实事求是、具体情况具体分析的原则,如对于工期比较紧张、价格难以确定、编制的采购文件存在需要进一步明确而又暂时无法明确的情况时,采用竞争性谈判的方式进行采购就更为合适,在谈判的过程中采购方可以进一步明确并完善对其具体要求,方可采购到性价比最优的产品。总之采购部门应本着经济、合理、高效的采购思想,选择最适当的采购方式,而审计人员则应应依据本单位材料、设备采购制度,审计采购部门选择的采购方式是否最为合理、经济。

对采购方式的审计,应审查所采购货物是否是属于单位或国家规定应该招标的项目,是否属于应公开招标的项目;审查招标采购的程序是否规范;审查属于必须招标范围以外的货物的采购方式的选择是否经济,公开招标、邀请招标、询价采购或直接采购等方式的选择是否经济、高效,应审查所拟定的采购地点是否合理,审查采购程序是否规范。采用公开招标方式的,对外发布的招标信息是否全面、准确,发布范围是否具有广泛性。采用邀请招标的,是否邀请至少三个以上投标人参加。采用竞争性谈判,所采购的物资是否确实没有供应商投标、没有合格投标者,或因技术复杂或性质特殊不能详细确定规格或具体要求、采用招标所需时间不能满足紧急需要、不能预先计算出价格等,参加的供货商是否在两家以上。直接采购的适用条件比较特殊,这是一种不具备竞争性的采购方式,但即使如此,也需审查采购部门是否按照物有所值原则与供应商进行了协商,是否本着互利原则,合理地确定价格,以防止出现产品质量低劣与价格欺诈的法律风险。

3) 采购过程的审计

无论采用什么采购方法,采购工作过程一定要细致、严格地按照采购规定和程序办事,避免出现"人为因素"等影响采购工作公平、公正的行为,对材料、设备的采购过程审计,主要审计采购环节各项经营管理活动的真实性、合法性和有效性等。

对于工程货物采购中运用较多的招标采购来说,则应根据所招标货物的不同特点,对招标采购程序的合法性、合规性以及内容有所侧重。主要应审计以下内容:

(1) 招标准备工作审计

对招标准备阶段的审计,应审查招标项目的审批手续是否齐全有效,采购资金是否已落实;审查本次招标所采用的形式,是公开招标还是邀请招标;审查招标采购材料品种、规格及各种技术要求是否是按设计要求进行,审查招标采购依据资料的充分性与可靠性。

(2) 招标文件审计

货物招标采购文件应包括招标人对所要招标采购材料、设备的技术要求、投标人资格要求以及报价、评标标准等所有实质性要求和条件的文字说明,它是评标及签订合同的依据。招标采购文件的编写应实事求是,内容应充分完整翔实,招标采购文件中的各项技术标准应当符合国家强制性标准,不应设立不合理的条件或者条款(如有倾向性或歧视性要求或标明特定的供应商或者产品,以及含有排斥潜在供应商的其他内容)。招标文件的质量对招投标成功与否起着决定性作用,审计人员需重点关注,审计的内容包括:招标文件是否完整、合规;是否包括对招标项目的技术要求、对投标人的资格审查标准、投标报价要求和评标标准、办法等所有实质性要求和拟签订经济合同的主要条款;技术要求是否正确,是否满足需要;对投标人的资格要求是否清楚,是否含有限制或排斥潜在投标人的内容等;确定的评标标准和方法是否公平、可行、先进合理。对于招标文件中不合规的内容审计人员应及时予以纠正,避免因招标文件不规范而导致招标工作被动或是采购人与投标人发生纠纷等问题的产生。

(3) 开标评标定标审计

开标审计重点要对投标人的资质进行符合性审查,审查投标人是否具备投标资格,招标人是否在规定时间停止接收投标文件;审查招标人是否当众检查投标文件的密封情况,检查标书的完好性、有效性,标书的填写格式、标书的递交时间;审查开标程序的规范性,是否按程序公开唱标。审查工程招标的内部控制情况,是否做到不相容职务相分离,评标委员会的组建是否规范,评标委员会必须由招标人在招标专家评委库中在评标前采取随机抽签方式临时组建,防止贿赂评委操纵评标;对选聘的评委要进行资格审核,看其是否具有良好职业道德及相关业务素质。

评标审计是审查评标过程是否公平、公正,评标委员会是否严格按招标文件确定的评标标准和方法评标。评标应当依据招标文件的规定以及招标文件所提供的内容评议,不得临时采取招标文件以外的标准和方式进行评标。评标时,招标单位不得任意修改招标文件的内容或提出其他附加条件作为中标条件。审计人员应重点审查各投标单位特别是中标单位提供的设备技术规格、型号、参数、性能是否符合招标文件的要求,一般是不会有大的出入的,但是一旦发现不同,审计人员就必须进一步审核差距产生的原因。审计应坚持公开、公平、公正的原则,确保在评标过程中平等、公正的对待所有投标者。

定标审计主要是对经评审小组按照规定程序和评标标准与评标方法,研究确定的中标单位与招标人履行合同订立之前的手续办理过程的审查。主要审查定标程序、方法的合规性，货物采购招标采购价格是否合法、合理。招标采购价格中存在的最大风险是参与投标的各个供应商串通一气，联手推高投标报价。内部审计人员应当复验中标价格，审查采购中标价的合理性和公允性，根据市场行情对标的进行合理的价位判断。

4）采购合同的审计

采购合同审计是对采购合同的合法性、完整性和有效性所进行的审计。对设备和材料采购合同的审计主要应检查采购部门是否按照公平竞争、择优择廉的原则来确定供应方，审计人员应当从合同的签订程序、合同内容等方面来重点关注、识别和评估物资采购合同中的重大风险因素：

（1）审查采购合同的签订程序是否合法、规范

采购合同是否按规定经过审批，合同签订是否经授权，如果只是由货物采购部门一手包办签订，则容易导致相关人员滥用职权。

（2）审查物资采购合同的各项条款是否完备、内容是否合法

采购合同应当包含有关设备和材料的规格、品种、质量、数量、单价、总价和价款结算方式；包装方式、运输方式；履约期限、地点和方式；违约责任等条款。内部审计人员应审查合同中是否包含上述内容，有关规定是否合法、明确、具体。如审计人员在对某垃圾处理厂项目进行审计时发现，该项目设备进口合同所附设备清单中，只是笼统地列出整个垃圾焚烧设备的8个组成系统，而没有列明设备的产地、型号、规格、技术标准、技术参数要求和包括哪些分项等细节，使甲方对供货设备在质量、产地、型号、规格、数量、价格上失去控制，将无法进行检查验收。

（3）检查对新型设备、新材料的采购是否进行实地考察、资质审查、价格合理性分析及专利权真实性审查

审计人员在审核合同价格是否合理时，要进行一定范围的市场调查，掌握该项设备、材料在采购时的市场基准价格，分析合同价格是否是在投标价中属于合理的低价水平，如果合同价明显高于市场价，审计人员就应审核在合同背后是否存在补充合同约定返款，或者供货商与建设单位存在关联关系等问题。反之，要审查供货商为什么以如此低的价格供货，是否存在质量不合格或者采购部门应允以后调整价格等问题。

（4）检查采购合同与财务结算、计划、设计、施工、工程造价等各个环节衔接部位的管理情况，是否存在因脱节而造成的资产流失问题。

（5）审查采购行为是否按照合同有效执行

规范的合同必须得到有效执行才能体现其意义。若未按照合同执行，则有可能存在采购人员工作失职或有收受回扣等贪污腐败行为，也可能发生供应商违约等行为。

5）采购验收管理审计

材料、设备验收是货物采购的一个关键环节，审计人员应当从下列方面来重点关注、识别和评估物资采购验收和付款中的重大风险因素：

（1）设备和材料验收、入库、保管及维护制度的审计

审核物资材料验收程序是否合法、规范，检查购进设备和材料是否按合同签订的质量进行验收，是否有健全的验收、入库和保管制度，检查验收记录的真实性、完整性和有效性；如：对水泥作混凝土配合比，测试钢筋的抗拉强度，测试砂子颗粒的大小和含碱量。检查验收合

格的设备和材料是否全部入库,有无少收、漏收、错收以及涂改凭证等问题;检查设备和材料的存放、保管工作是否规范,安全保卫工作是否得力,保管措施是否有效。

(2) 采购结算付款程序的审计

检查设备和材料的采购付款程序是否合法,检查货款的支付是否按照合同的有关条款执行,付款是否经过审查批准;采购物资材料的结算单据必须完整、规范,并经相关部门或人员办理签字手续,检查代理采购中代理费用的计算和提取方法是否合理;检查有无任意提高采购费用和开支标准的问题;财务部门在付款之前应当仔细查阅、验算原始单证,包括数量、单价、总金额计算的准确性,材料损耗计算的合理性,预付、应付款的准确性,检查会计核算资料是否真实可靠;检查采购成本计算是否准确、合理。

(3) 设备和材料领用的审计

检查设备和材料领用的内部控制是否健全,领用手续是否完备;检查设备和材料的质量、数量、规格型号是否正确,有无擅自挪用、以次充好等问题。

5.3.4 设备和材料审计方法

设备、材料采购审计主要采用审阅法、网上比价审计法、跟踪审计法、分析性复核法、现场观察法、实地清查法等方法。

1) 审阅法

审阅法是指通过翻阅与原先的交易相关的文件、档案来了解交易原貌,获得书证。这是审计中使用最多的方法。审阅法主要需查看以下几方面内容:

(1) 资料的完整性,即查看办理该笔业务应该具备的文件是否都齐备。

(2) 资料的协调性,就是看各项资料相互之间是否一致、是否有突兀感、能否相互印证。

(3) 资料的真实性,就是看重要文件是否真实,有无伪造、变造。

(4) 重要文件是否有法定效力。比如,担保贷款,要看抵押人是否是有效主体(政府担保效力就存在问题)、抵押担保期是否有效。

2) 网上比价审计法

设备、材料采购的网上比价审计是指利用同期的市场价格与待审货物的价格在同等条件下进行比较、分析,判断其价格差异的合理性。比价审计的核心是价格,基础是比价,比价审计的关键在于确定合理的公允价格,而确定公允价格的关键又在于审计人员能否及时获取各种物资价格的实时行情,审计部门根据本单位所采购的货物种类、数量、价格等情况,建立适合本单位特点的价格信息查询体系,通过建立计算机信息网络、加入因特网建立价格咨询系统、与价格信息中心联网等种种途径,获取相关价格信息,为采购部门提供一个合理而有效的公允价格。

3) 跟踪审计法

设备、材料采购的跟踪审计,是指单位审计部门组织对设备、材料采购过程的合法性、真实性、规范性进行审计监督的活动,内容包括从采购计划、采购过程及验收、入库、保管及使用全过程实施的审计监督与服务,及时发现和纠正货物采购中的问题,促进采购工作有序、有效运行。

4) 分析性复核法

分析性复核在整个审计过程中占有极为重要的地位,在材料、设备采购中分析性复核法主要是通过对材料、设备采购中各相关事项,如采购计划、采购文件、投标文件中的相关指标对比、分析、评价,以便发现其中有无问题或异常情况,为进一步审计提供线索的一种审计方法。在此阶段,可采用分析性复核的主要内容如下:① 采购计划是否符合工程进度要求;② 采购合同的签订是否符合规定;③ 采购价格是否合理;④ 材料库存量的合理性等。

5) 现场观察法

实地观察法就是通过实地查看在交易中出现过的材料和设备的实物,来了解交易原貌,获得物证。实地观察法主要应观察货物的存在性,即看交易所涉及的实物是不是存在;观察完整性,即查看交易所涉及的货物实物是否保持完好。

6) 实地清查法

设备和材料的实地清查法是指审计人员在货物存放现场逐一清点数量或用计量仪器确定其实存数,查明账存数与实存数是否相符的一种专门方法。

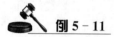

例 5-11

某工程设备招标采购,招标文件确定了以设备寿命周期成本为基础的评标价法,问审计人员应该做哪些工作?

答:以设备寿命周期成本为基础的评标价法,要求审计人员应考虑到该方法的适用情况。在采购生产线、成套设备、车辆等货物时,除了衡量购买价格外,还要考虑运行期内的各项后续运行成本,如零部件、燃料、油料和维护费用,当这些成本费用较高时,则应采用以设备寿命周期成本为基础的评标价法。

在评标时所用的"寿命期"并不是各投标人投标设备的各自设计寿命,而是为了便于比较统一设定的一个统一的设备"评审寿命期",这一"寿命期"通常设定为从项目投产运行到第一次需大修的年限。

评标时依据"评审寿命期"期限标准,然后根据各投标文件中填写的说明情况,在各自投标报价上,加上因为其他因素而需要调整(增或减)的价格,再加上该寿命期限内运行期内所发生的各项运行和维护费用,再减去寿命期末设备的残值。在计算运转期内各项费用,包括各项运行和维护费用以及到期后残值等时,都应按招标文件规定的折现率折算成净现值计入评标价中。

对于工期较长、设备材料采购量较大的工程项目,要求审计人员应熟悉掌握设备、材料的采购程序采购方法,根据各项目特点确定审计重点,制定对应的审计方案。

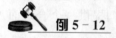

例 5-12

对货物采购招标时应用综合评标价法评标过程中,若供应商货期提前是否应给予评比上的优先?

答:对于供货商在投标文件中提出的货期提前是否应给予评比上的优先,这要看招标文件中有无提前优先的奖励规定,如果没有此项奖项,则不给予优先,一般也是没有优惠的,评标时应以招标文件中提供的"供货一览表"中规定的具体交货时间为准。因为如果施工时还没能需要用上此设备、材料,此时货物的提前到来,并不能使建设单位提前受益,反而要为货物的保管额外增加仓储保管费和设备维护费。因此一般提前供货并不是受欢迎的。但是招标文件另有规定的除外。

如果供货商推迟供货,但推迟供货的时间在可接受的范围内,则将推迟的时间按一定方法折算成价格加到其报价中去。

如某项目制造周期最少需 16 个月或至正式运营投产 24 个月或者更长,业主的愿望是越快越好(从尽快达到占领产品市场创造经济效益角度考虑),所以在招标文件中规定:由投标人自行编制最早交货方案(分批次,表格形式)。交货期的评标价计入规定:"按照工程进度需要及投标人为本项目所编制供货方案自行编制的分批次交货计划,以提供最早交货计划时间(分批次)的投标人为评标基准时间,其他每延迟一周(分批次),增加投标报价×%计入评标价。"误期赔偿费见合同补充条款。

例 5-13

某大型成套机电产品采用国际公开招标方式进行招标。经备案的招标文件采用最低评标价法评标,同时规定了评标价量化因素及评标价格调整方法:

(1) 以招标文件规定的交货时间为基础,每超过交货时间一周,其评标价将在其投标总价的基础上增加 0.5%,不足一周按一周计算,提前交货不考虑降低评标价。

(2) 一般条款或参数任何一项存在负偏离,其评价价格将在其投标总价的基础上增加 0.5%,负偏离条款或参数累计超过 10 项的,将导致废标。

(3) W 功能是招标内容要求的设备配置功能,U 功能不是招标内容要求的设备配置功能。若投标人不提供招标文件要求的功能、部件或服务,按所有进入开标程序的其他投标人提供的该项功能、部件或服务的最高的投标价格对其评标价格进行加价。招标文件还规定投标有效期为 90 天,不允许有备选投标方案。

(4) 开标当日按规定可以使用的汇率折算标准为 1 元人民币=0.146 美元,1 元人民币=0.101 欧元。

招标人招标的范围和设备数量无调整。计算过程和结果保留小数点两位(人民币汇率除外)。

现共有 4 家投标人进入评标程序。各投标文件相关内容如下:

投标人 A:投标价格为 CIF101 万美元。投标人随开标一览表递交了一份降价声明,承诺在投标价的基础上优惠 5%。交货时间超过规定的交货时间 22 天,投标价格含 W 功能且 W 功能报价 3 万美元。投标有效期 90 天。

投标人 B:投标价格为 CIF87 万美元,投标设备一般性能及参数存在 9 项负偏离,内陆运输费、保险费及其他伴随服务费用 2.1 万元人民币。投标价格含 W 功能且 W 功能报价 2 万美元。投标有效期 60 天。

投标人 C:投标价格为 CIF658 万元人民币。含"×"的重要技术参数存在 2 项负偏离。投标价格含 W 功能且 W 功能报价 20 万元人民币。投标有效期 90 天。

投标人 D:投标价格为 CIF98 万美元,但开标一览表中大写金额为玖拾捌万捌仟美元,交货时间超过规定交货时间 10 天,投标设备一般性能及参数存在 8 项负偏离和 6 项正偏离,国内运保费 2.5 万元人民币;投资有效期 90 天,投标价格不含 W 功能及报价。

问题：

(1) 在商务评议、技术评议阶段，哪些投标人评审不合格？说明理由。

(2) 针对设备技术评议，投标人 A 的投标设备一般性能及参数存在 6 项负偏离和 3 项正偏离，负偏离和正偏离项数抵减后，实际只存在 3 项负偏离，其评标价格将在其投标总价基础上增加 1.5%，即增加 15 150 美元。上述技术评议法是否正确？说明理由。

(3) 投标人 D 投标声明其投标报价中包含了 U 功能，价值 10 000 美元。在计算评标价格时，可否在投标价格基础上核减 10 000 美元？说明理由。

(4) 确定商务评议、技术评议合格的投标人；分别计算经过算术错误修正和降价声明修正后的投标价格；分别计算供货范围偏差、技术偏差和商务偏差的价格调整。

分析：

(1) 商务评议、技术评议阶段，评审不合格的投标人有：

① 对投标人 B 商务评审不合格。

理由：投标人 B 的投标有效期 60 天，少于招标人要求的 90 天，不能进入技术评审阶段。

② 投标人 C 技术评审不合格。

理由：投标人 C 含 × 的关键技术参数存在 2 项负偏离，这是没能从实质上响应招标文件。

(2) 针对投标人 A 的技术评审方法不正确。

理由：偏离项的计算是不能正负偏离抵消的，应分别核算项数，按规定加价。

(3) 不可在 D 投标价格基础上核减 10 000 美元。

理由：机电设备国际招标评标时，对超出招标范围的产品是不予核减的。

(4) 投标人 A 和 D 的商务评审、技术评审合格。

① 投标人 A 声明降价 5%，降价为 101×5% = 5.05（万美元）

投标人 D 大写小写不一致，以大写为准，在原价上增加 0.8 万美元

修正后的投标价格 A：95.95 万美元，D：98.8 万美元

② 投标人 D 供货范围漏报 W 功能，加价：3 万美元。

投标人 A、D 技术偏差加价：

A 有 6 项负偏差，加价 95.95×6×0.5% = 2.88（万美元）

D 有 8 项负偏差，加价 98.8×8×0.5% = 3.95（万美元）

投标人 A、D 商务偏差：

A 迟交货 22 天，按 4 周计算，加价为：95.95×4×0.5% = 1.92（万美元）

D 迟交货 10 天，按 2 周计算，加价为：98.8×2×0.5% = 0.99（万美元）

 例 5-14

某依法必须招标的工程货物招标项目采用公开招标方式进行招标，该批货物估算价为 1 500 万元。招标文件规定投标担保金额为 40 万元，投标有效期为 90 个日历日，只接受电汇或银行保函形式的投标担保，同时规定：

(1) 若采用电汇，应于投标文件递交截止时间之前，将投标保证金由投标人的基本账户一次性汇入招标人指定账户，否则视为投标保证金无效，按废标处理。

(2) 若采用银行保函,应由投标人开立基本账户的银行开具,银行保函应采用招标文件提供的格式和内容。

各投标人的投标担保提交情况如下:

投标人 A 以现金形式提交投标保证金;

投标人 B 以电汇形式提交投标担保,且投标担保是由其拟承担投标项目施工的分公司账户汇出,投标截止期前一天已到账;

投标人 C 以电汇形式提交投标担保,且投标担保是由其基本账户汇出,开标前查证其投标担保已到账;

投标人 D 以银行保函形式提交投标担保,采用招标文件提供的格式,但担保内容根据银行规定,对要求的保证责任进行了调整;

投标人 E 以银行保函形式提出投标担保,采用招标文件提供的保函格式,保函的有效期为 60 个日历日。

问题:

(1) 招标人关于投标担保的规定是否合理?

(2) 投标人 A、B、C、D、E 递交的投标担保是否合格?如不合格请说明理由。

分析:

(1) 招标人关于投标保证金的规定不合理,因为工程货物招标项目的投标保证金最高不得超过招标项目估算价的 2%。

(2) 对各投标人投标担保说明如下:

① 投标人 A 提交的投标担保不合格。理由:因 A 没有按照招标文件规定的形式提供投标担保。

② 投标人 B 提交的投标担保不合格。理由:汇出账户不是投标人 B 的基本账户,投标人 B 没有按照招标文件规定的形式提供投标担保。

③ 投标人 C 提交的投标担保是合格的。

④ 投标人 D 提交的投标担保不合格。理由:投标担保的内容不满足要求。

⑤ 投标人 E 提交的投标担保不合格。理由:投标人 E 提供的保函有效期短于投标有效期。

6 工程项目合同审计

6.1 概述

1) 工程合同的概念

根据我国基本建设程序,工程建设要经过勘察、设计、采购和施工等过程,建设周期长,项目参与者众多。按照目前国内工程建设的法律法规框架体系,工程项目的参与方主要有:业主、设计商、监理单位、承包商、招标代理单位、造价咨询单位、分包商以及材料设备供应商等,为他们提供专业服务的专业人士主要有:咨询工程师、建筑师、结构工程师、监理工程师、造价工程师、建造师等。其中咨询工程师主要为业主或总承包商提供项目前期决策咨询服务;建筑师和结构工程师主要为设计商或业主、总承包商提供专业设计服务;监理工程师主要为监理单位或业主提供项目管理服务;造价工程师主要为造价咨询单位或业主、承包商、分包商、监理单位提供投资估算、投标报价、成本控制等服务;建造师主要为承包商、分包商或业主提供项目施工管理服务。

各项目参与者主要通过工程合同产生业务联系。在国内目前建设法规体系下,工程项目各参与方之间形成的典型合同关系参见图 6-1。

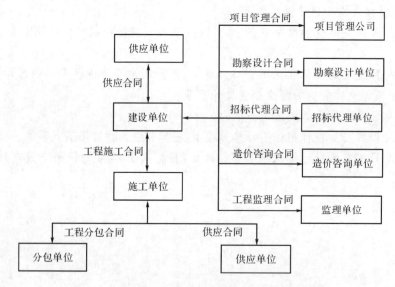

图 6-1 国内建设法律法规体系下的典型合同关系

根据各项目参与者在工程项目建设过程中承担的角色的不同,与工程建设相关的工程合同主要包括以下几种:

(1) 建设工程合同

建设工程合同,又称为建设工程承包合同,是承包人进行工程建设,发包人支付价款的合同。建设工程合同的发包人是业主或者业主所委托的管理机构,而承担勘察、设计、建筑、安装任务的勘察人、设计人和施工人通称为承包人。

(2) 委托咨询合同

工程委托咨询合同是指工程咨询单位受委托方的委托,就工程建设特定的业务提供咨询服务而订立的合同。根据咨询业务性质的不同,工程委托咨询合同包括项目管理合同、监理合同、招标代理合同和造价咨询合同等。

(3) 材料设备采购合同

由于工程建设所需的设备、建筑材料种类、规格、品种繁多,各种材料用量也参差不齐,因此,必须做好采购工作,特别是对用量大、价值高且对工程造价、工程质量影响较大的材料和设备,必须慎重选择供应商,签订采购合同,以保证工程的顺利实施。

2) 工程合同的分类

在市场经济活动中,交易的形式千差万别,合同的种类也各不相同。根据性质的不同,工程合同有以下几种分类方法。

(1) 按照合同的标的内容不同,工程合同可以分为:

① 工程总承包合同

工程总承包合同是指发包人和承包人为完成特定工程的勘察设计和施工任务而签订的明确相互之间权利和义务关系的协议。按照总承包范围的不同,工程总承包合同又可以分为设计建造总承包(Design-Build,DB)合同、设计－采购－建造总承包(Engineering,Procurement,Construction,EPC)合同和交钥匙(Turnkey)承包合同等。

② 勘察设计合同

工程勘察设计合同是委托方与承包方为完成一定的工程勘察设计任务而签订的明确相互之间权利和义务关系的协议。

③ 施工合同

工程施工合同是发包人(建设单位、业主或总包单位)与承包人(施工单位)之间为完成建设工程项目的施工任务而签订的明确相互之间权利和义务关系的协议。

④ 监理合同

工程监理合同是指委托方与监理方为完成特定建设工程项目的监理任务而签订的明确相互之间权利和义务关系的协议。

⑤ 工程物资采购合同

工程物资采购合同是指采购方(建设单位、施工单位等)与供应单位之间为完成特定物资(建筑材料、建筑设备等)的供应任务而签订的明确相互之间权利和义务关系的协议。

⑥ 项目管理合同

工程项目管理合同是指委托方(建设单位、施工单位等)与项目管理单位为完成特定的项目管理咨询服务任务而签订的明确相互之间权利和义务关系的协议。按照工程项目管理模式的不同,工程项目管理合同又可以分为施工管理(Construction Management,CM)合同、项目管理承包(Project Management Contract,PMC)管理合同和合伙(Partnering)管理合同等。

⑦ 招标代理合同

招标代理合同是指委托方(建设单位)与工程招标代理机构为完成特定工程的工程招标代理任务而签订的明确相互之间权利和义务关系的协议。

⑧ 造价咨询合同

工程造价咨询合同是指委托方(建设单位、施工单位等)与工程造价咨询单位为完成特定工程的工程造价咨询任务而签订的明确相互之间权利和义务关系的协议。

(2) 按照合同的计价方式的不同,工程合同可以分为:

① 总价合同

总价合同是指业主付给承包商的款额在合同中是一个规定的金额,即总价。总价合同有固定总价合同、调值总价合同、固定工程量总价合同和管理费总价合同4种不同形式。

② 单价合同

在单价合同中,承包商仅按合同规定承担报价的风险,即对报价(主要是单价)的正确性和适宜性承担责任,而业主则承担工程量增减的风险。由于风险分配比较合理,因此单价合同是最常见的合同类型。工程单价合同有估计工程量单价合同、纯单价合同和单价与包干混合式合同三种形式。

③ 成本加酬金合同

成本加酬金合同也称成本补偿合同,是以实际成本加上双方商定的酬金来确定合同总价,即业主向承包商支付实际工程成本中的直接费,按事先协议好的某一种方式支付管理费及利润的一种合同方式。成本加酬金合同又分为成本加固定费用合同、成本加定比费用合同、成本加浮动酬金合同、目标成本加奖励合同和成本加固定最大酬金合同。

3) 工程合同的特征

(1) 合同主体的特定性

合同能够产生法律效力的前提是合同的主体和内容必须合法。合同主体合法包括合同当事人的资格以及工程建设从业人员要符合相关法律法规的规定。建设合同的发包人一般为建设工程的建设单位,即投资建设工程的单位。建设工程的承包人只能是具有从事勘察、设计、建筑、安装任务资格的法人,并且承包人是按照其拥有的注册资本、专业人员、技术设备和完成的建筑安装业绩等资质条件。合同当事人严格的市场准入也是工程审计监督的重点。

(2) 合同客体(拟建的工程项目)的特殊性

合同客体(拟建的工程项目)的特殊性体现在建设工程合同是以完成特定不动产的工程建设为主要内容的合同,而并非买卖合同出卖人的转移特定标的物的所有权。工程建设就是以资金、材料、设备为条件,以科学技术为手段,通过脑力劳动和体力劳动,形成扩大再生产的能力和改进人民物质文化生活的建设工作。

(3) 建设工程合同主体之间有严密的协作性关系

在建设工程承包合同履行中,不仅要求承包方完成一定的工作,还要求双方当事人在完成该项工作中密切配合,共同努力确保整个合同义务得以全面完成。这种配合是完成工程项目建设任务所必需的,它不仅体现了合同当事人彼此应尽的义务,也体现了他们共同担负的责任。

(4) 建设工程合同监督管理的特定性

建设工程合同监督管理的特定性体现在以下几个方面:

① 严格的市场准入制度

施工单位、勘察设计单位、监理单位、工程造价咨询单位和项目管理咨询单位等要由主管部门对其技术力量和工作能力进行审查,核定承包范围,发给资格证书,并由当地工商行政管理部门核准发给营业执照后,才有权签订工程合同。同时,建设单位只有满足工程建设条件，取得相应的批准手续后才有资格发包工程。

② 工程招标投标制度

我国招标投标法规定了必须通过招标投标方式确定承包人的工程范围，招标承包合同正在成为建设工程承包合同的基本形式，对于使用国有资金投资的项目，必须采用招标投标确定承包人。

③ 加强建设全过程的监督管理

从工程招标投标，到合同的签订，从工程材料设备的使用，到施工操作都需要进行全面的监督管理。对大型的重要工程，国家主管部门还直接参加竣工验收工作，对工程质量和合同的全面履行实行有效的监督检查。

④ 合同形式的要式性

由于建筑产品的体积庞大、结构复杂、建设周期较长，合同法规定，建设工程合同应当采用书面形式。

建设工程合同监督管理的内容也是工程审计监督的重点。

4）工程合同管理审计

（1）工程合同管理审计的概念

合同管理审计是指对工程项目建设过程中各工程合同内容及各项管理工作质量进行的审查和评价。

（2）工程合同管理审计的目标

① 合同管理环节的内部控制状况

通过审计，可以考查被审计单位内部合同管理水平，包括合同管理机构和人员的设置，合同管理制度的建立和落实情况等。

② 审查和评价工程项目风险管理水平

由于工程项目建设周期长，投资大，不可预见因素多，因此工程项目建设风险性较大。而在工程建设过程中各项目参加者风险责任的承担主要通过合同来约定。通过审计，可以考查被审计单位的适当性、合法性和有效性。

③ 审查和评价合同资料是否完备、真实可靠

工程合同涉及面广，合同内容繁多，通过审计，可以考查被审计单位所签订的工程合同组成是否完整，合同条款是否完备，合同权利和义务是否公平。

④ 审查和评价合同的签订和履行情况

提供审计，考查被审计单位工程合同的签订、履行、变更和终止是否真实合法。

（3）工程合同管理审计的依据

合同管理审计应依据以下主要资料：

① 合同当事人的资质资料，包括建设单位与工程建设相关的批准文件，承包单位的营业执照、资格证书等。

② 工程合同形成过程涉及的各种资料，包括招标文件、投标文件、中标通知书、会议纪要、备忘录等。

③ 工程建设过程中涉及的各种工程合同，包括勘察设计合同、施工合同、委托监理合同、项目管理合同、招标代理合同、造价咨询合同等。

④ 各种合同在履行过程中形成的变更和补充合同等。

⑤ 被审计单位内部合同管理制度文件。

(4) 工程合同管理审计的方法

工程合同管理审计主要采用审阅法、核对法、重点追踪审计法等方法。

审阅法是对工程合同文件如合同签批手续、合同、合同附件、对方法定代表人身份证明书和法定代表人授权委托书、合同补充协议、合同变更协议、合同解除协议、合同纠纷处理协议、法院判决书、仲裁书、会审记录、相关招投标文件、约谈记录等进行仔细观察和阅读，对照资料记录，鉴别其真实性、正确性、合法性、合理性及有效性。

核对法主要是对工程合同的合法性、完备性和公正性进行审核。如检查工程合同当事人双方是否按照招标文件及中标人的投标文件的内容签订合同，是否存在实质性内容的变更，合同文件各部分内容是否有前后矛盾的现象，合同条款是否与现行法律法规相冲突的情况，补偿合同、备忘录是否真实客观等。

重点追踪审计法主要是对工程合同的签订过程和履约过程进行跟踪审计，特别是对招投标、工程变更、签证、索赔和争议的处理过程进行跟踪，鉴别其真实性、正确性、合法性、合理性及有效性。如应招标而未招标的合同是否有经过主管部门批准的直接委托说明，合同签订的会签文件，审查合同修订或补充条款或协议是否未会签或经有效授权。

6.2 工程合同管理内控制度审计

1) 工程合同管理内控制度审计的概念

工程合同管理内控制度审计是指对被审计单位在工程项目建设过程中工程合同管理制度建立、健全和执行情况进行的审查和评价。

2) 工程合同管理内控制度审计的作用

合同的本质在于规范市场交易、节约交易费用。工程合同确定了成本、工期、质量、安全和环境等项目总体目标，规定和明确了当事人各方的权利、义务和责任。因此合同管理是工程项目管理的核心，合同管理贯穿于工程实施的全过程，对整个项目实施起着控制和保证作用。

由于建设单位涉及的工程合同众多，合同种类繁杂多样，加之工程合同周期较长，合同不确定因素多，这就需要建设单位具备较高的合同管理水平。通过对建设单位工程合同管理内控制度审计，可以发现被审计单位在工程合同管理的制度上和管理环节上存在的缺陷和漏洞，及时、妥善地解决可能出现的合同问题，以维护被审计单位的合法权益，提高项目的投资效益。

3) 工程合同管理内控制度审计的内容

(1) 审查和评价被审计单位合同管理组织机构设置的情况

合同管理是一项重要的经济管理工作，合同管理水平的高低对企业和项目的经济效益影响很大，因此，建设单位必须结合工程项目的规模和特点以及自身的专业能力建立完善合同管理的组织机构，以维护单位或项目的经济利益和合法权益。合同管理组织机构评价主要考察被审计单位人员的配备和工作职责的划分等。

(2) 审查和评价被审计单位合同管理人才的配备情况

做好合同管理工作，人是关键因素。合同管理作为一种复合型和智力性的工作，需要高度专业化及丰富知识和经验的专门人才。合同管理人才的评价主要体现在以下三个方面：

① 知识。包括法律专业知识、工程技术知识、项目管理知识、工程经济知识以及财务管理知识等。

② 素质。合同管理人员应注重社会的公德，保证社会利益，严守法律和规章；具有很好的职业道德和敬业精神；具有创新精神，务实的态度，勇于承担责任和风险；为人诚实正直，恪守信用，言行一致，实事求是；能承担艰苦的工作，任劳任怨，忠于职守。

③ 能力。合同管理人员具有长期的工程合同管理工作经历和经验，特别有同类项目成功的经历，对项目工作有成熟的判断能力、思维能力、随机应变能力；具有很强的沟通能力、激励能力和处理人事关系的能力；有较强的组织管理能力和协调能力；思维敏捷，有洞察力，较强的语言表达能力和说服能力；具有系统思维和决策能力。

(3) 审查和评价被审计单位合同管理制度的建立和执行情况

要做好工程合同管理工作，必须建立健全一套行之有效、严格的规章制度和可操作的作业制度。具体而言就是：企业或项目应设立专门的合同管理机构，统一保存和管理合同；配备专门的专业人员具体负责合同管理工作；强化合同管理过程中企业或项目内外部的分工、协调与合作，逐步建立和完善合同管理体系和制度。合同管理制度主要包括以下方面：

① 合同会签制度

由于工程合同涉及项目相关部门的工作，为了保证合同签订后得以全面履行，在合同正式签订之前，由办理合同的业务部门会同其他部门共同研究，提出对合同条款的具体意见，进行会签。实行合同会签制度，有利于调动各部门的积极性，发挥各部门管理职能作用，群策群力，集思广益，以保证合同履行的可行性，并促使各部门之间的相互衔接和协调，确保合同全面、切实地履行。

② 合同审查制度

为了保证签订的合同合法、有效，必须在签订前履行审查、批准手续。合同审查是指将准备签订的合同在部门会签后，交给主管合同的机构或法律顾问进行审查；合同批准是由单位主管或法定代表人签署意见，同意对外正式签订合同。通过严格的审查和批准手续，可以使合同的签订建立在可靠的基础上，尽量防止合同纠纷的发生，维护项目的合法利益。

③ 合同印章管理制度

合同专用章是代表单位在经营活动中对外行使权利、承担义务、签订合同的凭证。因此，对合同专用章的登记、保管、使用等都要有严格的规定。合同专用章应由合同管理员保管、签印，并实行专章专用。合同专用章只能在规定的业务范围内使用，不能超越范围使用；不得为空白合同文本加盖合同印章；不得为未经审查批准的合同文本加盖合同印章；严禁与合同洽谈人员勾结，利用合同专用章谋取个人利益。出现上述情况，要追究合同专用章管理人员的责任。凡外出签订合同时，应由合同专用章管理人员携章陪同负责办理签约的人员一起前往签约。

④ 合同信息管理制度

由于工程合同在签订和履行中往来函件和资料非常多，故合同管理系统性强，必须实行档案化、信息化管理。首先应建立文档编码及检索系统，每一份合同、往来函件、会议纪要和图纸变更等文件均应进入计算机系统，并确立特定的文档编码，根据计算机设置的检索系统进行保存和调阅。其次应建立文档的收集、处理制度以及行文、传送和确认制度，由专人及时收集、整理、归档各种工程信息，严格信息资料的查阅、登记、管理和保密制度，工程全部竣工后,应将全部合同及文件,包括完整的工程竣工资料、竣工图纸、竣工验收、工程结算和决算等,按照国家《档案法》及有关规定,建档保管。最后应建立行文制度、传送制度和确认制度,合同管理机构应制定标准化的行文格式,对外统一使用,相关文件和信息经过合同管理机构准许后才能对外传送。一旦经由信息化传送方式传达的资料需由收到方以书面的或同样信息化的方式加以确认,确认结果由合同管理机构统一保管。

⑤ 合同检查和奖励制度

应建立合同签订、履行的监督检查制度,通过检查及时发现合同履行管理中的薄弱环节和矛盾,以利提出改进意见,促进各部门的协调配合,提高合同管理水平。实行奖惩制度有利于增强各部门和有关人员履行合同的责任心,是保证全面履行合同的有力措施。

⑥ 合同统计考核制度

合同统计考核制度,是单位整个统计报表制度的重要组成部分。合同统计考核制度,是运用科学方法,利用统计数字,反馈合同订立和履行情况,通过对统计数字的分析,总结经验,找出教训,为单位经营决策提供重要依据。合同考核制度包括统计范围、计算方法、报表格式、填报规定、报送期限和部门等。

⑦ 合同管理目标制度

合同管理目标是各项合同管理活动应达到的预期结果和最终目的。合同管理的目的是通过自身在合同订立和履行过程中进行的计划、组织、指挥、监督和协调等工作,促使各部门、各环节互相衔接、密切配合,进而使人、财、物、信息等要素得到合理组织和充分利用,保证单位经营管理活动的顺利进行,提高工程管理水平,提高项目的投资效益。

⑧ 合同管理质量责任制度

合同管理质量责任制度是合同管理的一项基本管理制度,它具体规定具有合同管理任务的部门和合同管理人员的工作范围、履行合同中应负的责任以及拥有的职权。这一制度有利于单位内部合同管理工作分工协作,责任明确,任务落实,逐级负责,人人负责,从而调动企业合同管理人员以及合同履行中涉及的有关人员的积极性,促进合同管理工作正常开展,保证合同圆满完成。

合同管理制度是合同管理活动及其运行过程的行为规范,合同管理制度是否健全是合同管理的关键所在。合同管理内控制度的审查和评价主要从以下几个方面进行:

① 合法性:指合同管理制度应符合国家有关法律法规的规定。

② 规范性:指合同管理制度具有规范合同行为的作用,对合同管理行为进行评价、指导和预测,对合法行为进行保护奖励,对违法行为进行预防、警示或制裁等。

③ 实用性:指合同管理制度能适应合同管理的需求,便于操作和实施。

④ 系统性:指各类合同的管理制度互相协调、互相制约,形成一个有机系统,在工程合同管理中能发挥整体效应。

⑤ 科学性:指合同管理制度能够正确反映合同管理的客观规律,能保证利用客观规律进行有效的合同管理。

(4) 审查和评价被审计单位合同风险管理情况

由于建设单位涉及的工程合同众多,合同种类繁杂多样,加之工程合同周期较长,合同不确定因素多,因此,加强工程合同的风险管理对减低工程项目投资,提高工程项目的投资效益至关重要。审查和评价合同风险管理情况主要是考查被审计单位防范重大设计变更、不可抗力、政策变动等的风险管理体系的建立、健全和执行情况。

工程合同内控审计工作底稿如表 6-1 所示。

表 6-1 工程合同管理内控审计表

被审计单位		签名	日期	索引号	
项目		编制人		页次	
截止日		审核人			

内部控制制度情况评审					
序号	制度名称	建立情况		执行情况	备 注
1	合同会签制度				
2	合同审查制度				
3	合同印章管理制度				
4	合同信息管理制度				
5	合同检查和奖励制度				
6	合同统计考核制度				
7	合同管理目标制度				
8	合同管理质量责任制度				
基本评价			健全 □ 一般 □	不健全 □	

合同管理情况审查				
序号	审查内容	审查情况		备 注
		是	否	
1	合同管理机构人员配备情况			
2	合同管理专业人员情况			
3	合同档案建立情况			
4	台账管理建立情况			
5	合同目标分解情况			
6	合同交底情况			
基本评价		良好 □	中等 □ 较差 □	

合同风险管理审计				
序号	审查内容	审查情况		备 注
		是	否	
1	合同履约担保情况			
2	预付款担保情况			
3	缺陷责任期保修或回访担保情况			
4	保险情况			
5	争议处理方式			
基本评价		良好 □	中等 □ 较差 □	

合同管理内控情况综合评价：
良好 □ 中等 □ 较差 □

(5) 工程合同内控制度审计的方法

工程合同内控制度审计是指在工程建设项目过程对于工程合同管理制度及体系的建设及执行情况的检查,通过制度审计审核工程合同管理情况,督促规范相关部门完善制度体系、严格执行制度以提高工程合同管理水平、降低因疏于管理而导致的成本增加的风险。

工程合同管理内控制度审计方法包括穿行测试、抽样调查、访谈、逆查法等。各审计方法适用情况如表6-2所示。

表6-2 制度情况审计的方法及适用情况表

调查对象	调查方法	审计目的
管理制度、规范	穿行测试	寻找缺少制度控制的环节
制度涉及资料	按比例抽样调查	检查制度执行情况
制度执行人	访谈	制度普及情况、反馈意见
项目管理发生的问题	逆查法	识别制度漏洞

6.3 工程专项合同通用内容的审计

合同审查是一项技术性很强的综合性工作,它要求审计人员必须熟悉与合同相关的法律法规,精通合同条款,对工程环境有全面的了解,有合同管理的实际工作经验并有足够的细心和耐心。工程合同审查主要包括以下几个方面的内容:

1) 合同效力的审查与分析

合同必须在合同依据的法律基础的范围内签订和实施,否则会导致合同全部或部分无效,从而给合同当事人带来不必要的损失。这是合同审查分析的最基本也是最重要的工作。合同效力的审查与分析主要从以下几方面入手:

(1) 合同当事人资格的审查

即合同主体资格的审查。无论是发包人还是承包人必须具有发包和承包工程、签订合同的资格,即具备相应的民事权利能力和民事行为能力。有些招标文件或当地法规对外地或外国承包商有一些特别规定,如在当地注册、获取许可证等。

在我国,对承包方的资格审查主要审查承包人有无企业法人营业执照、是否具有与所承包工程相适应的资质证书。施工单位必须具备企业法人资格且营业执照经过年检,施工单位要在资质等级许可的范围内对外承揽工程。跨省、自治区、直辖市承包工程的还要经过施工所在地建筑行政主管部门办理施工许可手续,行政管理规定不影响民事主体的民事权利能力,未办跨省施工许可手续的不影响合同有效。

(2) 工程项目合法性审查

即合同客体资格的审查。主要审查工程项目是否具备招标投标、签订和实施合同的一切条件,包括:

① 是否具备工程项目建设所需要的各种批准文件。

② 工程项目是否已经列入年度建设计划。

③ 建设资金与主要建筑材料和设备来源是否已经落实。

(3) 合同订立过程的审查

如审查招标人是否有规避招标行为和隐瞒工程真实情况的现象;投标人是否有串通作弊、哄抬标价或以行贿的手段谋取中标的现象;招标代理机构是否有泄露应当保密的与招标投标活动有关的情况和资料的现象以及其他违反公开、公平、公正原则的行为。任何单位和个人不得将依法必须进行招标的项目化整为零或者以其他任何方式规避招标。对依法应当招标而未招标的合同无效。

特别需要强调的是,在工程招标投标过程中,出现少数发包人和承包人签订黑白合同的现象。所谓黑白合同是指合同当事人出于某种利益考虑,对同一合同标的物签订的、价款存在明显差额或者履行方式存在差异的两份合同,其中一份做了登记、备案等公示的合同称为"白合同",而另一份仅由双方当事人持有的、内容与备案合同不一致的私下协议,称为"黑合同"。对于黑白合同,《司法解释》第21条规定:"当事人就同一建设工程另行订立的建设工程施工合同与经过备案的中标合同实质性内容不一致的,应当以备案的中标合同作为结算工程价款的根据。"有些合同需要公证或由官方批准后才能生效,这应当在招标文件中说明。在国际工程中,有些国家项目、政府工程,在合同签订后或业主向承包商发出中标通知书后,还得经过政府批准后,合同才能生效。对此,应当特别注意。

(4) 合同内容合法性审查

主要审查合同条款和所指的行为是否符合法律规定,主要包括:

① 审查合同规定的工程项目是否符合政府批文;

② 审查合同规定的项目是否符合国家产业政策;

③ 政府投资项目合同是否约定带、垫资施工条款;

④ 合同内容违反地方性、专门性规定的合同效力确认,应具体审查地方性、专门性规定的效力,主要看该地方性、专门性规定是否与法律法规的禁止性或义务性规定相一致,一致的合同无效,否则,不影响合同的效力。

⑤ 其他,如分包转包的规定、劳动保护的规定、环境保护的规定、赋税和免税的规定、外汇额度条款、劳务进出口等条款是否符合相应的法律规定。

2) 合同的完备性审查

根据《合同法》规定,合同应包括合同当事人、合同标的、标的的数量和质量、合同价款或酬金、履行期限、地点和方式、违约责任和解决争议的方法。一份完整的合同应包括上述所有条款。由于建设工程的工程活动多,涉及面广,合同履行中不确定性因素多,从而给合同履行带来很大风险。如果合同不够完备,就可能给当事人造成重大损失。因此,必须对合同的完备性进行审查。合同的完备性审查包括:

(1) 合同文件完备性审查

即审查属于该合同的各种文件是否齐全。如发包人提供的技术文件等资料是否与招标文件中规定的相符,合同文件是否能够满足工程需要等。

(2) 合同条款完备性审查

这是合同完备性审查的重点,即审查合同条款是否齐全,对工程涉及的各方面问题都有规定,合同条款是否存在漏项等。合同条款完备性程度与采用何种合同文本有很大关系:

① 如果采用的是合同示范文本,如 FIDIC 条件或我国施工合同示范文本等,则一般认为该合同条款较完备。此时,应重点审查专用合同条款是否与通用合同条款相符,是否有遗

漏等。

②如果未采用合同示范文本,但合同示范文本存在。在审查时应当以示范文本为样板,将拟签订的合同与示范文本的对应条款一一对照,从中寻找合同漏洞。

③无标准合同文本,如联营合同等。在审查该类合同的完备性时,审计人员应尽可能多地收集实际工程中的同类合同文本,并进行对比分析,以确定该类合同的范围和合同文本结构形式。再将被审查的合同按结构拆分开,并结合工程的实际情况,从中寻找是否存在合同漏洞。

(3) 合同条款的公正性审查

公平公正、诚实信用是《合同法》的基本原则,当事人无论是签订合同还是履行合同,都必须遵守该原则。但是,在实际操作中,由于建筑市场竞争异常激烈,而合同的起草权掌握在发包人手中,承包人只能处于被动应付的地位,因此业主所提供的合同条款往往很难达到公平公正的程度。而受利益驱使,承包人在投标报价过程中也可能存在欺诈等违背诚实信用原则的现象。因此,审计人员必须对工程合同的公正性进行审核。应当重点审查以下内容:

① 工作范围

即承包人或委托人所承担的工作范围。工作范围是制定合同价格的基础,因此工作范围是合同审查与分析中一项极其重要的不可忽视的问题。招标文件中往往有一些含糊不清的条款,故有必要进一步明确工作范围。因此,合同审查一定要认真仔细,规定工作内容时一定要明确具体,责任分明。

② 权利和责任

合同应公平合理地分配双方的责任和权益。因此,在合同审查时,一定要列出双方各自的责任和权利,在此基础上进行权利义务关系分析,检查合同双方责权是否平衡,合同有否逻辑问题等。同时,还必须对双方责任和权力的制约关系进行分析。在审查时,还应当检查双方当事人的责任和权利是否具体、详细、明确,责权范围界定是否清晰等。

③ 履行期限

履行期限的长短直接影响工程项目能否在规定的时间投入使用。对发包人而言,工期过短,不利于工程质量,还会造成工程成本增加;而工期过长,则影响发包人正常使用,不利于发包人及时收回投资。因此,在审查合同时,应当综合考虑工期、质量和成本三者的制约关系,以确定履行期限是否合理。

④ 工程质量

主要审查工程质量标准的约定能否体现优质优价的原则;材料设备的标准及验收规定;工程师的质量检查权力及限制;工程验收程序及期限规定;工程质量瑕疵责任的承担方式;工程保修期期限及保修责任等。

⑤ 工程价款或报酬及支付问题

工程价款或报酬条款是工程合同的关键条款,但通常会发生约定不明或设而不定的情况,往往为日后争议和纠纷的发生埋下隐患。实际情况表明,业主与承包商之间发生的争议、仲裁和诉讼等,大多集中在付款上,承包工程的风险或利润,最终也都要在付款中表现出来。因此,对工程价款或报酬及支付条款的审查也非常必要。审查内容包括合同价格及其调整、工程款支付的时间和方式、支付保证等。

⑥ 违约责任

违约责任条款订立的目的在于促使合同双方严格履行合同义务,防止违约行为的发生。发包人拖欠工程款,承包人不能保证工程质量或不按期竣工,均会给对方以及第三人带来不可估量的损失。因此,违约责任条款的约定必须具体、完整。在审查违约责任条款时,要注意:对双方违约行为的约定是否明确,违约责任的约定是否全面;违约责任的承担是否公平;违约责任的承担方式的约定是否具体可操作等。

⑦ 其他

在合同审查时,还必须注意合同中关于保险、担保、工程保修、变更、索赔、争议的解决及合同的解除等条款的约定是否完备、公平合理。

6.4 工程勘察设计合同的审计

工程勘察设计合同审计应检查工程勘察设计合同当事人双方及建设单位与勘察设计单位之间的权利义务划分是否明确、公平、合理。工程勘察设计合同审计主要包括以下内容:

(1) 检查合同是否明确规定建设项目的设计任务目标,如建设规模、投资额、使用功能要求、建筑风格、结构形式等是否具体明确;

(2) 检查合同是否明确规定勘察设计的基础资料的提供方式和期限;

(3) 检查合同是否明确规定设计文件交付的期限;

(4) 检查合同是否明确规定勘察设计的工作范围、进度、质量是否满足工程建设需要;

(5) 检查合同是否明确规定勘察设计文件提供的份数、时间;

(6) 检查勘察设计费的计费依据、收费标准及支付方式是否符合有关规定;

(7) 检查合同是否明确规定在工程建设过程中双方配合协作条款;

(8) 检查合同中是否包括违约责任条款,违约行为的划分是否清晰,违约责任的承担是否合理等。

6.5 施工合同的审计

由于施工合同价款金额高,履行时间长,影响因素多,履行风险大,因此,审计工程合同时应当将施工合同作为审计的重点。除了上述一般工程合同审计的要点外,在施工合同审计时应重点检查以下内容:

1) 合同主体资格

对于业主,主要应了解的内容包括:

(1) 主体资格,即建设相关手续是否齐全。如:建设用地是否已经批准;是否列入投资计划;规划、设计是否得到批准;合同签订者是否经过权利人的授权。

(2) 履约能力。主要是资金问题,如施工所需资金是否已经落实、项目资金到位情况是否能够满足工程建设进度要求等。另外还要查看业主能否及时提供现场条件。

(3) 业主的社会信誉。如业主的商业信誉如何、以往工程承包商的满意度、合同履行过程中履约情况、以往工程介入案件情况等。

对于承包商,主要了解的内容包括:

(1) 资质情况。承包商的真实资质,是否存在越级承包或挂靠情况,合同签订者是否经过权利人的授权等。需注意的是承包方的二级公司和工程处不能直接对外签订合同。

(2) 施工能力。主要了解承包商施工实力、技术装备情况如何,能否满足本工程需要。

(3) 社会信誉。如承包商的商业信誉如何,以往工程业主的满意度,合同履行过程中履约情况,以往工程介入案件情况,承包商受建设行政主管部门奖惩情况等。

(4) 财务情况。承包商近年来财务状况,承包商资金能否满足工程进度要求,承包商是否有拖欠工人工资情况,是否有拖欠分包工程款情况等。

2) 合同条款

包括合同的一般条款是什么;是否有特别条款,如果有,特别条款内容是什么;合同条款和现行法律规定是否有冲突;是否存在黑白合同;合同条款约定是否与规范标准相一致;在合同条款中是否规定了与所要进行的工作性质有关的风险。

3) 合同当事人的义务

(1) 双方所做工作的具体内容和要求是否完整;是否有合同约束力;工作范围是否清晰。

(2) 自己完成的工作是否需要对方的帮助,需要什么样的帮助。

(3) 双方各自工作什么时候开始,应该在什么时候完成。

(4) 业主方代表、工程师的职责和权利有哪些;对其职权合同条款中是否有限制性规定;如何协调与其他承包商之间的工作。

(5) 双方不按约定完成有关工作应该承担何种责任;应赔偿对方哪些损失,如何计算。

4) 合同价款及调整

(1) 检查《协议书》中合同价款的填写是否按照规定执行。招标工程的合同价款由发包人、承包人依据中标通知书中的中标价格在协议书内约定。非招标工程合同价款由发包人承包人依据工程预算在协议书内约定。

(2) 检查工程合同计价方式约定是否清晰。合同价款是双方共同约定的条款,固定价格、可调价格、成本加酬金,不同的计价方式,双方合同风险的分担也不相同,究竟采用何种计价方式,一定要约定清楚。

(3) 如果采用固定价格合同,应检查合同中是否明确价格固定的种类,是总价固定还是单价固定?对于总价合同,究竟是固定总价、调值总价、固定工程量总价,还是管理费总价;对于单价合同,究竟是估计工程量单价还是纯单价。

(4) 如果采用固定价格,风险范围约定是否清楚;如何计算风险费用,是采用按百分比计算,还是采用绝对值法。

(5) 对于风险范围以外的风险费用如何调整。

5) 付款

(1) 是否有工程预付款,如果有,工程预付款的额度是多少;发包人向承包人拨付款项的具体时间或相对时间是什么时间;工程预付款扣回的起扣点在什么时候;扣回工程预付款比例是多少,什么时候扣完。

(2) 工程进度款按何种方式支付,是按月结算、按工程形象进度结算、竣工后一次结算还是用其他结算方式;付款的具体时间是什么时间;付款的货币种类,汇率方面是否存在风险。

(3) 付款方式是否会对工程资金周转产生任何有利或不利的影响。

(4) 工程进度款的拨付有什么条件;如何对已完工程进行计量;每个付款期的付款额度

如何计算,计价的依据是什么。

(5) 承包商需要提供哪些担保;能否采用保函形式,如果可以,这些保函是否是按要求即付的保函;如果保函支付后,是否需要提供新的保函。

(6) 是否有要求承包商垫资条款,如果有,垫资额度是多少,何时归还,垫资是否有利息约定,如果有利息是多少。

6) 工期

(1) 合同工期是多少,与定额工期差距有多少;是否有赶工措施奖励。

(2) 完工的准确定义是什么;在完工方面双方当事人的义务有哪些;合同时间安排是否是一份有约束力的合同文件以约束承包商有关中间日期或节点的规定;有没有实质性的完工条款。

(3) 合同中是否有工期延误的违约金或罚金规定,如果有,标准是什么,有没有最高限额。

(4) 合同中是否有最长时间的规定;达到最长时间后承包商要承担什么责任;业主是否可以此终止合同或赔偿间接损失。

(5) 合同是否允许延长工期,如果可以,延长的条件有哪些;就延期是否可要求经济补偿。

7) 质量

(1) 合同约定的质量标准是什么;合同价款是否体现了优质优价。

(2) 工程需要进行哪些验收,什么时候进行,在什么时间段内进行;验收的程序是什么。

(3) 工程需要进行哪些试验或检测,设备由谁提供,费用如何承担。

(4) 业主是否可以增加额外检,如果有,如何处理。

(5) 业主拖延验收或检验应当承担什么责任。

(6) 合同中是否有质量保证的规定;如果未能够达到约定的质量标准,有何处罚。

(7) 合同中是否有工程保修的规定;是否要扣留工程保修金,何时归还;是否需要对间接损失承担责任。

8) 材料设备供应

(1) 当事人双方关于材料设备供应的约定是否清楚;供应的具体内容、品种、规格、数量、单价、质量等级、提供的时间和地点是否有详细约定。

(2) 供应方要承担什么样的责任。

(3) 材料设备进场程序如何;进场需要进行哪些检验,费用如何承担。

(4) 在合同中是否约定供应材料和设备的结算方法。

9) 违约责任

(1) 在合同中是否约定双方当事人应承担的违约责任,如果有,在什么样的情况下要承担违约责任;违约责任承担方式有哪些。

(2) 对于双方共同违约如何处理。

(3) 合同规定违约金与赔偿金具体数额是多少,如何计算。

10) 争议与工程分包

(1) 合同中争议的解决方式是选择仲裁,还是诉讼方式;如果选择仲裁,双方是否达成一致意见。

(2) 如果选择仲裁方式,双方当事人各自选择哪家仲裁机构。

(3) 如果选择诉讼方式,有管辖权的人民法院是哪个。

(4) 分包的工程项目是否经发包人同意;分包单位有无将其承包的工程再分包现象。

(5) 有没有指定分包商,如果有,指定分包商与谁签订分包合同;如何加强对指定分包商的监督管理;指定分包商违约,双方当事人要承担什么样的责任。

(6) 双方当事人在什么样的情况下可以终止合同,合同终止后的后果如何。

通过对合同条款的检查,如果发现工程施工合同中存在不完备、不合法的情况,需要补充新条款或哪条、哪款需要细化、补充或修改,应当及时与被审计单位沟通,争取通过合同谈判另行订立合同补充条款。

 例 6-1 某工程类别重新核定合同价格是否调整案例

(1) 案例背景

某机场航站楼工程,总建筑面积为 31 305 平方米,由地上二层、局部地下一层组成,其中,地下建筑面积 2 923 平方米,地上面积 28 382 平方米,建筑物檐口高度 21.30 米。批复后的初步设计概算工程费用为 30 308.02 万元。

考虑到工期等因素,该项目对工程地下工程和地上工程分别公开招标,咨询单位在编制招标控制价时,按照《江苏省建设工程费用定额》(2009 年)第三条工程类别划分的规定:"单独承包地下室工程的按二类标准取费,如地下室建筑面积≥10 000 平方米则按一类标准取费。"由于地下建筑面积为 2 923 平方米,因此,地下工程按二类工程进行了招标控制价编制,地上工程对照公共建筑的类别标准,也将工程类别划分为二类工程。在该项目招投标答疑阶段,所有投标单位均未对此提出异议。两个工程分别由两家施工企业中标施工。

在实际施工时,施工单位提出了工程类别问题,认为该工程应按一类工程计算,要求核定航站楼的工程类别。审计单位经请示业主,组织召开了一次专题认证会,邀请工程造价领域专家学者参与认证。专家学者经核定后认为航站楼属于特殊工程,在确定工程类别时,应按照《江苏省建设工程费用定额》(2009 年)的说明"对于工程施工难度很大的(如建筑物造型复杂、基础要求高、有地下室采用新的施工工艺等),以及工程类别标准中未包括的特殊工程,如展览中心、影剧院、体育馆、游泳馆、别墅、别墅群等,由当地工程造价管理部门根据具体情况确定,报上级造价管理部门备案"执行。根据该工程的实际情况,将该工程核定为一类工程。

该工程顺利通过竣工验收,在竣工结算时施工单位提出工程类别应调整为一类工程,结算时应当计取一、二类工程费率的差价。

(2) 案例分析

审计单位在审计时首先审查本工程施工合同,通过审查发现两份施工合同中均约定合同价款的方式为固定综合单价合同。同时,合同中对合同价款的调整范围也进行了约定:政策性调整;不可抗力;设计变更或招标人要求变动的内容;苏建价(2008)67 号文件中规定的建筑材料调整内容。根据《建设工程工程量清单计价规范条文说明》(GB50500—2008)第 4.4.3 条对单价合同的定义:"合同约定的工程价款中所包含的工程量清单项目综合单价在约定条件内是固定的,不予调整,工程量允许调整。工程量清单项目综合单价在约定条件外,允许调整。调整方式、方法应在合同中约定。"

招标控制价是在工程发包的过程中,由招标人根据国家或省级、行业建设主管部门颁发的有关计价依据和办法,按设计施工图纸计算的,对招标工程限定的最高工程造价。

招标控制价的编制,应根据国家或省级、行业建设主管部门颁发的有关计价依据和办法进行编制。投标人的投标报价,不能高于招标控制价。

招标控制价是公开的,投标人对招标人公布的招标控制价有异议时,应当在规定的时限内向招标人书面提出,招标人应当及时核实。经核实确有错误的,招标人应当调整招标人最高限价即招标控制价。

基于上述分析,审计单位认为,本工程为固定单价合同,本项目如在结算时按一类工程费率调整,实际上就是调整综合单价。按照施工合同的约定,除合同约定的可调整的内容,其他情况下,综合单价是不可以调整的。对比施工单位提出的因定额站核定后的工程类别,与招投标时招标控制价的工程类别不同而涉及的综合单价调整,显然不在合同约定的上述四条的调整范围内,故不应调整。

同时,中标单位的投标价即合同价是其自身报价的结果,控制价仅仅是最高限价。投标价是由投标人按照招标文件的要求和招标工程量清单,根据工程特点,并结合自身的施工技术、装备和管理水平,依据有关计价规定自主确定的工程造价,是投标人希望达成工程承包交易的期望价格,它不能高于招标人设定的最高投标限价,即招标控制价。并且,在招投标过程中,各投标单位对招标文件及其招标工程量清单和招标控制价进行过答疑,所有投标单位均未对工程类别的问题提出异议。

维护招投标过程中的公开、公平、公正原则。各投标单位在该项目招投标时,面临的是同一个标准,即统一的招标文件及其招标工程量清单和招标控制价。如果在工程结算时对工程类别进行改变,实际上是改变了招标文件及其招标工程量清单和招标控制价。这违反了《中华人民共和国招标投标法》第46条的规定:"招标人和中标人应当自中标通知书发出之日起三十日内,按照招标文件和中标人的投标文件订立书面合同。招标人和中标人不得再行订立背离合同实质性内容的其他协议。"同时,这种中标后再改变合同价款的做法对其他未中标的投标单位也不公平。

因此,本工程类别应属于一类工程,但本工程已经过招投标程序,由于该工程已完成招投标程序,合同价已确定,甲乙双方已完成"要约"和"承诺",是否调整综合单价,应按照施工合同相应条款的约定及政府有关文件执行。合同中约定是固定单价合同,工程类别的调整仅仅是造价管理部门根据工程实际情况对原工程类别重新进行核定,原工程规模并未发生变化,因此,该核定既不属于政策性调整,也不属于设计变更或招标人要求变动的内容,更不属于不可抗力及苏建价(2008)67号文件中规定的建筑材料调整内容。因此,应按合同条款执行,故不同意调整综合单价。

例6-2 某工程结算合同争议的案例分析

1)案例背景

某拆迁安置区工程规划建筑面积为10万平方米,建设内容包括20栋多层和高层住宅、1栋幼儿园用房、2栋商业办公楼、1座地下人防等以及附属的公共配套设施工程、公共基础设施工程,工程建设预算总投资 16 802.16 万元。本项目由某区建设局(以下简称委托人)委托其他市某大型房地产公司(以下简称代建人)代建,项目于 2007 年 11 月 30 日开工,2009 年 10 月竣工交付使用。

2009 年 12 月代建人向委托人报送了本项目结算,并按照委托人的要求陆续于 2010 年的 3 月、10 月补充了签证、竣工图纸及安全文明施工措施费核定单等资料。委托人收到代建人报送的本项目结算书及补充资料后,委托某审计单位进行审核。审计单位按照相关法规、咨询作业操作规程、咨询合同的规定和要求组织专业人员对提供的结算资料进行审核,并于 2010 年 10 月 22 日向委托人报送了该项目结算的初步审核意见。

2) 争议焦点

审计单位提交委托人的初步审核意见中认为委托代建合同不应当调整"政府政策性价格调整及材料价格上涨风险"发生的相关费用 980.62 万元,代建人与审计单位产生理解分歧。

代建人提出的"拆迁及阳光权阻扰问题索赔"的费用 210.47 万元,审计单位依据委托代建合同予以核减。代建人认为此项费用的增加是委托人的责任,应当予以补偿代建人的相应损失。

审计单位依据委托人提供资料中的代建人在当地工程造价管理机构办理的临时计价手册中核定的劳保统筹费费率(土建工程 1.6%)核减了其与代建人送审结算中计算的劳保统筹费费率(2.96%)之间的差额。代建人认为该费用应当按照合同约定计取,不应当按照临时计价手册中核定的劳保统筹费费率计算。

3) 问题分析

(1) 合同价款调整

关于代建人因"政府政策性价格调整及材料价格上涨风险"提出的调整合同价款要求,审计单位认为按照该项目委托代建合同的相关条款约定,就代建人报送的结算送审资料而言,其因"政府政策性价格调整及材料价格上涨风险"要求调整合同价款 980.62 万元的支持依据不充分。代建人认为应当调整的依据是江苏省建设厅文件苏建价(2008)66 号和(2008)67 号。而这两份文件均明确规定:"合同有约定时,按照约定处理。"在该项目委托建设合同的第 13.1.3 款中明确约定合同价款中包括的风险范围执行招标文件第四章"投标报价"的规定,即"投标人应充分考虑现场条件、施工期间各类建材的市场风险和政策性调整确定风险系数计入报价。除招标人确认的工程变更并经招标人签证,其余工程项目价款不作调整"。在委托建设合同的第 13.1.5 款中又约定:"委托人提出的超出委托建设合同约定的范围、内容、建设标准的工程变更或施工图设计文件审查后,国家及地方政府建设标准调整导致工程变更,按第五章约定调整合同价款;国家和地方政府政策性价格调整,从其规定调整合同价款。"所以,根据本项目委托代建合同的约定及江苏省建设厅文件苏建价〔2008〕66 号和〔2008〕67 号的规定,审计单位认为,委托代建合同已经对"施工期间各类建材的市场风险和政策性调整"进行了约定,其中委托建设合同的第 13.1.3 款是针对合同内该类风险的约定,委托建设合同的第 13.1.5 款是针对超出委托建设合同约定范围、内容、建设标准的工程变更或施工图设计文件审查后,国家及地方政府建设标准调整导致工程变更的该类风险的约定。

代建人认为代建合同第 13.1.5 款约定"国家及地方政府政策性调价,从其规定",此条款是在合同洽商时,考虑合同工程施工期正值我国基本建设规模膨胀,物价特别是建设工程人工费、主要工程材料及设备价格呈极不稳定的上涨趋势,在苏建价66号、苏建价67号即将出台的背景下,合同双方经多次艰难而坦诚的谈判协调达成的合同风险范围以外的调价专用条款(事实上此条款的达成是代建合同能协调一致订立的决定性因素),其真实意思表达的是依据国家及地方政府政策性调价文件,调整合同价款。由于审计单位对于此合同条款在文字表达上产生了理解歧义,致使双方产生了实质性争议。事实上,本合同工程代建期间,人工费、主要工程材料价格大幅上涨,钢材价格涨幅达40%以上。代建工程主体工程开工时,省政府66号、67号调价文件即发布施行。代建单位基于对合同双方洽商一致订立的代建合同的信心,在许多施工企业因不堪承受涨价压力而停工的情势下,以项目建设大局为重,不拖延不停工,顶住物价高涨压力,超计划投入资金,按计划完成了代建合同工程建造,同时也因资金成本的大幅度提高而承受了巨大损失。

审计单位根据代建人提出的新的书证材料,即委托人确认合同中关于"国家及地方政府政策性调价,从其规定"是针对整体项目,就此向委托人提出给予澄清和解释并向建设工程造价管理机构进行咨询。委托人的合同签订代表在随后的工程结算审核协调会议上做了澄清说明,即合同中"国家及地方政府政策性调价,从其规定"的表述真实意思是对于该项目,而不是当前合同中只是调整变更的部分,合同的描述确实存在与真实意思的偏差。委托人的合同签订代表同时出示了合同签订时双方协商的原稿、函件和备忘等材料。建设工程造价管理机构建议合同双方本着实事求是的原则协商解决该工程中的政策性调价争议。

委托人与代建人按照建设工程造价管理机构的意见,本着实事求是的原则就该事件的原委进行了回顾和澄清,同时听取了审计单位的意见,协商确定了该事项的调整办法。按照协商一致的调整办法,审计人员对该事项涉及费用进行了审核,其中人工费调整部分核减3.56万元,材料调差部分核减218.29万元。

(2) 拆迁及阳光权阻扰问题索赔

代建人提出了"拆迁及阳光权阻扰问题索赔",索赔费用为210.47万元。审计单位对此不予审核确认,认为在招标文件的第四章第17.2款中,招标人明确要求:"投标人到现场实地勘踏,应充分了解工地的位置、场地地形地貌、道路、储存空间、装卸限制、公用事业工程管线接入排出条件及任何其他足以影响承包价的情况,任何忽视或误解建设项目情况而导致的工程变更、索赔或工期延长等将不获得批准。"在第十章第31.1款第1项中招标人又明确表明:"规划建设用地为招标人拆迁的现状,场地平整、河塘回填、场地标高与室外设计标高偏差导致的土方填筑或挖方工程为合同范围内工作,投标人应踏勘现场,自主报价。"在委托代建合同第四章委托人责任中,双方约定委托人因合同第15.3款约定履行义务导致工期延误,顺延延误的工期。审计单位同时认为代建人提出的该项索赔要求没有充分的书面证据证明其因"拆迁及阳光权阻扰问题"发生的损失是由委托人未适当履行合同义务或未实践承诺而造成的,而且其索赔金额的计算没有明确的计算方法。经过数次结算审核沟通和协调后,因代建人始终不能提供进一步的有效证明材料,审计单位和委托人一致认为在没有证据证明的情况下,代建人的此项索赔请求不能予以认可。代建人因其自身原因所致的证据不充分而不得不放弃了该费用的索赔。

(3) 劳保统筹费核减的争议

代建人认为委托代建合同是其与委托人在平等自愿的基础上依法签订的。合同约定的该项目结算方式为:结算总价＝审计确认的总计价面积×合同价(1 717.97元/平方米)—标底未实施项目—招标人费用＋审计确认的招标人费用＋委托人审计确认的工程变更价。其中合同价1 717.97元/平方米是固定综合单价,招标人费用为安全文明施工措施费的考核费及电梯的费用,合同未约定劳保统筹费为可变费用。审计单位依据的只是建设工程造价管理机构在委托人临时计价手册核定的劳保统筹费费率,该核定费率与该项目合同之间没有必然的联系,核定费率是缘于代建人同时具有建设工程总承包资质,若作为施工企业在该项目工程所在地从事建安工程的施工任务,应当按照建设工程造价管理机构核定的劳保统筹费费率计算劳保统筹费,而代建人在该项目上不是直接的承包人或是总承包人,是委托人通过招标的方式选择的,以房屋开发资质负责该项目投资管理和建设组织实施工作,并将项目建成后交付委托人的具有项目建设阶段法人地位的项目建设管理单位。承包人负责工程项目的建造,只对工程质量、安全、工期、造价全面负责,不具备项目法人地位,不行使项目法人权利,无须承担相应责任。而且代建人依照委托代建合同通过公开招标确定的单体项目的承包人(多为工程所在地施工企业)结算时是按照其提供的计价手册核定的费率计算的。

审计单位针对该事件专门咨询了省市建设工程造价管理机构的专家,专家认为结算审核应以合同合法的约定为依据,合同价格的确定是基于投标报价的,应当按照合同定价中该费率的约定执行。不违背法律规定或者法律明令禁止的行为都是合法行为,合理的主张应当予以支持。审计单位仔细研究了代建人的陈述意见,并对合同价中该费率的计取标准进行分析和测定,代建人劳保统筹费的报价是依据委托人编制的该项目标底确定的费率2.96％计算的。审计单位将争议调研澄清的过程向委托人做了报告并提出了同意按照合同约定的费率计算劳保统筹费的意见。

6.6 委托监理合同的审计

工程监理合同审计应检查工程监理合同当事人双方及建设单位与监理单位之间的权利义务划分是否明确、公平、合理。委托监理合同审计主要包括以下内容:

(1) 检查监理公司的监理资质与建设项目的建设规模是否相符;

(2) 检查合同是否明确所监理的建设项目的名称、规模、投资额、建设地点;

(3) 检查监理的业务范围和责任是否明确,特别是监理工程师与甲方代表的工作范围和责任的划分是否清晰;

(4) 检查现场监理人员的配备,包括总监、专业监理工程师和监理员的资格、数量、专业结构是否满足工程建设的需求;

(5) 检查委托监理合同中是否明确监理工程师的权利,包括开工令、停工令、复工令的发布权,工程施工进度的检查、监督权,工程质量的检查、监督和否决权,工程分包人的认可权,工程款支付的审核和签认权以及工程结算的复核确认权与否决权等;对这些权限合同中是否有特别的限定;

(6) 检查监理报酬的计算方法和支付方式是否符合有关规定;

(7) 检查合同中是否明确规定有权要求监理人提交监理工作月报、监理业务范围内的专项报告,以及工程竣工验收资料,时间要求是否明确;

(8) 检查合同有无规定对违约责任的追究条款。

6.7 设备和材料采购合同的审计

工程设备或材料采购合同,是指具有平等主体的自然人、法人、其他组织之间为实现工程设备或材料买卖,设立、变更、终止相互权利义务关系的协议。依据协议,出卖人转移工程设备或材料的所有权于买受人,买受人接受该项工程设备或材料并支付价款。

工程项目建设阶段需要采购的工程设备和材料种类繁多,合同形式各异,但根据合同标的物供应方式的不同,可将涉及的各种合同大致划分为物资设备采购合同和大型设备采购合同两大类。物资设备采购合同是指采购方(业主或承包人)与供货方(供货商或生产厂家)就供应工程建设所需的建筑材料和市场上可直接购买定型生产的中小型通用设备所签订的合同;而大型设备采购合同则是指采购方(通常为业主,也可能是承包人)与供货方(大多为生产厂家,也可能是供货商)为提供工程项目所需的大型复杂设备而签订的合同。

工程设备和材料采购合同审计主要包括以下内容:

(1) 检查采购是否按照公平竞争、择优择廉的原则来确定供应方;

(2) 检查采购合同中设备和材料的规格、品种、质量、数量、单价、包装方式、结算方式、运输方式、交货地点、期限、总价和违约责任等条款规定是否齐全;

(3) 检查对新型设备、新材料的采购是否进行实地考察、资质审查、价格合理性分析及专利权真实性审查;

(4) 检查质量要求和技术标准是否完整,是否满足工程建设需要;

(5) 检查合同内约定产品数量时,是否写明订购产品的计量单位、供货数量、允许的合理磅差范围和计算方法。

(6) 检查合同中设备和材料的采购采用何种供应方式,是否能够满足工程建设需要;

(7) 检查合同中对采购的设备和材料的供应期限是否有明确的规定,是否能够满足工程建设需要;

(8) 检查合同中对采购的设备和材料验收规定包括验收依据、验收内容和验收方式是否完整具体;

(9) 检查合同有无规定对供应方违约责任的追究条款;

(10) 检查采购合同与财务结算、计划、设计、施工、工程造价等各个环节衔接部位的管理情况,是否存在因脱节而造成的资产流失问题。

 例 6-3 某工程钢材采购价格审计案例

某业主通过公开招标的方式,选择投标人承建工程的建设任务。由于当时市场钢材价格波动较大,因此,业主在招标文件中规定,钢材由业主指定几个生产厂家,招标控制价及投标人投标报价按照当时当地工程造价管理部门发布的信息价执行,钢材价格结算时据实调整。某承包商一举中标,在签订施工合同时双方约定,钢材价格据实调整,具体做法是承包商将钢材的购货发票提交业主方项目负责人审批,项目负责人审批后在购货发票上签字确认,审计人员再根据业主方项目负责人签字认可的发票上确认的钢材的数量和价格,对照招标控制价中的信息价和数量,计取价差。某审计单位接受业主方委托,承担了该项目的审计工作。

审计单位在审核钢材价格时,要求承包商提供工程签证、施工合同及钢材的购货发票,承包商及时提供了所需资料。审计单位通过审核,承包商提供的资料完整,购货发票字迹工整,发票章清晰可见,发票各要素内容齐全。但在对发票进一步审核时,发现发票存在以下问题:第一,承包商提供的发票中钢材的价格均明显高于同期市场实际价格;第二,承包商提供的增值税发票票面限额万元,但发票填写金额达几十万元,均超过10万元限额,31张发票均超额填写;第三,通过查看发票,有几张发票为同一家供货单位提供,再仔细查看发票的出票时间,发现有3张发票前后时间间隔期约为一年,但3张发票的编号却是首尾相连。

于是审计单位找来承包商项目负责人质询,项目负责人说这可能是供货商为了节省发票,所以供货商才超额填写,要有问题也是供货商的问题,他自己并不知情。但他可以确认的是钢材肯定是从该供货商处购买,所提供的发票保证是真实可靠的。承包商项目负责人拍胸脯保证发票没有任何问题,且态度非常强硬。同时,所提供的发票均通过了业主方项目负责人的审核,业主方项目负责人均在购货发票上签字确认。根据《最高人民法院关于审理建设工程施工合同纠纷案件适用法律问题的解释》第16条规定:"当事人对建设工程的计价标准或者计价方法有约定的,按照约定结算工程价款。"承包商提供的经业主确认的材料价格即合同双方当事人对计价标准的约定,即使其价格与市场实际价格不符,也只能按照约定结算工程价款。签字就代表认可,审计单位无权否决双方当事人达成一致意见的价格约定。

为了厘清事实真相,审计单位找来业主方负责项目的相关人员进行质询,业主方项目负责人对此进行说明,解释在购货发票上签字仅仅是确认其钢材的采购数量,而对于发票的真伪自己缺少专业知识,没有能力辨认发票的真伪性。

为了鉴别购货发票的真伪,审计单位按照承包商提供的购货发票税务章信息,上网进入"××省国税局网站发票真伪查询系统"进行查询,将承包商提供的购货发票按发票的代码和号码输入查询系统,将得到的信息与承包商提供的购货发票对照,发现了以下破绽:

(1)承包商提供的购货发票的使用单位与查询系统输出结果显示的实际领用发票单位不一致。承包商提供的购货发票的使用单位为"××钢材贸易有限公司",而发票的实际领用单位分别是"××副食品零售店"和"××水暖器材商店"。

(2)发票面值不一致。承包商提供的购货发票为增值税普通发票三联单万元发票,而查询系统显示的是该发票应当为增值税普通发票三联单千元发票,两者面值不一致,如果承包商提供的发票为真,则就出现了有两个相同的代码和号码但发票面值不同的发票在市场流通使用,这种情况根本不可能出现。

(3)发票时间有差异。承包商提供的购货发票集中在2007年10月~2008年9月期间,而查询系统显示发票的领用时间分别为2008年9月24日、2008年11月4日和2009年12月1日。承包商提供的购货发票使用时间在前,查询系统显示发票的领用时间在后,发票未经领取就已经投入使用,这实在是荒谬之极。

审计单位由此断定承包商提供的购货发票为虚假发票。因此,审计单位召集业主、监理和承包商等主持召开专题会议,会议上,审计单位将购货发票的查询结果通报与会各方。在事实面前,承包商项目负责人不得不承认购货发票确为从市场非法购买的假发票,并对自己的错误行为向业主、审计单位等会议各方做出深刻检讨。

审计单位对承包商这种违法行为提出了尖锐批评,指出承包商提供的购货发票虽然得到业主方项目负责人的签字认可,但根据《中华人民共和国合同法》第52条规定:"以下几种情况,合同无效;一方以欺诈、胁迫的手段订立合同,损害国家利益……"由于本工程为国有资金投资项目,因此,该购货发票不具备法律效力。对此,与会各方均表示认可。同时,审计单位还针对该事件提出审计建议,向业主方指出预防措施。同时,受业主委托,审计单位还向承包商提出限期整改通知,要求承包商必须对今后提供的资料的真实性负责。承包商也在会议上承诺,保证今后提交的资料一定真实、可靠。

对于钢材的价格,审计单位根据业主方项目负责人在原购货发票上确认的数量,核实其实际采购日期,做了大量的调研和走访工作,通过加权平均,最后确认钢材的平均价格为4 655元/吨,钢材总用量为1 059吨,而按照承包商提供的购货发票得出的钢材的平均价格为5 735元/吨,两者价差为1 080元/吨,审计单位依法核减虚报钢材费用114.37万元。

6.8 工程合同履行的审计

1) 工程合同履行的审计

在工程审计时,审计人员还必须对工程合同的履行情况进行跟踪审计,工程合同履行的审计主要包括以下方面:

(1) 检查工程合同当事人双方是否按照合同约定全面、真实地履行合同义务。

(2) 检查合同履行前是否通过合同交底落实合同责任。

(3) 合同签订情况评价。包括:预定的合同战略和策划是否正确,是否已经顺利实现;招标文件分析和合同风险分析的准确程度;该合同环境调查、实施方案、工程预算以及报价方面的问题及经验教训;合同谈判中的问题及经验教训,以后签订同类合同的注意点;各个相关合同之间的协调问题等。

(4) 检查合同执行情况,包括:合同执行战略是否正确,是否符合实际,是否达到预想的结果;在本合同执行中出现了哪些特殊情况,应采取什么措施防止、避免或减少损失;合同风险控制的利弊得失;各个相关合同在执行中协调的问题等。

(5) 合同偏差分析。包括在合同履行中出现了哪些差异,差异的原因是什么,谁应该对此承担责任;采取了哪些措施,执行效果如何。

(6) 合同管理工作评价。这是对合同管理本身,如工作职能、程序、工作成果的评价,包括:合同管理工作对工程项目的总体贡献或影响;合同分析的准确程度;在投标报价和工程实施中,合同管理子系统与其他职能的协调问题,需要改进的地方;合同控制中的程序改进要求;索赔处理和纠纷处理的经验教训等。

2) 工程合同变更的审计

由于工程合同履行时间长,不确定影响因素多,因此,合同实施状态很容易与合同订立状态产生偏差,从而导致变更。合同变更包括涉及合同条款的变更、合同主体的变更和工程变更,其中最常见、发生最频繁的是工程变更,即根据合同约定对施工程序、工程数量、质量要求及标准等做出的变更。

工程合同变更的审计主要包括以下内容:

(1) 工程变更的原因分析,包括:发生了哪些变更,变更产生的原因是什么,谁应该对此承担责任。

(2) 工程变更的程序执行检查,包括:工程变更是否按照合同约定程序进行,是否有违法违规现象等。

(3) 工程变更的影响分析,包括:工程变更对工程合同的履行(进度、质量和投资等)产生何种影响。

(4) 变更执行情况检查,包括:变更是否是必需的,是否设定不同层级负责审批不同金额范围的变更项目的制度,工程变更是否可控等。

(5) 检查合同变更后的文件处理工作,有无影响合同继续生效的漏洞。

3) 工程签证与索赔审计

工程施工中签证内容不清楚、程序不规范、责权不明确是造成工程结算扯皮、工程造价不能得到有效控制的重要原因。因此,必须加强工程签证管理制度。工程签证与索赔审计的重点是:

(1) 审查合同专用条款中是否明确有效签证的认定原则,工程变更签证的约定条款是否得到有效执行;

(2) 审查签证单上是否有业主、监理工程师、承包人等相关方的签字和盖章,签字人是否具备签字权限,签证单是否在规定时间提交;

(3) 审查签证事宜是否真实,资料是否完整、准确、客观,签证事宜描述是否将事由发生的原因及事实真相表述清晰,责任划分是否合理;

(4) 审查工程变更签证事项是否执行已有的合同单价,新增单价是否符合有关规定,是否符合当期市场价格;

(5) 审查索赔的期限和程序是否符合合同约定;

(6) 审查索赔事件中对双方当事人责任的划分是否明确、合理,索赔的依据是否充分;

(7) 审查索赔证据是否有效、真实、客观、全面,证据与索赔事件是否具有关联性;

(8) 审查索赔值的计算是否准确、合理;

(9) 审查索赔与反索赔事件的处理是否合法合规与合理。

4) 终止合同的审计

(1) 检查合同终止的要件是否达到;

(2) 检查终止合同的报收和验收情况;

(3) 检查最终合同费用及其支付情况;

(4) 严格检查合同资料的归档和保管,包括在合同签订、履行分析、跟踪监督以及合同变更、索赔等一系列资料的收集和保管是否完整。

例 6-4 某竣工结算审计案例

1) 案例背景

承包商与业主签订工程施工合同,合同中约定采用固定单价合同,在合同履行过程中出现了大量的变更,期间又遇到人工费大幅上涨。竣工验收结束后,承包商按照约定向业主提交竣工决算报告,业主也按照事先双方的约定,委托某造价审计单位进行审核决算。审计单位经过审核,出具了一份工程造价审核定案单,对承包商提交的竣工决算报告提出以下审计意见:

(1) 对承包商在竣工结算书中提出的人工费调整问题予以否决。由于本合同采用固定单价合同,合同中没有特别约定人工费上涨相关费用可以调整,经调查,双方当事人也未就此达成一致意见,故竣工决算时人工工资不予调整。

(2) 在竣工结算书中承包商对工程变更内容申请价格调整,并提供了签证单。经审核,其中一部分签证单并未得到业主方签字认可,承包商也未提供其他证据材料,故该部分签证单因证据不足而不能获得补偿。另外,通过比对发现,一部分签证单是在工程变更14天以后承包商才提交的。施工合同文本第31.2条规定:"承包人在双方确定变更后14天内不向工程师提出变更工程价款的报告时,视为该项变更不涉及合同价款的变更。"因此该部分签证单因不涉及合同价款的变更而无需调整合同价款。

(3) 经审核,承包商与业主共同签证的材料价格与市场实际价格不符,故材料价格应当按照实际市场价格重新计算。

承包商对审计单位提出的审计意见持有异议,故拒绝在工程造价审核定案单上签字盖章,但审计单位还是出具了工程造价审核报告。

2) 案例分析

现对审计单位出具的工程造价审核定案单进行以下分析:

(1) 人工费调整,审计单位对该问题的处理是正确的。因为采用固定单价合同,合同中未约定人工费上涨合同价款可以调整,双方当事人也未就此达成一致意见,故人工工资不应调整。如果承包商确实因此遭受重大损失,可以根据《合同法》第54条的规定,向法院提出申请,请求变更合同。

(2) 工程签证单。这里要注意以下问题:

① 对于未获业主方签字认可的签证单,审计单位的处理也是正确的。根据最高人民法院颁布的于2005年1月1日起施行的《最高人民法院关于审理建设工程施工合同纠纷案件适用法律问题的解释》第19条规定:"当事人对工程量有争议的,按照施工过程中形成的签证等书面文件确认。承包人能够证明发包人同意其施工,但未能提供签证文件证明工程量发生的,可以按照当事人提供的其他证据确认实际发生的工程量。"该部分签证单需要承包商进一步提供证据。由于承包商也未提供其他证据材料,如设计变更通知、监理工程师指令、会议纪要、工程合同双方当事人往来函件、影像资料等,因此,承包商的签证单因缺少证据而无法获得补偿。

② 对于承包商在工程变更14天以后才提交变更工程价款报告,可以分两种情况考虑:其一,承包商提交的变更工程价款报告未获得业主方签字认可,根据施工合同文本第31.2条规定,可以认定该部分签证单因不涉及合同价款的变更而无需调整合同价款[注:该条款规定为1999版施工合同文本(GF-1999-0201)规定,2013版施工合同文本(GF-2013-0201)取消了此规定,具体情况视所采用的合同文本确定]。其二,虽然承包商在工程变更14天以后才提交变更工程价款报告,但该报告获得业主方签字认可,根据合同自由原则,只要双方当事人的约定没有违反法律行政法规的强制性规定,该约定应当有效。所以只要是得到业主方签字认可的签证单可视为补充合同,只有法院才有权认定合同无效,因此,审计单位无权否决双方当事人达成一致意见的工程签证单。关于工程审计的法律效力详见第一章第四节"工程审计的法律效力"的相关内容。

如果工程签证单对工程量和价格均做了明确约定,此时作为双方认可的补充合同,审计单位无权予以否决。因此,对于承包商来说,在填写签证单时尽可能将工作内容、工程量和价格明确约定;而对业主来说,如果自身的专业水平和业务能力不够,在工程签证单上签署意见时,最好加上"上述内容经审价人员审核确定后方可生效",将工程签证单效力的确定权交给具有较高专业素养的审计单位,以防止因自己的疏忽造成承包商的高估冒领。

(3) 材料价格问题。根据《最高人民法院关于审理建设工程施工合同纠纷案件适用法律问题的解释》第16条规定:"当事人对建设工程的计价标准或者计价方法有约定的,按照约定结算工程价款。"承包商与业主经过市场调研共同询价而确认的材料价格即合同双方当事人对计价标准的约定,即使其价格与市场实际价格不符,也只能按照约定结算工程价款。因此,材料价格应当按照承包商和业主确定的价格进入结算总价。作为审计单位只能给业主方提出审计建议,将材料价格的询价过程纳入审计单位的监控范围,以保证材料价格合理、真实、可靠。

(4) 一般来说,只有当业主、审计单位和承包商达成一致意见并签字认可后,审计单位才会出具正式的审价报告。由于承包商对其出具的审计意见持有异议,也未在工程造价审核定案单上签字盖章,表明承包商并不认可该审价报告,因此该工程造价审核报告不能作为工程价款的结算依据。

例 6-5 某装饰工程跟踪审计

1) 案例背景

某装饰工程施工面积约 7 500 平方米,经过招标投标,由某承包商承担该工程的设计和施工任务,主要施工内容包括:室内装饰、水电、智能化改造,合同计价方式为固定单价合同。在施工过程中业主委托了某审计单位对工程造价实施跟踪审计。承包商按照合同约定完成了施工任务并顺利通过竣工验收,承包商也按照约定在规定的时间提交了竣工结算资料,双方在施工过程和结算审核中对石材厚度及黑筋、签证点工、钢架镀锌、地面找平等隐蔽工程问题上存在很大争议。

2) 争议焦点

(1) 装饰设计图纸中规定花岗岩的设计厚度为20毫米,承包商在投标时提供的花岗岩样品也为20毫米厚,而在施工过程中审计单位发现承包商运至施工现场的花岗岩石材厚度与设计图纸中规定的厚度不相等,经过现场测量,花岗岩石材板厚仅有16毫米。审计单位会同监理单位下达整改通知,明确表示不允许使用该批花岗岩板材,要求施工方严格按设计图纸施工。承包商设计部门出具了补充设计文件说明,说明16毫米厚花岗岩石材不影响工程的质量和装饰效果。在竣工结算审计时,审计单位认为由于花岗岩石材实际厚度小于样品厚度,要求对此项材料价格在样品论价基础上进行相应调减,而承包商则称该石材属于机器切割,厚度不能保证完全一致,而且该花岗岩不影响工程的质量和装饰效果。因此,拒绝调减花岗岩价格。

(2) 审计单位在施工过程中发现花岗岩石材有破损、断裂和黑筋现象,于是会同监理单位一起多次督促承包商进行整改,并对存在质量问题的石材进行逐一清点,并下发质量整改通知单,要求更换不合格石材。而承包商只更换了部分断裂和破损的石材,对花岗岩石材表面出现的黑筋现象,承包商认为黑筋是天然石材本身纹路所致,并以此为由拒绝更换出现黑筋的花岗岩石材。

(3) 在结算审核过程中对于签证中的点工单价存在争议。由于工程施工时间为2012

年2月到4月,审计单位根据苏建价〔2011〕812号文件要求按77元/工日进行点工计算,而施工方则强调现行市场人工价格远远高于文件价格,因此,要求按120元/工日进行计算。

(4) 在施工过程中,审计单位在对隐蔽工程进行检查时发现墙面干挂石材的骨架均为普通钢架刷防锈漆,与招标控制价中项目特征描述的镀锌钢架不符。因此,审计单位在结算审核时据实进行了调整。而承包商则以合同计价方式为固定单价为由拒绝调减。

(5) 在竣工结算审核时,审计单位在查看隐蔽工程资料时发现对于楼地面水泥砂浆找平隐蔽工程资料未注明实际厚度,而竣工图纸均写明找平80毫米。而审计单位在施工现场进行跟踪审计时实际测量会议室、接待区和走道,找平厚度均不同。因此,审计单位结算审核时按实进行了调整。而承包商则以竣工图纸标明找平厚度为80毫米为由拒绝调减。

3) 争议处理

(1) 花岗岩石材厚度

① 由于招标投标时花岗岩石材定价的依据是承包商提供的石材样品,该样品厚度为20毫米,即按照20毫米花岗岩石材板厚作为定价依据。而现场实际使用的花岗岩石材厚度均为16毫米,违背了招标投标时定价的基础依据。同时,承包商设计部门出具的补充设计文件说明可视为设计变更文件,根据施工合同约定,当出现设计变更,固定单价应当进行调整。因此,应当按照施工合同约定调减价格。

② 为了使花岗岩石材定价更加合理,审计单位和业主一起进行了市场调研,了解到成品花岗岩石材的出货步骤,即开采→形状切割→厚度切割→大板切割→小板切割→抛光处理等。在形状切割完毕后进行厚度切割时,根据切割的厚度不同,材料的利用率是不同的。例如形状切割后的石材厚度是100毫米,其原材料价格是固定的。在进行厚度切割时,如果按20毫米厚度标准则可以切割为5块标准花岗岩板材,而若按25毫米厚度标准则只能切割为4块标准花岗岩板材。因此,花岗岩石材厚度不同,石材价格显然存在差异。

最终通过与业主、承包商等各方进行协商谈判,确定该花岗岩石材最终结算价格统一在原定价基础上降低10%。

(2) 花岗岩石材板面黑筋问题

① 由于招标投标时花岗岩石材定价的依据是承包商提供的石材样品,而承包商提供的石材样品质地均匀、纹理自然,并未出现黑筋现象,因此,花岗岩石材定价依据石材无黑筋。而在跟踪审计时发现现场使用的花岗岩石材有部分存在黑筋现象,违背了定价的基础依据,如果承包商不按照样品的标准进行更换,审计单位有权对不符合样品要求的石材价格进行调减。

② 通过市场调研,从石材供应商处了解到由于装饰工程特别注重装饰效果,因此,成品石材出货前采购者会按照设计图纸要求进行石材实地挑选,质地均匀、纹理好的石材与有黑筋、有瑕疵的石材价格差异较大。对于客户挑选剩下的有瑕疵的产品一般有两种处理方法:一是降价处理,二是返厂回收。由此可见,有黑筋的石材属于劣质石材,其质量和价格必然有别于承包商提供的样品。

③ 装饰工程不同于其他工程,如果使用有瑕疵的石材注定会影响装饰效果,尤其是高档装饰工程,对于装饰效果要求非常高,如果产品本身满足不了装饰效果,这必然会影响装饰工程的质量,降低工程本身的内在价值。

最终在业主、监理单位和审计单位的督促下,承包商对有黑筋的花岗岩石材全部进行了更换,进一步保证了工程的装饰效果。

(3) 点工单价问题

① 经审计单位实际市场调研,确定在该工程施工期间即 2012 年 2 月到 4 月,本地区市场装饰人工单价为 100~120 元/工日。

② 由于签证点工在结算清单中均以独立费形式列出,不计取管理费和利润,文件中 77 元/工日与市场实际点工单价确实存在一定差距,本着实事求是的原则,审计单位主持召开一次专题协调会议,与建设各方充分沟通。考虑到本工程属于装饰工程,施工工艺较为复杂,同时本工程属于本市形象工程,工期急,任务重,因此,本着实事求是的原则,各方协商一致,最终确定签证用工数量乘以 1.5 系数,单价执行文件价格不变。

(4) 钢架固定单价问题

① 在施工期间,在施工现场就钢架问题,审计单位与承包商签署了该工程隐蔽工程的审核核对纪要,双方均签字确认,施工方也承认该部位使用的是普通钢材加刷防锈漆。这是结算审核的一个客观存在的依据。

② 本工程施工合同为固定单价合同,合同价款采用固定单价方式确定,除出现设计变更,以及国家或地方政府发布政策性调整工程价格文件以外,均应当按照中标单位的投标单价办理竣工结算。因此,只有设计变更和政策性调整两种情况才能对原投标单价进行修改。由于本工程投标施工图纸注明花岗岩石材干挂钢骨架采用 5 号镀锌角钢基层,而竣工图纸更改为 5 号普通角钢刷防锈漆三度,显然这构成了施工图纸设计变更,与合同约定的单价调整范围完全吻合,最终按实际情况将原招标控制价中 5 号镀锌角钢基层调整为 5 号普通角钢刷防锈漆三度,价格做了相应的调整。

(5) 楼地面找平层厚度问题

① 本工程施工合同为固定单价合同,当未出现设计变更和政策性调整时,单价固定,工作量按实际情况结算。很多人都习惯按照竣工图纸进行计算,虽然竣工图纸是工程结算重要的组成部分,也是结算审核的重要依据,但是现在大多数竣工图纸是承包商自己绘制,很多承包商是在原设计施工图纸基础上进行局部修改,和竣工现场并不能完全吻合。尤其是装饰工程,造型复杂,节点繁多,竣工图纸根本无法将每个楼层、每个房间的每个细部完全展现出来。另外,承包商竣工结算编制人员可能受本单位的利益驱动而高估冒算,这也会影响到竣工图纸的准确性。因此,对于审计人员来说,工作量按实结算的原则是按照施工过程中与承包商共同计量的实际数据为准,现场测量的实际数据真实度必定大于竣工图纸。

② 在与承包商进行竣工结算工程量核对过程中,审计单位出具了在施工期间对所有楼地面找平层进行测量的实地照片,照片显示各区域找平层厚度均不等:会议室为 60 毫米,接待室为 50 毫米,过道最厚处为 85 毫米,最薄处仅为 45 毫米。在事实面前,承包商最终同意按加权平均重新调整了找平层厚度。

 例 6-6 某实验楼工程工期及费用索赔审计案例

1) 案例背景

某中学实验楼新建工程总建筑面积 18 359 平方米;地下一层,地上五层,高度 23 米,主体采用现浇钢筋混凝土框架结构体系。

2012年11月进行公开招标,某承包商中标,12月签订施工合同,合同工期350天。承包商于2012年12月10日正式进场进行基础工程施工,至2013年6月30日,实验楼四层顶板混凝土浇筑已完成。2013年7月1日,由于城市道路雨污水管网改造,校外市政道路进行雨污水管网施工,工期2个月,期间道路进行封闭施工,只容许非机动车及行人通行。由于施工车辆无法进出,商品砼无法运进浇筑、脚手架钢管拆模后无法运出、基坑土方无法回填,对施工进度产生较大影响。承包人书面提出工期及费用索赔如下:

由于施工场地外市政道路封闭施工导致我方停工(2013年7月1日~2013年8月31日),造成我方工期及费用损失。由于道路开通属于发包人工作范围,我方提出相关索赔如下:

(1) 工期索赔:相应顺延62天(2013年7月1日~2013年8月31日)

(2) 费用索赔

人工窝工费:90工日/天×80元/工日=7 200元/天

机械: 塔吊1台班×650元/台班=650元

钢筋切断机1台班×43元/台班=43元

钢筋对焊机1台班×226元/台班=226元

钢筋弯曲机1台班×24元/台班=24元

混凝土搅拌机1台班×370元/台班=370元

机械费用合计:650+43+226+24+370=1 313(元/天)

周转材料租金:钢管149 250米×0.012元/米=1 791元

扣件136 039只×0.009元/只=1 224.35元

山型卡28 200只×0.003元/只=84.6元

托架1 580套×0.05元/套=79元

钢管接头6 292只×0.006元/只=37.7元

活动脚手5套×2元=10元

租金费用合计:1 791+1 224.35+84.6+79+37.7+10=3 226.65(元/天)

现场管理费:21人×200元/天=4 200元/天

合计:(7 200+1 313+3 226.65+4 200)元/天×62天=15 939.65元/天×62天=988 258.3元

2) 案例分析

(1) 该情况发生后,学校上级主管部门提出市政道路封闭施工属于不可抗力,应按照合同不可抗力条款处理。《中华人民共和国合同法》117条规定:"不可抗力是指不能预见、不能避免并不能克服的客观情况。"不可抗力事件的不可预见性和偶然性决定了人们不可能列举出它的全部外延,不能穷尽人类和自然界可能发生的种种偶然事件,因此,当事人在签订合同时应具体约定不可抗力的范围。本工程施工合同在通用条款39.1条采用综合法进行约定:"不可抗力包括因战争、动乱、空中飞行物体坠落或其他非发包人、承包人责任造成的爆炸、火灾,以及专用条款约定的风、雨、雪、洪、震等自然灾害。"根据以上应可以判断市政道路封闭施工不属于合同约定不可抗力范围。

(2) 合同通用条款8.1"发包人按专用条款约定的内容和时间完成以下工作:……(3) 开通施工场地与城乡公共道路的通道,以及专用条款约定的施工场地内的主要道路,满足施工运输的需要,保证施工期间的畅通……"说明保证施工期间道路畅通,满足施工运输需要属于业主工作范围。场外道路施工属于第三方原因引起,由此产生后果应由发包人承担。

3）索赔的处理

审计单位会同监理单位对承包人提出的由于道路施工对工程所产生的费用及工期影响进行核实认定：

(1) 工期延误时间计算

该学校处于场外道路中间位置,该路施工时南北出入口封闭时间不同,根据审计单位与监理单位现场记录,该道路北出口封闭时间为7月1日,南出口封闭时间为7月14日,工程车辆在7月14日之前完全可以从道路南出口进行正常施工运输,故停运时间应从7月14日开始计算。同时在该道路施工阶段,学校负责人与市政部门进行积极协商,为减少对实验楼施工影响,市政单位先行施工学校到该道路北半段部分,预计8月15日进行上层沥青铺设后施工车辆即可以进出。根据以上情况计算,应确定车辆停运时间为31天。在此期间,施工现场留有少量工人进行模板脚手架拆除、腰梁下墙体砌筑工作,由于工程未完全停工,则不能将工期的延误天数等同为车辆停运的31天。经与监理单位商议,对该时间内施工单位已完成的拆模砌墙工程量进行统计,按照正常施工条件下所需时间进行预估为7天,测算工期延误天数为 $31-7=24$ 天。

(2) 人工窝工费用计算

道路施工期间,承包方作为大型施工单位已将无法正常施工的班组调整到其他工地,未出现长时间的大量工人窝工情况,施工单位每天均按照90人上报窝工费用与实际情况不符,人工费建议考虑由于班组调换工地后再提价回请的费用增加,由于该部分费用无计算依据,只能依据市场行情与承包人进行商议,暂按60(人工)×40元/工日×24日=57 600元。

(3) 施工机械费用计算

施工塔吊、钢筋切断机等小型机具实际在此期间滞留于工地,现场塔吊、混凝土搅拌机为施工单位进行租赁,建议按照租赁费进行计算。经过市场调研,现场所用的40型塔吊的租赁费用为400元/天,搅拌机的租赁费用为250元/天,切断机等小型机械为自有机械,则按照机械停滞台班定额计算费用为：

(1 313元/天－650元/台班×1台班－370元/台班×1台班＋400元/天＋250元/天)×24天=943元/天×24天=22 632元

(4) 周转材料费用计算

现场钢管与扣件周转材料则根据现场情况,实际滞留与工地无法运出的部分按实计算工程量,经过市场调研,承包人确定租金价格与市场租赁费用相符,按照市场行情进行计算为3 226.65元/天×24天=77 439.6元。

(5) 管理费用计算

由于非承包人原因工期延长,致使承包人管理费不正常开支增加,承包人提出现场管理费索赔理由充分,应当额外增加费用。但承包人现场管理费索赔费用计算不够合理,费用过高,经过向跟踪审计人员及监理单位查证,承包人实际现场管理人员不到21人,按200元/(天·人)计算费用也较高。经过与业主及承包商协调,审计单位建议以承包人投标报价中管理费总价作为计算基础,按照合同工期计算每日分摊的管理费,再根据确定的延误天数,即得出管理费支出总额：

1 555 945(投标管理费)/350(合同工期)×24(延误工期)=106 693.37(元)

合计:57 600+22 632+77 439.6+106 693.37=264 364.97(元)

4) 审计结论

由于道路施工对本工程的材料运输、机械进出场产生影响,导致工程工期延误,承包人可以顺延工期24天,索赔工期核减38天;业主可补偿承包商的总费用支出约为26.43万元,索赔费用核减约72.39万元。

7 工程造价审计

7.1 工程造价概述

工程造价审计是建设项目审计的基础内容与重要组成部分,随着我国工程造价计价模式的发展变化、工程造价管理模式改革的深化,工程造价审计工作也有了很大的发展,工程造价审计的重点、内容以及方法、风险都发生了较大的变化,工程造价审计表现出了新的特点,同时工程造价审计也面临着一些问题,如造价审计结论与工程合同之间的矛盾、造价审计方式要求与造价管理要求之间的协调问题等。本章即对当前工程造价管理模式下的造价审计工作进行阐述。

7.1.1 工程造价含义

对工程造价最直接的理解就是某一项工程的建造价格。从不同角度出发,工程造价有两种含义。

第一种含义:工程造价是指完成一项工程建设,预期或实际花费的全部固定资产投资费用。这是从投资者——业主的角度定义的工程造价,投资者为了获得投资项目的预期效益,需要对工程项目进行策划、决策、实施,直到竣工验收等一系列投资管理活动,在这些活动中所花费的全部费用就构成了工程造价,费用内容包括建筑安装工程费、设备及工器具购置费和工程建设其他费等几部分,对应着工程建设程序的不同阶段工程造价表现为投资估算、设计概算、竣工决算。

第二种含义:工程造价是指为完成某项工程的建设,预计或实际在设备市场、劳务技术市场以及工程承发包市场等交易活动中所形成的设备工器具购置费用、建筑安装工程费等各类工程交易价格。这里的"工程"其内涵与范围有很大的不确定,可能是一个建设项目,也可能是一个单位工程或分部工程;可能是一个建设项目的全部建设过程,也可能是其中的某一阶段,如设计施工阶段。

人们通常将工程造价的第二种含义理解成建筑安装工程费用,主要原因有:首先,建筑安装工程费用是工程造价中一种重要的也是最典型的价格形式,通常是在建筑市场经过招标投标这种方式、由承发包双方共同认可确定的价格;其次,建筑安装工程费用在工程项目固定资产中占有50%~60%的份额,是项目投资的主体;另外,作为建筑安装工程的实施者——建筑安装施工企业,在建筑市场上具有相当重要的市场主体地位。因此,将建筑安装工程费用理解成工程造价的第二种含义是有重要的现实意义的。同样,对建筑安装工程费用的审计在工程造价审计工作中也具有重要的现实意义。

7.1.2 工程造价确定过程

建设工程项目建设周期长、规模大、造价高,其建设过程是按程序分阶段进行的,相应地其价格也要按不同建设阶段的特点分别进行确定,以保证工程造价确定与控制的科学性,工程造价在确定过程中随着建设程序的进展由粗到细、由浅入深、由概略到精确地逐步深化逐步接近实际造价。

1）投资估算

投资估算是指在项目建议书和可行性研究阶段对拟建项目所需投资,通过编制估算文件预先测算和确定的过程。也可表示估算出的建设项目的投资额,或称估算造价。就一个工程来说,如果项目建议书和可行性研究分不同阶段,如分规划阶段、项目建议书阶段、可行性研究阶段、评审阶段,相应的投资估算也分为4个阶段。投资估算是在设计工作开始前编制,具有较大的不确定性,大多是利用估算指标进行测算,因此投资估算不会太具体,其编制成果仅仅是粗略成果,但从项目决策管理者的角度看,投资估算有着十分重要的作用,首先它是建设单位编制计划任务书、进行可行性研究中进行经济评价和项目决策的重要依据,也是项目主管部门审批项目建议书的依据之一;其次它是建设单位制定项目建设资金筹措计划的依据;再次,在项目决策后的实施过程中,为保证有效控制投资,应保证设计概算不得突破批准的投资估算额,并应控制在投资估算额以内,投资估算是投资控制的依据。

2）设计概算

设计概算是指在初步设计阶段,根据设计意图,通过编制工程概算文件预先测算和确定的工程造价。设计概算是工程建设项目初步设计文件的重要组成部分,它是工程初步设计阶段计算建筑物、构筑物的造价以及从筹建开始起至交付使用时止所发生的全部建设费用的文件。根据国家有关规定,建设工程在初步设计阶段,必须编制设计概算;在报批设计文件的同时,必须要报批设计概算;施工图设计阶段,必须按照经批准的初步设计及其相应的设计概算进行施工图的设计工作。设计概算的层次性十分明显,分建设项目总概算、各个单项工程概算综合造价、各单位工程概算总造价。对于采用三阶段设计的项目在技术设计阶段,根据技术设计的要求,通过编制修正概算文件预先测算和确定的工程造价,它对初步设计概算进行修正调整,比概算造价准确,但受概算造价控制。设计概算的费用内容与投资估算相同,但由于二者编制时间不同,设计概算编制时所用的资料依据也不完全相同,比投资估算造价的准确性有所提高,按照国家规定,投资估算控制设计概算,设计概算不应该突破投资估算的10%以上。

设计概算是国家制定和控制建设投资的依据,设计概算经主管部门批准后,将作为控制项目投资的最高限额,在项目建设过程中,国家拨款、银行贷款、施工图设计及预算、竣工决算,都不能突破这个限额。设计概算是设计方案的技术经济效果的反映,不同的设计方案具有了设计概算就能进行比较,选出技术上先进和经济上合理的设计方案,达到节约投资的目的,设计概算是考核设计经济合理性的依据。对于施工期限较长的大中型建设项目,可以根据批准的建设计划、初步设计和总概算文件确定工程项目的总承包价,采用工程总承包的方式进行建设,而设计概算一般可用作建设单位和工程总承包单位签订总承包合同的依据。另外设计概算也作为办理工程拨款、贷款的依据,作为控制施工图设计的依据,以及考核和评价工程建设项目成本和投资效果的依据。

3）施工图预算

施工图预算是指工程建设进入施工图设计阶段,根据施工图这个研究对象,按照各专业工程的预算工程量计算规则统计、计算出的工程数量,并考虑实施施工图的施工组织设计确定的施工方案或方法,按照现行预算定额或计价定额、工程建设费用定额、材料预算价格和建设主管部门规定的费用计算程序及其他取费规定等,确定的单位工程或单项工程造价的经济文件。显然,施工图预算不是工程建设产品的价格,它仅仅是指工程建设产品生产过程中的计划造价。

施工图预算有单位工程预算、单项工程预算、建设项目总预算。单位工程预算是根据施工图设计文件、现行预算定额、费用定额及人工、材料、设备、机械台班等预算价格编制;单项工程预算是所有单位工程施工图预算的汇总;建设项目建筑安装工程总预算是所有单项工程施工图预算的汇总。施工图要比初步设计图更具体,更完善,它是指导施工活动开展的技术文件,根据初步设计图所作的设计概算,有控制施工图预算的作用,但概算定额比预算定额更综合、扩大,设计概算不能准确反映各专业工程的造价。而施工图预算依据施工图和预算定额等取费规定编制,确定的工程造价是该单位工程实际的计划成本或者说是社会平均成本,投资方或建设单位按施工图预算修正筹建资金,并控制资金的合理使用,更具有实际的意义。

招标人根据施工图预算确定建筑及安装工程招标标底,工程标底是招标人对拟建工程的期望价格,采用工程量清单招标的招标人则编制招标控制价,标底或招标控制价的金额一般按施工图预算确定,通常在施工图预算的基础上考虑工程特殊施工措施费、工程质量要求、目标工期、招标工程的范围、自然条件等因素而编制。

投标人则根据施工图预算确定投标报价。在竞争激烈的建筑市场,积极参与投标的施工企业,根据施工现场情况编制施工方案或施工组织设计,根据招标文件、施工图纸等有关计算工程造价的资料,在工程施工图预算造价的基础上,再考虑投标策略及各种影响工程造价的因素,然后提出投标报价。

4) 竣工决算

竣工决算是单项工程或建设项目完工后,由建设单位根据工程结算资料及其他有关资料按照一定要求编制的反映整个项目从筹建到全部竣工的各项建设费用的文件。按照财政部、国家发改委和建设部的有关文件规定,竣工决算是由竣工财务决算说明书、竣工财务决算报表、工程竣工图和工程竣工造价对比分析四部分组成。前两部分又称建设项目竣工财务决算,是竣工决算的核心内容。竣工决算是反映竣工项目建设成果和财务情况的总结性文件,是考核项目投资效果的依据,是办理交付、动用、验收的依据,是竣工验收报告的重要组成部分。

工程竣工结算是指施工单位按照合同规定的内容全部完成所承包的工程,经验收合格,并符合合同要求之后,向发包单位进行的最终工程价款结算。工程竣工结算是由施工单位根据施工合同以及根据工程实施过程中发生的超出施工合同范围的工程变更情况,调整施工图预算价格,确定工程项目最终结算价格。因此竣工结算与施工图预算是前呼后应的,反映的是建设单位所发包工程项目的实际造价,它产生的基础是承发包双方签订的合同价,是承包商的投标报价,竣工结算分为单位工程竣工结算、单项工程竣工结算和建设项目竣工总结算。工程竣工结算是核定建设工程造价的依据,也是建设项目竣工验收后编制竣工决算和核定新增固定资产价值的依据。竣工结算直接关系到施工单位的切身利益,也是建设单位建设项目进行投资控制的最后有效环节,因此做好这项工作意义重大。

工程竣工结算是确定发包工程最终造价,建设单位和施工单位结清工程价款并完结承发包双方合同责任的依据,从财务上是建设单位与施工单位账务往来的依据,竣工结算是建设单位落实投资完成额的依据。竣工结算是竣工决算的组成部分,是竣工决算的编制基础。在项目建设过程中竣工结算与竣工决算都是必不可少的,因为工程项目财务决算在本书中另章介绍,所以本章重点介绍关于确定工程造价的竣工结算与审计工作的有关内容。

7.1.3 工程项目划分与造价文件构成

工程造价的计价基本原理是将建设项目分解为许许多多的便于计价的最小工程项目,即分项工程(假定的建筑安装产品),按照"建设项目—单项工程—单位工程—分部工程—分项工程"完成工程的层次划分,然后计算分项工程量,汇总得到分部工程造价,如此逐级汇总得到项目总造价。工程建设项目是一个有机的整体,对项目的分解不仅仅要有利于工程的计价,也要有利于对工程建设的管理以及工程经济的核算。

(1) 建设项目。建设项目一般是指在一个场地或几个场地上,按照一个总体设计或初步设计建设的全部工程。如一个工厂、一所医院、一个住宅小区等均为一个建设项目。一个建设项目可以是一个独立工程,也可以是包括几个或更多个单项工程。

一个具体的基本建设项目,通常就是一个建设项目。根据基本建设有关规定,每个基本建设项目都必须单独建账、单独核算,同一个建设项目,不论其建设资金来源的性质,原则上都必须在同一账户上进行核算和管理。

(2) 单项工程。单项工程亦称"工程项目",一般是指具有独立的设计文件,建成后能够独立发挥生产能力或效益的工程,即建筑产品,它是建设项目的组成部分。如一所大学中包括教学楼、办公楼、宿舍楼、图书馆等,每栋教学楼或宿舍楼或图书馆都是一个单项工程。

(3) 单位工程。单位工程一般是在单项工程中具有单独设计文件,具有独立的施工图,并且单独作为一个施工对象的工程。单项工程中的单位工程包括:一般土建工程、电气照明、给水排水、设备安装工程等。单位工程一般是进行工程成本核算的对象。

(4) 分部工程。分部工程是指单位工程中按工程结构、所用工种、材料和施工方法的不同而划分为若干部分,其中的每一部分称为分部工程。分部工程是单位工程的组成部分,同时它又包括若干个分项工程。

(5) 分项工程。分项工程一般是指通过较为单纯的施工过程就能生产出来,并且可以用适当计量单位计算的建筑或设备安装工程。如1立方米砖基础砌筑、一台某型号的设备安装等。分项工程是建筑与安装工程的基本构成要素,是为了便于确定建筑及设备安装工程费用而划分出来的一种假定产品。这种产品的工料消耗标准,作为建筑产品预算价格计价的基础,即预算定额中的子目。

与工程建设项目的上述几种形式相对应,建设项目的造价文件通常包括:单位工程概(预)算、单项工程综合概(预)算、工程建设其他费用概(预)算和工程建设项目总概(预)算等四种主要文件形式。

(1) 单位工程概(预)算文件。单位工程概(预)算是确定某一工程项目中某一单位工程建设费用的文件,按其工程性质可分为建筑工程概(预)算和设备及安装工程概(预)算。建筑工程概(预)算一般包括土建工程概(预)算,给排水、采暖工程概(预)算,通风、空调工程概(预)算,电气照明工程概(预)算,弱电工程概(预)算等;设备及安装工程概(预)算包括机械设备及安装工程概(预)算,电气设备及安装工程概(预)算,热力设备及安装工程概(预)算,工具、器具及生产家具购置费概(预)算等。

(2) 单项工程综合概(预)算文件。单项工程综合概(预)算是确定工程建设项目所属每个工程项目(单项工程)所需建设费用的文件,它是由单项工程中的各单位工程概(预)算汇总编制而成。

(3) 工程建设其他费用概(预)算文件。工程建设其他费用概(预)算是确定工程建设项目所属的各项工程建设其他费用。可根据工程的具体情况,采用一览表的形式,分别计算各项工程建设其他费用并汇总。

(4) 工程建设项目总概(预)算文件。工程建设项目总概(预)算是计算确定该工程建设项目整个建设费用的文件。它是由该建设项目内的所有单项工程综合概(预)算费用汇总再加上相应的工程建设其他费用概(预)算构成。当一个建设项目内仅一个单项工程时,则其建设项目总概(预)算等于单项工程综合概(预)算。

工程建设项目造价文件之间关系如图7-1。

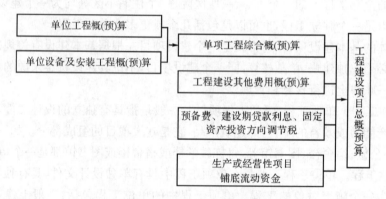

图7-1 造价文件关系图

7.2 工程项目造价构成与确定

7.2.1 建设工程投资构成

建设项目投资含固定资产投资和流动资产投资两部分,其中,建设项目总投资中的固定资产投资与建设项目的工程造价在量上相等。工程造价是工程项目按照确定的建设内容、建设标准、建设规模、功能要求和使用要求等全部建成并验收合格交付使用所需的全部费用,包括用于购买土地所需费用,用于委托工程勘察设计所需费用,用于购买工程项目所含各种设备的费用,用于建筑安装施工所需费用,用于建设单位自身项目进行项目筹建和项目管理所花费费用。

我国现行工程造价的构成主要划分为建筑安装工程费、设备及工器具购置费、工程建设其他费用、预备费、建设期贷款利息、固定资产投资方向调节税等几项。具体构成内容如图7-2所示。

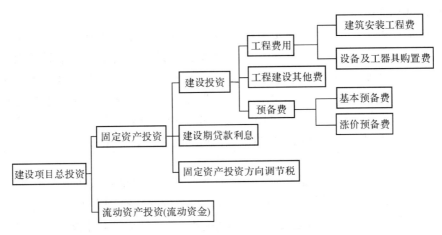

图 7-2　我国现行工程造价构成简图

根据建标〔2013〕44号《建筑安装工程费用项目组成》，建筑安装工程费按照费用构成要素由人工费、材料费、施工机具使用费、企业管理费、利润、规费和税金组成，详见7.3节。

7.2.2　设备及工器具购置费

设备及工器具购置费用由设备购置费和工具、器具及生产家具购置费组成，是固定资产投资中的积极部分。在生产性工程建设中，设备及工器具购置费用占工程造价比重的增大，意味着生产技术的进步和资本有机构成的提高。

1) 设备购置费

设备购置费是指一切需要安装和不需要安装的设备的购置费用。它由设备原价和设备运杂费构成。

$$设备购置费 = 设备原价 + 设备运杂费$$

上式中，设备原价指国产设备或进口设备的原价；设备运杂费指除设备原价之外的关于设备采购、运输、途中包装及仓库保管等方面支出费用的总和。由于设备来源的不同，所以设备购置费中关于原价和运杂费的计算要求和计算方法不同。下面分情况予以介绍。

(1) 设备原价的构成与计算

① 国产标准设备

国产标准设备是指按照主管部门颁布的标准图纸和技术要求，由我国设备生产厂批量生产的符合国家质量检测标准的设备。国产标准设备原价一般指的是设备制造厂的交货价，即出厂价，或订货合同价，它一般根据生产厂或供应商的询价、报价、合同价确定。有的国产标准设备原价有两种，即带有备件的原价和不带有备件的原价。在计算时，一般采用带有备件的原价。

国产设备原价一般指的是设备制造厂的交货价，即出厂价，或订货合同价。它一般根据生产厂或供应商的询价、报价、合同价确定，或采用一定的方法计算确定。国产设备原价分为国产标准设备原价和国产非标准设备原价。

② 国产非标准设备

国产非标准设备是指国家尚无定型标准,各设备生产厂不可能在工艺过程中采用批量生产,只能按一次订货,并根据具体的设计图纸制造的设备。由于非标准设备没有可比价格,因此常采用实物成本估价的方法确定其原价,在计算其价格时,除了要考虑加工该设备所需的各种材料购配件的费用、加工所需的人工费和各种机械费用及利润以外,还应按相应的规定标准计取设计费和税金,这里的税金是指增值税。也有另外的计算方法来计算国产非标准设备的原价,如系列设备插入估价法、分部组合估价法、定额估价法等。

③ 进口设备原价

进口设备的原价是指进口设备的抵岸价,即抵达买方边境港口或边境车站,且交完关税为止形成的价格。进口设备抵岸价的构成与进口设备的交货类别有关,通常进口设备的交货类别可分为内陆交货类、目的地交货类、装运港交货类。装运港船上交货是我国进口设备采用最多的一种交货方式,其抵岸价的构成可概括为:

进口设备抵岸价 ＝ 货价 ＋ 国际运费 ＋ 运输保险费 ＋ 银行财务费 ＋ 外贸手续费 ＋ 关税 ＋ 增值税 ＋ 消费税 ＋ 海关监管手续费 ＋ 车辆购置附加费

a. 货价。一般指装运港船上交货价(FOB)。设备货价分为原币货价和人民币价,原币货价一律折算为美元表示,人民币货价按原币货价乘以外汇市场美元兑换人民币中间价确定。进口设备货价按有关生产厂商询价、报价、订货合同价计算。

b. 国际运费。即从装运港(站)到达我国抵达港(站)的运费。

c. 运输保险费。对外贸易货物运输保险是由保险人(保险公司)与被保险人(出口人或进口人)订立保险契约,在被保险人交付议定的保险费后,保险人根据保险契约的规定对货物在运输过程中发生的承保责任范围内的损失给予经济上的补偿。这是一种财产保险。中国人民保险公司收取的海运保险费约为货价的 2.66%,铁路运输保险费约为货价值的3.5%,空运保险费约为货价的 4.55%。

d. 银行财务费。一般是指中国银行手续费。

e. 外贸手续费。指按对外经济贸易部规定的外贸手续费率计取的费用。

f. 关税。由海关对进出国境的货物征收的一种税。

g. 增值税。是对从事进口贸易的单位和个人,在进口商品报关进口后征收的税种。我国增值税条例规定,进口应税产品均按组成计税价格和增值税税率直接计算应纳税额。

h. 消费税。对部分进口设备(如轿车等)征收。

i. 海关监管手续费。指海关对进口减税、免税、保税货物实施监督管理和提供服务而收取的一种手续费。对于全额征收进口关税的货物不计本项费用。

j. 车辆购置附加费。进口车辆需缴进口车辆购置附加费。

(2) 设备运杂费的构成及计算

① 设备运杂费的构成。设备运杂费通常由下列各项构成:

a. 运费和装卸费。国产设备由设备制造厂交货地点起至工地仓库(或施工组织设计指定的需要安装设备的堆放地点)止所发生的运费和装卸费;进口设备则由我国到岸港口或边境车站起至工地仓库(或施工组织设计指定的需安装设备的堆放地点)止所发生的运费和装卸费。

  b. 包装费。在设备原价中没有包含的,为运输需进行的包装支出的各种费用。
  c. 设备供销部门的手续费。按有关部门规定的统一费率计算。
  d. 采购与仓库保管费。指采购、验收、保管和收发设备所发生的各种费用,包括设备采购人员、保管人员和管理人员的工资、工资附加费、办公费、差旅交通费,设备供应部门办公和仓库的占固定资产使用费、工具用具使用费、劳动保护费、检验试验费等。这些费用可按主管部门规定的采购与保管费费率计算。

  ② 设备运杂费的计算。设备运杂费按设备原价乘以设备运杂费率计算,其公式为:

$$设备运杂费 = 设备原价 \times 设备运杂费率$$

其中,设备运杂费率按各部门及省、市等的规定计取。

2) 工具、器具及生产家具购置费的构成及计算

  工具、器具及生产家具购置费,是指新建或扩建项目初步设计规定的,保证初期正常生产必须购置的没有达到固定资产标准的设备、仪器、工卡模具、器具、生产家具和备品备件的购置费用。一般以设备购置费为计算基数,按照部门或行业规定的工具、器具及生产家具费率计算。计算公式为:

$$工具、器具及生产家具购置费 = 设备购置费 \times 定额费率$$

7.2.3　工程建设其他费用

1) 土地使用费

  土地使用费是指建设项目通过划拨方式取得土地使用权所需支付的土地征用补偿费,或者通过土地使用权出让方式取得土地使用权所需支付的土地使用权出让金。

  (1) 土地征用及迁移补偿费

  土地征用及迁移补偿费指建设项目通过划拨方式取得无限期的土地使用权,依照《中华人民共和国土地管理法》等所支付的按照被征收土地的原用途所给予的补偿费用。征收耕地的补偿费用包括土地补偿费、安置补助费以及地上附着物和青苗的补偿费。征收其他土地的土地补偿费和安置补助费标准,由省、自治区、直辖市参照征收耕地的土地补偿费和安置补助费的标准规定,但土地补偿费和安置补助费的总和不得超过土地被征收前3年平均年产值的30倍。被征收土地上的附着物和青苗的补偿标准,由省、自治区、直辖市规定。

  (2) 土地使用权出让金

  土地使用权出让金是指建设项目通过土地使用权出让方式取得有限期的土地使用权,依照《中华人民共和国城市房地产管理法》及《中华人民共和国城镇国有土地使用权出让和转让暂行条例》规定支付的土地使用权出让金。城市土地的出让可采用协议、招标、公开拍卖等方式。

2) 与项目建设有关的其他费用

  (1) 建设单位管理费

  建设单位管理费指建设项目从立项、筹建、建设、联合试运转到竣工验收交付使用及后评估等全过程所需的费用。内容包括:

① 建设单位开办费。指新建项目为保证筹建和建设工作正常进行所需办公设备、生活家具、用具、交通工具等的购置费用。

② 建设单位经费。包括工作人员的基本工资、工资性津贴、职工福利费、劳动保护费、劳动保险费、办公费、差旅交通费、工会经费、职工教育经费、固定资产使用费、工具用具使用费、技术图书资料费、生产人员招募费、工程招标费、合同契约公证费、勤务员质量监督检测费、工程咨询费、法律顾问费、审计费、业务招待费、排污费、竣工交会使用清理及竣工验收费、后评估等费用。

建设单位管理按照单项工程费用之和（包括建筑安装工程费用和设备工程购置费用）乘以建设单位管理费率计算。建设单位管理费率按照工程建设项目的不同性质、不同规模确定。

(2) 勘察设计费

勘察设计费指为本建设项目提供项目建议书、可行性报告、设计文件等所需的费用。内容包括：

① 编制项目建议书、可行性报告及投资估算、工程咨询、评价以及为编制上述文件所进行的勘察、设计、研究试验等所需费用。

② 委托勘察、设计单位进行初步设计、施工图设计、概（预）算编制等所需的费用。

③ 在规定范围内由建设单位自行完成的勘察、设计工作所需的费用。

(3) 研究试验费

研究试验费是指为本建设项目提供或验证设计参数、数据、资料等所进行的必要的研究试验，以及设计规定在施工中必须进行的试验、验证所需的费用。

(4) 建设单位临时设施费

建设单位临时设施包括：临时宿舍、文化福利及公用事业房屋与构筑物、仓库、办公室、加工厂以及规定范围内的道路、水、电、管线等临时设施和小型临时设施。

(5) 工程监理费

工程监理费是指委托工程监理单位对工程实施监理工作所需的费用。

(6) 工程招标代理费

招标代理费是项目在建设期间，委托具有相应资质的招标代理机构代为招标择优选择工程建设代建管理、勘察设计、施工承包、工程监理、材料设备采购等单位所发生的费用。

(7) 工程造价咨询费

工程造价咨询费是指项目在建设期间，委托具有相应资质的工程造价咨询单位代为进行工程建设项目的投资估算、设计概算、施工图预算、工程标底、工程结算或进行全过程造价控制与管理而发生的费用。

(8) 工程保险费

工程保险费是指建设项目在建设期间根据需要实施工程保险所需的费用。包括建筑工程一切险、安装工程一切险，以及机器损坏保险等。

(9) 供电贴费

供电贴费是指建设项目按照国家规定应交付的供电工程贴费、施工临时用电贴费，是解决电力建设资金不足的临时对策。供电贴费只能用于为增加或改善用户用电而必须新建、扩建和改善的电网建设以及有关的业务支出，由建设银行监督使用。

(10) 引进技术和进口设备其他费

引进技术和进口设备其他费包括：

① 为引进技术和进口设备派出人员进行设计、联络、设备材料监检、培训等的差旅费、置装费、生活费用等。

② 国外工程技术人员来华的差旅费、生活费和接待费用等。

③ 国外设计及技术资料费、专利和专有技术费、延期或分期付款利息。

④ 引进设备检验及商检费。

(11) 工程承包费

工程承包费是指具有总承包条件的工程公司，对工程建设项目从开始筹建到竣工投产全过程的总承包所需的管理费用。具体内容包括组织勘察设计、施工招标、发包、工程预决算、项目管理、施工质量监督、隐蔽工程检查、验收和试车直到竣工投产的各种管理费用。该费用按国家主管部门或省、自治区、直辖市协调规定的工程总承包费取费标准计算。当无规定时，一般工业建设项目为投资估算的 0.6%~0.8%，民用建筑和市政项目为 0.4%~0.6%。不实行工程承包的项目不计算本项费用。

3) 与未来企业生产有关的费用

(1) 联合试运转费

联合试运转费是指新建企业或新增加生产工艺过程的扩建企业在竣工验收前，按照设计规定的工程质量标准，进行整个车间的负荷或无负荷联合试运转发生的费用支出大于试运转收入的亏损部分。不包括应由设备安装工程费项目开支的单台设备调试费及试车费用。

(2) 生产准备费

生产准备费是指新建企业或新增生产能力的企业，为保证竣工交付使用进行必要的生产准备所发生的费用。费用内容包括：

① 生产人员培训费，包括自行培训、委托其他单位培训人员的工资、工资性补贴、职工福利费、差旅交通费、学习资料费、学习费、劳动保护费等。

② 生产单位提前进厂参加施工、设备安装、调试以及熟悉工艺流程与设备性能等人员的工资、工资性补贴、职工福利费、差旅交通费、劳动保护费等。

(3) 办公和生活家具购置费

办公和生活家具购置费是指为保证新建、改建、扩建项目初期正常生产、使用和管理所必须购置的办公和生活家具、用具的费手。改、扩建项目所需的办公和生活用具购置费，应低于新建项目。

7.2.4 预备费

按我国现行规定，预备费包括基本预备费和价差预备费。

1) 基本预备费

基本预备费是指针对项目实施过程中可能发生难以预料的支出而事先预留的费用，主要指设计变更及施工过程中可能增加工程量的费用，主要内容如下：

(1) 在批准的初步设计范围内，技术设计、施工图设计及施工过程中所增加的工程费用;设计变更、工程变更、材料代用、局部地基处理等增加的费用。

(2) 一般自然灾害造成的损失和预防自然灾害所采取的措施费用。实行工程保险的工程项目,该费用应适当降低。

(3) 竣工验收时为鉴定工程质量对隐蔽工程进行必要的挖掘和修复费用。

(4) 超规超限设备运输增加的费用。

基本预备费计算公式为:

$$基本预备费 = (工程费用 + 工程建设其他费用) \times 基本预备费费率$$

基本预备费费率的取值应执行国家及部门的有关规定。

2) 价差预备费

价差预备费是指为在建设期内利率、汇率或价格等因素的变化而预留的可能增加的费用,亦称为价格变动不可预见费。价差预备费的内容包括:人工、设备、材料、施工机械的价差费,建筑安装工程费及工程建设其他费用调整,利率、汇率调整等增加的费用。

价差预备费一般根据国家规定的投资综合价格指数,按估算年份价格水平的投资额为基数,采用复利方法计算。计算公式为:

$$PF = \sum_{t=1}^{n} I_t [(1+f)^m (1+f)^{0.5} (1+f)^{t-1} - 1]$$

式中:PF——价差预备费;

n——建设期年份数;

I_t——建设期中第 t 年的投资计划额,包括工程费用、工程建设其他费用及基本预备费,即第 t 年的静态投资计划额;

f——年涨价率(政府部门有规定的按规定执行,没有规定的由可行性研究人员预测);

m——建设前期年限(从编制估算到开工建设,单位:年)。

例 7-1

某项目的静态投资为 35 000 万元,按本项目进度计划,项目建设期为 3 年,3 年的投资分年使用比例为第一年 20%,第二年 55%,第三年 25%,建设期内年平均价格变动率预测为 6%,估计该项目建设期的涨价预备费。

解: 第一年投资计划用款额:

$$I_1 = 35\,000 \times 20\% = 7\,000(万元)$$

第一年涨价预备费:

$$PF_1 = I_1[(1+f) - 1] = 7\,000 \times [(1+6\%) - 1] = 420.00(万元)$$

第二年投资计划用款额:

$$I_2 = 35\,000 \times 55\% = 19\,250(万元)$$

第二年涨价预备费:
$$PF_2 = I_2[(1+f)^2 - 1] = 19\,250 \times [(1+6\%)^2 - 1] = 2\,379.30(万元)$$

第三年投资计划用款额:
$$I_3 = 35\,000 \times 25\% = 8\,750(万元)$$

第三年涨价预备费:
$$PF_3 = I_3[(1+f)^3 - 1] = 8\,750 \times [(1+6\%)^3 - 1] = 1\,671.39(万元)$$

所以,建设期的涨价预备费:
$$PF = PF_1 + PF_2 + PF_3 = 420.00 + 2\,379.30 + 1\,671.39 = 4\,470.69(万元)$$

7.2.5 建设期贷款利息

建设期贷款利息包括向国内银行和其他非银行金融机构贷款、出口信贷、外国政府贷款、国际商业银行贷款以及在境内外发行的债券等在建设期内应偿还的借款利息。

一般按下式计算:

$$建设期每年应计利息 = \left(年初借款累计 + \frac{1}{2} \times 当年借款额\right) \times 年利率$$

例 7-2

某工程项目估算的静态投资为 18 600 万元,根据项目实施进度规划,项目建设期为 3 年,3 年的投资分年使用比例分别为 30%、50%、20%,其中各年投资中贷款比例为年投资的 20%,预计建设期中 3 年的贷款利率为 7%,试求该项目建设期内的贷款利息。

解:第一年的利息 $= \left(0 + \frac{1}{2} \times 18\,600 \times 30\% \times 20\%\right) \times 7\% = 39.06(万元)$

第二年的利息 $= \left(18\,600 \times 30\% \times 20\% + 39.06 + \frac{1}{2} \times 18\,600 \times 50\% \times 20\%\right) \times 7\%$
$= 145.95(万元)$

第三年的利息 $= \left(18\,600 \times 80\% \times 20\% + 39.06 + 145.95 + \frac{1}{2} \times 18\,600 \times 20\% \times 20\%\right) \times 7\%$
$= 247.31(万元)$

建设期贷款利息合计 $= 39.06 + 145.95 + 247.31 = 432.32(万元)$

7.2.6 固定资产投资方向调节税

为了贯彻国家产业政策,控制投资规模,引导投资方向,调整投资结构,加强重点建设,促进国民经济持续稳定协调发展,国家对在我国境内进行固定资产投资的单位和个人(不含中外合资经营企业、中外合作经营企业和外商独资企业)征收固定资产投资方向调节税(简称投资方向调节税)。

目前,固定资产投资方向调节税已停征。

7.2.7 经营性项目铺底流动资金

经营性项目铺底流动资金指经营性建设项目为保证生产和经营正常进行,按规定应列入建设项目总资金的铺底流动资金。

例7-3

已知某高校新校区工程,拟建各学院专用楼及公共教学楼 95 000 平方米,造价和为 17 100 万元;图文信息中心 33 000 平方米,造价为 7 260 万元;文体综合馆 15 000 平方米,造价为 2 775 万元;学生食堂 6 500 平方米,造价为 1 200 万元;后勤综合楼 6 000 平方米,造价为 900 万元;学生公寓 72 000 平方米,造价为 10 080 万元;运动场地造价为 2 128 万元;道路、停车场造价为 1 325 万元;校园景观绿化造价为 1 625 万元;给排水、污水处理造价为 710 万元;大门、传达室造价为 65 万元;供电、电讯工程 1 160 万元;另外购置试验设备 1 500 万元,其中有一部分需安装,安装费为 180 万元;本工程土地使用费为 8 530 万元;建设单位管理费为 236 万元;勘察设计费、工程监理费及造价咨询费为 612 万元;桌椅板凳等办公设施购置费为 560 万元;基本预备费按 8% 考虑。问该校区项目建设费用如何构成(不考虑价差预备费和建设期贷款利息)?

答: 该校区项目建设费用构成如下:

(1) 工程费用

① 建筑安装工程费

a. 建筑工程费。包括各学院专用楼及公共教学楼、图文信息中心、文体综合馆、学生食堂、后勤综合楼、学生公寓、运动场地、道路/停车场、校园景观绿化、给排水/污水处理、大门/传达室、供电/电讯工程等主要工程的建设费用。

建筑工程费 = 17 100 + 7 260 + 2 775 + 1 200 + 900 + 10 080 + 2 128 + 1 325 +
  1 625 + 710 + 65 + 1 160
= 46 328(万元)

b. 安装工程费。包括需要安装的试验设备费用 180 万元。

② 设备购置费。包括所购置试验设备费用 1 500 万元。

(2) 工程建设其他费。包括土地使用费、建设单位管理费、勘察设计费/工程监理费及造价咨询费、办公设施购置费等。

工程建设其他费 = 8 530 + 236 + 612 + 560 = 9 938(万元)

(3) 预备费。按上述费用的 8% 计算。

预备费 = (46 328 + 180 + 1 500 + 9 938) × 8% = 4 636(万元)

(4) 建设项目总费用 = 46 328 + 180 + 1 500 + 9 938 + 4 636 = 62 582(万元)

7.3 建筑安装工程造价构成与确定

7.3.1 建筑安装工程造价内容

在工程建设中,建筑安装工程是创造价值的生产活动,由建筑工程和安装工程两部分组成。建筑安装工程费用作为建筑安装工程的货币表现,亦被称为建筑安装工程造价。

(1) 建筑工程费的内容具体包括:

① 各类房屋建筑工程的建造费用和列入房屋建筑工程的供水、供暖、供电、卫生、通风、煤气等设备及其安装工程的费用,以及列入建筑工程的各种管道、电力、电信和电缆导线敷设工程的费用。

② 设备基础、支柱、工作台、烟囱、水塔、水池等附属工程的建造费用。

③ 为施工而进行的场地平整,工程和水文地质勘察,原有建筑物和障碍物的拆除以及施工临时用水、电、气、路和完工后的场地清理、环境绿化、美化等工作费用。

④ 矿井开凿、井巷延伸、石油、天然气钻井,以及修建铁路、公路、桥梁、水库、堤坝、灌渠及防洪等工程建造费用。

(2) 安装工程费是指为项目投入使用而必须安装的设备在其安装过程中所发生的费用,实际工作中常见的设备有动力设备、起重设备、运输设备、医疗设备、试验设备等,安装工程费也包括与设备相连的工作台、梯子、栏杆等装设工程以及附设于被安装设备的管线敷设工程和被安装设备的绝缘、防腐、保温、油漆等费用。另外,为测定安装工程质量,对单个设备进行单机试运行和对系统设备进行系统联动无负荷试运转而进行的调试工作所需费用也属于安装工程费。

需注意的是,对设备进行系统联动有负荷试运转而进行的调试工作所需费用不属于安装工程费,它包含在工程建设其他费用中。附属于房屋建筑工程的给排水工程、电气照明工程、供热通风工程等的安装费用不属于安装工程费,而是被列入到了建筑工程费中。

7.3.2 建筑安装工程造价构成

为适应深化工程计价改革的需要,国家住建部、财政部根据国家有关法律、法规及相关政策,在总结原建标〔2003〕206 号文执行情况的基础上,修订了《建筑安装工程费用项目组成》,且有按费用构成要素划分、按造价形成划分两种形式,同时还制定了《建筑安装工程费用参考计算方法》、《建筑安装工程计价程序》,明确规定自 2013 年 7 月 1 日起施行。

根据建标〔2013〕44 号《建筑安装工程费用项目组成》,建筑安装工程费按照费用构成要素划分:由人工费、材料(包含工程设备,下同)费、施工机具使用费、企业管理费、利润、规费和税金组成。

(1) 人工费:是指按工资总额构成规定,支付给从事建筑安装工程施工的生产工人和附属生产单位工人的各项费用。内容包括:

① 计时工资或计件工资:是指按计时工资标准和工作时间或对已做工作按计件单价支付给个人的劳动报酬。

② 奖金:是指对超额劳动和增收节支支付给个人的劳动报酬。如节约奖、劳动竞赛

奖等。

③ 津贴补贴：是指为了补偿职工特殊或额外的劳动消耗和因其他特殊原因支付给个人的津贴，以及为了保证职工工资水平不受物价影响支付给个人的物价补贴。如流动施工津贴、特殊地区施工津贴、高温(寒)作业临时津贴、高空津贴等。

④ 加班加点工资：是指按规定支付的在法定节假日工作的加班工资和在法定日工作时间外延时工作的加点工资。

⑤ 特殊情况下支付的工资：是指根据国家法律、法规和政策规定，因病、工伤、产假、计划生育假、婚丧假、事假、探亲假、定期休假、停工学习、执行国家或社会义务等原因按计时工资标准或计时工资标准的一定比例支付的工资。

(2) 材料费：是指施工过程中耗费的原材料、辅助材料、构配件、零件、半成品或成品、工程设备的费用。内容包括：

① 材料原价：是指材料、工程设备的出厂价格或商家供应价格。

② 运杂费：是指材料、工程设备自来源地运至工地仓库或指定堆放地点所发生的全部费用。

③ 运输损耗费：是指材料在运输装卸过程中不可避免的损耗。

④ 采购及保管费：是指为组织采购、供应和保管材料、工程设备的过程中所需要的各项费用。包括采购费、仓储费、工地保管费、仓储损耗。

其中，工程设备是指构成或计划构成永久工程一部分的机电设备、金属结构设备、仪器装置及其他类似的设备和装置。

(3) 施工机具使用费：是指施工作业所发生的施工机械使用费、仪器仪表使用费或其租赁费。

① 施工机械使用费：以施工机械台班耗用量乘以施工机械台班单价表示，施工机械台班单价应由下列7项费用组成：

a. 折旧费：指施工机械在规定的使用年限内，陆续收回其原值的费用。

b. 大修理费：指施工机械按规定的大修理间隔台班进行必要的大修理，以恢复其正常功能所需的费用。

c. 经常修理费：指施工机械除大修理以外的各级保养和临时故障排除所需的费用。包括为保障机械正常运转所需替换设备与随机配备工具附具的摊销和维护费用，机械运转中日常保养所需润滑与擦拭的材料费用及机械停滞期间的维护和保养费用等。

d. 安拆费及场外运费：安拆费指施工机械(大型机械除外)在现场进行安装与拆卸所需的人工、材料、机械和试运转费用以及机械辅助设施的折旧、搭设、拆除等费用；场外运费指施工机械整体或分体自停放地点运至施工现场或由一施工地点运至另一施工地点的运输、装卸、辅助材料及架线等费用。

e. 人工费：指机上司机(司炉)和其他操作人员的人工费。

f. 燃料动力费：指施工机械在运转作业中所消耗的各种燃料及水、电等。

g. 税费：指施工机械按照国家规定应缴纳的车船使用税、保险费及年检费等。

② 仪器仪表使用费：是指工程施工所需使用的仪器仪表的摊销及维修费用。

(4) 企业管理费：是指建筑安装企业组织施工生产和经营管理所需的费用。内容包括：

① 管理人员工资：是指按规定支付给管理人员的计时工资、奖金、津贴补贴、加班加点

工资及特殊情况下支付的工资等。

② 办公费：是指企业管理办公用的文具、纸张、账表、印刷、邮电、书报、办公软件、现场监控、会议、水电、烧水和集体取暖降温（包括现场临时宿舍取暖降温）等费用。

③ 差旅交通费：是指职工因公出差、调动工作的差旅费、住勤补助费、市内交通费和误餐补助费，职工探亲路费，劳动力招募费，职工退休、退职一次性路费，工伤人员就医路费，工地转移费以及管理部门使用的交通工具的油料、燃料等费用。

④ 固定资产使用费：是指管理和试验部门及附属生产单位使用的属于固定资产的房屋、设备、仪器等的折旧、大修、维修或租赁费。

⑤ 工具用具使用费：是指企业施工生产和管理使用的不属于固定资产的工具、器具、家具、交通工具和检验、试验、测绘、消防用具等的购置、维修和摊销费。

⑥ 劳动保险和职工福利费：是指由企业支付的职工退职金、按规定支付给离休干部的经费，集体福利费、夏季防暑降温、冬季取暖补贴、上下班交通补贴等。

⑦ 劳动保护费：是企业按规定发放的劳动保护用品的支出。如工作服、手套、防暑降温饮料以及在有碍身体健康的环境中施工的保健费用等。

⑧ 检验试验费：是指施工企业按照有关标准规定，对建筑以及材料、构件和建筑安装物进行一般鉴定、检查所发生的费用，包括自设试验室进行试验所耗用的材料等费用。不包括新结构、新材料的试验费，对构件做破坏性试验及其他特殊要求检验试验的费用和建设单位委托检测机构进行检测的费用，对此类检测发生的费用，由建设单位在工程建设其他费用中列支。但对施工企业提供的具有合格证明的材料进行检测不合格的，该检测费用由施工企业支付。

⑨ 工会经费：是指企业按《工会法》规定的全部职工工资总额比例计提的工会经费。

⑩ 职工教育经费：是指按职工工资总额的规定比例计提，企业为职工进行专业技术和职业技能培训，专业技术人员继续教育、职工职业技能鉴定、职业资格认定以及根据需要对职工进行各类文化教育所发生的费用。

⑪ 财产保险费：是指施工管理用财产、车辆等的保险费用。

⑫ 财务费：是指企业为施工生产筹集资金或提供预付款担保、履约担保、职工工资支付担保等所发生的各种费用。

⑬ 税金：是指企业按规定缴纳的房产税、车船使用税、土地使用税、印花税等。

⑭ 其他：包括技术转让费、技术开发费、投标费、业务招待费、绿化费、广告费、公证费、法律顾问费、审计费、咨询费、保险费等。

（5）利润：是指施工企业完成所承包工程获得的盈利。

（6）规费：是指按国家法律、法规规定，由省级政府和省级有关权力部门规定必须缴纳或计取的费用。包括：

① 社会保险费

a. 养老保险费：是指企业按照规定标准为职工缴纳的基本养老保险费。

b. 失业保险费：是指企业按照规定标准为职工缴纳的失业保险费。

c. 医疗保险费：是指企业按照规定标准为职工缴纳的基本医疗保险费。

d. 生育保险费：是指企业按照规定标准为职工缴纳的生育保险费。

e. 工伤保险费：是指企业按照规定标准为职工缴纳的工伤保险费。

② 住房公积金:是指企业按规定标准为职工缴纳的住房公积金。
③ 工程排污费:是指按规定缴纳的施工现场工程排污费。
其他应列而未列入的规费,按实际发生计取。

(7) 税金:是指国家税法规定的应计入建筑安装工程造价内的营业税、城市维护建设税、教育费附加以及地方教育附加。

7.3.3 建筑安装工程造价计算规则

建筑安装工程费用是建设工程投资构成的主要组成部分,也是招投标阶段工程价格的主要内容。现阶段可采用建筑安装工程费用计算规则作为计算建筑安装工程造价计算的重要依据,在承包商投标报价时,建筑安装工程费用计算规则也是重要依据。由于我国各地区的建筑经济水平不一致,费用计算规则没有全国统一的标准,一般是以国家有关部门颁发的《建筑安装工程费用项目组成》为依据,结合各地区的实际情况,编制费用计算规则。本文以江苏省建设厅组织编制的《江苏省建设工程费用定额》为例,介绍建筑安装工程费用的计算方法。

江苏省住建厅根据《建设工程工程量清单计价规范》(GB50500—2013)及其计量规范和《建筑安装工程费用项目组成》(建标〔2013〕44号)等有关规定,结合江苏省实际情况,组织编制了《江苏省建设工程费用定额》(简称费用定额)。费用定额适用于在江苏省行政区域内新建、扩建和改建的建筑与装饰、安装、市政、仿古建筑及园林绿化、房屋修缮、城市轨道交通工程等,与江苏省现行的各相关专业计价表配套使用。

建筑安装工程费用内容参照《建筑安装工程费用项目组成》按造价形成划分的形式,由分部分项工程费、措施项目费、其他项目费、规费和税金组成。其中,安全文明施工措施费、规费和税金为不可竞争费,应按规定标准计取。

1) 分部分项工程费

分部分项工程费是指各专业工程的分部分项工程应予列支的各项费用,由人工费、材料费、施工机具使用费、企业管理费和利润构成。

(1) 人工费、材料费、施工机具使用费的概念及费用内容,与建标〔2013〕44号《建筑安装工程费用项目组成》按照费用构成要素划分中的一致。

(2) 企业管理费:是指施工企业组织施工生产和经营管理所需的费用。内容包括:

① 管理人员工资:是指按规定支付给管理人员的计时工资、奖金、津贴补贴、加班加点工资及特殊情况下支付的工资等。

② 办公费:是指企业管理办公用的文具、纸张、账表、印刷、邮电、书报、办公软件、监控、会议、水电、燃气、采暖、降温等费用。

③ 差旅交通费:是指职工因公出差、调动工作的差旅费,住勤补助费,市内交通费和误餐补助费,职工探亲路费,劳动力招募费,职工退休、退职一次性路费,工伤人员就医路费,工地转移费以及管理部门使用的交通工具的油料、燃料等费用。

④ 固定资产使用费:指企业及其附属单位使用的属于固定资产的房屋、设备、仪器等的折旧、大修、维修或租赁费。

⑤ 工具用具使用费:是指企业施工生产和管理使用的不属于固定资产的工具、器具、家

具、交通工具和检验、试验、测绘、消防用具等的购置、维修和摊销费,以及支付给工人自备工具的补贴费。

⑥ 劳动保险和职工福利费:是指由企业支付的职工退职金、按规定支付给离休干部的经费,集体福利费、夏季防暑降温、冬季取暖补贴、上下班交通补贴等。

⑦ 劳动保护费:是企业按规定发放的劳动保护用品的支出。如工作服、手套、防暑降温饮料、高危险工作工种施工作业防护补贴以及在有碍身体健康的环境中施工的保健费用等。

⑧ 工会经费:是指企业按《工会法》规定的全部职工工资总额比例计提的工会经费。

⑨ 职工教育经费:是指按职工工资总额的规定比例计提,企业为职工进行专业技术和职业技能培训,专业技术人员继续教育、职工职业技能鉴定、职业资格认定以及根据需要对职工进行各类文化教育所发生的费用。

⑩ 财产保险费:指企业管理用财产、车辆的保险费用。

⑪ 财务费:是指企业为施工生产筹集资金或提供预付款担保、履约担保、职工工资支付担保等所发生的各种费用。

⑫ 税金:指企业按规定交纳的房产税、车船使用税、土地使用税、印花税等。

⑬ 意外伤害保险费:企业为从事危险作业的建筑安装施工人员支付的意外伤害保险费。

⑭ 工程定位复测费:是指工程施工过程中进行全部施工测量放线和复测工作的费用。建筑物沉降观测由建设单位直接委托有资质的检测机构完成,费用由建设单位承担,不包含在工程定位复测费中。

⑮ 检验试验费:是施工企业按规定进行建筑材料、构配件等试样的制作、封样、送达和其他为保证工程质量进行的材料检验试验工作所发生的费用。

不包括新结构、新材料的试验费,对构件(如幕墙、预制桩、门窗)做破坏性试验所发生的试验费用和根据国家标准和施工验收规范要求对材料、构配件和建筑物工程质量检测检验发生的第三方检测费用。对此类检测发生的费用,由建设单位承担,在工程建设其他费用中列支。但对施工企业提供的具有合格证明的材料进行检测不合格的,该检测费用由施工企业支付。

⑯ 非建设单位所为4小时以内的临时停水停电费用。

⑰ 企业技术研发费:建筑企业为转型升级、提高管理水平所进行的技术转让、科技研发、信息化建设等费用。

⑱ 其他:业务招待费、远地施工增加费、劳务培训费、绿化费、广告费、公证费、法律顾问费、审计费、咨询费、投标费、保险费、联防费、施工现场生活用水电费等等。

(3) 利润:是指施工企业完成所承包工程获得的盈利。

2) 措施项目费

措施项目费是指为完成建设工程施工,发生于该工程施工前和施工过程中的技术、生活、安全、环境保护等方面的费用。

根据现行工程量清单计算规范,措施项目费分为单价措施项目与总价措施项目。

(1) 单价措施项目是指在现行工程量清单计算规范中有对应工程量计算规则,按人工费、材料费、施工机具使用费、管理费和利润形式组成综合单价的措施项目。单价措施项目根据专业不同,包括项目分别为:

① 建筑与装饰工程:脚手架工程;混凝土模板及支架(撑);垂直运输;超高施工增加;大型机械设备进出场及安拆;施工排水、降水。

② 安装工程:吊装加固;金属抱杆安装、拆除、移位;平台铺设、拆除;顶升、提升装置安装、拆除;大型设备专用机具安装、拆除;焊接工艺评定;胎(模)具制作、安装、拆除;防护棚制作、安装拆除;特殊地区施工增加;安装与生产同时进行施工增加;在有害身体健康环境中施工增加;工程系统检测、检验;设备、管道施工的安全、防冻和焊接保护;焦炉烘炉、热态工程;管道安拆后的充气保护;隧道内施工的通风、供水、供气、供电、照明及通讯设施;脚手架搭拆;高层施工增加;其他措施(工业炉烘炉、设备负荷试运转、联合试运转、生产准备试运转及安装工程设备场 外运输);大型机械设备进出场及安拆。

③ 市政工程:脚手架工程;混凝土模板及支架;围堰;便道及便桥;洞内临时设施;大型机械设备进出场及安拆;施工排水、降水;地下交叉管线处理、监测、监控。

④ 仿古建筑工程:脚手架工程;混凝土模板及支架;垂直运输;超高施工增加;大型机械设备进出场及安拆;施工降水、排水。

园林绿化工程:脚手架工程;模板工程;树木支撑架、草绳绕树干、搭设遮阴(防寒)棚工程;围堰、排水工程。

⑤ 房屋修缮工程中土建、加固部分单价措施项目设置同建筑与装饰工程;安装部分单价措施项目设置同安装工程。

⑥ 城市轨道交通工程:围堰及筑岛;便道及便桥;脚手架;支架;洞内临时设施;临时支撑;施工监测、监控;大型机械设备进出场及安拆;施工排水、降水;设施、处理、干扰及交通导行(混凝土模板及安拆费用包含在分部分项工程中的混凝土清单中)。

单价措施项目中各措施项目的工程量清单项目设置、项目特征、计量单位、工程量计算规则及工作内容均按现行工程量清单计算规范执行。

(2) 总价措施项目是指在现行工程量清单计算规范中无工程量计算规则,以总价(或计算基础乘费率)计算的措施项目。其中各专业都可能发生的通用的总价措施项目如下:

① 安全文明施工。为满足施工安全、文明、绿色施工以及环境保护、职工健康生活所需要的各项费用。本项为不可竞争费用。

其中环境保护包含范围:现场施工机械设备降低噪音、防扰民措施费用;水泥和其他易飞扬细颗粒建筑材料密闭存放或采取覆盖措施等费用;工程防扬尘洒水费用;土石方、建渣外运车辆冲洗、防洒漏等费用;现场污染源的控制、生活垃圾清理外运、场地排水排污措施的费用;其他环境保护措施费用。

文明施工包含范围:"五牌一图"的费用;现场围挡的墙面美化(包括内外粉刷、刷白、标语等)、压顶装饰费用;现场厕所便槽刷白、贴面砖,水泥砂浆地面或地砖费用;建筑物内临时便溺设施费用;其他施工现场临时设施的装饰装修、美化措施费用;现场生活卫生设施费用;符合卫生要求的饮水设备、淋浴、消毒等设施费用;生活用洁净燃料费用;防煤气中毒、防蚊虫叮咬等措施费用;施工现场操作场地的硬化费用;现场绿化费用;治安综合治理费用;现场电子监控设备费用;现场配备医药保健器材、物品费用和急救人员培训费用;用于现场工人的防暑降温费、电风扇、空调等设备及用电费用;其他文明施工措施费用。

安全施工包含范围:安全资料、特殊作业专项方案的编制,安全施工标志的购置及安全宣传的费用;"三宝"(安全帽、安全带、安全网)、"四口"(楼梯口、电梯井口、通道口、预留洞口),"五临边"(阳台围边、楼板围边、屋面围边、槽坑围边、卸料平台两侧)、水平防护架、垂直防护架、外架封闭等防护的费用;施工安全用电的费用,包括配电箱三级配电、两级保护装置要求、外电防护措施;起重机、塔吊等起重设备(含井架、门架)及外用电梯的安全防护措施(含警示标志)费用及卸料平台的临边防护、层间安全门、防护棚等设施费用;建筑工地起重机械的检验检测费用;施工机具防护棚及其围栏的安全保护设施费用;施工安全防护通道的费用;工人的安全防护用品、用具购置费用;消防设施与消防器材的配置费用;电气保护、安全照明设施费;其他安全防护措施费用。

绿色施工包含范围:建筑垃圾分类收集及回收利用费用;夜间焊接作业及大型照明灯具的挡光措施费用;施工现场办公区、生活区使用节水器具及节能灯具增加费用;施工现场基坑降水储存使用、雨水收集系统、冲洗设备用水回收利用设施增加费用;施工现场生活区厕所化粪池、厨房隔油池设置及清理费用;从事有毒、有害、有刺激性气味和强光、噪音施工人员的防护器具;现场危险设备、地段、有毒物品存放地安全标识和防护措施;厕所、卫生设施、排水沟、阴暗潮湿地带定期消毒费用;保障现场施工人员劳动强度和工作时间符合国家标准《体力劳动强度等级要求》(GB3869)的增加费用等。

② 夜间施工:规范、规程要求正常作业而发生的夜班补助、夜间施工降效、夜间照明设施的安拆、摊销、照明用电以及夜间施工现场交通标志、安全标牌、警示灯安拆等费用。

③ 二次搬运:由于施工场地限制而发生的材料、成品、半成品等一次运输不能到达堆放地点,必须进行的二次或多次搬运费用。

④ 冬雨季施工:在冬雨季施工期间所增加的费用。包括冬季作业、临时取暖、建筑物门窗洞口封闭及防雨措施、排水、工效降低、防冻等费用。不包括设计要求混凝土内添加防冻剂的费用。

⑤ 地上、地下设施、建筑物的临时保护设施:在工程施工过程中,对已建成的地上、地下设施和建筑物进行的遮盖、封闭、隔离等必要保护措施。在园林绿化工程中,还包括对已有植物的保护。

⑥ 已完工程及设备保护费:对已完工程及设备采取的覆盖、包裹、封闭、隔离等必要保护措施所发生的费用。

⑦ 临时设施费:施工企业为进行工程施工所必需的生活和生产用的临时建筑物、构筑物和其他临时设施的搭设、使用、拆除等费用。

a. 临时设施包括:临时宿舍、文化福利及公用事业房屋与构筑物、仓库、办公室、加工场等。

b. 建筑、装饰、安装、修缮、古建园林工程规定范围内(建筑物沿边起50米以内,多幢建筑两幢间隔50米内)围墙、临时道路、水电、管线和轨道垫层等。

c. 市政工程施工现场在定额基本运距范围内的临时给水、排水、供电、供热线路(不包括变压器、锅炉等设备)、临时道路不包括交通疏解分流通道、现场与公路(市政道路)的连接道路、道路工程的护栏(围挡),也不包括单独的管道工程或单独的驳岸工程施工需要的沿线简易道路。

建设单位同意在施工就近地点临时修建混凝土构件预制场所发生的费用,应向建设单位结算。

⑧ 赶工措施费:施工合同工期比本省现行工期定额提前,施工企业为缩短工期所发生的

费用。

如施工过程中,发包人要求实际工期比合同工期提前时,由发承包双方另行约定。

⑨ 工程按质论价:施工合同约定质量标准超过国家规定,施工企业完成工程质量达到经有权部门鉴定或评定为优质工程所必须增加的施工成本费。

⑩ 特殊条件下施工增加费:地下不明障碍物、铁路、航空、航运等交通干扰而发生的施工降效费用。

总价措施项目中,除通用措施项目外,各专业措施项目如下:

① 建筑与装饰工程

a. 非夜间施工照明:为保证工程施工正常进行,在如地下室、地宫等特殊施工部位施工时所采用的照明设备的安拆、维护、摊销及照明用电等费用。

b. 住宅工程分户验收:按《住宅工程质量分户验收规程》(DGJ32/TJ103—2010)的要求对住宅工程进行专门验收(包括蓄水、门窗淋水等)发生的费用。室内空气污染测试不包含在住宅工程分户验收费用中,由建设单位直接委托检测机构完成,由建设单位承担费用。

② 安装工程

a. 非夜间施工照明:为保证工程施工正常进行,在如地下(暗)室、设备及大口径管道内等特殊施工部位施工时所采用的照明设备的安拆、维护及照明用电、通风等;在地下(暗)室等施工引起的人工工效降低以及由于人工工效降低引起的机械降效。

b. 住宅工程分户验收:按《住宅工程质量分户验收规程》(DGJ32/TJ103—2010)的要求对住宅工程安装项目进行专门验收发生的费用。

③ 市政工程:行车、行人干扰:由于施工受行车、行人的干扰导致的人工、机械降效以及为了行车、行人安全而现场增设的维护交通与疏导人员费用。

④ 仿古建筑及园林绿化工程

a. 非夜间施工照明:为保证工程施工正常进行,仿古建筑工程在地下室、地宫等,园林绿化工程在假山石洞等特殊施工部位施工时所采用的照明设备的安拆、维护及照明用电等。

b. 反季节栽植影响措施:因反季节栽植在增加材料、人工、防护、养护、管理等方面采取的种植措施以及保证成活率措施。

3) 其他项目费

(1) 暂列金额:建设单位在工程量清单中暂定并包括在工程合同价款中的一笔款项。用于施工合同签订时尚未确定或者不可预见的所需材料、工程设备、服务的采购,施工中可能发生的工程变更、合同约定调整因素出现时的工程价款调整以及发生的索赔、现场签证确认等的费用。由建设单位根据工程特点,按有关计价规定估算;施工过程中由建设单位掌握使用,扣除合同价款调整后如有余额,归建设单位。

(2) 暂估价:建设单位在工程量清单中提供的用于支付必然发生但暂时不能确定价格的材料的单价以及专业工程的金额。包括材料暂估价和专业工程暂估价。材料暂估价在清单综合单价中考虑,不计入暂估价汇总。

(3) 计日工:是指在施工过程中,施工企业完成建设单位提出的施工图纸以外的零星项目或工作所需的费用。

(4) 总承包服务费:是指总承包人为配合、协调建设单位进行的专业工程发包,对建设单位自行采购的材料、工程设备等进行保管以及施工现场管理、竣工资料汇总整理等服务所需的费用。总包服务范围由建设单位在招标文件中明示,并且发承包双方在施工合同中约定。

4) 规费

规费是指政府主管部门规定必须缴纳的费用。

(1) 工程排污费:包括废气、污水、固体及危险废物和噪声排污费等内容。

(2) 社会保险费:企业应为职工缴纳的养老保险、医疗保险、失业保险、工伤保险和生育保险等五项社会保障方面的费用。为确保施工企业各类从业人员社会保障权益落到实处,省、市有关部门可根据实际情况制定管理办法。

(3) 住房公积金:企业应为职工缴纳的住房公积金。

5) 税金

税金是指国家税法规定的应计入建筑安装工程造价内的营业税、城市维护建设税、教育费附加及地方教育附加。

(1) 营业税:是指以产品销售或劳务取得的营业额为对象的税种。

(2) 城市维护建设税:是为加强城市公共事业和公共设施的维护建设而开征的税,它以附加形式依附于营业税。

(3) 教育费附加及地方教育附加:是为发展地方教育事业、扩大教育经费来源而征收的税种。它以营业税的税额为计征基数。

7.3.4 建筑安装工程造价计算程序

工程造价计算程序是指建筑安装工程造价各项费用的计算程序,但这一程序目前全国并没有统一规定,一般由各地区建设行政主管部门结合本地区的实际情况自行规定。现以《江苏省建设工程费用定额》为例介绍建筑安装工程造价的计算程序。

1) 建筑安装工程造价各组成部分费用计算方式如下:

(1) 分部分项费用计算

分部分项费用=综合单价×工程量

其中:综合单价=人工费+材料费+机械费+管理费+利润

管理费=(人工费+机械费)×费率

利润=(人工费+机械费)×费率

管理费、利润中费率的确定可根据工程类别计算。工程类别的划分是根据各专业不同的单位工程按施工难易程度,结合我省建筑工程项目管理水平确定的。

(2) 措施项目费用

① 单价措施项目以清单工程量乘以综合单价计算,即:

措施项目费=综合单价×工作量

综合单价按照各专业计价表中的规定,依据设计图纸和经建设方认可的施工方案进行组价。

② 总价措施项目中部分以费率计算,即:

措施项目费=(分部分项工程费+单价措施项目费-工程设备费)×费率

费率标准应根据费用定额中各对应专业的"措施项目费取费标准表"。

其他总价措施项目,则按"项"计取,综合单价按实际或按可能发生的费用进行计算。

(3) 其他项目费用计算

① 暂列金额、暂估价按发包人给定的标准计取。

② 计日工:由发承包双方在合同中约定。

③ 总承包服务费:应根据招标文件列出的内容和向总承包人提出的要求,参照下列标准计算:

a. 建设单位仅要求对分包的专业工程进行总承包管理和协调时,按分包的专业工程估算造价的1%计算;

b. 建设单位要求对分包的专业工程进行总承包管理和协调,并同时要求提供配合服务时,根据招标文件中列出的配合服务内容和提出的要求,按分包的专业工程估算造价的2%~3%计算。

(4) 规费

① 工程排污费:按工程所在地环境保护等部门规定的标准缴纳,按实计取列入。

② 社会保险费及住房公积金

(分部分项费用+措施项目费用+其他项目费用)×费率

费率标准应根据费用定额中各对应专业的"社会保险费及公积金取费标准表"。

(5) 税金,包括营业税、城市维护建设税、教育费附加,按政府主管部门规定税率计取:

税金=(分部分项费用+措施项目费用+其他项目费用+规费—按规定不计税的工程设备金额)×费率

(6) 工程造价=分部分项费用+措施项目费用+其他项目费用+规费+税金

2) 造价计算程序

对于采用工程量清单法计价的工程以及采用计价表法定额计价的工程其造价计算程序规定是不同的,针对工程不同的承包方式造价计算程序规定也是不同的,江苏省规定工程量清单法计算程序(包工包料)的工程造价计算程序参见表7-1。

表7-1 工程量清单法计算程序(包工包料)

序号	费用名称		计算公式
一	分部分项工程费		清单工程量×综合单价
	其中	1. 人工费	人工消耗量×人工单价
		2. 材料费	材料消耗量×材料单价
		3. 施工机具使用费	机械消耗量×机械单价
		4. 管理费	(1+3)×费率或(1)×费率
		5. 利润	(1+3)×费率或(1)×费率
二	措施项目费		
	其中	单价措施项目费	清单工程量×综合单价
		总价措施项目费	(分部分项工程费+单价措施项目费—工程设备费)×费率 或以项计费
三	其他项目费		

续表7-1

序号	费用名称		计算公式
四	规费		
	其中	1. 工程排污费	（分部分项工程费＋措施项目费＋其他项目费－工程设备费）×费率
		2. 社会保险费	
		3. 住房公积金	
五	税金		（分部分项工程费＋措施项目费＋其他项目费＋规费－按规定不计税的工程设备金额）×费率
六	工程造价		分部分项工程费＋措施项目费＋其他项目费＋规费＋税金

 例 7-4

某城市市区街道外墙美化工程，某街道有外墙涂料 18 000 平方米，采用工程量清单计价法，投标人采用综合单价法报价，其中招标人暂列金额为 40 000 元，规费费率为 3.24%，税率为 3.45%，某承包商报价中外墙涂料的综合单价为 42 元/平方米，措施项目费为 158 000 元，请根据工程量清单计价规范条件下（包工包料）的造价计算程序，计算该承包商的投标报价。

解：(1) 分部分项工程费：42×18 000＝75 6000(元)

(2) 措施项目费：158 000 元

(3) 其他项目费：40 000 元

(4) 规费：(756 000＋158 000＋40 000)×3.24%＝30 909.6(元)

(5) 税金：(756 000＋158 000＋40 000＋30 909.6)×3.45%＝33 979.4(元)

(6) 总报价：756 000＋158 000＋40 000＋30 909.6＋33 979.4＝1 018 889(元)

 例 7-5

有一个单机容量为 30 万千瓦的火力发电厂工程项目，业主与施工单位签订了施工合同。在施工过程中，施工单位向业主方的常驻工地代表提出下列费用应由业主方支付：

(1) 职工教育经费：因为工程项目的电机等采用的是国外进口的设备，在安装前，需要对安装操作人员进行培训，培训费用为 2 万元。

(2) 研究试验费：本工程项目要对铁路专用线的一座跨公路预应力拱桥的模型进行破坏性试验，需要费用材料 9 万元；改进混凝土泵送工艺试验费用 3 万元，合计 12 万元。

(3) 临时设施费：为该工程项目的施工搭建的工人临时用房 15 间；为业主搭建的临时办公室 4 间，分别为 3 万元和 1 万元，合计 4 万元。

(4) 根据施工组织设计，部分项目安排在雨季施工，由于采取防雨措施，增加费用 2 万元。

问题：试分析以上各项费用业主方是否应该支付，并说明理由。如果是应该支付的话，应支付多少？

答：本案例主要是考查工程费用构成，各项费用包括的具体内容。其中：

（1）职工教育经费不应支付，该项费用应包括在建筑安装工程费的间接费用中（企业管理费），该费用已包含在合同价中，故不应支付。

（2）研究试验费中对拱桥的模型进行的破坏性试验费用应该支付，该项费用属于建设单位的研究试验费，是工程建设其他费用中的内容，一般不包括在建筑安装合同价中；为改进混凝土泵送工艺试验费属于施工企业管理费，已包含在建筑安装工程费中，故不予支付。所以研究试验费应支付9万元。

（3）临时设施费中，为该工程项目的施工搭建的工人临时用房属于施工措施费，已包含在建筑安装工程费中，不予支付；为业主搭建的临时办公室属于建设单位的临时设施费，该费用没有包含在建筑安装工程合同价中，故应支付，应支付临时设施费1万元。

（4）雨季施工措施增加费包含在建筑安装工程费的措施项目费用中，该工作是施工单位应尽的责任，故不应支付。

7.4 工程项目概算审计

7.4.1 工程项目概算审计时间

工程项目概算主要是指设计概算，也包括修正设计概算，概算造价对于项目建设的筹建、开工、建设管理、竣工投产都有极其重要的作用。

从对工程项目造价控制效果来讲，设计阶段是造价控制的关键性阶段，不过在设计阶段进行有效造价控制是有条件的：一方面建设单位非常真诚而且迫切需要控制造价，要求设计单位不仅有好的设计人员，还应有完善的造价控制系统，对每一建设项目都有一套完整的估算、概算、预算，让有资质的单位和人编估算、概算、预算，提高设计概算的编制质量；另一方面建设单位应从内部控制制度上保证设计概算审计工作正常有序地开展，让设计概算审计与设计工作同步进行，即对工程项目实施跟踪审计。对于设计招标的工程项目，审计人员应在开标时就参与介入，详细分析初步设计方案，审核设计单位设计概算的真实性与准确性，提出审计意见与合理的审计建议，使评标委员会在评标时能予以考虑，也以此进一步保证招标投标工作的公平公正性和合法合规性，确保设计方案的经济、适用。跟踪审计的优点在于它能够及时发现问题，并及时进行审计分析，不断与工程项目的建设目标进行对比，以此为依据，向决策层提出建议，便于建设单位吸取教训，提高决策水平，将设计概算的误差控制在合理范围以内，使设计概算额度在批准的投资估算控制范围内，有利于合理分配投资资金，避免了事后审计的被动性。

按《中华人民共和国审计法》及审计法实施条例的规定，审计机关应当对国家建设项目概算的执行情况依法进行审计监督，而针对设计概算编制的审计工作未做明确规定要求。因此，在工程审计实践中概算审计是以事后审计为主，即在项目建设阶段或竣工验收阶段进行审计工作，一方面审查设计概算编制的准确程度，另一方面审查设计概算的执行情况。由于当前设计概算编制普遍比较粗糙以及大多设计概算事后审计的时滞性、被动性，工程建设项目竣工决算超概算、概算投资控制失控的问题成为建设单位投资控制中的一个普遍问题，概算审计效果并不理想。对工程项目概算编制审计实施"同步审计"是审计监督关口的前移,是由事后审计向全过程的延伸,目前只有内部审计机构有条件实施"同步审计",对工程项目开展跟踪审计,国家审计由于受到审计体制、审计资源等众多因素的影响限制,还不能做到对工程项目的跟踪审计,但也开始有地方政府审计机构对政府投资的重点建设项目概算进行了同步审计。据审计署网站资料:2005年青岛市审计局对青岛市政府投资的某重点建设项目的概算进行了审计,此项审计减少概算投资5 000多万元,审减率达11.3%,可见同步跟踪审计的效果是相当显著的。相信,随着建设主体对工程投资控制全过程控制意识的加强、投资审计工作力度的增加,工程建设项目的概算编制的跟踪审计工作会普遍开展的。

7.4.2 工程项目概算审计依据

在审计工程项目概算造价之前,审计人员需按设计概算审计的要求收集与设计概算编制有关的资料,作为审核设计概算的依据,主要资料如下:

(1) 经批准的可行性研究报告(或经批准的工程项目的设计任务书)。工程建设项目的可行性研究报告,是决定是否进行工程项目建设的依据,也是编制设计文件和进行项目建设准备工作的重要依据。由国家或地方计划或建设主管部门批准。国家规定凡编制可行性研究的建设项目,不附可行性研究报告及审批意见的,不得审批设计任务书,因而也不可能编制设计概算。

(2) 投资估算文件。经批准的投资估算是设计概算的最高额度标准。投资概算不得突破投资估算,投资估算应切实控制投资概算。根据国家有关规定,如果投资概算超过投资估算的10%以上,则要进行初步设计(或扩大初步设计)及概算的修正。

(3) 初步设计或扩大初步设计图纸和说明书。有了初步设计图纸和说明书,才能了解工程的具体设计内容和要求,并计算主要工程量。这些是编制设计概算的基础资料,并在此基础上制定概算的编制方案、编制内容和编制步骤。

(4) 概算定额、概算指标。概算定额、概算指标是由国家或地方建设主管部门编制颁发的一种能综合反映某种类型的工程建设项目在建设过程中资源和资金消耗量的数量标准,这种数量标准的大小与一定时期社会平均的生产率发展水平以及生产效率水平一致。所以,概算定额、概算指标是计算设计概算的依据,一般使用工程项目所在地区的概算定额或概算指标,不足部分可参照与其相应的预算定额或其他有关资料进行补充。

(5) 设备价格资料。各种定型的标准设备(如各种用途的泵、空压机、蒸汽锅炉等)均按国家有关部门规定的现行产品出厂价格计算。非标准设备按非标准设备制造厂的报价计算。此外,还应具备计算供销部门的手续费、包装费、运输费及采购保管费等费用的资料。

(6) 地区材料价格、工资标准。用于编制设计概算的材料价格及人工工资标准一般是由国家或地方工程建设造价主管部门编制颁发的、能反映一定时期材料价格及工资标准一般水平的指导价格。

(7) 有关取费标准和费用定额。地区规定的各种费用、取费标准、计算范围、材差系数等有关文件内容,必须符合建设项目主管部门制定的基本原则。

(8) 设计概算书。设计概算书是设计概算审计的对象,同时也是设计概算审计的依据,因此也是审计人员应收集的审计资料之一。

7.4.3 工程项目概算审计目标与内容

造价审计的实质是项目评估中的经济性审核,设计概算审计的主要目标就是确定工程项目概算的编制是否严格执行了有关规定,设计总概算是否控制在工程项目计划投资额内,审查概算造价编制的真实性、准确性、合法性,检查是否存在虚列项目、套取资金、弄虚作假、高估冒算的行为等;对概算实施阶段审计主要针对工程实施过程中的执行情况,审计概算调整是否依照国家规定的编制办法,检查概算调整编制的准确性,审计是否存在提高建设标准、扩大建设规模的行为。

工程项目的概算编制审计一般以概算文件为主要对象,审计的主要内容如下:

1) 审计概算编制依据

概算编制依据的审计工作依下列步骤开展:

(1) 审查概算编制依据的合法性、合规性

设计概算必须依据经过国家有权部门批准的可行性研究报告及投资估算进行编制,未经批准的不可采用,不能强调情况特殊擅自提高概算定额、概算指标或费用标准。对设计概算超过可行性研究报告投资估算在规定幅度以上的,应分析原因,并要求建设单位重新上报审批。

(2) 审查概算编制依据的适用性

各种编制依据都有规定的适用范围,如各部门制定的各种专业定额、费用计算规则标准,只适用于该部门的专业工程;各地区规定的相应专业定额、费用内容与取费标准只适用于本地区的工程,特别是材料预算价格区域性更强,如某市造价部门根据当地市场情况定期颁布市区的材料价格信息,同时又编制了该市某郊区内某电厂建设工程的材料价格信息,在编制该电厂工程的概预算时均应采用郊区电厂工程的材料价格。

(3) 审查概算编制依据的时效性

设计概算的大部分编制依据是国家相关主管部门颁布的规定性文件,有相应的时间性,因此应注意检查概算编制时间与其所使用的文件资料规定的适用期限是否相吻合,注意有无调整和新的规定,如有则应按新的调整办法和规定执行,不能使用过时的文件资料。

2) 审计概算编制深度

(1) 审查编制说明

通过审查编制说明检查概算的编制方法、深度和编制依据等重大原则问题,因为如果编制说明有差错,则具体概算必定有差错。

(2) 审查编制深度

审查编制说明和分级概算总概算表、分段或单项工程概算表、单位工程概算表、分项工程概算表等是否完整,是否按有关规定的深度进行编制,对于一般大中型项目的设计概算,应有完整的编制说明和"三级概算"(即建设项目总概算书、单项工程概算书、单位工程概算书),各级概算的编制是否达到了规定的编制深度要求。

(3) 审查编制范围

审查概算的编制范围及具体内容是否与主管部门批准的工程项目范围及具体工程内容相一致;审查分期建设项目的建设范围及具体工程内容有无重复交叉,是否重复计算或漏

算;审查其他费用项目是否符合规定;静态投资、动态投资和经营性项目铺底流动资金是否分别列出。

3) 审计设计概算的内容

(1) 审计项目总概算书

重点审计建设项目总概算书中所列的项目是否符合建设项目前期决策批准的项目内容,项目的建设规模、生产能力、设计标准、建设用地、建筑面积、主要设备、配套工程、设计定员等是否符合批准的可行性研究报告或立项批文的标准,各项目费用是否可能产生,各项目费用之间是否有重复计算,总投资额是否控制在批准的投资估算以内,如概算总投资是否超过原批准投资估算10%以上,如有,应进一步审查超出估算的原因。总概算的内容是否完整地包括了工程项目从筹建到竣工验收交付使用的全部费用。在项目总概算的审计中应注意检查总概算中各项综合指标和单项指标与同类工程项目的技术经济指标对比是否合理。

(2) 审计单项工程综合概算和单位工程概算

重点审计概算书中所体现的各项费用的计算方法是否得当,单位工程概算编制方法的选择是否合适,所使用的概算指标或概算定额项目的选用是否适当、有无漏项或重复计算,单位工程概算工程量计算的方法是否正确、计算结果是否准确。对建筑工程应注意所采用工程所在地的相应概算定额或概算指标、费用定额、价格指数是否符合当地的现行规定,概算指标调整系数、有关人工、材料、机械台班的单价是否符合现行规定或当地市场行情。

安装工程概算除了注意审核概算中采用的有关的人工、主材、机械台班的单价是否符合工程所在地区的市场价格水平或是否按照当地造价管理部门的现行政策规定外,还应注意设备安装费率或计取标准是否按有关部门的规定计取。

(3) 审计设备及工器具投资概算

审计人员应对设备及工器具购置费用概算给予足够重视,特别是生产性建设项目设备费用占工程造价比重较大,设备及工器具购置费用比重的增加,意味着生产技术的进步和资本有机构成的提高,它是固定资产投资中的积极部分,因此,对生产性建设项目设备费的审计也就显得十分重要。审计人员应注意设备及工器具与生产家具购置费的范围划分是否正确,需注意审查设备估价指标的时效性和可靠性,对于附属配套设备投资较大的项目,应注意审查所选用的设备规格、台数是否与服务功能配套一致,材质、自动化程度有无随意提高标准,引进设备是否配套、合理,备用设备台数是否适当,专用设备如消防、环保等设备是否已计算,注意设备及相关材料价格是否合理、是否偏离市场价格、是否符合有关规定等。

(4) 审计工程建设其他费用

工程建设其他费用是指从工程筹建起到工程竣工验收交付使用的整个建设期间,除了建筑工程费用和设备购置及安装费以外的,为保证工程建设顺利完成和交付后能正常发挥效用而发生的各项费用开支。重点审计其他费用的内容是否真实、在具体工程项目中是否有可能产生、费用计算的依据是否适当、费用之间是否重复计算等有关内容。工程建设其他费一般占到工程总造价的25%以上,费用内容多,弹性大,审计人员必须对此项费用加以重视并认真审计,工程建设其他费用审计的要点及难点主要表现在与土地相关费用审计、建设单位管理费审计和联合试运转费审计等方面,审计人员在审计时应加以注意。如土地使用费应注意项目土地使用权取得的方式以及不同土地使用权取得方式下其所包含的不同费用内容,需注意有无重复计取、交叉计取及漏计,计算方法与所采用标准是否符合有关规定标准。

在审计设计概算的内容时,审计人员应注意把握工程项目所对应的各项费用内容与范围界定:

(1) 建设项目总造价对应的项目工作内容

建设项目造价所对应的项目工作内容应为建设项目生产过程中所有环节的工作,包括建筑安装工程、设备和工器具的购置及与其相联系的土地征购、勘察设计、研究试验、技术引进、职工培训、联合试运转等其他建设工作,其构成的费用内容就是设计概算(也是投资估算)所要确定的全部费用。因此,建设项目造价的构成问题,实质上就是设计概算(也是投资估算)所要考虑的计算范围问题。

(2) 明确建筑安装工程内容的界定

建筑工程包括了各类房屋建筑工程和列入房屋建筑工程的供水、供暖、供电、卫生、通风、煤气等设备及其安装工程,以及为施工而进行的场地平整,工程和水文地质勘察,原有建筑物和障碍物的拆除以及施工临时用水、电、气、路和完工后的场地清理、环境绿化、美化等工作,因此项目中常见的给水排水工程、电气照明工程、暖气通风工程等实际工作中称之为安装工程的,均属于建筑工程的范围,其费用亦是建筑工程费;在建筑工程费用中除了永久性建筑工程费用外,还包括临时性建筑设施的费用,如临时宿舍、文化福利及公用事业房屋与构筑物、仓库、办公室、加工厂以及规定范围内的道路、水、电、管线等临时设施和小型临时设施,需要注意,若是建设单位为便于工作所搭建的临时设施,其费用则应视作是与项目建设有关的费用,应计入工程建设其他费中。

安装工程指的是生产、动力、起重、运输、传动和医疗、实验等各种需要安装的机械设备的装配及对单个设备进行单机试运行和对系统设备进行系统联动无负荷试运转而进行的调试工作,需要安装的设备才产生安装费,不需安装的设备则不存在安装费;另外,需分清安装费中所指的安装设备是项目建成后的生产设备,在项目实施过程中的需安装的施工设备不在此列,施工中所用的设备的安装费已包含在建筑工程费用中。

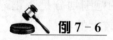

例 7-6

某工厂电解车间项目,表 7-2 是按工程所在地现行概算定额和价格编制的该项目综合概算,材料用量分析表及单位工程概算表此处从略。

表 7-2 单项工程概算表

序号	工程或费用名称	概算价值					技术经济指标		
		建筑工程费	安装工程费	设备工器具购置费	工程建设其他费	合计	单位	数量	单位价值(元/平方米)
①	②	③	④	⑤	⑥	⑦	⑧	⑨	⑩
1	建筑工程	6 357 984				6 357 984	平方米	3 450	1 842.89
1.1	一般土建	4 514 400				4 514 400			
1.2	电解槽基础	237 600				237 600			
1.3	氧化铝	151 200				151 200			

续表 7-2

序号	工程或费用名称	概算价值				技术经济指标			
		建筑工程费	安装工程费	设备工器具购置费	工程建设其他费	合计	单位	数量	单位价值（元/平方米）
1.4	工业炉窑	1 386 900				1 386 900			
1.5	工艺管道	28 404				28 404			
1.6	照明	39 480				39 480			
2	设备及安装工程		4 179 412	3 198 486		7 377 898	平方米	3 450	2 138.52
2.1	机械设备及安装		2 231 200	3 156 060		5 387 260			
2.2	电解系列母线安装		1 886 400			1 886 400			
2.3	电力设备及安装		59 472	37 836		97 308			
2.4	自控系统设备及安装		2 340	4 590		6 930			
3	工器具与生产家具购置			49 404		49 404	平方米	3 450	14.32
4	合计	6 357 984	4 179 412	3 247 890		13 785 286			3 995.73
5	占综合概算造价比例	46.1%	30.3%	23.6%		100%			

7.4.4 工程项目概算审计方法

为确保概算审查质量，提高审查效率，应根据不同的审查内容采用不同的方法进行概算的审查，常用的方法有对比分析法、查询核实法和联合会审法。

1) 对比分析法

对比审计法主要是指对项目的建设规模、标准与立项批文的对比分析；概算表中工程数量与设计图纸的对比分析；分项项目综合范围、内容、编制方法、规定的对比分析；各项取费与规定标准的对比分析；材料、人工单价与造价部门信息价的对比分析；引进设备、技术投资与报价要求的对比分析；技术经济指标与同类工程的对比分析；通过以上对比，可比较容易地发现设计概算中存在的偏差及主要问题。对比分析法是概算审查中应用比较多的一种方法。

2) 查询核实法

查询核实法是对一些设备和设施或是重要的装置等因种种原因难以核价，则进行多方查询核对、逐项落实的方法。一般设备的市场价格可向设备供应部门询价或直接向生产企业供销部门查询核实；重要的生产装置、生产设施可向同类的企业查询了解；而引进设备的价格及税费情况可向进出口公司调查核实；复杂的建筑安装工程问题可向同类工程的施工、建设单位或咨询公司征询意见；对于价格信息中缺项的单价和主要材料的价格，应通过实地调查或查询予以补充和核实，当设计深度不够或设计不清楚的问题则可以直接同原设计人员沟通，或向原概算编制人员询问清楚。

3) 联合会审法

联合会审方式通常的做法是先由各单位分头审查，然后集中共同研究定案；或者组织有关部门,建立专门的审查班子。按照审查人员的业务专长。将拟审概算分成几个部分,分头审查,最后集中起来讨论定案。

在审查概算的过程中,对遇到的问题,应进行调查研究,在此基础上,依据有关定额、指标、标准和有关文件规定,实事求是地进行处理,并写出审查报告和调整概算,审查报告的内容主要包括:审查单位、审查依据、审查中发现的问题、概算修改意见等。经有关部门研究、定案后,应及时调整概算,并经原批准单位下达文件。

7.4.5 工程项目概算审计注意事项

为取得良好审计效果,审计人员在概算审计工作中应注意以下几方面:

(1) 概算审计人员平时要注重对各类工程项目技术经济指标的积累

虽然在审核设计概算时有政府造价管理部门颁布的概算定额可用,但技术经济指标的积累对概算审查还是非常有必要的。审计人员首先可以利用已收集的同类项目概算指标中的相应数据,与设计概算进行分析比较,从而能够找出差距,为审查提供线索;对于一些时间紧迫或者未做设计但也要求包括在概算中的部分工程,则可以通过同类工程的技术经济指标来加以控制。所以平时审核的工程项目,都应作为基础资料保存。

(2) 审计人员要注意审查依据和资料的更新

审计人员需及时掌握各相关部门颁发的与概算编制有关的各种政策性文件,如新概算定额的颁布、新的费用计取规定的出台等,及时跟上政策的变化,及时进行信息资料的更新。

(3) 审计应针对工程特征确定审计重点

每个工程项目都有其自身的特点和要求,审计人员在进行设计概算审核前,要充分掌握工程项目的总体概况,充分了解工程项目的作用、目的,根据工程项目的要求,掌握工程建设的标准,针对工程项目的具体情况确定审计工作重点。

(4) 注意审计方法的选择

在审计工作中,审计人员要注意审计方法的选择,提高审计效率,取得良好审计效果,在概算审计工作中应抓住重点,特别是在力量和时间上不可能进行全面审查的时候,更有必要抓住主要部分,有重点地审查。如一般应重点审查投资大或性质重要的建设项目、主要工程项目,单位工程项目中工程量大、单价高、容易差错和经常算错以及缺乏编制依据而临时补充的项目。

概算审查是合理确定建设项目总投资的一个重要环节,这是一项政策性、技术性、经济性和实践性都很强的技术经济工作。经审查后的概算,为项目的经济评价、投资控制、招标投标、实施等提供了可靠的依据。概算审计人员要确保审查质量,使经审查的概算全面、客观、真实地反映工程实际,从而达到合理确定造价、有效控制造价的目的。

7.5 工程项目预算审计

7.5.1 工程项目预算审计时间

单位工程施工图预算一般在工程开工前编制,在我国,长期以来,除总包交钥匙工程外,一般的建筑安装工程产品,都以施工图预算的工程造价作为招标、投标和工程价款结算的主要依据,直接发包的工程,建设单位和施工企业双方以施工图预算为基础签订工程承包合同,目前国内使用国有资金投资的工程建设项目按规定应实行工程量清单招标,并编制工程量清单与"招标控制价",这是以工程量清单单价法编制的施工图预算,在形式上与传统的定额法编制的施工图预算略有所区别,但编制原理、方法是相同的,招标控制价相当于政府采购中的采购预算,是工程的最高限价,投标人的投标报价不能超过招标控制价,否则其投标将被拒绝。目前国内依法招标的工程基本实行工程量清单计价,并采取合理低价中标,施工企业应根据自身特点确定合理报价,传统的施工图预算在投标报价中的作用已逐渐弱化,但是,施工图预算的原理、依据、方法和编制程序仍是施工企业投标报价重要的参考资料。所以施工图预算对工程建设各参与方都有着重要的作用。为了保证造价审计结果的有效性,审计人员应在签订工程施工合同之前审计施工图预算,对采用工程量清单招标的项目,在招标文件发放之前审计工程量清单与招标控制价,在招标投标过程中,开标之际审计投标报价。

7.5.2 工程项目预算审计依据

在对工程项目进行预算审计时,首先需取得建设、施工等相关单位和部门的支持,了解工程有关的基本情况,搜集有关资料作为审计依据。

工程量清单作为招标文件的组成部分,一个最基本的功能是作为信息的载体,为潜在的投标者提供必要的信息,它是工程量清单计价的基础,也是招标人的招标控制价、投标报价、支付工程款、调整合同价款、办理竣工结算以及工程索赔等的重要依据。工程量清单审计的依据主要有:

(1)《建设工程工程量清单计价规范》。按照计价规范中的有关项目编码、项目名称、项目特征、工程内容、计量单位、工程量计算规则等规定编制出的工程量清单,能为投标者提供一个公开、公平、公正的竞争环境。

(2) 招标文件。招标人在招标文件中会结合工程情况向投标人提出一些实质性的要求,在编制工程量清单时一定要注意这些要求,工程量清单应符合招标文件的条件。

(3) 经审批的施工图纸及设计说明书。工程施工用图纸必须是建设单位已经报县级以上人民政府建设行政主管部门或者其他有关部门审查批准后的设计文件,施工图纸不仅是施工单位签订合同后组织施工的主要依据,也是工程量清单中工程量计算的主要依据。

(4) 有关的工程施工规范与工程验收规范。

(5) 施工现场和周边环境及施工条件。

(6) 本工程的工程量清单。

施工图预算(招标控制价及投标报价)的审计依据主要有:

(1) 工程招标文件与工程量清单。对采用工程量清单计价的工程,工程量清单是编制招标控制价、投标报价的重要依据,如果工程量清单内容与施工图纸发生矛盾时应以工程量清单为准,因此工程量清单也是施工图预算审计的依据之一。

(2) 施工图纸及设计说明书。

(3) 由主管部门颁发的并适用于本地区的现行计价定额。由国家或地区颁发的预算定额或专业工程计价表是确定建筑产品价格的基础资料,计价定额中人、材、机的消耗量水平反映的是当前生产力平均水平,是施工企业进行估价、报价的重要参考资料,也是施工图预算审计的重要依据资料。

(4) 施工组织设计或施工方案。施工组织设计或施工方案是确定措施项目费用的重要依据之一。施工组织设计是由施工企业根据工程特点、现场状况以及企业自身所具备的施工技术手段、队伍素质和经验等主客观条件制定的综合实施方案;编制招标控制价时一般应按照常规施工方案考虑。

(5) 与工程项目相关的标准、规范、技术资料。

(6) 工程造价管理机构发布的工程造价信息及市场行情。计价定额中人工、材料、机械台班的价格只限于编定额时的市场价格水平,在编制预算造价时应按照现阶段的行情,一般可按工程造价管理机构发布的工程造价信息指导价,造价信息没有发布的参照市场价。施工企业则可按市场价或信息价或其市场询价的结果确定其报价。

(7) 费用定额及各项取费标准。费用定额及其各项取费标准由当地造价管理部门编制颁发,适用于当地工程的费用计算,在计算工程造价时,应根据工程性质和工程类别、工程承发包方式等不同情况分别套用。

(8) 本工程的预算造价文件。根据需审计的造价类型,工程的招标控制价或投标报价文件是审计资料之一。

7.5.3 工程项目预算审计目标与内容

在工程实施阶段对施工图预算实施的造价审计,是指对工程项目成本的真实性、合法性进行的审查和评价,检查是否存在虚列工程、套取资金、弄虚作假、高估冒算的行为等。工程预算造价审计的目标主要包括:

(1) 确定项目预算的真实性,即检查所编预算与施工图纸是否一致。

(2) 确定项目预算的正确性,主要检查各项计算是否符合有关规定,内容、计算结果是否合理、准确,是否存在虚假与错误,验证预算编制的可靠度。

(3) 确定项目预算的合规性,主要查证预算编制是否符合相应原定额、标准和有关规定,认定预算的合法性,即能否作为签订工程施工合同的合法依据,使其具有法律效力。

(4) 检查预算内容的完整性,一个工程项目中各单位工程的施工图预算所涉及的专业有很多,需分别按各自的专业图纸和不同的专业定额、标准分别计列,组成一份完整的工程项目的预算文件,反映项目完整的预算造价,所以需检查各分项工程项目是否完整以及资料的完整、齐备程度。

工程项目预算审计的内容与工程合同确定方式是有关的,对于采用工程量清单计价的工程,工程量清单在计价中起到基础性作用,是整个工程量清单计价活动的重要依据之一,贯穿于整个施工过程中,招标文件中的工程量清单标明的工程量是投标人投标报价的共同基础,工程量清单的编制质量与工程项目招标的效果及后期的工程投资效果直接相关,因此在审计招标项目预算时首先应审计工程量清单的编制,然后再审计清单计价法编制的施工图预算造价。

1) 工程量清单的审计内容

在审计工程量清单时主要检查的内容是:

(1) 审核实行清单计价工程的合规性。审核清单编制单位及编制人员是否具有相应的编制资格;检查工程量清单的编制依据是否规范;依照清单规范,检查工程量清单文件编制的格式及签章要求是否符合规范要求;检查工程量清单计价是否符合国家清单计价规范要求的"四统一",即统一项目编码、统一项目名称、统一计量单位和统一工程量计算规则。

(2) 检查工程实体消耗和措施消耗的清单的准确性、完整性。

① 注意检查工程量清单项目划分的合理性。工程量清单项目划分要求项目之间界限清楚,项目作业内容、工艺和质量标准清楚,既便于计量及支付,也便于报价;项目划分尽量要细,避免不平衡报价。清单项目的设立,还应照顾到标底及投标报价的编制工作,为其提供方便,方便工程结算的审查与确定。

注意检查措施工程设置,由招标人提供施工图纸和工程量清单的措施项目,投标人自主报价的,应按照分部分项项目进行投标报价,但其中的脚手架、模板等非实体项目,仍然应按照措施项目进行投标报价;只有由投标人自主确定施工方案、自主报价的工程非实体项目才能作为措施项目;措施项目中包含的分部分项项目(实体项目)仍为措施项目。

② 审核工程量清单项目的特征描述的合理性。项目特征是工程量清单极其重要的组成部分,工程量清单必须对项目特征进行描述。根据计价规范风险分担的规定,工程数量的风险应由招标人承担,而工程量清单除了数量风险外,主要指的是项目特征描述的风险。清单说明应言简意赅,包括工作内容的补充说明、施工工艺特殊要求说明、主要材料规格型号及质量要求说明、现场施工条件、自然条件说明等。尤其是现场施工条件、自然条件说明,应准确表述,便于投标人与清单编制者所了解的情况对照。

③ 审核清单工程量的计算,是否按统一工程量计算规则、计算是否准确,重点关注量大、价高的子目。注意审核工程量计算规则容易混淆的部位,对于分项工程量,工程量计算规则明确了哪些部位是它的计算范围,哪些部位则不应计算在内,审计人员应熟知这些区别,审查工程量计算是否符合相应计算规则。注意审查综合内容较多的分项,防止重复列项,要检查核实有没有重复计算和漏算的,该增加或扣除的部分是否按规定增减。

④ 审核工程量清单中特殊项目工程量计算规则,对于计价规范中特别是计算规则不够明确的地方,应明确计算规则,遵循净数量。

⑤ 注意计价规范中的缺项项目处理。对于计价规范中的缺项项目,计价规范有关解释明确由清单编制人进行补充,补充项目应填写在工程量清单项目相应分部分项之后,并应加"补"字,同时应报省、自治区、直辖市工程造价管理机构备案。在实际操作时,对于缺项项目的有关内容应补充齐全,即除了要有项目编码、项目名称、计量单位以外,还应将项目特征、工程量计算规则、工程内容等内容同时补齐,这样才能真正满足工作上的需要。

(3) 审核其他项目清单,重点审核暂估价,检查需要纳入分部分项工程量清单项目综合单价的暂估价是否是材料费,是否在其他项目合计中包含;以"项"为计量单位给出专业暂估价是否包含除规费、税金外的所有费的综合暂估价。

(4) 审核规费项目清单,重点审核规费项目清单内容是否齐全,如工程排污费、住房公积金是否漏项。

总之,在审计工程量清单时,主要审计内容是对招标人或其委托的中介机构编制的工程量清单的准确性、完整性的检查。

2) 施工图预算的审计内容

施工图预算审计主要检查施工图预算的量、价、费计算是否正确,计算依据是否合理。检查工程量清单招标过程中清单计价工程的合规性、招标控制价的准确性以及检查由投标人编制的工程量清单报价目文件是否响应招标文件,具体审计内容如下:

(1) 审核工程量。工程量是施工图预算造价的重点,尤其是采用计价表计价的工程工程量与工程造价直接相关,而实行工程量清单计价的工程竣工结算时工程量按发、承包双方在合同中约定应予计量且实际完成的工程量确定。工程量计算是项工作量大且繁琐的工作,也是审核工作量较大的一部分工作,在审核时要抓住重点,对一些造价大、易出错的分项工程应认真审计,并针对具体的工程内容有针对性地予以审计。注意点如下:

① 注意审核工程量计算规则容易混淆的部位,对于分项工程量,工程量计算规则明确了哪些部位是它的计算范围,哪些部位则不应计算在内,审计人员应熟知这些区别,审查工程量计算是否符合相应计算规则。

② 注意审查综合内容较多的分项,防止重复列项,要检查核实有没有重复计算和漏算的,该增加或扣除的部分是否按规定增减。

③ 审查使用范围有限制的分项。在定额总说明、注释中,往往有些工程内容规定在有限制的范围内需列项计算,不可任意扩大列项范围。

如某住宅工程审计中,发现墙体工程量计算误差较大,墙体按计算规则应扣除混凝土柱、梁等内容,而本工程图纸中绘出的圈梁、构造柱体积已扣除,但构造柱与墙体嵌接的马牙槎的体积、墙体中按构造要求增加的圈梁、构造柱体积及窗台板、卫生间等部位的止水带等体积均未扣除,多计墙体体积 85 立方米,占墙体总量的 9.5%;另有两道轴线间墙重复计算。

(2) 审核计价表的套用。检查是否套用规定的计价定额、有无高套和重套现象,主要有以下几点:

① 检查预算中所列各分项工程是否与定额一致,其名称、规格、计量单位、施工方法、材料构成和所包括的工程内容是否与定额相同,因为分项工程结构构件的形式不同、大小不同、施工方法不同、工程内容不同,则其相应的人、材、机的耗用量也不同,则单价自然也不能相同。

② 检查换算项目。对换算的项目首先要检查该项目是否是定额中允许换算的,然后审查换算是否正确,如有些项目规定只调整材料用量、机械台班消耗量,人工不变,则换算时应遵循这一规定。

③ 检查补充定额。要检查补充定额的编制是否符合定额编制原则、单价计算是否正确、补充定额的有关资料数据是否符合实际情况,是否经过有权部门审批。

(3) 审核工料分析。建筑工程中人工、材料费用约占工程预算造价的 80% 左右,因此需加强对工料分析的重视。

① 需审查各分部分项子目的工料消耗量是否符合预算定额的规定,计算是否正确,总用工量与总人工费是否一致、某些材料用量与费用是否一致。

② 审查设计施工图,施工现场实际使用的构件、配件、材料、成品、半成品的名称、规格、品种、质量与预算定额是否一致。

③ 审查应该换算、调整的材料是否进行了换算、调整,换算、调整的方法是否正确。

(4) 审核人工、材料、机械台班的价格。

① 审查人工价格标准。施工图预算中人工工资单价应按照当地造价管理部门的规定,注意检查有无不合规定的人工单价调整。投标报价中的人工工资不应低于当地最低工资标准。

② 审查材料价格。建筑工程中某些地方材料、安装工程辅助材料价差的调整与否、如何调整应符合当地规定,审查按实调整的材料所采用的价格应符合当地市场行情;审查材料的产地、品种、规格、质量等级是否与价格相符。

③ 审查施工机械价格。即审查机械费调整的方法是否符合规定,规定按系数调整的不能按单项调整,规定按单项调整的不能按系数调整,对施工企业实际进场在大型施工机械与预算中所列的机械名称、品牌规格、施工能力是否一致等。

(5) 审核费用计算情况。首先应审核工程总造价的计算程序是否正确,其次审核各项费用计算标准,如工程类别是决定取费标准的重要依据,应根据工程项目的结构类型、檐口高度、层数、建筑面积、跨度、实物量、设备的规模、性质和工艺要求等指标来确定;措施项目和其他项目费用则要审核其是否符合常规施工方案或投标施工组织设计的要求,取费是否合理;审核各项规费取费是否符合规定、各项计费基础、计费程序、费率是否符合规定;各项数据计算是否准确等。

(6) 审核招标控制价的准确性。

① 检查标底是否按《建设工程工程量清单计价规范》的规定进行填制。

② 检查标底价格水平的确定的合理性。重点检查人工费确定的标准以及对量大、价高的项目组价的合理性。

③ 检查标底费用编制是否根据工程量清单项目内容进行一一报价,有无漏项;应重点关注措施项目。

(7) 检查由投标人编制的工程量清单报价文件是否响应招标文件。清单报价的审核可以在评标前(清标)也可以在发放中标通知书前。检查工程量清单报价应关注以下重点:

① 偏差审查:即对照招标文件,查看投标单位的投标报价文件是否完全响应招标文件,有无偏差以及偏差程度。

② 符合性审查:主要对各投标文件中是否存在擅自更改招标文件中工程量清单内容进行审查。

③ 计算错误审查:对中标单位的投标报价是否存在算术性错误进行审查。

④ 合理价分析:对中标单位的投标报价中工程量大的单价和单价过高或过低的项目进行重点审查、分析,评价是否存在明显的不平衡报价。

⑤ 措施费用审查:对投标单位的投标报价中措施费用的合理性进行审查,对措施费用总价包干的项目单价,要对照施工方案的可行性进行审查。

针对以上内容,在评标/签约谈判过程中如发现不合理现象,都应在中标/签约前澄清提出,由投标人做出解释或在保证投标报价不变的情况下,由投标人对其不合理或错误进行修正。

3) 合同价审计内容

重点检查合同价的合法性与合理性,包括固定总价的合同的审计、可调合同价的审计、成本加酬金合同的审计。对于固定总价的合同，一般是除业主增减工程量和设计变更外，一律不调整价格，量、价的风险由承包商承担，审计人员应注意审核合同价的合理性，防止业主利用在工程合同中的优势地位，迫使承包商减少应有合同价款；也应审计合同中关于调整条款文字的严密性，防止总价合同包而不死，在工程后期结算中能扯出理由调增合同价款、变成开口合同的现象。通过审计工作的开展，也促使合同双方更严肃地对待合同价，避免阴阳合同的产生，为后继工程的顺利完成打下良好工作基础。可调合同价一般是在工程招标文件中规定：在合同中签订的单价，根据合同约定的条款，如在工程实施过程中物价发生变化等，可做调整，主要应审计综合单价调整、物价波动引起的价格调整的范围和方法的合理性，检查可调整的内容范围是否合适，若实际发生计调部分，则应检查其真实性和计取的正确性。成本加酬金合同在合同签订时，工程实际成本往往不能确定，只能确定酬金的取值比例或者计算原则，这种合同下业主承担所有价格变化、工程量变化的风险，不利于业主的投资控制，而承包商则往往缺乏控制成本的积极性，常常不仅不愿意控制成本，甚至还会期望提高成本以提高自己的经济效益，所以应该尽量避免采用这种合同。但如果采用了成本加酬金合同，则审计人员应检查酬金计算的合理性。

合同是甲乙双方约定的权利和义务关系的协议，对工程造价的许多因素给予约定。因此在审计合同价的同时，还应注意合同的严密性、完备性审查，对影响工程造价的各项条款把关，特别注意材料价格、取费依据、计价方式、索赔处理等内容，均应做明确规定，为结算的审计工作掌握主动打下基础。对于采用定额计价方式的招标项目，在审计合同价时要区分清楚其价格是中标价，还是中标后的让利价。因为有些施工单位为了得到工程项目，在投标文件中明确表示，如果中标，可让利几个点数作为优惠条件，所以搞清楚这一点十分重要。

虽然无论是哪种类型的合同价都会涉及工程造价，但在对合同价审计时，对于通过施工图预算计价方式招标投标确定下的合同报价部分，只审计其合法合理性，而不必再深入内容进行从工程量计算到定额套用等内容的审计（注意投标报价不低于成本），以维护合同及招标投标过程的严肃性。

7.5.4 工程项目预算审计方法

工程预算审计方法有很多，如全面审计法、分组计算审计法、对比审计法、重点审计法等。

1) 全面审计法

全面审计法又称逐项审计法，即按预算项目顺序内容，从头到尾逐一审核各分项工程细目的工程量计算、套价应用、费用计算，其优点是全面、细致，审查质量高、效果好，缺点是工作量大、时间较长。这种方法只适合于一些工程量较小、工艺比较简单且审计时间充裕的工程，或是在预算编制质量差、发现错漏较多的情况下使用。

2) 分组计算审计法

分组计算审计法就是把预算中有关项目按类别划分若干组，利用同组中的一组数据审查分项工程量的一种方法。施工图预算项目较多，特别是建筑装饰工程的分项工程少的有几十个，多的数百甚至上千，逐项计算费时费力，也很难做到准确，但有些项目数据之间是存在一定相关关系，分组计算审计法正是抓住工程项目工程量之间存在数量关系的特点，打破按预算定额中分项工程顺序计算工程量的习惯,而对存在数量关系的项目的工程量一次性地加以审计。一般来说,这些工程量之间有减与被减、一个数据为几个分项工程重复应用的情况,如建筑装饰工程中建筑面积、场地平整、地面、楼板、楼面、天棚等可作为一组,在这一组中,地面与天棚的工程量一般是基本一致的,只需计算一个工程量即可;场地平整的工程量则可借助建筑面积来计算,如工程量清单计价规范中场地平整的工程量等于建筑物首层建筑面积,而计价表中规定的计算规则是建筑物外墙外边线各加两米计算,用公式可表示为"平整场地面积＝底层建筑面积＋2×底层外墙外边线周长＋16"。分组计算的优点是审查速度快、工作量小,提高了审计效率,能保证审计质量。

3) 对比审计法

对比审计法是当工程条件相同时,用已完工程的预算或未完但已经过审计修正的工程预算对比审查拟建工程的同类工程预算的一种方法。对比审计法中对比的范围和内容可根据需要而定,或对一个工程采用多角度、多层次的对比审计方法加以审核,提高审计精度。具体来说,对比审计法一般有以下几种情况:

(1) 相同或近似工程的对比分析方法

若要审计的工程与已有资料工程设计有 95% 以上相同,即可对这两个工程的建筑面积与单位工程分部分项工程量的比值进行计算,对照要审计工程的各分部分项工程量与建筑面积的相应比值,若数量基本接近,说明要审核的施工图预算是基本正确的,若发现数量相差较大,就必须认真复算查找原因,加以更正;另外也须注意这两个工程之间设计与施工条件的差异而引起的工程造价的增减,使拟审计项目的施工图预算更趋于合理,提高审计质量。

(2) 每平方米造价对比分析

任何一个工程,其经济指标都离不开每平方米造价这一主要指标,设计合理的相同性质的工程,其每平方米造价都在一定的范围内合理浮动。我们往往可以从这一指标的对比分析,获得对施工图预算正确性的初步判断。

(3) 费用对比分析方法

任何一个工程都可以分为分部分项工程费、措施项目费、规费等,以前的工程则可分成直接费和间接费等部分,性质和内容相同的工程费用之间存在一定的比例系数。可以把要审核的施工图预算与已有工程预算资料进行对比,如发现偏差较大,则可以从工程类别、取费标准等进行对比;如发现分部分项工程费偏差较大,则必须对分部分项工程采用其他方法进行审计。

(4) 分部工程和分项工程对比分析方法

审计内容包括各分部分项工程费占分部分项工程费的比例,以及各分部工程包括的常规分项工程的内容和工程量。各分部分项工程费与分部分项工程费之间存在一定的关系,一般造价管理部门也会定期发布各种典型工程的分部分项工程与工程造价之间的构成关系,审计人员平时也可将代表性工程的施工图预算在审定之后自制成工程造价分析表,将工程的结构形式、装饰情况等做扼要概述,把各分部分项工程所占的造价比例填列于表中,总结规律,以便日后对比审核施工图预算时使用。审计时,首先审计各分部工程,某一分部工程施工图预算价格差异较大时,就进一步审核其分项工程。分项工程审计是施工图预算审计的基础和重点,必须加以高度重视。对比审计分项工程时,要检查预算项目列项是否重复漏项,定额套价是否正确。计算单位是否一致,工程量计算是否准确。在对比中发现问题、解决问题,做到步步为营,各个突破。

(5)人工、材料、机械消耗指标的对比分析方法

施工图预算中各分项工程最主要的组成部分是人工费、材料费、机械费,每个施工图预算在工程量计算完毕之后都需汇总人工、材料、机械的消耗数量,虽然这是施工图预算的后期工作,工料机有关数据的准确性是由前面各分项工程的工程量计算结果所决定的,但在审计时正好应用"逆向思维"的方法,由工料机的计算结果进行对比,从而推算出前面施工图预算分项工程量计算是否准确。这同样可达到对施工图预算审计的目的。

对比审计法可大大简化施工图预算的审计工作量,减少工作时间,提高工作效率,避免对待审核施工图预算进行重复计算。当然这种审计方法要求审计人员在长期的工作中注意收集资料,积累经验,特别要注重对资料整理分析、有效取舍,从而提高审计效率与审计质量。

4) 重点审计法

重点审计法即选择工程建设项目中的重点部分进行全面审计的方法。重点审计法是"帕累托原则"在工程审计中的应用,其优点是突出重点、审计时间短、效果显著,通常的审计重点是工程量大或造价高的项目、补充单价的项目以及工程费用。其中工程量大或造价高的项目,对于土建工程来说,也可以理解成:该工程是什么结构,重点应审计什么。如结构为框架结构,则重点要审计钢筋混凝土工程,例如某建筑面积为 6 500 平方米的 5 层框架结构办公楼,经重点审计钢筋与混凝土工程两项就发现其钢筋与混凝土多计工程量,多计工程造价达 46.4 万元,约占原施工图预算总造价的 5%。被抽查到的重点项目必须具有代表性,要能起到以点带面的效果,这需要审计人员有丰富的实践经验,并掌握有翔实的第一手资料;而审计经验不太丰富的审计人员,则应谨慎从事,认真分析原施工图预算,以选择工程量大或造价高的项目审计为主,以免因抽查项目不当造成审计结果的失真。

以上几种审计方法各有特点,在审计时具体采用什么方法应根据工程特点、审计条件研究确定,如有必要,可综合运用。

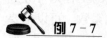
例 7 - 7

案例背景:某医院综合楼项目总建筑面积 47 000.00 平方米,其中:主体建筑面积 33 357 平方米,地上 15 层,地下 1 层,建筑(檐口)高度 67.5 米,钢筋混凝土框架剪力墙结构。为保证能有效控制投资,检查建设资金使用和项目管理的真实性和合规性,提出加强管理的建议,正确核算建设成本,对该项目建设进行了全过程跟踪审计。某事务所在对该工程的工程量清单、招标控制价审计中发现了一些问题并给出了审计意见。

(1)该项目公共部分和非公共部分管道按图纸设计说明要求为:"采用镀锌管沟槽连接,公共部分无散热器空间采用 2 厘米厚发泡聚氨酯铝箔保温。"工程量清单提供的管道项目按 2 厘米厚发泡聚氨酯铝箔计算,同时计算了除锈刷油项目。

审计意见:清单中管道保温工程量计算错误,应根据是否保温分别列项计算,即:公共部分无散热器空间,采用 2 厘米厚发泡聚氨酯铝箔保温,其他部分为无保温;清单项目单价组成及工程内容描述错误,镀锌管本身不需除锈刷油工作。

(2) 本工程室外工程土石方清单提供的项目名称为:"机械挖运土方 10 公里。"

审计意见:室外工程土石方清单应涉及的项目有平整场地、挖土方、工程基础土方、管沟基础土方和土方回填等项目;如仅为"机械挖运土方 10 公里"项目,则划分不合理。

项目特征表述不完整,除"机械挖运土方 10 公里"工作内容外,还应说明土壤类别、挖土的深度等特征;如果项目弃土运距不确定,根据清单计价近年的执行情况,建议可结合招标文件的约定,只表述为"弃土外运",具体运距由投标人结合现场踏勘自主确定,以防止因运距变更造成的后续索赔。

(3) 本工程提供的清单招标控制价中,有某品牌防盗门 120 樘,每樘 980 元,每樘安装费 20 元。

审计意见:① 清单中对涉及货物品牌问题如要求投标人报价的,一般应提供三种以上品牌,并约定同等档次,不能在工程量清单中只指定一种品牌,违背招投标的定价竞争性公平原则。

本清单预算中约定的"每樘 980 元"如按暂定价格处理,还应说明防盗门是否为全价,是否包括五金件;相应合同或招标文件中应约定暂定价防盗门业主的采购审批方式、认价方式以及价差处理方式和价差计费计算规则。

② 安装费 20 元不合理,一般成品防盗门由厂家负责安装,不需要额外支付安装费。同时还应说明安装的工作内容,注意涉及装修、土建工程的工作范围,如洞口空隙的塞填及面层处理等。

③ 防盗门的清单预算单价偏低,建议结合市场价格情况重新组价后进行调整。

(4) 本工程合同条款第 11.4 款约定:"工程数量变更后的价款调整——当工程量与原清单数量比其增减量未超出 25% 时,清单单价不予变动。若其增减量超出 25% 时,且监理工程师认为相应支付清单单价已由于这种增减变得不合理和不适应时,可对超出限额部分的支付数量调整支付单价,当数量增加时调低原单价,当数量减少时调高原单价。"

审计意见:①"若其增减量超出 25% 时,且监理工程师认为相应支付清单单价已由于这种增减变得不合理和不适应时"的约定使该条款在执行中存在不确定性,建议取消"且监理工程师认为相应支付清单单价已由于这种增减变得不合理和不适应时"。

②"当数量增加时调低原单价,当数量减少时调高原单价"只是约定了原则,但在实际执行中,情况要远比合同中规定的复杂,会引起执行困难,工程量增加(减少)价格下调(上涨)的幅度是多少?工程量增加(减少)与价格下调(上涨)是否存在一种线性关系?像这样笼统的表述对后期变更造价调整没有丝毫的指导意义,特别是在目前建筑市场并不完善、清单计价开始实行不久的情况下,许多施工单位为获得更大的利益,利用其和业主掌握的施工成本方面信息的不对称,漫天要价,在工程量减少时尽量多地提高价格,在工程量增加时则不同意降低价格,总有各种各样的理由,使事情的复杂程度大大地增加。

建议:在签订合同时就在条款中明确规定:"增减量超出 25% 时,可对超出额度部分的支付数量调整支付单价,当数量增加时调低原单价,调整幅度××%;当数量减少时调高原单价,调整幅度××%。"同时要明确,因数量调整导致的措施费用是否调整及调整方法。

(5) 本工程合同条款第 12.3 款约定:"暂估价款调整:当工程结算时建设单位确定的结算价格与暂估价的差额计取相应的费用。"

审计意见:"差额计取相应的费用"约定不明确,如差额是否计取利润、管理费以及规费？考虑暂估价材料的价差一般不会涉及施工单位额外的管理成本，因此一般对价差部分计费可以建议约定成"差额仅计取相应的税金，不再计取管理费、利润以及规费等其他费用"。

例7-8

案例背景：江苏省Y市政府投资的低碳示范建筑项目位于该市老城区，由六栋三层框架结构、一栋一层砖木结构、一栋两层砖木结构的建筑组成，为彰显Y市文化古城的特点，该项目在低碳环保绿色的宗旨下，同时融合仿古建筑元素，外墙面、屋面等部位均采用仿古设计。该项目从项目立项后便开始了跟踪审计。在招标方案确定后，招标人通过招标方式选择某造价咨询机构编制工程量清单与招标控制价。审计单位在对招标控制价审核过程中，发现了一些问题，并予以了解决。

（1）定额适用

咨询机构在定额选择时，对六栋框架结构建筑的基础、主体混凝土结构计价时套用《江苏省建筑与装饰工程计价表》（简称土建定额），按土建标准计费，其余项目套用《江苏省仿古建筑与园林工程计价表》（简称仿古定额），并按仿古建筑工程费用标准计费，理由是这六栋框架楼的外墙面、屋面盖瓦等工作内容与整体仿古工程做法是完全相同的；另外两栋砖木结构计价时全部执行了仿古定额，并因为这两栋建筑的施工内容绝大部分是运用仿古做法和材料进行，因此划归为完全的仿古建筑，不再拆分为土建和仿古两部分。

审计意见：根据仿古定额计算规则说明："一般建筑工程中仿古部分的项目，执行《江苏省仿古建筑与园林工程计价表》，按仿古建筑工程费用标准取费，其他套用《江苏省建筑与装饰工程计价表》，按一般建筑工程费用标准取费。"计价表与费用计算规则应配套使用，编控制价时按仿古专业和土建专业分别套用。

本项目六栋框架建筑除了基础和主体混凝土结构应套用土建定额外，其楼地面工程、墙柱面工程的做法和普通土建工程的做法也是完全相同，另两栋砖木结构的基础部分做法也与一般土建工程基础做法相同，因此该部分应按土建定额套用。

因此，最终该项目每个单体工程均应分为两部分，分别套用仿古和土建定额：六栋框架结构建筑楼的基础、混凝土结构、楼地面、墙柱面以及两栋砖木结构建筑的基础部分套用土建定额，其余部分均套用仿古定额，并且按相应费用计算规则取费。

（2）工程类别的划分

招标控制价中在确定工程类别时，本项目所有单体工程都是按照土建和仿古两个专业分别取费，全部执行相应专业三类工程的管理费和利润费率。理由是本项目是部分仿古，施工难度不能与殿、堂、楼、阁、榭、舫等仿古建筑相比，因此工程类别也不能完全按照费用定额中关于类别的划分标准，需降低等级。

审计意见：本项目所有土建部分均属于三类工程，但仿古部分应按照仿古工程的类别划分标准确定工程类别和取费标准。六栋框架结构建筑的建筑面积均超过800 m²，且设计有重檐，根据江苏省费用定额工程类划分标准，重檐建筑属于一类工程，因此应按照仿古一类工程取费；两栋砖木结构建筑面积介于150～500平方米，属于二类工程，应按照仿古二类工程取费。

(3) 部分项目定额套用问题

经审核发现招标控制价中的部分定额子目套用不准确,例如:

① 本项目中所有单体的小青瓦屋面盖瓦项目均套用"走廊、平房蝴蝶瓦屋面"。仿古定额中将小青瓦屋面按屋面形式分为走廊平房、厅堂、大殿、四方亭、多角亭蝴蝶瓦屋面等项目,其中走廊平房是结构最简单的房屋,规模较小,木屋架结构为四界,或带前廊成为五界,屋顶为人字坡屋顶;厅堂较平房复杂,一般木屋架在四界基础上,前面设轩后面设廊,房屋进深常为六界至九界;大殿较厅堂规模更大。本项目中,六栋框架结构建筑显然不属于走廊和平房,但又未达到"大殿"的规模标准;两栋砖木结构仿古建筑屋面的木屋架是六界(即七架梁),应算作厅堂;因此本项目盖瓦均应套用"厅堂蝴蝶瓦屋面"项目。

② 本工程要求外立面参照本地区传统做法,外墙墙面采用青砖青灰砌筑,同时墙面上钉有铁巴锔(铁巴锔具有类似于现代混凝土圈梁的加固作用),而招标控制价中外墙采用普通混合砂浆砌筑(二者价格相差较大),且未考虑铁巴锔。因此,招标控制价中此处做了调整:外墙青砖青灰砌筑;因铁巴锔无指导价且不能确定数量,暂不进入招标控制价,但在编制说明中注明,施工中如有发生,按实调整。

③ 本项目设计图中大门两侧垛头未表明具体做法,但立面图明确显示该部分为砖细,招标控制价中仅按普通墙体砌筑计算,这二者价格相差过大。因砖细门楼处垛头具体做法暂时未定,因此不能确定价格,最终以20 000元/座计入暂估价。

(4) 措施项目的设置

招标控制价中,措施项目考虑欠妥,仅计算了外墙砌筑脚手架和内墙抹灰脚手架,审计认为招标控制价编制应根据工程特点按仿古工程的常规施工方法来设置措施项目费,以下几项措施费通常应考虑在内:

① 木构架工程脚手架。仿古定额规定:"檐口高度超过3.60米时,安装立柱、架、梁、木基层、挑檐,按屋面水平投影面积计算满堂脚手架一次。"而本项目中两栋砖木结构的建筑檐口高度均超过3.60米,其仿古大木结构安装过程中需考虑满堂脚手架搭设。另外,仿古大木结构安装也可能需要吊机进场,不过由于本工程木构架尺寸相对较小,也可以不使用吊机,而且吊机属于可以自行行走的工程机械,因此不必考虑其进出场费用,如产生可由投标单位自行将吊机使用费综合考虑在相应报价中。不过计算了满堂脚手架后就不再计取内墙抹灰脚手架。

② 屋面檐口安装工程脚手架。本项目所有单体工程檐高均大于3.60米,需考虑屋面檐口安装工程脚手架,重檐屋面还需按每层分别计算。

③ 垂直运输。为保证材料的垂直运输,六栋框架结构的建筑应考虑垂直运输机械的使用,由于本项目框架结构建筑之间间距较小,可按每两栋框架结构建筑安装一台卷扬机考虑。

(5) 不平衡报价的防范

在设计图纸中,六栋框架结构建筑的屋面基层均设计有"望砖铺设",招标控制价中也计算了望砖铺设项目,但审计阅读图纸后再结合实际常规做法,得出结论:常规做法中混凝土屋面板上是不需要铺设望砖的,该项工作内容在实施过程中很可能取消,该项目的存在为承包商采用不平衡报价提供了一个可行的契机。为有效地应对承包商的不平衡报价,审计建议:将"望砖铺设"项目以暂估价形式计入招标控制价。

例 7-9

案例背景：某汽车及零部件项目位于 Y 市汽车工业园区，其中的涂装生产车间工程建筑面积 50 381.1 平方米，占地面积 42 871.8 平方米；钢结构地上一层，内有局部二层平台，施工现场安装；女儿墙高度：15.15 米、20.55 米；建筑跨度：30 米＋16 米×10（跨）＋16 米附房；地面及地下设有大量的设备基础及工艺管道，地下风道、水道长度就达到 2.5 千米，地下水池深达 9 米。由于该工程生产工艺复杂、造价高，业主方委托甲、乙两家咨询单位同时编制招标控制价，并在给定的时间内进行互审，以确保招标控制价的编制质量。在此过程中，双方都发现了一些问题，并且最终给出了一致意见。

（1）工程类别划分

① 甲单位认为本工程为一类工程。理由：首先，本工程最大跨度为 30 米，符合《江苏省建设工程费用定额》（2009 年）（简称费用定额）工程类别划分工业厂房单层跨度≥24 米即为一类的标准；其次，本工程土建、设备基础结构复杂，工程施工难度大，应按一类工程。

② 乙单位认为本工程为三类工程。理由：本工程多数跨度为 16 米，符合二类工程标准，按照费用定额中建筑工程类别划分说明："轻钢结构的单层厂房按单层厂房的类别降低一类标准计算"，故为三类。

③ 审计意见（咨询造价管理部门意见后）：二类工程。理由：首先，本工程跨度大于 30 米部分的建筑面积仅占总面积的 12%，参照费用定额工程类别划分说明："不足 30% 的按低指标确定工程类别"，因此，应为二类工程；其次，本工程钢结构用钢量≥50 千克/平方米，设计人员解释只有少部分节点参照轻钢结构设计，但本工程并非是轻钢结构，因此工程类别不应降低；再次，不论土建部分施工复杂、简单，土建部分取费均同主体钢结构部分，即本工程全部按二类工程考虑。

（2）取费方式

① 甲单位将本工程的土建与钢结构放在同一单位工程中计费，理由：钢结构是土建的一部分，费率相同。

② 乙单位将土建与钢结构分开计费，理由：钢结构安全文明施工措施费标准按单独发包的构件吊装标准执行（详见江苏省建设工程造价管理总站 2009 年 9 月 8 日下发的《关于明确江苏省建设工程费用定额有关问题的通知》中"三、钢结构工程取费标准的部分调整"）。两种费率标准相差 2.65%。

③ 审计意见：按照乙单位意见，土建与钢结构分开计费。

（3）杯型基础定额套用

① 甲单位套用"高颈杯形基础"。理由：省计价表规定，杯形基础套用独立柱基项目，杯口外壁高度大于杯口外长边的杯形基础，套"高颈杯形基础"。

② 乙单位套用"独立柱"定额。理由：本工程基础埋深为 -2.5～-8.0 米，部分杯口外壁高度达到 5～7 米，实际是比较高的独立柱。

③ 审计意见（咨询造价管理部门意见后）：只要符合计算规则的均套用"高颈杯形基础"项目，即按照甲单位做法。

（4）机械抛丸除锈定额的套用

① 甲单位所有钢构件均另外套用了"机械抛丸除锈"定额。

② 乙单位只有钢梁、钢柱、吊车梁套用了"机械抛丸除锈"定额。理由：经调研了解到实际制作时只有梁、柱主要构件采用机械抛丸除锈工艺，其他零星金属构件均采用手工除锈，且计价表补充定额说明在构件制作项目中，"均已包括刷一遍防锈漆工料，除钢柱、钢梁及吊车梁外均已包含人工除锈"。因此，钢梁、钢柱及吊车梁应根据图纸设计另按相应子目套用机械抛丸除锈定额。

③ 审计意见：按照乙单位做法。

(5) 型钢的组价

本工程钢结构中使用了 Q235B 与 Q345B 两种型钢，甲单位分别套用定额子目，乙单位是将量合在一起套用一个定额子目。

审计意见：应分开套用定额子目。理由：首先，因 Q235B 属于碳素钢，而 Q345B 属于低合金钢，《江苏省建筑与装饰工程计价表》第六章说明规定："金属结构制作定额中的钢材品种系按普通钢材为准，如用锰钢等低合金钢者，其制作人工乘系数 1.1"；其次，Q345B 与 Q235B 的材料单价也相差较多。

(6) 其他钢筋、砼等工程量偏差

互审工程量时发现双方对土建工程量如钢筋、砼、砌体、粉刷等的计算均存在较大偏差，经对比发现原因大致如下：

① 甲单位是两人合作编制的造价，一人土建、一人钢结构，二人之间沟通不够，编制土建的人员以为土建部分只有基础、地面及周边维护墙，漏算室内多处钢结构上的砼平台及周边墙体工程量。

② 乙单位在计算地下水池、设备基础池槽等钢筋砼墙时均计算了钢筋砼墙之间的钢筋拉钩工程量（图纸中没有设计拉钩），经咨询设计人员答复为池槽不是按钢筋砼剪力墙计算的，不需设置拉钩。

③ 甲单位在计算地下水池时，在用软件计算定义时误将钢筋间距 200 标成了 700。

④ 图纸结构总说明中规定"墙长大于 5 米时设置构造柱，且间距不大于 3 米""墙长超过层高 2 倍时，在墙中间部位（优先考虑'L'、'T'、'十'形墙相交处）设置构造柱"。乙单位未考虑设计图纸中未标注而设计说明中规定的构造柱。

⑤ 甲单位在计算外墙面装饰造价时出现失误，外墙粉刷清单的计量单位是"平方米"，而江苏省计价表中计量单位是 10 平方米，甲单位在输入计价表工程量时误操作成一样。

另外一些局部偏差，双方仔细核查，找出原因，并确认出正确结果，在此不再详述。

工程量清单、招标控制价的编制质量对工程造价控制意义重大。钢结构造价中项目比土建、安装项目相对少，钢结构工程造价编制的主要工作是计量，但须考虑其制作安装施工工艺。造价编审人员必须具有一定专业技术水平、丰富实践经验才能编制（审核）出更符合设计要求和实际情况的高质量的造价。

7.6 工程项目结算审计

7.6.1 工程项目结算审计时间

这里所说的结算主要是工程竣工结算，是在工程合同实施完毕后进行的价款结算，一般竣工结算的审计也是在工程竣工后再进行。近年来,随着内审工作的不断深化,跟踪审计也越来越多地被应用到建设项目审计中,特别是建设过程中施工的审计,针对主要的施工管理活动进行跟踪审计,在不影响施工进度和施工程序的情况下,对投资、进度、质量控制情况进行跟踪审计;造价方面在施工阶段进行的是工程进度款的审计,跟踪审计更便于掌握工程项目的整体情况,它为审计参与管理提供了可能,也为审计对管理过程实施更加有效和直接的监督提供了方便。

7.6.2 工程项目竣工结算审计依据

竣工结算审计与工程预算、标底(招标控制价)、工程量清单及投标报价审计的时间不同,但审计的最基本方法和内容基本是一致的,审计的依据也基本相同,只是审计竣工结算时还需审计人员再搜集工程实施过程中的一些资料,主要有:

(1) 工程合同文件及补充协议、投标文件等资料。
(2) 工程竣工图纸及竣工相关资料。
(3) 工程材料价格确认资料。
(4) 双方确认的追加(或减)工程价款。
(5) 工程变更、索赔、现场签证事项及价款。
(6) 竣工结算文件。

7.6.3 工程项目竣工结算审计目标与内容

工程项目竣工结算审计目标与工程预算的审计目标一致,主要对工程项目成本的真实性、合法性进行的审查和评价:

(1) 确定竣工结算的真实性,即检查竣工结算资料与竣工图纸和实际工程是否一致。
(2) 确定竣工结算资料的有效性,即确认每一类工程资料必须是真实有效的,如竣工图必须要有建设单位或经授权的监理单位有权人员签字确认,变更材料核价表、清单外单价审批等工程签证要有建设单位或经授权的监理单位有权人员确认。
(3) 确定竣工结算的合法性。主要是查证竣工结算的编制是否符合相应原合同、定额、标准和有关规定,认定竣工结算的合法性,即检查其能否作为竣工结算的合法依据,使其有法律效率。
(4) 确定竣工结算的正确性。主要检查各项计算是否符合有关规定,内容、计算结果是否合理、准确,是否存在虚假与错误,验证竣工结算编制的可靠性。

工程项目的竣工结算审计是工程项目造价控制的最后一道关卡,也一直是审计工作的重点。随着工程项目造价管理模式的发展、工程合同计价方式的不同以及审计重心的前移,竣工结算审计的内容也有所不同。一般工程项目竣工结算的审计包括以下内容:

1) 审核工程合同及履行情况

工程合同是明确建设、施工双方责任、权利、义务的重要文件,合同签订方式也直接影响工程竣工结算的编制与审计,在进行工程竣工结算审计时,首先必须了解工程价款,确定具体内容和要求,尤其是早期没有参与工程对工程情况不熟悉的审计人员,更应首先审阅施工合同及补充协议、招投标文件,正确理解相关条款约定,对照合同相关条款审核双方是否存

在违约行为,并确定审计重点,主要注意以下内容:

(1) 合同范围的约定

审核工程施工合同,审核该工程是否具备办理竣工结算的条件。合同价款包括的施工范围是施工设计图纸范围内全部工程还是部分工程。审计时,应根据竣工图纸并结合现场查看是否完成了所有内容,是否有变更增减项目。特别应关注未做工程项目,需将相应价款扣减。

(2) 合同计价方式

计价方式是工程量清单计价还是定额计价,工程量清单计价模式广泛应用及推广后,规定全部使用国有资金或以国有资金投资为主体的建设工程执行工程量清单计价。工程量清单计价模式与传统的定额计价模式有很大的不同,因而结算方式在合同的相关条款上也有很大的区别,而2013清单计价规范与2008清单计价规范在有关计价条款数量、条款深度方面也都有了较大的改变。传统的定额计价,合同条款常约定为工程结算造价按约定的省市相关计价定额、指导信息价及取费标准计价后,整体下浮一定的比例。2013工程量清单计价,合同条款的约定为采用固定单价合同,合同中明确了固定单价包含的风险范围,禁止在工程总价基础上进行优惠(或降价、让利),投标人对投标总价的任何优惠(或降价、让利),应反映在相应清单项目的综合单价中,且在合同中明确约定工程量变化时,是否调整综合单价,以及如何调整等内容。审计人员应注意区别不同计价方式下的价格确定方法,注意审核合同约定的合同价款方式,审核其是否与投标文件承诺相符。

(3) 合同中特殊条款的约定

对照合同中工期、质量、违约责任等条款审核双方是否完全履行合同,是否存在违约行为,审计人员应正确理解合同条款的约定,工程合同中有诸如总承包服务费的比例及计取方式、甲供的设备需要现场搬运及保管的搬运及保管的费用计取方式、甲供材料计取哪些费用等条款,在审计时应注意此部分造价或费用是否正确计取。目前也有工程合同签订后,甲乙双方都会签订补充协议,补充协议往往会对合同的价格结算条款进行补充或更改,这种情况下补充协议条款的有效性问题,可参照2005年1月1日最高人民法院出台的《关于审理建设工程施工合同纠纷案件适用法律问题的解释》,如果只是对合同主条款和招投标文件内容进行补充或做一些次要内容的更改,应视为有效;如果对合同主条款或招投标文件进行了较大的更改,违背了主合同和招投标文件的主要意思,应视为无效。施工合同是由建设方、施工方共同签订,双方的权利、义务以合同中约定为准。如出现争议,应当以合同为解决争议的依据。审计时,一定要认真阅读施工合同,正确理解合同条款约定,才能在审计过程中发现问题,并采取正确有效的方法解决。

2) 经济指标的审查

即审核各单位工程的经济指标,计算各单位工程的工程技术经济指标并与该地区的平均造价指标相比较,以此决定审计重点与审计方法。

3) 工程量的审查

工程量的审计工作是造价审计中的一个重要环节,是结算审计的基础工作,特别是采用工程量清单计价的工程,2013清单计价规范规定结算时工程量应按履行合同义务过程中实际完成的工程量计量,若发现工程量清单中出现漏项、工程量计算偏差,应按实计量。因此,工程量审计的准确与否,直接影响到工程价款的结算工作与工程项目的造价控制。重点应审查以下两个方面：

(1) 原合同范围内的工程量

对工程原合同内工程量的审计是工程结算审计的重要组成部分，也是降低审计风险的重要保证。对于采用施工图预算计价合同的工程项目应通过审查工程是否完成了合同规定的工作内容，有无按施工图、合同规定的内容、范围、方法、工艺、材质等施工，审核发包图纸的工程内容、范围、方法、工艺、材质，结合隐蔽工程资料、验收资料，并到工程现场进行踏勘等方式进行核实。为保证合同的严肃性，已完成的合同内项目的工程数量按合同约定，对原合同中未完成的项目内容应予以核减。如某商住楼工程，固定总价合同，合同项目中含建筑装饰工程、消防工程、给排水工程、强电工程和弱电工程，消防管道工程包含在合同价内，后经承包方同意发包方将建筑工程中造价达 25.4 万元的屋面防水工程又单独分包给另一专业施工队伍，而总包单位在结算中并未将该部分工程量扣除，审计人员通过审查招投标文件、施工合同及补充协议等发现该部分工作量是包括在合同价中的，而该项工作却是由发包方单独发包，其费用由发包方另行支付，因此在结算中应核减该部分工程造价。

对于采用工程量单计价的工程项目，竣工结算时原合同范围内的工程量应按承发包双方在合同中约定对应予计量且实际完成的工程量确定，工程量按实计取，其审计方法同施工图预算工程量的审计方式，结算是依据竣工图编制的，竣工图应该如实反映工程实际情况，竣工图的绘制应该根据施工图、设计变更单、技术核定单、隐蔽记录等工程签证汇总绘制，施工单位在编制竣工结算时常会有意或无意地扩大工程量，审计人员需将上述有关资料与竣工图做对比，就能发现差异并按相应工程量计算规则核查工程数量。

审计人员需注意的是，当工程量清单项目工程量的变化幅度超过一定幅度时该部分项目单价的变化，一般工程量清单项目工程量的变化幅度超过 10%，且其影响分部分项工程费超过 0.1% 时，受益方在合同约定时间内向合同的另一方提出工程价款调整要求，由承包人提出增加部分的工程量或减少后剩余部分的工程量的综合单价调整意见，经发包人确认后作为结算的依据，合同有另外约定的则按合同执行。

(2) 原合同范围外的工程量

原合同范围外工程量主要包括由于设计变更、额外增加的工程以及合同容许的原清单漏错项的调整等，如由设计单位提出的对原设计资料做出的补充、完善、优化导致的工程量变化，或者可能是由于发包方要求的功能改变而做出的相应设计改变。合同范围外工程量的审计应注意两方面的问题：一是资料的真实有效性，如设计变更单必须是设计单位编制，设计变更资料上应有设计人员签名和设计单位印章，并且该项变更是经建设单位同意的；二是工程量计算的准确性，工程量计算应遵照工程量计算规则，在工程量审核过程中，对审核中出现的疑问可深入施工现场逐一核对、查实，全面掌握工程实况，尽量减少和避免计算误差。

4) 工程变更与现场签证的审查

在工程项目实施过程中，按照合同约定的程序对部分或全部工程在材料、工艺、功能、构造、尺寸、技术指标、工程数量及施工方法等方面做出的改变，工程变更往往是由设计单位或承包人或工程监理方根据工程实际情况对承包合同的设计资料做出的补充、完善、优化、做法确认，及根据发包方要求的功能改变而做出的相应变更。现场签证是由发包人现场代表与承包人现场代表就施工过程中涉及的责任事件所做的签证证明，如关于零星用工量、零星用机械量、设计变更或工程洽商所引致返工量、合同外新增零星工程量的确认证明。工程变更与签证是工程结算审计的重要内容,因为它涉及的内容广泛、构成原因复杂、规律性较差、发生的时间长,这些都给竣工结算的审核增加了难度。对于工程变更、现场签证的审计包括以下几方面:

(1) 审计工程变更与签证内容的真实有效性

符合要求的工程变更必须有变更通知单,并具有建设单位、施工单位的签字盖章,对于影响较大的结构变更,如改变柱、梁个数、体积、配筋等,必须有设计部门的确认。审计人员应审核变更手续是否合理、合规,可通过实地勘察或了解施工验收记录,确认设计变更的真实性。

审计人员需正确甄别现场签证的有效性与合法性,检查现场签证的签字或盖章是否齐全有效,签字人员是否是合同中规定的相关人员,否则应视为无效签证不予采用;审核签证的内容是否真实,签证的真实意图,审核时要做好调查研究,对签证程序及内容进行认真分析,区别对待,并不是所有签证都可照搬照用,如有的现场签证仅表示该事件的真实性,并不代表有相应费用。判断现场签证的有效性与合法性还应和招投标文件、施工合同、施工情况等资料结合起来,如对于措施性项目费用的签证就应根据具体问题具体分析。如某工程施工中在基坑排水时建了四个钢筋混凝土阴井,并办理了签证,该签证就只能证明有此事实却不必支付费用,因为此项费用应已包含在该项目基坑排水措施费的报价中。

(2) 审计变更与现场签证的准确性

对工程变更内容计算准确性的审核包括审核工程变更部位的工程量增减是否正确;审核工程变更部位的增减变化是否得到了如实的反映,实践中施工单位在编制结算资料时,常常是对增加的工程内容记得增加,而对减少的工程会尽量遗忘;审核工程变更的计算过程是否规范,对工程变更的审核重点应放在工程量是否重复计算上,对变更所发生的费用,应严格根据合同和有关协议分清责任方和费用的承担方,必要时审计人员应现场测量与核实。

现场签证审计时,应认真分析签证内容、数据是否客观公正,有无重大偏差现象,签证事件的责任方是谁,是否属于合同允许调整的范围,等等,工程中虽然有时发生了变更及签证,但并不意味着一定有费用发生。如某电缆沟结算审计,施工方以签证的方式确定支架工程量,所附的简图表明了支架方式及间距(但没有说明电缆沟长度),审计人员对该工程量进行了倒推复核,发现按连接件计算的电缆沟长度和按支架的个数计算的长度不一致,相差较远,到现场实地复核后,证实该签证严重失实。在工程结算中隐蔽工程的签证也常引起争议,因为签证人员往往在重视技术及时间的前提下,或者由于现场管理人员的本身素质,忽视了计费问题,结果签证中出现了在原分项工程内已包括的内容重复签证的现象。另外,对因施工方管理不善所增加的工程量,即使三方会签手续齐全完善也不能给予另外计算。

(3) 工程变更项目单价与费用的审计

审计人员应根据工程变更的具体情况审核其单价,如因分部分项工程量清单漏项或非承包人原因的工程变更,造成增加新的工程量清单项目,其对应的综合单价可按下列原则确定:合同中已有适用的综合单价,按合同中已有的综合单价确定;合同中有类似的综合单价,参照类似的综合单价确定;合同中没有适用或类似的综合单价,由承包人提出综合单价,经发包人确认后执行。因分部分项工程量清单漏项或非承包人原因的工程变更,引起措施项目发生变化,造成施工组织设计或施工方案变更,原措施费中已有的措施项目,按原有措施费的组价方法调整;原措施费中没有的措施项目,由承包人根据措施项目变更情况,提出适当的措施费变更,经发包人确认后调整。因非承包人原因引起的工程量增减,该项工程量变化在合同约定幅度以内的,应执行原有的综合单价;该项工程量变化在合同约定幅度以外的,其综合单价及措施费应予以调整。现场签证的费用应依据发、承包双方签证资料确认的金额计算。

(4) 工程变更合理性审计

当前的建筑市场竞争激烈,施工单位为取得工程承包权报价时往往压缩利润空间,而在工程实施过程中充分利用工程变更来增加利润,如某区政府办公楼的装饰工程,经施工单位建议推荐,业主变更了内墙涂料品种品牌、门窗玻璃的品种品牌,工程最终结算价比合同价多出了30%。因此,对于有条件实施跟踪审计的项目,审计人员参与到工程管理中,应注意加强对工程变更合理性的审计,考虑工程变更的必要性、经济性、优化性,不仅将工程变更文件作为审计的依据,还应将它作为审计对象加以监督,从而更有效地控制工程造价。

例 7-10

某五层框架结构的厂房竣工结算资料中有以下几份设计变更单和签证单:

(1) 工程变更通知单001:应业主要求,取消一层所有120内墙,如该部分涉及水电内容,则取消该部分水电项目。

(2) 工程变更通知单002:根据施工质检意见,本工程中地下室外墙外侧加涂K11防水涂料;地下室外墙水平分布钢筋放在纵向钢筋外侧。

(3) 工程变更通知单003:根据抗震设防审核意见,工程中墙长大于4 500毫米处,墙中增加构造柱,断面见详图(图略)。

(4) 工程现场签证单001:因基础开挖时遇到暗塘,所以在该部位深挖并用1:1砂石回填,回填量见图(图略),工程量若干。

(5) 工程现场签证单002:因施工方案的变更,增加外墙脚手架工程量若干平方米;因混凝土工程的增加,相应模板工程量增加若干平方米。

审计单位对以上变更单和签证内容进行审计分析,得出如下结论:

(1) 该项由业主方提出的工程变更,变更程序符合规定,变更内容真实有效,结算应扣除该120内墙及相关内容的费用,包括内墙砌墙脚手架等措施性项目的费用。

(2) 该项由施工方提出的工程变更,变更程序符合规定,变更内容真实有效,其中地下室外墙外侧加涂K11防水涂料费用应增加,经审计工程量计算准确,所用材料价格按施工期间当地造价部门提供的信息价计算,综合单价基本合理;地下室外墙水平分布钢筋位置不涉及钢筋用量的增减,不予调整。

(3) 根据设计审核的意见的设计变更,变更程序符合规定,经查看变更内容与部位是真实的,结算应增加相应构造柱的工程量及相关费用,工程量计算是准确的,其综合单价按照原合同中的综合单价也是正确的。

(4) 现场签证相关的签字、盖章均齐全,且时间也较及时,经查询该签证事由是真实的且增加工程量也是准确的,综合单价采用的是本合同中原有价格,是合理的。

(5) 本项现场签证相关的签字、盖章均齐全,时间也较及时,签证事由是真实的,但增加的外墙脚手架工程量却不能给予计算,因为脚手架增加是施工方自身方案的原因,并非由于工程中外墙工程量的增加而引起,因此不能计算。对于属于措施费性质的签证需要正确判断,如果是属于一个有经验的承包商应该预见到的措施,而在投标中漏报了、算少了,都将不能得到承认。

本签证单中的第二项模板工程量计算量是准确的,且它是由于混凝土工程的工程量增加而产生的,应该计算。

例 7-11

工程在审计竣工结算时,发现某部位出现了工程变更,有一张有建施双方盖章的变更图,同时该变更内容又有一手续齐全的现场签证单,签证单中只有一个工程量结果而无计算式,且无其他原始资料,有施工方、监理方、建设方三方代表签字盖章。但是按照变更图计算出来的工程量和签证结果却不一致,那么审计应以什么为准?

问题分析:对于现场签证单中的工程量签证,《司法解释》第 19 条规定:"当事人对工程量有争议的,按照施工过程中形成的签证等书面文件确认。承包人能够证明发包人同意其施工,但未能提供签证文件证明工程量发生的,可以按照当事人提供的其他证据确认实际发生的工程量。"根据该规定,如果是工程量签证,则应以工程量签证确定工程量。但是如果签证与设计变更反映的工程量不一致,则应以事实为依据,如果现场能够反映实际的工程量是与设计变更一致,按照物证效力(现场)优先于书证(签证)效力之规定,应以反映实际工程量的设计变更为准。

一般有了设计变更是可以不再需要现场签证的,只有当设计变更文件不能正确反映整个变更涉及的工程量时,才需要现场签证加以补充,签证当事人应负责签证工程量的准确性;当然如果合同约定:当发生了设计变更,双方应办理签证,则也应办理签证。

5) 材料与设备费的审查

材料与设备费用是整个工程造价中所占比例最大的部分,又是工程造价中最活跃的部分,如何审核材料价格,将材料费用控制在合理水平上,对整个工程造价的控制尤为重要。竣工结算材料价格审核的关键是审核材料价格的计算、调整是否按照合同约定进行。一般工程量清单计价的工程是固定综合单价,这个价格一般是不变的,材料的价格也是不变的,但为体现风险共担的原则,当施工期内主要材料的市场价格波动超过合同约定幅度时,则按照合同事先约定来调整材料价格和工程价款,调整的方法按照合同中商定的方法;如果合同没有约定或约定不明确时,则按照工程所在地建设行政主管部门的规定执行,审计人员应对材料价格变化的真实性进行审核,对调整材料费用计算的正确性进行审核。招标时有些材料采用的是暂估价,一般甲方列出暂估的材料单价及使用范围,乙方按照此价格来进行组价,结算时审计人员对这部分材料的价格、用量应认真审核。另外,工程中因工程变更、材料代用等情况下的材料均需要进一步审计。材料费用的审计重点在于对材料用量计算准确性和材料价格的真实性方面,主要有以下几方面:

(1) 主要材料消耗量数据是否准确,这主要通过材料分析得到,对钢筋应进行抽样计算分析,特别是有些项目签合同时钢筋是按含量计算的,结算时应按实调整计算。

(2) 审核材料价格的真实性。认真审核材料价格,搞好市场调研,是提高审计质量的一个重要环节。工程实践中大量施工合同关于材料价格约定的相关条款为:材料价格执行某省市某期价格信息,结算时主体结构中所用的材料价格及安装主材价格遵照此约定。而对于装饰装修工程中所用材料,由于品牌、档次的不同,价格也千差万别,价格信息中此部分价格缺失或者不能真实地反映工程中所用材料的实际情况。对于合同中没有约定的,一般处理办法为:有建设方签字确认的价格执行该价格,建设方无签字确认价格的参照同期市场价。审计过程中,应由施工方提供经建设方认可使用于该工程的材料品牌、档次的相关资料,然后根据这些资料有的放矢地进行市场调研,提高询价的工作效率。同时审计人员也应该清楚地知道,材料供应商的报价与实际的材料采购价会存在一定的差距。

(3) 材料代用和变更的审核,检查其是否有签证。对材料代用和变更手续的有效性进行审计,检查其手续是否是完善和有效的;另外注意价格的真实可靠性,检查其是否是施工期间的真实价格,材料市场波动变化较大,而建设工程生产周期又长,对这部分价格的审核要注意其使用的材料价格是否与工程施工的时间相吻合,是否与合同约定相一致。审计人员应严格按合同约定计算方法正确核定材料价格,同时对有疑问的材料价格还要认真做好市场询价调研,认真核实。

(4) 工程中设备与材料划分是否准确,计价方式是否符合合同约定。设备价格容易出现重复计列的问题。如某安装工程审计中曾发现,在一主变压器合同中已包括充氮灭火装置价 120 000 元,但又单列了该设备价,造成设备费的重复计入。另外设备和材料常出现重复计取运杂费,如有的设备按合同约定为运至现场价,结算中在该合同价的基础上又计取运杂费,造成费用的重复计算。

(5) 对甲供材及设备审计。在工程实施过程中,建设方常采取对主要材料自行采购后交付施工方使用的方式,以达到节约建设资金、提高资金使用效益的目的。对甲供材料及设备的审计首先应研究甲供材购销合同,了解甲供材数量与结算方法,审核甲供材及设备的用量是否准确,核对甲供材库存数量,审核有无多计欠供、少算超供材料的现象,返还的超供材料是否与所供材料品牌、规格、材质相符;如有则需查明原因,如果是施工单位多领用的,必须要求其退还或在结算中按多领数量扣除;如果是建设单位管理不善,分析其原因,如果有触犯法律的事情发生,应及时将线索移送司法机关。另外,也需审核甲供材及设备价格是否符合市场行情,特别是在有些国家投资的建设项目上,施工方一般对甲供材及设备是不会太关注的,审计人员应检查建设单位是否选用了最经济购进甲供材的方案,以防止建设单位以"甲供"的方式套取建设资金,损害国家利益。

6) 竣工结算与设计概算对比

这部分工作重点是在工程竣工结算审计的基础上,进行概算对比分析,查证超支和节约的原因。另外,在对该审计内容进行审计时,还应注意将造价部门的结算书与财务已入账的结算进行核对,审查是否有漏项和其他项目的结算挤占该项目的问题。通过对工程结算审计结果的分析,从根本上查找超概算及节约的原因,进而评价内部控制管理的有效性,真正发现企业的管理状况和存在的问题。

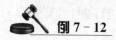
例 7 - 12

某小区住宅楼工程竣工结算审计案例。

某住宅小区一期工程,计 15 幢 6 层砖混结构住宅楼,建筑面积 47 850.00 平方米。该工程是采用工程量清单固定单价报价方式进行招标,合同结算方式为:固定单价不变,清单中工程量有误差的可以按实调整。变更签证部分工程量按实结算,单价按合同中已有适用于变更工程的价格,按合同已有的价格执行;合同中只有类似于变更工程的价格,可以参照类似价格执行;合同中没有适用或类似变更工程的价格,由承包人提出适当的变更价格,经招标人确认后执行。

审计过程中出现的问题及解决办法:

(1) 原承包方投标报价书有一分项工程不锈钢栏杆报价金额为0;在施工过程中发包人对此项目变更为铸铁栏杆,现结算审计时,承包人要求不锈钢栏杆项目按0扣减,铸铁栏杆项目按实计算。

审计意见:在招标文件中已规定承包人对招标人提供的工程量清单中每个子目都必须报价,即使个别项目不报价也认为含在其他项目中,因此,对此变更项目工程量按实结算,单价则按铸铁栏杆与不锈钢栏杆重新组价之差执行。

(2) 图纸设计屋面SBS卷材防水层为二层,工程招标时也未规定品牌,承包人在投标报价时对二层SBS综合单价报30元/平方米,在实际施工过程中,甲方只要求做一层SBS,取消一层,现结算审核时,承包方提出实际施工的一层SBS卷材是质量好的,仅材料单价就为20元/平方米(此价格发包方也已证明),应扣投标价与现一层SBS的差价。

审计意见:变更中发包人只要求取消一层SBS,并未指定SBS品牌和价格,因此,只能在原投标报价中扣除一层SBS的费用,而不考虑实际使用的SBS价格。

(3) 施工图纸设计阳台不封闭,在实际施工中,承包人为防止阳台雨天渗水,增加了一层防水涂料,竣工结算审核时,承包人认为这是为保证工程质量才增加的,发包人必须认可相关费用。发包人认为这是承包人自身行为,并不是发包人要求其做的。

审计意见:从合同结算原则讲,承包方因没有办理变更和签证手续,不应该计算。

(4) 工程中的商品砼和保温砂浆是甲方供应的材料,结算审核时,承包方要求收取甲供材现场保管费。

审计意见:根据本省计价表的规定,收取甲供材现场保管费的前提条件是发包人将材料运至施工工地仓库交施工单位保管,商品砼及保温砂浆虽然是甲供材,但属于到工地后即到即用的材料,不存在进仓库保管的费用,因此不应该收取现场保管费。

(5) 招标文件中注明铜芯线为甲供材,承包方的投标报价文件中主要材料表铜芯线量与工程量清单量一致,没有考虑相关损耗量,在甲供材结退时,承包人提出要按清单量加损耗量和施工余量进行结退。

审计意见:铜芯线的损耗量和施工余量承包方应在投标报价时考虑,如果没有考虑,视为让利给招标人或含在其他项目费中。

7.6.4 工程项目竣工结算审计方法

《内部审计实务指南第1号——建设项目内部审计》第35条规定,工程造价审计主要方法有:重点审计法、现场检查法、对比审计法等,实践中结算造价的审计方法与预算造价的审计方法总体是相似的,但由于竣工结算的特殊性,在竣工结算审计中使用较多的且效果也较好的有以下几种方法:

1) 全面审计法

全面审计法就是将工程竣工结算书及造价有关方的招投标、合同等文件对照图纸、变更、签证、实物、国家和地方定额、政策性文件进行全面审查,对有变化的工程量进行计算核实,对有变化的定额子目进行套用或换算,对有变化的材料数量及价格进行一一确定,对所有规费进行一一计取,然后直接得出审计定价。这种审计方法的优点是全面、细致,审计质量高,效果好;缺点是工作量相对较大,时间长。

2) 重点审计法

重点审计法主要适应于国内采用总价合同的工程,审计重点放在工程变更和索赔上,其结果是重点突出,所花费审计时间短,效果好。审计人员也可以利用其他审计方法手段作为补充,以保证审计的准确性、高效性。

3) 现场检查法

现场检查法是指对施工现场直接考察的方法,以观察现场工作人员及管理活动,检查工程量、工程进度、所用材料质量是否与设计相符,是否与其报审的相符。如某住宅工程项目,审计人员采用全面审计法对该工程进行了审计,在考察现场后发现该工程中原设计的进户门厅地面、楼梯面层、车库层内的通道地面均为花岗岩面层,而实际上该项目所有住宅仅仅是在进户门厅地面铺了花岗岩,其余均做成了水泥砂浆面层。但竣工图纸、报审结算资料及有关变更资料中都没有提到。另外,该项目中还存在楼梯防滑条未做但楼梯定额项目已包含了防滑条、铝合金窗铝材壁厚达不到设计要求等若干问题,这些问题若不是经现场检查,采用其他的审计方法是无法发现的。

审计竣工结算的方法有多种,审计人员在审计前,应收集与竣工结算有关的各种资料,明确审计重点,选取合适的审计方法,审计方法可根据情况采用一种或综合使用几种方法,目的是为取得好的审计效果。

例 7-13

案例背景:Y市某拆迁安置区工程规划建筑面积为20万平方米,该建设项目包括7栋多层住宅、24栋小高层住宅、1栋办公楼、2栋商业楼、地下人防2座(其中基坑开挖深度为5.5米)以及附属的公共配套设施工程、公共基础设施工程,工程建设预算总投资38 400万元。本项目由Y市政府(以下简称委托人)委托Y市某房地产公司(以下简称代建人)代建,合同中约定合同价款的方式为固定总价,合同约定的价款调整范围是政策性调整、不可抗力、设计变更或招标人要求变动的内容。项目于2011年4月18日开工,2013年10月工程竣工交付委托人。2013年12月代建人向委托人报送了结算文件。委托人委托某审计单位进行审核。审计单位接受委托后,按照相关法规、审计作业操作规程、审计委托合同的规定和要求组织专业人员对提供的结算资料进行审核,审核过程中发现的主要问题与审计意见如下:

(1) 深基坑支护费用的计取问题

代建人提出本项目基坑开挖深度为5.5米,按照《建筑地基基础工程施工质量验收规范》(GB50202—2002),属于三级基坑,必须对深基坑采取安全、合理的支护措施,而业主在工程招标时未提供深基坑支护的设计文件,深基坑支护费用无法准确报价,因此投标费用中不包括深基坑支护费用。合同条款中有"施工过程中,代建人遇到代建人认为是一个有经验的承包商不可预见的风险时,代建人应立即通知发包人及监理工程师"。代建人认为由于没有相关设计文件,实际情况是不可预见的,在施工过程中已及时通知了发包人和监理,代建人认为应当增加深基坑支护的费用237万。

审计分析与意见:该工程的工程量清单在"地基与基坑处理"部分约定:"按业主提供的图纸,投标人自行负责设计并建造完整的基坑支护系统,投标人根据自行设计的施工方案填报。"说明深基坑的设计和施工应该由代建人完成;本项目的施工图纸没有变更,作为有经验的承包商,明知道基坑需要开挖5.5米,应当清楚需要采取的支护措施,在投标时应考虑该部分费用。所以,代建人提出中标费用中不包括深基坑支护费用,不应成立。

(2) 设计变更后基础土方问题

本项目中多层住宅的基础形式为带形基础,根据工程量清单计价规范中工程量计算规则,不必考虑土方开挖的工作面与放坡,招标控制价与投标报价也都是按常规考虑挖地槽,无需大开挖。施工时根据设计变更,基础埋深加深了1.5米,代建人认为应按大开挖方式计算工程量,并执行相应的中标单价(人工挖地槽);委托方认为施工过程中代建人并没有由于设计变更而做出相应的施工方案变更,结算时无书面依据证实土方开挖的方式,只同意按挖地槽调整基础土方工程量,不同意按大开挖的工程量。

审计分析与意见:首先是土方工程量的问题。审计经与委托方的现场代表、监理工程师沟通了解,并查阅了施工日记等相关资料,证实由于基础埋深的增加,放坡后的开挖断面必然连在一起,中间无法留土,现场确实是以大开挖形式进行施工的。认为本着实事求是的原则,土方工程量按大开挖的工程量计量。

其次是综合价格的计取。代建人坚持按照工程量清单计价模式应该是固定单价合同,所以应执行中标价。审计不同意,理由是由于出现了设计变更引起的施工方案的变化,土方的开挖形式也发生了变化,即原投标时项目发生了变化,再按原"挖地槽"项目的中标价来计算"大开挖土方"费用显然不合理,因此,应按照大型土石方工程项目重新组价。

(3) 钻孔灌注桩泥浆制作与泥浆运输的计价问题

本项目中有相当数量的钻孔灌注桩,代建人认为钻孔灌注桩泥浆制作与泥浆运输项目,应当按照江苏省现行定额的计算规则:泥浆外运的体积等于钻孔的体积,以立方米计算,并套用相应的计价表子目计价。

审计分析:工程项目的招标控制价的编制与审核应当在综合考虑工程建设场地的实际状况和工程所在地当时常规的合理可行的施工方案的基础上按照法律法规、规范规程的要求进行工程计量计价。钻孔灌注桩按成孔工艺和成孔机械的不同,可分为多种方法施工,泥浆护壁是指泥浆在桩孔内吸附在孔壁上,将孔壁上的空隙填塞密实,防止漏水,保持孔内的水压,从而稳固土壁,保护孔壁免于坍塌。而该项目地质勘察报告显示场地的主要土层为黄黏土,采用机械钻孔时,成孔质量好,不易塌孔,可以采用干作业法施工或采用干作业伴以较少量的泥浆护壁施工,而且通过实例调查确认该项目在施工时是采用了干作业伴以较少量的泥浆护壁施工的。

审计结果:在咨询了工程造价管理机构专家后,委托方、代建人也认可了审计意见:以常规的合理可行的施工方案为基础进行计量计价(采用干作业伴以较少量的泥浆护壁施工)。

(4) 砖侧模的费用增加问题

结算资料中有一经设计方、监理方、发包方签字认可的技术核定单,其内容为原招标控制价中的桩承台砖侧模为120毫米厚,桩承台四周的液化土换填采用石灰土回填,施工时根据工程实际情况变更为1∶1砂石回填,代建人经认可的此部分实施方案的技术核定单中的砖侧模为240毫米厚,代建人以技术核定为依据要求委托人承担增加的砖侧模的费用。

审计分析与意见:桩承台砖侧模是施工措施费,招标控制价中的措施项目是招标人按常规施工方案编制,除安全文明施工费和规定的项目外的施工措施费具可竞争性,投标人采用了招标控制价中的施工措施方案,则应视为投标人自己的投标结果并对其负责。

另外灰土回填变更为砂石回填仅是回填的材料代换,从施工工艺来看,砂石回填施工时采用平板式振动器振实,而灰土夯填要使用打夯的方式夯实,打夯与振实相比,对砖侧模的冲击边更大,因此砂石回填对砖侧模的抗倾覆要求并不比灰土夯填要求的高,因此回填材料的变更并不能作为施工方案变更的原因。技术核定单是设计方、监理方及发包人对施工方案的认可,并不构成价款调整的依据。根据合同约定,除了工程设计变更,合同及施工图设计范围内的工程量不做调整,技术核定并不属于设计变更。因此,砖侧模的费用增加不认可。

(5) 材料价格上涨风险产生,相关费用是否调整问题

结算资料中,代建人根据Y市建材行业协会的"关于调整商品混凝土价格的通知"以及监理工程师对于涨价事实的确认要求调整商品混凝土价差。

审计分析意见:在本项目委托代建合同中对于材料的风险约定是:"施工期内除钢材价格上涨按照江苏省建设厅文件苏建价(2008)67号执行,其他材料均不调整。"按照该条款约定,代建人要求调整商品混凝土价差的依据是不充分的。建材行业协会的材料调价通知只是材料供应商与采购人之间就材料价格变化按照其双方所签订的材料采购合同的相关约定来确定是否调整供货价或采购价,材料采购合同的当事人与委托代建合同的当事人没有直接的联系,代建人对于材料的采购行为是委托代建合同所赋予的自主权。监理工程师对于砼调整后价格的确认也只是对涨价事实的认定,而是否调整该差价则需要按照合同的约定执行。

代建人接受了审计的解释意见,但同时提出之所以出现涨价,是因为委托人在签订协议后未能在合同约定的时间向代建人提交场地,使得工程延期开工所致。审计认为,如果材料涨价是委托人的原因造成的,则涨价材料的价差调整依然不适用委托代建合同中该项材料价格调差的约定,而属于工程索赔的范畴,代建人应当依据代建合同的相关约定,按照索赔的程序提出索赔报告,并出示索赔的证据及索赔的金额和价格的计算依据。在审计协调下,委托人与代建人本着实事求是的原则就该事件的原委进行了回顾、澄清,最终确定了该事项所造成的合同当事人损失的补偿办法。

(6) 部分项目取消后利润补偿问题

本项目中的小高层项目原设计中防水级别高于多层住宅、办公楼和商业楼的防水级别,在施工时委托人让设计方做了变更,取消了小高层项目中的屋面卷材防水项目。委托方提出该变更是非承包人原因造成,应计取该项目的管理费和利润补偿;委托方不同意。

审计分析意见:当发包人提出的工程变更非承包人原因删减了合同中的某项原定工作或工程,致使承包人发生的费用或(和)得到的收益不能被包括在其他已支付或应支付的项目中,也未被包含在任何替代的工作或工程中时,承包人有权提出并应得到合理的费用及利润补偿。本工程中委托人取消屋面卷材防水项目的情况,符合这一情形,因此本着公平、公正的原则,审计方协调委托方、代建人计取了屋面卷材防水项目的部分利润。

(7) 变更现浇有梁板综合单价问题

本项目中的办公楼工程现浇有梁板工程量变更较大,原设计中现浇有梁板的体积为

700立方米左右,后期由于设计变更该体积增加为950立方米。由于工程量变化较大,因此审计人员提出变更增加的有梁板综合单价应调整,代建人认为合同中条款明确约定结算时综合单价不调整,提出该现浇有梁板的综合单价不应调整。

审计分析意见:本工程招标文件中规定风险范围以外合同价款调整方法是:由工程设计变更或招标人要求变动的内容引起的工程量清单中,已有项目的工程量的增加或减少,其相应综合单价不变,若该分部分项工程量变更超过15%,则综合单价由承包人或发包人另行商定,工程量据实增减;类似于投标工程的价格,可以参照招标时类似的综合单价。变更或增项工程价格参照本工程预算子目,有相同子目按投标报价计算,无相同子目按类似计算。最终,按招标文件的约定,现浇有梁板变更工程量15%以内的执行原综合单价,15%以外的按审计人员审定的综合单价计算。

(8)工程类别的重新核定问题

本项目施工过程中,代建人请造价管理部门对该工程类别重新进行了核定,将地下人防工程由原三类工程核定为二类工程。工程结算时,代建人提出该部分项目的招标控制价是按三类工程计算的,因招标控制价是最高限价,所以投标时也只能按三类工程计价,而现在造价管理部门已核定为二类工程,因此,结算时应按二类工程费率调整,计取二类、三类工程费率的差价。

审计分析意见:本项目招标控制价是随招标文件同时发放的,是公开的。招标文件中说明:投标人对招标人公布的招标控制价有异议时,应在规定的时限内向招标人书面提出,招标人及时核实。经核实确有错误的,招标人调整招标人最高限价。而在整个招投标过程中,包括代建人在内的各投标单位均未对招标控制价、工程类别的问题提出异议。既然投标人在投标过程中从未对招标控制价的工程类别有异议,说明投标人对此是予以认可的。中标单位的投标价是投标人依据招标文件、招标工程量清单、工程设计文件及相关资料、施工现场情况及工程特点,结合自身的施工技术、装备和管理水平,依据有关计价规定自主确定,是投标人希望达成工程承包交易的期望价格。中标的投标价构成的合同价是招投标双方在工程价款方面达成的一致意见。

施工合同是工程建设过程中合同双方的最高行为准则,合同一经签订,双方必须全面地完成合同约定的责任和义务。造价管理部门对地下人防工程为二类工程的核定,只是反映了该工程实际的工程类别,并非合同价款调整依据。本工程合同已签订,是否调整工程价款,则应按照合同中工程价款调整的约定:"政策性调整、不可抗力、设计变更或招标人要求变动的内容。"很显然,因工程类别不同而涉及的价款调整,不在合同约定的价款调整范围内,故不应调整。

 例7-14　某某分局办公楼装修结算审核案例分析

某某分局办公楼装修工程于2006年项目竣工结算进行了审计,出现竣工结算价大大超出原先中标价的现象。该分局办公楼装修工程中标价为70.28万元,该工程最高限价为105.80万元。招标发包,采用的是最低价中标。施工方报审结算金额为587.699万元,另还有施工方工期索赔若干。

该工程经审计人员、甲方代表、施工单位造价人员现场实地检查丈量,依据省、市现行定额及有关文件规定,对该送审结算文件进行了全面审核,审定价 474.20 万元,核减 113.50 万元,总核减率 19.31%。在工程审核过程中,审计人员发现材料价格明显高于市场价,如室外火烧板花岗岩签证为 225 元/平方米,而该档次的花岗岩市场价仅 50 元/平方米左右;投标时的胶合板门是 80 元/樘,现在的镶板门是 920 元/樘;等等。但材料价格大多数经监理方、业主方代表签过字,按合同约定这种经三方认可的价格签证不再审核。审计中还发现有些签证中材料价格有后期改动、添加的迹象,且这些材料价格签证也是施工单位仅此一份,甲方、监理方却没有,但签证中的签字却是真实的,所以较难考究其内容的真实性。

后经甲方要求,按市场价再次进行审核(未经施工单位同意)。审计人员按市场调研价再次进行了审核,核减金额达到 197.8 万。但是施工方不同意按此价格结算,而甲方又不同意按核减 113.5 万结算,最后施工单位上诉法院,最终也是按核减 113.5 万结算。

1) 审计结果分析

对于工程结算大大超出中标价原因的分析:首先是因为甲方对工程的签证不够严谨,只要监理签过字,甲方也随之签字了事,不到市场上调查材料的价格,不对所签内容予以把关负责;监理极端的不负责任,目前许多项目监理只负有签工程量的权力,一般不负责材料的价格,但是本工程中许多材料价格都被签证了。其次在招标时甲方应该把材料的档次定好,而不至于让投标人在投标时乱报,以几乎买不到的材料价格来投标,如本工程中标价中:地砖(红梅)800 毫米×800 毫米单价为 10 元/块,地砖(红梅)400 毫米×400 毫米单价为 2.5 元/块,地砖踢脚线(红梅)120 毫米×600 毫米单价为 0.2 元/块,单面铝塑板投标价 8 元/平方米。或者评标时让投标人确认其价格来源的真实性及保证后期供货的可靠性。最后是合同实施过程中施工单位不断地变更——材料变更、设计变更、增加装修内容等,这三方面原因导致结算大大超出了投标价。

对于该项目存在的问题,甲方不应该在工程竣工结算时才要求审计单位进行审核,而是应在工程投标时就让审计介入,进行全过程跟踪审计,这样能有效减少投资,提高投资效益。

2) 审计建议

(1) 在工程实施过程中规范招标投标活动,加强合同管理

一般工程项目施工费用占用整个工程造价的 60% 以上,施工阶段对工程造价的影响很大。当前工程项目在招标投标中正在广泛使用工程量清单计价,由投标人视自身的技术、管理水平和劳动生产率以及市场价格进行自主报价。为了中标,投标人会认真研究招标文件及工程量清单和图纸,根据招标文件精神,抓住招标文件中的漏洞和瑕疵,力争中标。中标后,承包商会想方设法降低工程成本,以至于个别承包商偷工减料。因此在工程实施阶段规范招投标活动、加强合同管理是工程造价控制的重点之一。实施阶段对项目的管理和工程造价的控制重点可放在招投标活动的细节和施工合同具体条款的实施和控制上。

(2) 建议建设单位在工程实施过程中优化设计,减少后期变更

设计是否合理对控制工程造价具有重要的作用和影响。设计质量和功能是否能满足使用要求?是否采用了先进的、合理的设计?是否能缩短项目建设工期、节省投资?是否能降低今后的生产成本、经营费用?对设计图纸的先进性、合理性的审核工作都很重要。

对于一个施工图已经设计好的单项工程,造价已基本确定。作为造价跟踪审计人员应在满足使用功能的前提下,向建设单位提出建议:对图纸进行优化,选用适度超前、经济合理、安全可行的设计方案。设计方案优化可采用价值工程理论,在满足功能或者尽量提高功

能的前提下降低成本。

(3) 加强设计变更的审查

设计变更是施工阶段影响工程造价的一个重要因素。设计变更是工程变更的一部分,因而也关系到进度、质量和投资控制。所以加强设计变更的管理,对确保工程质量、工期和控制造价具有重要意义。

设计变更应尽量提前,变更发生得越早则损失越小。若在设计阶段变更,则仅需修改图纸,其他费用尚未发生,只有些许损失;若在实施初期阶段变更,不仅需要修改图纸,而且设备、材料还须重新采购;若施工阶段变更,除上述费用外,已施工的工程还须拆除,势必造成重大损失。所以要严格控制设计变更,尽可能把变更控制在施工准备前。特别是对工程造价影响大的设计变更,要先算账,后变更。严禁通过设计变更扩大建设规模,增加建设内容,提高建设标准。

设计变更发生后,其审查尤为重要。设计变更无论是由哪方提出,均应由监理部门会同建设单位跟踪审计、设计单位、施工单位协商,经确认后由设计部门发出通知,并由监理工程师办理签发手续后付诸实施。设计变更审查应注意以下几点:

① 提高功能或者降低造价等优化设计的,应予变更。

② 新技术日新月异,原设计已落后或者不能满足新要求的,应予变更。

③ 确属原设计不能保证工程质量要求,设计遗漏和确有错误及与现场不符无法施工非改不可的,应予变更。

④ 一般情况下,即使变更可能在技术上是合理的,也应全面考虑变更后所产生的效益与现场变更增加的费用和可能引起的索赔等所产生的损失,加以比较,权衡轻重后再做决定。

⑤ 坚决杜绝未做好开工准备,设计深度不够,招标文件和承包合同不完善,造成边设计、边施工、边更改的变更。

⑥ 坚决杜绝内容不明,没有详图或者其具体使用部位,而只是简单增加材料用量的变更。

(4) 严格索赔报告或签证的审查

跟踪审计人员应熟悉和掌握工程技术,对不合理的索赔报告或者签证不应盲目确认;对有疑问的索赔报告或者签证应经建设单位和监理单位再次核实;对由施工单位填写的索赔报告或者签证,一定要认真核查;对施工单位在签证上巧立名目、弄虚作假、以少报多、蒙哄欺骗、遇到问题不及时办理签证、结算时相互扯皮的现象严格审查。有的施工单位为了中标,自动压价,为了保住自己的利润对包干工程偷工减料,对非包干工程进行大量的索赔,这类索赔报告应严格审查。对建设单位故意拖延索赔报告或者签证的确认或者对合理索赔报告亦不予认可的,应站在公正的立场上对建设单位阐明自己的观点,以利工程的顺利实施。

(5) 监督工程建设过程中施工、设备和大宗材料采购合同的签订和执行情况

让审计人员参加建设单位、监理单位、施工单位有关工程施工中的例会,及时掌握项目的施工进度和变更情况,参与重大变更事项专题会议,并做好翔实记录;让审计人员了解监理签发的设计变更、工程联系单和签证的实施情况。

让审计人员协助业主方及时审核设计变更、现场签证等发生的费用,相应调整造价控制目标;并向业主提供造价分析报告;审计人员对设计变更、联系单和签证引起的造价变化也应及时向委托方和设计单位报告,并提供书面的造价控制分析报告。

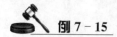
例 7-15

案例背景：某商住楼工程位于 Y 市市中心，由沿街的 2 幢地上二层、地下一层的框架结构商铺和 3 幢 6~9 层短肢剪力墙结构的住宅楼构成，总建筑面积 24 701.7 平方米。本工程采用公开招标的方式进行招标，固定总价合同，合同价为 4 450.48 万元，合同约定工程变更、国家政策变化等合同价款可以调整。本工程于 2011 年 8 月 18 日开工，2012 年 12 月 20 日施工单位按照合同约定递交了竣工结算资料，2013 年 6 月 10 建设单位委托某咨询单位，审核经过其内审后的竣工结算，其重点是建设单位内审时建设单位和施工单位的争议部分，送审总价为 5 424.5 万元。审计方按照相关法律法规、合同文件等依据，本着实事求是的原则，对结算资料进行了认真审核，经过与建设方和施工方的多次协调沟通后，最终达成了一致意见形成最终审核意见。

(1) 地下室顶板是否应按抗渗砼计价问题

本项目商铺部分的地下室顶板，在原图纸设计中为普通砼，未要求采用抗渗砼，地上室底板、墙板采用抗渗砼。在图纸会审中，施工方提出："砼膨胀系数不同，该如何施工？"设计单位答复："地下室底板、墙板、顶板以及后浇带除满足设计要求的抗渗等级外，另加膨胀剂。"于是，施工方将地下室底板、墙板、顶板以及后浇带均按抗渗砼施工，并提出相应的变更索赔，该项索赔费用合计为 65 万元。

审计分析与意见：设计单位的答复是针对施工方提出的"砼膨胀系数不同，该如何施工"而给出的，且答复中"满足设计要求的抗渗等级"只能说明砼达到图纸设计要求的抗渗等级即可，并未说明一定要按抗渗砼施工；而设计文件中对地下室顶板砼并无抗渗要求，因此结算中地下室顶板可按设计部门的审图答复增加膨胀剂费用，不考虑增加砼的抗渗费用。施工方对该项答复理解有误，导致地下室顶板实际使用了抗渗砼，所产生的超出合同价格以外的费用索赔不予认可。

(2) 防火门定价问题

本工程中防火门的结算单价由建设方用价格核定单的方式确定，施工方根据核定单的有关定价"丙级防火门 400×1 500、600×1 500 单价为 625.3 元/樘"认定 1 平方米以内的丙级防火门的价格均为 625.3 元/樘，故项目中用量多且面积较小的如 400×800 丙级防火门也按 625.3 元/樘计入总价。建设方认为施工方的价格推导方式不合理，应参考甲方同类型定价并按合理测算方式得出的价格计入结算。

审计意见与结果：建设方的价格核定单定价"丙级防火门 400×1 500、600×1 500 单价为 625.3 元/樘"可作为 400×800 丙级防火门定价参考依据之一，但不能因此认定该规格的防火门应按 625.3 元/樘计价。随着防火门的尺寸部分的减小，每平方米的材料用量相应减少，但分摊到每平方米的人工、机械耗用量会增加。故尺寸相近的 400×1 500、600×1 500 防火门定价一致，适用于尺寸在一定范围内的实际防火门制作情况，对于尺寸减小较多的 400×800 丙级防火门，因材料用量减少较多，不能抵消由此增加的单位人工、机械耗用量。经过认真测算并由甲乙双方协商，最终按 350 元/樘计入结算。

(3) 阳台玻璃栏板和住宅内护窗栏杆因材质变更问题

施工过程中建设方将阳台玻璃栏板、住宅内护窗栏杆的材质做了变更，施工方在对单价有变更的栏板、栏杆项目进行结算调整时,对相应工程量(因合同内工程量计算有误)也进行了调整。建设方根据固定总价合同的原则对于该调整方式不予支持。

审计分析与意见:根据固定总价结算的原则,承包方需对工程变更、国家政策变化等以外的风险承担责任。对于阳台玻璃栏板、住宅内护窗栏杆,建设方要求变更材质,由此产生的单价变化属于建设方的责任范围,所以建设方应承担相应的单价变更索赔;而工程量为原图纸用量,并没有变更,所以承包方应承担由于投标报价时工程量计算误差而产生的风险,不能再进行索赔。因此,该项目只可调整单价。

(4) 标准层增加一套模板费用问题

为赶工期,建设方口头要求施工单位对住宅楼一层标准层增加一套模板,并承诺相应费用由建设方支付。于是施工方要求按一层标准层的一套模板的购置费用计算索赔。而对于建设方现场的口头指令,施工方没有完善签证资料,但建设方认可了施工方确实是按指令增加模板加快了施工进度,同意补贴适当的赶工费用。

审计意见:该项费用属于甲方施工过程中指令不明而产生的争议。施工方要求增加一层标准层的一套模板的购置费用不适合,因为该工程模板的实际摊销总量并未因赶工期而增加,实际产生的损失,是多购进一套模板而发生的财务费用及模板制作损耗费用的相应增加,故最终由甲乙双方协商按此两项费用进行合理补贴。

(5) 规划外墙方案的变更引起的措施项目索赔问题

因政府规划外墙方案的变更使得工程暂停90天,导致工程现场的垂直运输机械、外墙脚手架处于闲置状态,施工方提出了相应索赔费用,但索赔的费用远远超出实际损失费用,建设方不予认可。

审计分析与意见:该项目停工90天是建设方的原因造成,所以应赔偿施工方相应的工期损失及费用损失。因停工涉及的费用损失主要为外墙脚手架、塔吊的窝工费用及停工期间的人工窝工费用,根据相关规定:租赁机械的窝工费一般按实际租金计算。审计过程中,施工方提供了塔吊的租赁协议,故塔吊按停工期间的实际租金及人工损失给予补偿;而脚手架,施工单位未能提供相关资料证明实际租赁费用,故按《江苏省建筑与装饰工程计价表》的相关规定计算,参照当时定额该部分编制说明,20米以内的外墙双排砌墙脚手架周期按5个月即150天编制,所以本脚手架项目的索赔计算方法为:将外墙脚手定额中安拆人工、非周转材删除后形成的脚手架单价×投标书中的外墙脚手工程量×90/150。

(6) 井点回灌费用的计取问题

井点回灌的费用,施工方按工程签证的套天套用轻型井点降水的安装拆除及使用定额,并按合同说明将定额中电的消耗量换成水的消耗量计价,建设方内审人员多方取证认为该计价极不合理。

双方合同约定:"井点回灌套用井点降水子目及计算规则,将井点降水子目中的电调换为水(数量不变)。"根据本工程井点回灌的施工方案及现场自来水表用水量的记录,回灌用水以地下水为主,回灌初期为保证回灌水源的质量使用少量自来水。因定额中井点降水使用费主要由机械费中的射流井点泵的台班消耗量、用电量产生。而井点回灌使用费的形成,是回灌用水的处理费用及可能产生的真空泵的机械台班、用电量等的费用,此费用与射流井点泵的使用费比较相对较低。故在回灌定额缺项的情况下,一般常用井点降水定额代替回灌定额,用定额中射流井点泵的费用补贴回灌用水的处理费用及真空泵的机械台班、用电量等的费用。

根据本工程测算(自来水管的布置已按签证另外计价),将回灌的签证套天数直接套用井点降水使用定额所产生的结算费用已大大地超出了施工单位的实际使用成本,施工方已有较大的利润空间。施工方利用合同条文的不严谨处"将井点降水子目中的电调换为水(数量不变)"做文章,将套用井点降水产生的 10 万度的用电量(单价为 0.81 元)完全换成 10 万立方米的用水量(单价为 4 元),严重偏离该项用水量的实际情况(该工程中水表读数合计为 2 352 立方米)。

审计意见:双方合同该条款明显有失公平,根据相关法规,应为可变更合同。综合分析,该项费用按常规计算方法结算是公正公平、合理合法的。

(7) 未按合同约定施工的问题

审计发现在设计图纸中有关于室外道路/雨污水管道化粪池,门卫房、垃圾房、垃圾箱和小区围墙等项目,合同价中门卫房、垃圾房、垃圾箱等合计费用为 25 万元,而在已通过竣工验收的工程现场仅见一个 3 平方米大小的简易彩钢板房和散置的 8 只塑料垃圾筒。实际施工与设计要求严重不符,实际施工价值与合同中约定价值极不相当。施工方认为这是固定总价合同,且已通过竣工验收,项目无变更签证资料,合同价不应予以调整。

审计处理意见:会同有关各方代表现场勘查,做现场勘查记录,并签字确认;再根据相关合同条款:"若……以次充好,不按图施工,偷工减料,招标人有权降低造价或罚款(按质论价)",审计人员对现场的门卫房和垃圾桶重新进行了价格测算,计入结算总价,同时将其合同价 25 万元全部扣减。

(8) 隐蔽工程未施工部分问题

本项目中户外道路设计为:200 毫米厚 C30 砼路面,200 毫米厚碎石垫层,200 毫米厚 12‰灰土垫层。结算审计时据有关方反映:其中 12‰灰土垫层没有施工(该分部分项工程费为 59 740.89 元),但无施工签证资料说明,且目前建设方、施工方对这部分结算并无异议。本着客观公正、实事求是的原则,审计人员对此做了核查。

审计处理意见:作为竣工结算审核人员,要确认隐蔽工程的实际是否按图施工是有一定难度的,因此审计以书面形式向业主提出要求,要求业主现场代表通过设计、监理、施工单位等当时现场工作人员核实,并由业主在调查的结果上签字盖章。回复证明了原设计 200 毫米厚 12‰的灰土垫层确实没有施工。最终从结算价中扣除了这部分的相应计价。

 例 7-16 某建设项目跟踪审计

案例背景:某住宅小区,由 10 幢 11~18 层剪力墙结构的住宅楼、一幢地下一层车库组成,总建筑面积 94 000 平方米,其中有 4 幢住宅楼坐落于地下室之上,地下车库建筑面积为 18 500 平方米。项目概算总投资 3 亿元,资金来源全部为国有,计划工期 500 天,均为工程量清单招标,固定总价合同。合同价款调整约定是:设计变更和现场签证、清单工程量承包商承担±3‰的风险;材料价格风险按江苏造价部门相关文件规定。跟踪审计单位在项目施工招标阶段开始介入,跟踪审计的主要任务是审查招标文件、工程量清单与招标控制价,对招投标过程中易出现的问题,提出针对性建议;施工阶段造价控制。以下是在施工阶段跟踪审计中出现的几个主要问题及最终解决方案。

(1) 井点降水费用问题

地下车库部分施工过程中基坑支护形式做了改变,施工单位提出,在施工井点降水时比原投标计划多用了 5 套井点,因此提出应在结算中增加该部分费用。

审计处理意见:跟踪审计人员经仔细分析施工单位原井点降水布置图与现场最终实际布置图,认为施工单位在投标时基坑支护按放坡考虑,实际施工中部分基坑支护为搅拌桩,但是基坑顶部长度并没有因基坑支护形式的改变而增加,所以井点长度也不应增加。实际施工时增加的井点长度,是由于施工单位投标时考虑不足、对现场勘察不仔细造成,因此不该增加相应费用。

(2) 桩基施工时,施工方现场安排 3 台静力压桩机进行压桩,导致现场进度缓慢

建设方、监理方要求桩基单位增加一台桩机进场施工以加快施工进度,施工方以"合同中未明确规定桩基施工机械的台数"为由不同意,多次催促无果。

审计人员发现合同中虽未明确桩基施工机械的台数,但施工方投标施工组织设计中现场应安排 5 台静力压桩机,投标报价中计取了 4 台静力压桩机的进出场费,于是要求其至少增加一台静力压桩机进场施工,加快施工进度,否则将扣除一台静力压桩机机械进退场费用。后施工方增加了一台静力压桩机。

(3) 桩基偏位的设计变更单

桩基施工过程中,设计方出具了一张部分桩基偏位处理的设计变更单,施工方认为设计院出具的设计变更应由业主方承担相关费用,因此提出增加相关费用。

审计处理意见:该设计变更单的出现是由于施工方定位错误导致部分桩位偏移,为保证基础受力不变、结构的安全,设计方出具了相应变更。因此变更产生的费用应由引起过错的一方即施工单位承担。这也表明不是所有设计院出具的设计变更都应由业主方来承担费用。

(4) 基坑水泥搅拌桩支护费用问题

本项目部分住宅的基坑土方开挖施工单位在投标时是按土方放坡考虑,施工时提出采用水泥搅拌桩支护,该施工方案的变更得到了监理方的认可。于是施工方以地基部分为承包人不可预见风险范围,且变更施工方案已得批准为由要求增加基坑支护费用。

审计意见:土方的放坡与采用搅拌桩支护其实质都是为基坑顺利、安全施工所采取的措施,其费用应属于施工措施费,而不是该工程的实体部分费用,因此该费用应在投标时考虑;本项目基础部分并没有产生任何变更,也没有出现不可预见的地质情况,因此不存在"不可预见风险"的情形,监理方的代表认可了该施工方案的安全性、可行性。而且江苏造价管理部门规定:"对安全防护、文明施工有特殊要求和危险性较大的工程,需增加现场安全文明施工措施及方案论证、审查等费用的,由施工单位在措施费中单独计取。"因此,施工方提出的增加基坑水泥搅拌桩支护费用不予支持。

(5) 地沟砌筑与拆除费用的签证

在原设计方案中,地下车库的地面做法为"200 毫米素土回填、200 毫米钢筋混凝土地坪",地下室地面排水沟为砖砌地沟。施工过程中,业主要求取消车库地面的回填土,改为直接在基础底板上做 200 毫米厚细石混凝土地坪,并将砖砌地沟取消。施工方提出已完成的地沟砌筑及拆除费用的签证。

审计处理意见:审计方结合现场实际情况并查看相关资料后发现:变更下发时现场地沟

确实已经砌筑完成;但是在变更单下发前两周的工程例会上,业主代表已经口头通知承包人地库地面做法将会改变,并要求所有涉及地库地面的工作暂停,此内容已经记入会议纪要并由施工方进行了签收;审计查看现场施工图片及施工日记后发现例会召开时地沟并未开始砌筑。因此可认定地沟砌筑和拆除费用完全是由于承包人内部管理原因造成,因此不计取。

(6) 部分未施工也无变更项目费用的扣除

跟踪审计人员发现施工单位在施工过程中对一些不显著影响工程结构及使用功能的工序采取不施工做法,该部分内容在隐蔽后不再能发现,如地下室底板防水找平层、外墙防水找平层、顶板防水找平层等工序,施工单位从施工面平整和实际操作性两方面综合考虑,均未施工,也未办理变更手续。现场审计人员针对这种情况做好相应的记录及留有影像资料,并及时在每月进度款中扣减了该部分费用。

(7) 砖渣清理的签证

绿化施工中发现外围墙和前期某楼中间有约200米×9米的区域内存在大量砖渣需要清除,施工方提出此部分砖渣清理费用的签证。

审计处理意见:经现场查看,此范围内确实存在大量砖渣,但是砖渣分布明显存在两个区域。紧靠围墙的约5米宽的区域中,砖渣分布密集且基本在表层土以下。其余地方的砖渣分布相对稀疏且基本都在地表。根据以往工作经验,跟踪审人员认为围墙周边区域内的渣土可能是一期施工或者征地拆迁过程中所遗留的,可以列入本次签证范围计取费用;建筑周边由于土方开挖时已经将表层土挖除外运,不可能在现场残留砖渣,所以这是施工方施工过程中所产生的建筑垃圾,不应列入签证范围。

跟踪审计由于较早介入工程,更能触接工程实施的真实面,本着公平、公正的理念,实事求是地维护合同的严肃性,以体现审计的客观公正。但跟踪审计人员也应注意自己的职责与权限,在工作过程中可以从审计角度提出审计建议,但不应"越俎代庖"去做其他工作。

8 工程项目财务审计

8.1 工程项目财务收支审计概述

8.1.1 工程项目财务管理审计流程

结合我国基本建设项目的实际情况,工程项目财务审计流程可划分为审计准备阶段、实施阶段和终结阶段,主要流程如图 8-1 所示。

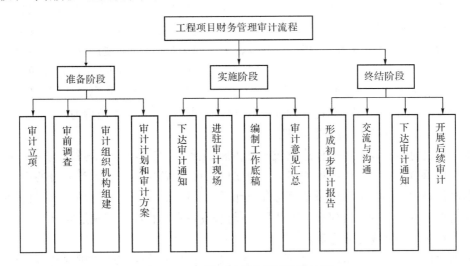

图 8-1 工程项目财务管理审计流程

8.1.2 工程项目财务收支审计的重点

工程项目财务收支审计是对与工程项目有关的财务收支活动和财务状况进行的审计,是建设单位概(预)算活动的重要内容。工程项目的财务收支活动贯串项目的全过程,所以工程项目财务收支审计活动要实现项目全过程跟踪审计,要根据实际情况分阶段地出具工程项目财务收支审计报告,不能等项目竣工后再进行财务收支审计。

工程项目财务收支审计是工程项目审计的核心内容,以合规性审计为主导,围绕资金运行路线,从资金的筹措到投入使用、分配和回收等逐步展开。在进行工程项目财务收支审计时,重点要关注以下几个审计重点。

(1) 工程项目准备阶段的资金运用情况的审计

工程项目准备阶段的资金使用主要集中在土地征用、拆迁安置、各类费用补偿、现场清理和"七通一平"等方面。所以,工程项目准备阶段审计的重点是工程项目建设用地是否符合批准的数量、土地征用是否符合规划部门审批的要求、征用土地的用途是否符合审批要求、土地征用的拆迁安置费用的支出和管理情况以及现场清理和"七通一平"等前期费用支出情况。

(2) 工程项目资金筹措、到位和使用情况的审计

工程项目资金来源有多种渠道，包括财政预算拨款、建设单位自有资金、通过金融机构借贷、发行债券融资、国际金融组织和国外政府贷款等方式。工程项目资金筹措、资金到位和使用情况审计不仅关系到建设到位资金的合理使用和项目建设的合法性，同时还关系到项目建设其他利益相关者的合法权益。审计监督的重点包括：工程项目建设资金来源是否合法，是否牵涉非法集资、强行摊派或不合理收费，工程项目建设资金总量和分期投资额数量是否符合工程建设需要，工程建设资金是否按照资金使用计划及时到位，建设资金使用情况是否符合相关规定，是否有非法转移、挪用或侵占建设资金情况，有无混淆核算建设资金和生产资金现象等。

(3) 工程建设成本和其他财务收支核算的审计

工程建设成本是工程项目建设投入的主要方面，工程建设成本核算能有效地分析总结建设资金投入的有效性。审计监督的重点包括：工程价款结算的时间、方式和结算的真实有效性，各类财务报表的真实性，待摊投资超支幅度及原因分析，待摊费用支出的合理性，工程项目建设成本的合理归集，单位工程成本的计算方式和合理性，生产费用和建设成本的区分及有无存在混淆现象，工程项目收入来源的合法性和准确性，资金分配和使用的准确性，往来款项的真实合法性，工程项目交付使用资产核算情况，有无其他违纪行为。

(4) 工程项目材料、设备采购管理的审计

工程项目材料和设备在工程建设成本中占较高比例，工程项目材料和设备的采购包括业主采购和承包商自行采购两种类型。工程项目材料、设备采购管理审计监督的重点包括：材料和设备等物资的数量和质量是否符合设计要求、材料和设备采购计划要求，材料和设备采购时间是否符合工程项目建设进度计划、材料和设备采购程序是否满足要求等。

(5) 工程项目应缴税费的审计

工程项目应缴纳的税费内容包括：营业税、城市维护建设税、教育费附加以及地方教育附加、工程定额测定费、安全生产鉴定费、建筑管理费、劳动保险费等。税费审计监督的重点包括建设单位是否按照国家有关规定及时、足额地计提和缴纳各项税费。

(6) 工程项目健康、安全、环保情况的审计

工程项目建设具有累积效应，大规模的工程项目建设必然会给周边生态环境造成影响。为了有效地进行管理，国家有关行政主管部门和地方政府相继出台了各类政策，目的是减小工程项目建设对环境造成的影响。审计监督的重点包括：工程项目设计、施工、运营等各环节是否执行了国家有关环境保护的政策和法律法规，工程项目环境治理工作是否与项目建设同步进行等。

8.2 工程项目财务收支审计过程

工程项目财务收支审计过程包括：工程项目资金来源的审计、基本建设支出审计、工程项目设备和材料采购审计、工程项目基本建设收入审计、工程项目税费审计、工程项目交付使用资产审计、工程项目建设单位财务报表审计。

8.2.1 工程项目资金来源审计

(1) 工程项目资金来源分类

工程项目资金来源大致可以分为5类：

① 财政预算拨款。财政预算拨款是指由国家或地方财政拨入建设单位无偿使用的建设资金。根据财政预算拨款的概念，拨付资金来源有两个：一是中央财政，另一个是地方财政。尽管两种资金拨付的性质类似，但在当前分税制改革的制度背景下，这两种资金拨付方式会直接影响到地方政府的经济利益。概念中的建设单位是指行政事业单位、没有还款能力的企业和经过批准的特殊的建设单位。另外由中央财政拨款的工程项目一般属于非经营性项目，即项目建成后一般不产生经济效益，按照国家规定，非经营性资金主要用于中央各部门直接举办的无经济收入的文化、教育、卫生、科研等建设和水利水电工程中的防汛抗旱和河道治理等。

② 建设单位自有资金。建设单位自有资金是指建设单位为工程项目建设专业配备的资金额。根据国家现行规定，各种行政事业经费、各种租赁资金、企业应上缴税金和利润、流动资金、更新改造基金和大修理基金不得用于自筹投资建设项目；不得通过向企业摊派的方式筹集资金；不得占挤成本；不得采取提价或变相提价方式筹集资金。

③ 金融机构贷款。金融机构贷款是指建设单位按规定条件向金融机构借入的有偿使用的基本建设资金。金融机构贷款种类包括：国家开发银行投资贷款、国家专业投资公司委托贷款、商业银行贷款、其他投资贷款等。一般情况下，商业银行贷款和私人资本贷款还款利率高于其他形式，并且对项目的审查比较严格，而国家开发银行和国家专业投资公司的贷款利率较低，主要用于扶持经济欠发达地区的基础设施项目或者关系到民生的工程项目。私人资本贷款与商业银行贷款相比，商业银行贷款利率相对稳定并且贷款数额总量较大，私人资本贷款具有不稳定性，要根据项目实施的具体情况确定，项目实施环境、存款利率、项目类型、投资风险大小等都会影响私人资本贷款利率。

④ 发行债券融资。发行债券融资的种类有：国家发行债券、企业上市融资和地方政府发行债券。企业发行债券是指企业通过上市的方式进行融资，用于企业的发展和项目建设。在我国，目前只有中央政府具备发行债券的权利，中央政府通过发行债券将融得资金用于基础设施建设，一定程度上缓解了国家建设资金的压力。地方政府发行债券目前并不是合法形式，但是地方政府面临着基础设施和民生工程建设的巨大资金缺口，而总量巨大的社会闲散资本为地方政府的项目建设融资提供了前提条件，所以部分地方政府已经尝试通过多种方式变相进行项目建设融资。

⑤ 国际金融组织和国外政府贷款。国际金融组织贷款主要是指世行和亚洲开发银行贷款，世行和亚洲开发银行对项目审查严格，对项目类型的限制也比较大，操作规范，项目立项周期较长，一般用于关系民生的基础设施项目。国外政府贷款项目是由国外政府提供的利息较低或无息的援助性贷款。

(2) 工程项目资金来源审计的目的

工程项目资金来源审计的目的是为了确认项目资金来源种类，为后期项目审计确定方向。工程项目资金来源审计的目的包括：

① 确定建设资金的完整性。建设资金充分和完整性关系到项目供应商、咨询机构和承包商的直接利益，是项目建设成功度的重要考核指标。完整性审计是确定各项建设资金来源中形成的建设资金是否完整，是否符合工程建设需要。

② 检查资金来源的真实性。工程项目立项审批条件中资金来源是基本条件之一，建设单位为了项目的批准和立项可能存在虚假资金来源的情况。资金来源审计必须要审查工程项目建设需要的各项资金来源是否真实存在。

③ 检查资金来源的合理合法性。检查处理各项资金来源业务的会计处理是否正确，资金的取得是否符合法律规定，被审计单位是否遵守了有关债务契约的规定。

④ 检查资金到位时间和契约及工程进度的吻合度。资金到位时间必须符合契约规定，资金来源反映在正确的会计期间。另外，要根据工程进度计划、劳动力使用计划、材料设备购置计划检查各项资金到位时间能否满足工程建设需要。

(3) 工程项目资金来源审计的程序

工程项目资金来源审计的程序包括：

① 收集和整理与工程项目资金来源审计有关的资料。收集和整理过程中注意各种工程项目资金来源收集的完整性和全面性，对已收集的材料，应根据资料类型制作资料清单，将已提供资料装订成册并编制未提供资料清单。

② 调查了解工程项目资金来源的情况。调查内容包括：项目是否实行项目法人责任制，项目法人是否负责筹集到了工程项目建设所需的资金；是否实行项目资本金制度，国家资本金到位情况；是否有地方政府或其他部门的配套资金，配套资金的落实情况；是否有完整的总投资计划和分期投资计划，投资计划的落实情况；是否存在基建拨款，基建拨款的计划、程序、到位情况；是否存在借用外资，外资到位情况等。

③ 审查各类资金来源的真实性和合规性。审查内容包括：基建拨款总额、基建借款总额、拨入投资总额、企业债券总额、待冲基建支出、应付款总额、未交款总额、留成收入等。针对每项审查内容应详细列出审计目标和审计程序，在各项资金来源审计完成及确定留成收入后再进行资金来源合计。

④ 审查材料款、设备购置款、应付工程款的真实性和合规性。审查内容包括：审查应付材料款、设备购置款、应付工程款明细表，并与明细账、总账及财务报表核对，检查符合度。对内容异常的项目发出询证函，证实其真实性；对未回复的采用查阅合同、协议，核对验收单、订货单等替代审计程序，验证债务的真实性和准确性。从明细账中抽取一定项目，取得相关记账凭证和原始凭证，并执行相关审计程序，包括：审阅明细账、记账凭证摘要和金额，检查有无异常；检查应付材料款、设备购置款、应付工程款的入账依据是否充分，是否附有发票账单、验收入库单、工程价款结算账单和资产调拨单等，并是否与对应科目记录一致；检查应付材料款、设备购置款、应付工程款明细账是否存在借方余额；检查应付材料款、设备购置款、应付工程款是否在财务报表及报表说明中进行了恰当分类和充分揭示。

⑤ 审查其他应付工资和应付福利费的真实性和合规性。审查内容包括：复核应付工资、应付福利费明细表，并与明细账、总账及财务报表进行核对，检查符合性；对本期工资费用的发生情况进行分析性复核；检查工资、福利费的计提是否正确，分配方法是否与上期一致，并核对应付工资、应付福利费计提数与相关的成本费用项目是否一致；查明应付工资、应付福利费的披露是否正确。

⑥ 审查其他应付款等的真实性和合规性。审查内容包括：复核其他应付款明细表的正确性，并与明细账、总账及财务报表数进行核对；对金额较大、挂账时间较长的款项和异常项目发出询证函，证实其真实性；分析有借方余额的项目，查明原因，必要时做重分类调整；结合基建收入审计，核实有无将取得的基建收入在其他应付款挂账；结合设备材料采购审计，核实建设单位有无将供货单位退回余款或折让、折扣在其他应付款科目挂账；对非记账本位币结算的其他应付款项，检查其折算汇率是否正确；审查资产负债表日后的付款事项，确定有无及时入账的其他应付款事项；检查长期未结的应付款项，并做妥善处理；检查其他应付款是否在财务报表及报表说明中进行了恰当分类和充分揭示。

⑦ 综合评价工程项目资金来源的总体情况。

8.2.2 基本建设支出审计

基本建设支出是指工程项目在建设过程中所发生的各类实际支出。在建设单位会计报表中，基本建设支出分为交付使用资金和在建工程两部分。在建工程包括建筑安装工程投资、设备投资、待摊投资和其他投资 4 部分内容。以下为某工程项目资金占用审定表。

表 8-1 工程项目资金占用审定表

资金占用	项 目 名 称		
	报表数	调整数	调整后数
一、基本建设支出			
1. 交付使用的固定资产			
（1）固定资产			
（2）流动资产			
（3）无形资产			
（4）递延资产			
2. 在建项目			
（1）建筑安装工程投资			
（2）设备投资			
（3）待摊投资			
（4）其他投资			
二、应收生产单位投资借款			
三、拨付所属投资借款			
其中：待处理器材损失			
四、器材			
五、货币资金合计			
六、预付及应收款合计			
（1）预付备料款			
（2）预付工程款			
（3）预付大型设备款			
（4）应收有偿调出器材及工程款			

续表 8-1

项目名称			
资金占用	报表数	调整数	调整后数
(5) 应收票据			
(6) 其他应收款			
七、有价证券			
八、固定资产			
(1) 固定资产原值			
(2) 减:累计折旧			
(3) 固定资产净值			
(4) 固定资产清理			
(5) 待处理固定资产损失			
资金占用总计			

基本建设支出中,在建工程各项投资的审计程序为:

(1) 建筑安装工程投资审计

审查内容包括:复核建筑安装工程投资明细表,并与总账、明细账和会计报表进行核对,检查符合度;对照有关财务核算办法,检查建筑安装工程投资的科目设置是否恰当和合理,是否按照单项工程的单位工程进行明细核算;了解项目概算说明书、工程施工合同和年度投资计划内容,了解工程价款结算办法、材料供应方式、施工承包合同总金额、预付备料款、质量保证金等内容,并检查各项支出是否属于项目概算范围、会记记录的支出是否实际发生、与工程价款结算单是否一致、工程价款的结算程序是否合规、有无建设单位或监理单位的审核签证;对转入交付使用的资产科目的转出数额应取得交付使用资产明细表,检查是否经过批准,手续是否完备,转出数额是否正确;抽查单项工程计划进度和时间进度是否一致,完成时间、及投资额情况,落实是否与账面投资数相符;确认建筑安装工程投资是否在财务报表中进行了恰当分类和充分揭示。

(2) 设备投资审计

设备投资审计内容包括:复核设备投资明细表,并与总账、明细账、财务报表进行核对,检查符合性。依据有关财务核算办法,检查设备投资科目是否恰当、合理,是否按照规定要求设置明细科目,并按单项工程和设备、工具、器具的类别、品名、规格等进行明细核算。审阅设计概算说明书,审核发生的设备投资是否属于项目概算范围,有无概算外投资或挤占项目投资问题。检查不需要安装设备、工具、器具的记账凭证所附发票、银行结算单等单据是否齐全,数额是否正确,内容是否与明细科目相符。检查需安装设备是否依据设备出库单入账,并符合以下条件:设备基础、预埋件、支架等已经完成,设备安装图纸和相关技术资料完备,设备进场并检验检测完毕,吊装就位并开始安装。检查当年转出计入交付使用资产的设备投资批准情况,手续是否完备,核对与交付使用资产验收交接清单的一致性。抽查部分设备并进行现场考察,确认设备与账面记录相符。检查设备投资是否在财务报表中进行了恰当分类和充分揭示。

(3) 待摊投资审计

依据基本建设支出审计的特殊要求,待摊投资审计的内容包括:复核待摊投资明细表,并与总账、明细账和财务报表进行核对,检查其符合性;检查待摊投资内容明细科目的设置是否与会计制度规定相符,建设单位管理费是否按费用项目进行明细核算;抽查部分项目的记账凭证和原始凭证,基础待摊投资发生的内容是否真实,是否符合国家有关规定,并属建设单位承担范围;检查分摊转出投资是否准确,分摊比例是否合理,并与竣工决算清单的相关记录一致;检查待摊投资是否在财务报表中进行了恰当分类和充分揭示。

(4) 其他投资审计

审计内容包括:复核其他投资明细表,并与明细账、总账和财务报表进行核对,检查其符合性;查阅项目设计概算,并与复核后的其他投资明细表进行核对,检查所发生的房屋购置、各项基本支出、办公生活家具设备购置、固定资产购置、无形资产和递延资产是否属于概算范畴,是否与概算所确定的内容、数量和标准相符,是否应有该项目支出;查阅其他投资明细账,检查科目设置是否恰当,投资支出是否按照会计制度进行正确分类,并进行明细核算;查阅有关合同及相关协议,明确双方的权利、义务内容,合同标的物的价格、付款方式、付款时间等是否按照合同约定进行,抽查有关记账凭证及所附银行支付单、收款单位开具的发票、收据等原始凭证,检查有关其他投资支出是否真实发生,是否符合项目的事实计划,各项进展程序是否完备和合法,会计处理是否符合会计制度规定;对其他投资贷方转出数额,要检查是否经过有关部门批准,并与有关部门办理交接验收手续,与交付使用资产表中记录是否一致;检查其他投资是否在财务报表中予以恰当分类和充分揭示。

8.2.3 工程项目设备和材料采购审计

为了配合工程项目的施工进展,合理利用建设场地,确保工程建设资金使用的最优化,建设单位应根据工程进行需求编制项目设备和材料采购计划。工程项目设备和材料采购计划中设备选型、材料种类和数量、设备价格及材料进场时间是最重要的考虑因素。

1) 工程项目设备采购审计

工程项目设备采购审计内容包括:复核设备采购明细表,并与有关明细账、总账和财务报表进行核对,检查其符合性;查阅建设单位编制的设备采购供应计划,审查计划采购的设备、工具、器具的种类、规格、型号、数量等,与建设项目设计概述中编列的设备清单相核对,检查项目所采购的设备是否符合概述范围,重点检查有无采购预算范围之外的设备;审查设备采购合同的合法性和合规性,根据部门规章和行业规范要求,对需要进行招投标的大型设备检查是否按照规范要求通过招投标方式选择供货单位,招投标过程是否规范,有无违法或违规行为;查阅设备采购明细账、记账凭证及有关银行付款单、销货单位发票等原始凭证,检查设备采购入账金额是否正确,设备采购成本的核算是否正确;检查设备采购是否在财务报表中进行恰当分类和充分揭示。

2) 工程项目材料采购审计

工程项目材料采购审计内容包括:复核材料采购清单,了解主要材料供应单位、数量及价格等内容,并与明细账、总账和财务报表等进行核对,检查其符合性;查阅材料采购供应计划,检查主要材料种类、数量、规格等,检查材料采购及进场时间是否满足工程建设进度需要,重点审查材料采购的有效性和设置合理的损耗率;查阅材料采购招投标情况和材料采购合同文件,审查材料采购中对供货单位选择是否合理,建设单位与供货商签订合同时有无遵循经过批准的基本建设计划和材料采购供应计划,有无认为指定材料供应单位等违规行为,材料价格和市场价格的符合程度;核对付款凭证、销货发票等会计资料,检查购进材料的价款计算是否正确,材料价款和运杂费付款情况,检查材料的采购费用是否真实,所发生采购费用是否全部入账;检查材料采购成本计算是否正确,买价、运杂费和采购保管费是否全部计入,有无漏列或者挤占材料采购成本;检查材料采购是否在财务报表中进行充分揭示。

8.2.4 工程项目基本建设收入审计

工程项目基本建设收入审计的目的:明确基本建设收入范围,各项收入取得是否合法,税金缴纳和留成收入分配是否合规,核实与基本建设有关的成本、费用的真实性,核实基本建设成本费用和收入是否全部到账。

工程项目基本建设收入审计的内容包括:复核基本建设收入明细表,并与总账、明细账及财务报表有关数据进行核对,检查其符合性。检查会计账簿设置是否符合会计制度的规定,收入、成本和费用、税金、留成收入分成等核算是否符合会计制度。抽取一定数量的销售发票,检查开票、记账、发货日期是否相符,品名、数量、治理、规格、单价、金额等是否与发票凭证等一致,确定基本建设收入已正确计价。实施基本建设收入的截止测试,可采取三种方法:一是以账簿记录为起点进行测试,从报表日前后若干天的账簿记录查至记账凭证,检查发票存根与发运凭证,证实已入账收入是否在同一期间开具发票并发货,有无多计收入;二是以销售发票为起点进行测试,抽取若干张在报表日前后开具的发票存根,追查至发运凭证和账簿记录,确定已开具发票的货物是否已发货并与同一会计期间确认收入,查明有无漏计收入;三是以发运凭证为起点进行测试,抽取若干张在报表日前后开具的发运凭证,追查至销货发票存根和账簿记录,确定基本建设收入是否已入账。查阅应交基本建设收入明细账中有关费用记录及相关的会计记账凭证、银行支付单等会计资料,检查成本、费用是否真实,并符合会计制度规定的开支范围,检查试生产期间是否违反规定计提了固定资产折旧。查阅国家规定的建设项目试运行期,或经项目设计文件审批机关批准的试运行期,检查有无超过批准的试运行期,试运行期之外的经营收入不得作为基本建设收入。检查工程项目各项索赔和违约金等是否按规定首先用于弥补项目损失,结余部分才作为基建收入。检查各项基建收入是否按规定缴纳了销售税金和所得税,将所得税后收入作为建设单位留成收入。检查留成收入是否按规定比例使用,即70%用于组织和管理建设项目方面的开支,30%用于职工奖励和福利。检查基本建设收入及留成收入是否在财务报表中进行了充分披露。

8.2.5 工程项目税费审计

工程项目税费审计着重在建设单位税费征收范围,税率计算,有无偷漏、少交税金现象,各项所交税费是否真实发生,有无虚列税费问题等。

工程项目税费审计的内容包括:复核应交税费明细表,并与总账、明细账和财务报表有关数据进行核对,检查符合性;查阅建设单位纳税鉴定或纳税通知,相关征集、减免税费的批准文件,了解适用税种、计税基础、税率以及征集、减免税费的范围和期限与本工程项目是否吻合,确认本项目应交纳税费的内容;查阅税务部门下达的代扣代缴施工单位营业税通知,检查建设单位与施工单位办理的工程价款结算单,核实代扣营业税计算是否正确,是否按照征收期限及时入账,检查建设单位代缴营业税完税凭证,落实是否及时、足额缴纳,是否按规定进行了会计处理;结合基本建设收入审计,核实基建净收入是否准确,落实基建净收入应计提所得税是否正确,查阅交纳所得税的会计凭证及纳税申报、税收缴款单等原始凭证,核实实际交纳税费是否及时、足额,是否按规定进行了会计处理;检查应交车船牌照税和房产税计算是否正确,是否及时交纳;对实行基建投资包干节余的项目,应取得建设单位与主管部门圈定的基建投资包干合同或协议,核实计提的投资包干节余是否与合同规定相符,所计提投资包干节余的会计处理是否正确,检查投资包干节余的支用及上交业务的记账凭证及有关原始凭证,核实投资包干节余的使用及上缴是否合法,会计处理是否正确;检查建设单位有关税费是否在财务报表中进行了恰当分类和充分披露。

8.2.6 工程项目交付使用资产审计

工程项目交付使用资产审计的主要目的:确认工程项目投资形成的交付使用资产确实存在,并在竣工验收后移交给生产经营单位;确认工程项目投资形成的交付使用资产符合设计概算所确定的建设内容,未超出设计概算范围;工程项目交付使用资产的数量、价值证券,财务报表中反映的数额与账簿、凭证等会计记录相一致。

工程项目交付使用资产审计的主要内容包括:复核交付使用资产明细表,并与总账、明细账和财务报表的有关数据进行核对,检查符合性;审查交付使用资产明细账,检查账簿设置是否符合相关会计制度的规定,是否按规定设置了固定资产、流动资产、无形资产和递延资产明细科目,按资产类别和名称进行明细核算,并抽查部分会计记账凭证和原始凭证,检查有无资产划分不清、互相混淆的现象;查阅工程项目设计概算,与交付使用资产明细表核对,检查所交付使用资产是否属概算范围,有无建设概算外项目或购置概算外设备,对全部完工项目,还要检查概算中所列项目是否建设完成,有无自行减少建设内容;查阅工程项目竣工决算资料,对照各类投资明细账,检查交付使用资产计价的正确性,房屋、建筑物、管道等固定资产成本应包括建筑工程成本和应分摊的待摊费用,动力设备和生产设备等固定资产成本应包括设备采购成本、安装工程成本、设备基础/支柱等建筑工程成本或砌筑锅炉及各种特殊的建筑工程成本,应分摊的待摊投资;运输设备及其他不需要安装设备、器具、工具、家具等固定资产和流出资产成本,一般仅计算采购成本,不分摊待摊投资;无形资产和递延资产的成本,一般按取得或发生时的实际成本计算,不分摊待摊投资;检查建设单位使用基建投资构建的建设期间自用的固定资产,是否按规定计入了交付使用资产;检查交付使用资产在财务报表中是否进行了恰当分类和充分披露。

8.2.7 工程项目建设单位财务报表审计

1) 资金平衡表审计

工程项目建设单位资金平衡表审计的主要目的:审查建设单位财务报表在所有重要方面都公允地反映了项目财务状况、项目建设进度和项目资金收支情况,会计期间内发生的会计事项已被计入财务报表中,没有发生遗漏、隐瞒经济业务和会计事项;建设单位在编制会计报表时,在会计计量、所采用会计政策、会计核算办法、报表填报方法上前后一致。

工程项目建设单位资金平衡表审计的内容包括:对比本年度和上年度的报表说明,抽查有关会计记录,检查报表编制遵循的会计政策、选用的会计方法是否与上年度一致;对照经审计的上年度财务报表,查明本年度财务报表的期初数是否与前一年度期末数相一致,如有差异,应查明原因,并提请项目建设单位在财务报表中予以说明;对照资产管理、工程建设台账等有关业务记录,审查报表的整体合理性和反映内容的完整性;核对总账、明细账和有关报表,检查报表内各项目是否与总账、有关明细账、各子项目单位报送的报表一致;审查各报表项目在报表中的列示是否正确;审核报表项目于其他报表的钩稽关系是否正确;根据年末国家公布的外汇汇率,审查财务报表中外币折算是否正确,使用汇率是否合规;复核报表中小计、合计的计算是否正确。

2) 基建投资表审计

工程项目建设单位基建投资表审计的目的:检查建设单位编制财务报表的合法性和合规性,审查建设单位财务报表是否在所有重要方面都公允地反映了项目财务状况、项目建设进度和项目资金收支情况,会计期间内发生的会计事项是否已被计入财务报表中,是否发生遗漏、隐瞒经济业务和会计事项;建设单位在编制会计报表时,在会计计量、所采用会计政策、会计核算办法、报表填报方法上是否前后一致。

工程项目建设单位基建投资表审计的内容包括:核对设计概算或投资计划,审核基建投资表中所列示的工程和费用项目是否相符,所列示概算投资数是否与概算一致,并按单项工程反映工程投资情况;核对上年报表和本年度投资来源明细账,审核所列示基建投资拨款及借款累计是否正确,各资金来源是否正确填列,有无混淆不同渠道资金来源的现象;核对上年报表和本年度投资支出明细账,审核投资支出累计是否正确,对已移交资产和在建工程及其他基建支出检查是否正确,已移交资产是否按财务制度进行正确分类列示;基础基建投资表中的有关内容是否与其他报表中的对应项目一致,符合钩稽关系;加计复核横栏合计、纵列合计是否计算正确。基本投资表如 8-2 所示。

表 8-2 基建投资表

项目编号	工程项目名称	项目规模	项目性质	项目类型	项目用途	开工日期	概算数	基建投资借拨款									基本建设支出							备注
								累计	国家拨款			国家资本	法人资本	基建投资借款			累计	已移交资产				在建工程	待核销基建支出	转出投资	
									小计	国债专项资金补助	单位拨款			小计	国债转贷资金	企业债券资金		固定资产	流动资产	无形资产	递延资产				
1	2	3	4	5	6	7	8	9	10	11	12	13	14	15	16		17	18	19	20		21	22	23	24

续表 8-2

项目编号	工程项目名称	项目规模	项目性质	项目类型	项目用途	开工日期	概算数	基建投资借拨款							基本建设支出								备注
								累计	国家拨款			基建投资借款			已移交资产					在建工程	待核销基建支出	转出投资	
									小计	国债专项资金补助	单位拨款	国家资本	法人资本	小计	国债转贷资金	企业债券资金	累计	固定资产	流动资产	无形资产	递延资产				

注:(1) 项目规模:大型;中型;小型及其他。
(2) 项目性质:新建;扩建;续建;其他。
(3) 项目类型:经营性项目(实行项目法人责任制);经营性项目(未实行项目法人责任制);非经营性项目。
(4) 项目用途:按项目建成后的实际用途填列。

3) 待摊投资明细表审计

工程项目建设单位待摊投资明细表审计的目的:检查待摊投资明细表的合法性,工程项目建设单位有无按照国家法律法规相关规定及会计准则、会计制度的要求编制相关报表,报表结构、内容是否符合要求;检查工程项目建设单位财务报表的公允性,审查建设单位财务报表是否在所有重要方面都公允地反映了项目财务状况、项目建设进度和项目资金收支情况,会计期间内发生的会计事项是否已被计入财务报表中,是否发生遗漏、隐瞒经济业务和会计事项;检查工程项目建设单位财务报表的一致性,建设单位在编制会计报表时,在会计计量、所采用会计政策、会计核算办法、报表填报方法上是否前后一致。

工程项目建设单位待摊投资明细表审计的内容包括:审阅待摊投资明细表所列费用项目是否与建设单位会计制度规定的待摊投资费用项目一致;核对待摊投资明细表中各费用项目投资完成数与待摊投资明细账是否相符,核对待摊投资明细表中合计数与待摊投资总账数字是否相符,核对待摊投资明细表合计数与基建投资表中所列待摊投资是否相符;与工程项目明细概算所列费用项目核对,检查有关项目是否存在异常,并进一步查明原因。待摊投资明细表如表 8-3 所示。

表 8-3 待摊投资明细表

项 目	行次	本年数	累计数
1. 建设单位管理费			
2. 土地征用及迁移补偿费			
3. 勘察设计费			
4. 研究实验费			
5. 可行性研究费			
6. 临时设施费			

续表 8-3

项　　目	行次	本年数	累计数
7. 设备检验费			
8. 延期付款利息			
9. 负荷联动试车费			
10. 包干节余			
11. 坏账损失			
12. 价款利息			
其中:资金占用费			
13. 减:财政贴息资金			
14. 减:存款利息收入			
15. 合同公证费及工程质量监理费			
16. 企业债券利息			
17. 土地使用税			
18. 汇兑损益			
19. 国外借款手续费及承诺费			
20. 施工机构转移费			
21. 报废工程损失			
22. 耕地占用税			
23. 土地复垦及补偿费			
24. 固定资产损失			
25. 器材处理亏损			
26. 设备盘亏及损毁			
27. 调整器材调拨价格折价			
28. 企业债券发行费			
29. 其他待摊投资			
30. 合计			
31. 已摊销数			

4) 基建借款情况表审计程序

工程项目建设单位基建借款情况表审计的目的:检查基建借款情况表的合法性,工程项目建设单位有无按照国家法律法规相关规定及会计准则、会计制度的要求编制相关报表,报表结构、内容是否符合要求;检查工程项目建设单位财务报表的公允性,审查建设单位财务报表是否在所有重要方面都公允地反映了项目财务状况、项目建设进度和项目资金收支情况,会计期间内发生的会计事项是否已被计入财务报表中,是否发生遗漏、隐瞒经济业务和会计事项;检查工程项目建设单位财务报表的一致性,建设单位在编制会计报表时,在会计计量、所采用会计政策、会计核算办法、报表填报方法上是否前后一致。

工程项目建设单位基建借款情况表审计的内容包括:审阅基建借款情况表所列要素是否与国有建设单位会计制度规定的报表项目一致,各要素是否完整;核对上年度基建借款情况表,检查年初借款余额与上年度报表的年末借款余额是否一致;核对基建借款明细账,检查各项借款来源的本年实际借款数、本年还款数是否相符;加计合计栏、年末借款余额是否及时正确;检查基建借款情况表与资金平衡表有关数字是否相符,符合钩稽关系。基建借款情况表如表8-4所示。

表8-4 基建借款情况表

借款种类	行次	年初借款余额	本年实际借款数		本年还款数		本年贷款转资本金数		本年豁免数		年末借款余额
			本金	利息	本金	利息	本金	利息	本金	利息	
		1	2	3	4	5	6	7	8	9	10
1. 基建投资借款合计	1										
(1) 拨改贷投资借款	2										
(2) 国家开发银行投资借款	3										
其中:用软贷款安排的投资借款	4										
(3) 国家专业投资公司委托借款	5										
其中:基建基金委托借款	6										
其他委托借款	7										
(4) 部门统借基建基金借款	8										
(5) 部门基建基金借款	9										
(6) 国债转贷资金	10										
(7) 特种拨改贷投资借款	11										
(8) 商业银行投资借款	12										
(9) 煤代油投资借款	13										
(10) 停缓建维护费借款	14										
(11) 国外借款	15										
(12) 其他投资借款	16										
2. 国内储备借款	17										
其中:中央基建储备借款	18										
3. 周转借款	19										
4. 生产自立借款	20										
合计	21										

5) 投资包干情况表审计

工程项目建设单位投资包干情况表审计的目的:检查投资包干情况表编制的合法性,工程项目建设单位有无按照国家法律法规相关规定及会计准则、会计制度的要求编制相关报表，报表结构、内容是否符合要求；检查工程项目建设单位财务报表的公允性，审查建设单位财务报表是否在所有重要方面都公允地反映了项目财务状况、项目建设进度和项目资金收支情况，会计期间内发生的会计事项是否已被计入财务报表中，没有是否发生遗漏、隐瞒经济业务和会计事项；检查工程项目建设单位财务报表的一致性，建设单位在编制会计报表时，在会计计量、所采用会计政策、会计核算办法、报表填报方法上是否前后一致。

工程项目建设单位投资包干情况表审计的内容包括：审阅投资包干情况表是否符合国有建设单位会计制度规定的报表要素，核对工程设计概算，落实已完单项工程概述数是否与设计概算数一致，查阅建安工程投资、设备投资等科目及基建投资表，核对已完单项工程实际支出数是否正确、一致，计算已完单项工程概述节余数是否正确；核对上年度投资包干情况表和本年应上交投资包干节余科目有关会计记录，核实预提留用包干节余数、建设项目概述包干节约数是否正确；查阅投资包干节余的应上缴、归还基建借款及留用比例，计算核实应留用包干节余数、应归还基建借款包干节余数、应交财政和主管部门包干节余数是否正确，并与应交基建投资包干节余科目有关贷方发生数核对，检查已归还基建借款包干节余数、已交财政和主管部门包干节余数是否正确。

8.3 工程项目财务收支审计相关的法律法规

8.3.1 《中华人民共和国预算法》的规定

《关于修改〈中华人民共和国预算法〉的决定》已由中华人民共和国第十二届全国人民代表大会常务委员会第十次会议于 2014 年 8 月 31 日通过，2015 年 1 月 1 日起施行。

《中华人民共和国预算法》第 3 条规定："国家实行一级政府一级预算，设立中央，省、自治区、直辖市，设区的市、自治州，县、自治县、不设区的市、市辖区，乡、民族乡、镇五级预算。"

第 4 条规定："预算由预算收入和预算支出组成。政府的全部收入和支出都应当纳入预算。"

第 5 条规定："预算包括一般公共预算、政府性基金预算、国有资本经营预算、社会保险基金预算。

一般公共预算、政府性基金预算、国有资本经营预算、社会保险基金预算应当保持完整、独立。政府性基金预算、国有资本经营预算、社会保险基金预算应当与一般公共预算相衔接。"

第 9 条规定："政府性基金预算是对依照法律、行政法规的规定在一定期限内向特定对象征收、收取或者以其他方式筹集的资金，专项用于特定公共事业发展的收支预算。

政府性基金预算应当根据基金项目收入情况和实际支出需要，按基金项目编制，做到以收定支。"

第 10 条规定："国有资本经营预算是对国有资本收益做出支出安排的收支预算。

国有资本经营预算应当按照收支平衡的原则编制，不列赤字，并安排资金调入一般公共预算。"

第 13 条规定："经人民代表大会批准的预算，非经法定程序，不得调整。各级政府、各部门、各单位的支出必须以经批准的预算为依据，未列入预算的不得支出。"

第 14 条规定："经本级人民代表大会或者本级人民代表大会常务委员会批准的预算、预算调整、决算、预算执行情况的报告及报表,应当在批准后20日内由本级政府财政部门向社会公开,并对本级政府财政转移支付安排、执行的情况以及举借债务的情况等重要事项做出说明。

经本级政府财政部门批复的部门预算、决算及报表,应当在批复后20日内由各部门向社会公开,并对部门预算、决算中机关运行经费的安排、使用情况等重要事项做出说明。

各级政府、各部门、各单位应当将政府采购的情况及时向社会公开。"

第17条规定:"各级预算的编制、执行应当建立健全相互制约、相互协调的机制。"

第18条规定:"预算年度自公历1月1日起,至12月31日止。"

第19条规定:"一般公共预算收入包括各项税收收入、行政事业性收费收入、国有资源(资产)有偿使用收入、转移性收入和其他收入。

一般公共预算支出按照其功能分类,包括一般公共服务支出,外交、公共安全、国防支出,农业、环境保护支出,教育、科技、文化、卫生、体育支出,社会保障及就业支出和其他支出。

一般公共预算支出按照其经济性质分类,包括工资福利支出、商品和服务支出、资本性支出和其他支出。"

第36条规定:"各级预算收入的编制,应当与经济社会发展水平相适应,与财政政策相衔接。

各级政府、各部门、各单位应当依照本法规定,将所有政府收入全部列入预算,不得隐瞒、少列。"

第37条规定:"各级预算支出应当依照本法规定,按其功能和经济性质分类编制。

各级预算支出的编制,应当贯彻勤俭节约的原则,严格控制各部门、各单位的机关运行经费和楼堂馆所等基本建设支出。

各级一般公共预算支出的编制,应当统筹兼顾,在保证基本公共服务合理需要的前提下,优先安排国家确定的重点支出。"

第55条规定:"预算收入征收部门和单位,必须依照法律、行政法规的规定,及时、足额征收应征的预算收入。不得违反法律、行政法规规定,多征、提前征收或者减征、免征、缓征应征的预算收入,不得截留、占用或者挪用预算收入。

各级政府不得向预算收入征收部门和单位下达收入指标。"

第92条规定:"各级政府及有关部门有下列行为之一的,责令改正,对负有直接责任的主管人员和其他直接责任人员追究行政责任:

(一)未依照本法规定,编制、报送预算草案、预算调整方案、决算草案和部门预算、决算以及批复预算、决算的;

(二)违反本法规定,进行预算调整的;

(三)未依照本法规定对有关预算事项进行公开和说明的;

(四)违反规定设立政府性基金项目和其他财政收入项目的;

(五)违反法律、法规规定使用预算预备费、预算周转金、预算稳定调节基金、超收收入的;

(六)违反本法规定开设财政专户的。"

第93条规定:"各级政府及有关部门、单位有下列行为之一的,责令改正,对负有直接责任的主管人员和其他直接责任人员依法给予降级、撤职、开除的处分:

(一)未将所有政府收入和支出列入预算或者虚列收入和支出的;

(二)违反法律、行政法规的规定,多征、提前征收或者减征、免征、缓征应征预算收入的;

（三）截留、占用、挪用或者拖欠应当上缴国库的预算收入的；

（四）违反本法规定，改变预算支出用途的；

（五）擅自改变上级政府专项转移支付资金用途的；

（六）违反本法规定拨付预算支出资金，办理预算收入收纳、划分、留解、退付，或者违反本法规定冻结、动用国库库款或者以其他方式支配已入国库库款的。"

第94条规定："各级政府、各部门、各单位违反本法规定举借债务或者为他人债务提供担保，或者挪用重点支出资金，或者在预算之外及超预算标准建设楼堂馆所的，责令改正，对负有直接责任的主管人员和其他直接责任人员给予撤职、开除的处分。"

8.3.2 《国家重点建设项目管理办法》的规定

《国家重点建设项目管理办法》于1996年6月3日由国务院批准，1996年6月14日国家计划委员会发布。2011年1月8日根据《国务院关于废止和修改部分行政法规的决定》修订了《国家重点建设项目管理办法》。

《国家重点建设项目管理办法》第3条规定："国家重点建设项目的确定，根据国家产业政策、国民经济发展和社会发展的需要和可能，实现突出重点、量力而行、留有余地、防止资金分散、保证投资落实和基金供应的原则。"

第6条规定："国务院计划主管部门和有关地方人民政府计划主管部门，应当按照国家重点建设项目的建设工期，安排国家重点建设项目的年度投资计划。"

第7条规定："国家重点建设项目，实行建设项目法人责任制；国家另有规定的，从其规定。

建设项目法人负责国家重点建设项目的策划、筹资、建设、生产经营、偿还债务和资产保值增值，依照国家有关规定对国家重点建设项目的建设资金、建设工期、工程质量、生产安全等进行严格管理。

建设项目法人的组织形式、组织机构，依照《中华人民共和国公司法》和国家有关规定执行。"

第8条规定："根据国家重点建设项目的年度投资计划和合同，负有拨付建设资金责任的国务院有关主管部门、有关地方人民政府、银行和企业事业单位，应当按照项目的建设进度，保证拨付建设资金。"

第9条规定："国家重点建设项目的设备储备资金，各有关银行和部门应当优先安排。"

第10条规定："国务院计划主管部门和有关地方人民政府计划主管部门，在安排国家重点建设项目的年度投资计划时，应当预留一定比例的资金，用于国家重点建设项目建设过程中的特殊需要。"

第11条规定："任何单位和个人不得挪用、截留国家重点建设项目的建设资金以及设备储备资金。"

第15条规定："有关企业事业单位应当优先供应国家重点建设项目所需的设备、材料，按照合同的约定履行义务。"

第16条规定："任何单位和个人不得向国家重点建设项目收取费用；但是，法律或者国务院另有规定的，从其规定。

第 18 条规定:"为国家重点建设项目直接配套的项目,应当按照国家重点建设项目的建设进度,同步进行建设。为配套的项目提供资金的部门和单位,应当保证按照项目的建设进度拨付建设资金。"

第 23 条规定:"挪用、截留国家重点建设项目资金的,有审计机关、财政机关追还被挪用、截留的资金,予以通报批评,并提请有关主管部门对负有直接责任的主管人员和其他责任人员依法给予行政处分;构成犯罪的,依法追究刑事责任。"

8.3.3 《关于实行建设项目法人责任制的暂行规定》的规定

《关于实行建设项目法人责任制的暂行规定》第 1 条规定:"为了建立投资责任的约束机制,规范项目法人行为,明确其责、权、利,提高投资效益,依据《公司法》,特制定本规定。"

第 27 条规定:"按本规定,凡应实行项目法人责任制而没有实行的建设项目,投资计划主管部门不予批准开工,也不予安排年度投资计划。"

8.3.4 《国务院关于固定资产投资项目试行资本金制度的通知》的规定

《国务院关于固定资产投资项目试行资本金制定的通知》规定:"为了深化投资体制改革,建立投资风险约束机制,有效的控制投资规模,提高投资效益,促进国民经济持续、快速、健康发展,国务院决定对固定资金投资项目试行资本金制度。"

8.3.5 《财政违法行为处罚处分条例》的规定

《财政违法行为处罚处分条例》第 7 条规定:"财政预决算的编制部门和预算执行部门及其工作人员有下列违反国家有关预算管理规定的行为之一的,责令改正,追回有关款项,限期调整预算科目和预算级次。对单位给予警告或者通报批评。对直接负责的主管人员和其他直接责任人员给予警告、记过或者记大过处分;情节较重的,给予降级处分;情节严重的,给予撤职处分:(一)虚增、虚减财政收入或者财政支出;(二)违反规定编制、批复预算或者决算;(三)违反规定调整预算;(四)违反规定调整预算级次或者预算收支种类;(五)违反规定动用预算预备费或者挪用预算周转金;(六)违反国家关于转移支付管理规定的行为;(七)其他违反国家有关预算管理规定的行为。"

第 8 条规定:"国家机关及其工作人员违反国有资产管理的规定,擅自占有、使用、处置国有资产的,责令改正,调整有关会计账目,限期退还违法所得和被侵占的国有资产。对单位给予警告或者通报批评。对直接负责的主管人员和其他直接责任人员给予记大过处分;情节较重的,给予降级或者撤职处分;情节严重的,给予开除处分。"

第 9 条规定:"单位和个人有下列违反国家有关投资建设项目规定的行为之一的,责令改正,调整有关会计账目,追回被截留、挪用、骗取的国家建设资金,核减或者停止拨付工程投资。对单位给予警告或者通报批评,其直接负责的主管人员和其他直接责任人员属于国家公务员的,给予记大过处分;情节较重的,给予降级或者撤职处分;情节严重的,给予开除处分:(一)截留、挪用国家建设资金;(二)以虚报、冒领、关联交易等手段骗取国家建设资金;(三)违反规定超概算投资;(四)虚列投资完成额;(五)其他违反国家投资建设项目有关规定的行为。《中华人民共和国政府采购法》、《中华人民共和国招标投标法》、《国家重点建设项目管理办法》等法律、行政法规另有规定的,依照其规定处理、处罚。"

8.3.6 《国家重点建设项目管理办法》的规定

《国家重点建设项目管理办法》第 8 条规定:"根据国家重点建设项目的年度投资计划和合同,负有拨付建设资金责任的国务院有关主管部门、有关地方人民政府、银行和企业事业单位,应当按照项目的建设进度,保证拨付建设资金。"

第 9 条规定:"国家重点建设项目的设备储备资金,各有关银行和部门应当优先安排。"

第 10 条规定:"国务院计划主管部门和有关地方人民政府计划主管部门,在安排国家重点建设项目的年度投资计划时,应当预留一定比例的资金,用于国家重点建设项目建设过程中的特殊需要。"

第 11 条规定:"任何单位和个人不得挪用、截留国家重点建设项目的建设资金以及设备储备资金。"

第 18 条规定:"为国家重点建设项目直接配套的项目,应当按照国家重点建设项目的建设进度,同步进行建设。为配套的项目提供建设资金的部门和单位,应当保证按照项目的建设进度拨付建设资金。"

第 22 条规定:"未按照规定拨付国家重点建设项目资金的,由国务院计划主管部门予以通报批评,并提请有关主管部门对负有直接责任的主管人员和其他责任人员依法给予行政处分;地方投资的部分连续两年未按照规定拨付的,国务院计划主管部门有权停止审批该地方下一年度的新开工项目。未按照合同约定拨付国家重点建设项目资金的,应当承担相应的违约责任。"

第 23 条规定:"挪用、截留国家重点建设项目资金的,由审计机关、财政机关追还被挪用、截留的资金,予以通报批评,并提请有关主管部门对负有直接责任的主管人员和其他责任人员依法给予行政处分;构成犯罪的,依法追究刑事责任。"

第 24 条规定:"扰乱国家重点建设项目建设、生产经营秩序,致使其不能正常进行的,依照《中华人民共和国治安管理处罚法》的规定给予处罚;构成犯罪的,依法追究刑事责任。"

第 25 条规定:"国家重点建设项目工程因管理不善、弄虚作假,造成严重超概算、质量低劣、损失浪费或者责任事故的,由国务院计划主管部门予以通报批评,并提请有关主管部门对负有直接责任的主管人员和其他责任人员依法给予行政处分;构成犯罪的,依法追究刑事责任。"

8.3.7 《财政性基本建设资金效益分析报告制度》的规定

《财政性基本建设自觉效益分析报告制度》第 2 条规定:"财政性基本建设资金是指财政预算内和财政预算外用于基本建设项目投资的资金,包括:

(一)财政预算内基本建设资金;

(二)财政预算内其他各项支出中用于基本建设项目投资的资金;

(三)纳入财政预算管理的专项建设资金中用于基本建设项目投资的资金;

(四)财政预算外资金中用于基本建设项目投资的资金;

(五)其他财政性基本建设资金。"

8.3.8 《基本建设财务管理规定》的规定

《基本建设财务管理规定》第 3 条规定:"贯彻执行国家有关法律、行政法规、方针政策;依法、合理、及时筹集、使用建设资金;做好基本建设资金的预算编制、执行、控制、监督和考核工作,严格控制建设成本,减少资金损失和浪费,提高投资效益。"

第 5 条规定:"使用财政性资金的建设单位,在初步设计和工程概算获得批准后,其主管部门要及时向同级财政部门提交初步设计的批准文件和项目概算,并按照预算管理的要求,及时向同级财政部门报送项目年度预算,待财政部门审核确认后,作为安排项目年度预算的依据。

建设项目停建、缓建、迁移、合并、分立以及其他主要变更事项,应当在确立和办理变更手续之日起 30 日内,向同级财政部门提交有关文件、资料的复制件。"

第 6 条规定:"建设单位要做好基本建设财务管理的基础工作,按规定设置独立的财务管理机构或指定专人负责基本建设财务工作;严格按照批准的概预算建设内容,做好账务设置和账务管理,建立健全内部财务管理制度;对基本建设活动中的材料、设备采购、存货、各项财产物资及时做好原始记录;及时掌握工程进度,定期进行财产物资清查;按规定向财政部门报送基建财务报表。

主管部门应指导和督促所属的建设单位做好基本建设财务管理的基础工作。"

第 7 条规定:"经营性项目,应按照国家关于项目资本金制度的规定,在项目总投资(以经批准的动态投资计算)中筹集一定比例的非负债资金作为项目资本金。

本规定中有关经营性项目和非经营性项目划分,由财政部门根据国家有关规定确认。"

第 8 条规定:"经营性项目筹集的资本金,须聘请中国注册会计师验资并出具验资报告。投资者以实物、工业产权、非专利技术、土地使用权等非货币资产投入项目的资本金,必须经过有资格的资产评估机构依照法律、行政法规评估作价。

经营性项目筹集的资本金,在项目建设期间和生产经营期间,投资者除依法转让外,不得以任何方式抽走。"

第 9 条规定:"经营性项目收到投资者投入项目的资本金,要按照投资主体的不同,分别以国家资本金、法人资本金、个人资本金和外商资本金单独反映。项目建成交付使用并办理竣工财务决算后,相应转为生产经营企业的国家资本金、法人资本金、个人资本金、外商资本金。"

第 10 条规定:"凡使用国家财政投资的建设项目,应当执行财政部有关基本建设资金支付的程序,财政资金按批准的年度基本建设支出预算到位。

实行政府采购和国库集中支付的基本建设项目,应当根据政府采购和国库集中支付的有关规定办理资金支付。"

第 11 条规定:"经营性项目对投资者实际缴付的出资额超出其资本金的差额(包括发行股票的溢价净收入)、接受捐赠的财产、外币资本折算差额等,在项目建设期间,作为资本公积金,项目建成交付使用并办理竣工财务决算后,相应转为生产经营企业的资本公积金。"

第 12 条规定:"建设项目在建设期间的存款利息收入计入待摊投资,冲减工程成本。"

第 13 条规定:"经营性项目在建设期间的财政贴息资金,作冲减工程成本处理。"

第 14 条规定:"建设项目在编制竣工财务决算前要认真清理结余资金。应变价处理的库存设备、材料以及应处理的自用固定资产要公开变价处理,应收、应付款项要及时清理,清理出来的结余资金按下列情况进行财务处理：

经营性项目的结余资金，相应转入生产经营企业的有关资产。

非经营性项目的结余资金，首先用于归还项目贷款。如有结余，30％作为建设单位留成收入，主要用于项目配套设施建设、职工奖励和工程质量奖，70％按投资来源比例归还投资方。"

第15条规定："项目建设单位应当将应交财政的竣工结余资金在竣工财务决算批复后30日内上交财政。"

第16条规定："建设成本包括建筑安装工程投资支出、设备投资支出、待摊投资支出和其他投资支出。"

第17条规定："建筑安装工程投资支出是指建设单位按项目概算内容发生的建筑工程和安装工程的实际成本，其中不包括被安装设备本身的价值以及按照合同规定支付给施工企业的预付备料款和预付工程款。"

第18条规定："设备投资支出是指建设单位按照项目概算内容发生的各种设备的实际成本，包括需要安装设备、不需要安装设备和为生产准备的不够固定资产标准的工具、器具的实际成本。

需要安装设备是指必须将其整体或几个部位装配起来，安装在基础上或建筑物支架上才能使用的设备；不需要安装设备是指不必固定在一定位置或支架上就可以使用的设备。"

第19条规定："待摊投资支出是指建设单位按项目概算内容发生的，按照规定应当分摊计入交付使用资产价值的各项费用支出，包括：建设单位管理费、土地征用及迁移补偿费、土地复垦及补偿费、勘察设计费、研究试验费、可行性研究费、临时设施费、设备检验费、负荷联合试车费、合同公证及工程质量监理费、（贷款）项目评估费、国外借款手续费及承诺费、社会中介机构审计（查）费、招投标费、经济合同仲裁费、诉讼费、律师代理费、土地使用税、耕地占用税、车船使用税、汇兑损益、报废工程损失、坏账损失、借款利息、固定资产损失、器材处理亏损、设备盘亏及毁损、调整器材调拨价格折价、企业债券发行费用、航道维护费、航标设施费、航测费、其他待摊投资等。

建设单位要严格按照规定的内容和标准控制待摊投资支出，不得将非法的收费、摊派等计入待摊投资支出。"

第20条规定："其他投资支出是指建设单位按项目概算内容发生的构成基本建设实际支出的房屋购置和基本畜禽、林木等购置、饲养、培育支出以及取得各种无形资产和递延资产发生的支出。"

第21条规定："建设单位管理费是指建设单位从项目开工之日起至办理竣工财务决算之日止发生的管理性质的开支。包括：不在原单位发工资的工作人员工资、基本养老保险费、基本医疗保险费、失业保险费、办公费、差旅交通费、劳动保护费、工具用具使用费、固定资产使用费、零星购置费、招募生产工人费、技术图书资料费、印花税、业务招待费、施工现场津贴、竣工验收费和其他管理性质开支。

业务招待费支出不得超过建设单位管理费总额的10％。

施工现场津贴标准比照当地财政部门制定的差旅费标准执行。"

第22条规定："建设单位管理费实行总额控制，分年度据实列支。

建设单位管理费的总额控制数以项目审批部门批准的项目投资总概算为基数，并按投资总概算的不同规模分档计算。

特殊情况确需超过上述开支标准的,须事前报同级财政部门审核批准。"

第23条规定:"建设单位发生单项工程报废,必须经有关部门鉴定。报废单项工程的净损失经财政部门批准后,作增加建设成本处理,计入待摊投资。"

第26条规定:"建设项目隶属关系发生变化时,应及时进行财务关系划转,要认真做好各项资产和债权、债务清理交接工作,主要包括各项投资来源、已交付使用的资产、在建工程、结余资金、各项债权和债务等,由划转双方的主管部门报同级财政部门审批,并办理资产、财务划转手续。"

第27条规定:"基建收入是指在基本建设过程中形成的各项工程建设副产品变价净收入、负荷试车和试运行收入以及其他收入。

(一)工程建设副产品变价净收入包括:煤炭建设中的工程煤收入,矿山建设中的矿产品收入,油(汽)田钻井建设中的原油(汽)收入和森工建设中的路影材收入等。

(二)经营性项目为检验设备安装质量进行的负荷试车或按合同及国家规定进行试运行所实现的产品收入包括:水利、电力建设移交生产前的水、电、热费收入,原材料、机电轻纺、农林建设移交生产前的产品收入,铁路、交通临时运营收入等。

(三)其他收入包括:1.各类建设项目总体建设尚未完成和移交生产,但其中部分工程简易投产而发生的营业性收入等;2.工程建设期间各项索赔以及违约金等其他收入。"

第28条规定:"各类副产品和负荷试车产品基建收入按实际销售收入扣除销售过程中所发生的费用和税金确定。负荷试车费用计入建设成本。

试运行期间基建收入以产品实际销售收入减去销售费用及其他费用和销售税金后的纯收入确定。"

第30条规定:"建设项目按批准的设计文件所规定的内容建成,工业项目经负荷试车考核(引进国外设备项目合同规定试车考核期满)或试运行期能够正常生产合格产品,非工业项目符合设计要求,能够正常使用时,应及时组织验收,移交生产或使用。凡已超过批准的试运行期,并已符合验收条件但未及时办理竣工验收手续的建设项目,视同项目已正式投产,其费用不得从基建投资中支付,所实现的收入作为生产经营收入,不再作为基建收入。试运行期一经确定,各建设单位应严格按规定执行,不得擅自缩短或延长。"

第31条规定:"各项索赔、违约金等收入,首先用于弥补工程损失,结余部分按本规定第32条处理。"

第32条规定:"基建收入应依法缴纳企业所得税,税后收入按以下规定处理:

经营性项目基建收入的税后收入,相应转为生产经营企业的盈余公积。

非经营性项目基建收入的税后收入,相应转入行政事业单位的其他收入。"

第33条规定:"试生产期间一律不得计提固定资产折旧。"

第34条规定:"建设单位应当严格执行工程价款结算的制度规定,坚持按照规范的工程价款结算程序支付资金。建设单位与施工单位签订的施工合同中确定的工程价款结算方式要符合财政支出预算管理的有关规定。工程建设期间,建设单位与施工单位进行工程价款结算,建设单位必须按工程价款结算总额的5%预留工程质量保证金,待工程竣工验收一年后再清算。"

第35条规定:"基本建设项目竣工时,应编制基本建设项目竣工财务决算。建设周期长、建设内容多的项目,单项工程竣工,具备交付使用条件的,可编制单项工程竣工财务决算。建设项目全部竣工后应编制竣工财务总决算。"

第36条规定:"基本建设项目竣工财务决算是正确核定新增固定资产价值,反映竣工项目建设成果的文件,是办理固定资产交付使用手续的依据。各编制单位要认真执行有关的财务核算办法,严肃财经纪律,实事求是地编制基本建设项目竣工财务决算,做到编报及时,数字准确,内容完整。"

第37条规定:"建设单位及其主管部门应加强对基本建设项目竣工财务决算的组织领导,组织专门人员,及时编制竣工财务决算。设计、施工、监理等单位应积极配合建设单位做好竣工财务决算编制工作。建设单位应在项目竣工后3个月内完成竣工财务决算的编制工作。在竣工财务决算未经批复之前,原机构不得撤销,项目负责人及财务主管人员不得调离。"

第38条规定:"基本建设项目竣工财务决算的依据,主要包括:可行性研究报告、初步设计、概算调整及其批准文件;招投标文件(书);历年投资计划;经财政部门审核批准的项目预算;承包合同、工程结算等有关资料;有关的财务核算制度、办法;其他有关资料。"

第39条规定:"在编制基本建设项目竣工财务决算前,建设单位要认真做好各项清理工作。清理工作主要包括基本建设项目档案资料的归集整理、账务处理、财产物资的盘点核实及债权债务的清偿,做到账账、账证、账实、账表相符。各种材料、设备、工具、器具等,要逐项盘点核实,填列清单,妥善保管,或按照国家规定进行处理,不准任意侵占、挪用。"

第40条规定:"基本建设项目竣工财务决算的内容,主要包括以下两个部分:

(一) 基本建设项目竣工财务决算报表

主要有以下报表:

1. 封面
2. 基本建设项目概况表
3. 基本建设项目竣工财务决算表
4. 基本建设项目交付使用资产总表
5. 基本建设项目交付使用资产明细表

(二) 竣工财务决算说明书

主要包括以下内容:

1. 基本建设项目概况
2. 会计账务的处理、财产物资清理及债权债务的清偿情况
3. 基建结余资金等分配情况
4. 主要技术经济指标的分析、计算情况
5. 基本建设项目管理及决算中存在的问题、建议
6. 决算与概算的差异和原因分析
7. 需说明的其他事项"

第41条规定:"基本建设项目的竣工财务决算,按下列要求报批:

1. 小型项目

属国家确定的重点项目,其竣工财务决算经主管部门审核后报财政部审批,或由财政部

授权主管部门审批;其他项目竣工财务决算报主管部门审批。

2. 大、中型项目

中央级大、中型基本建设项目竣工财务决算,经主管部门审核后报财政部审批。"

第 42 条规定:"财政部对中央级大中型项目、国家确定的重点小型项目竣工财务决算的审批实行'先审核、后审批'的办法,即先委托投资评审机构或经财政部认可的有资质的中介机构对项目单位编制的竣工财务决算进行审核,再按规定批复。对审核中审减的概算内投资,经财政部审核确认后,按投资来源比例归还投资方。"

第 43 条规定:"基本建设项目竣工财务决算大中小型划分标准。经营性项目投资额在 5 000 万元(含 5 000 万元)以上、非经营性项目投资额在 3 000 万元(含 3 000 万元)以上的为大中型项目。其他项目为小型项目。"

第 44 条规定:"已具备竣工验收条件的项目,3 个月内不办理竣工验收和固定资产移交手续的,视同项目已正式投产,其费用不得从基建投资中支付,所实现的收入作为生产经营收入,不再作为基建收入管理。"

8.4 工程项目决算审计

8.4.1 工程结算与财务决算

1) 工程结算

工程结算是指施工企业(承包商)按照承包合同及招标投标文件确定的计价方式、清单价或计价定额,按照双方共同计量确认的已完工程量,向建设单位(业主)办理工程价款清算的经济文件。工程建设周期长,耗用资金数额大,为使建筑安装企业在施工中耗用的资金及时得到补偿,需要对工程价款进行中间结算(进度款结算)、年终结算,全部工程竣工验收后应进行竣工结算。工程竣工结算是施工单位与建设单位之间的清算工程款的依据。

结算价是发包方与承包方依据国家有关法律、法规和标准规定,按照合同约定的计价方式计算的工程的最终造价,结算价既包括完成合同规定内容的价,还包括项目变更、签证和索赔的价款。

2) 工程项目竣工决算

(1) 工程项目竣工决算的概念

工程项目竣工决算是指工程项目各单项(单位)工程在竣工验收合格、交付使用阶段,由建设单位编制的反映建设项目从筹建到竣工投入使用全过程实际费用的经济文件。工程项目竣工决算是综合反映工程项目从筹建到竣工的全过程的实际总投资、财务状况及其建设成果的总结性文件。

工程项目竣工决算由单项(单位)工程结算和征地拆迁费、前期工程费用、建设单位管理费、建设期项目贷款利息等建设期全部费用组成。

(2) 竣工决算的内容

竣工决算由"竣工决算报表"和"竣工情况说明书"两部分组成。建设规模不同,工程项目竣工决算的内容也有所差异。一般大、中型建设项目的竣工决算报表包括:竣工工程概况表、竣工财务决算表、建设项目交付使用财产总表和交付使用财产明细表等。而小型建设项目的竣工决算报表一般包括:竣工决算总表和交付使用财产明细表两部分。

除此之外,还可以根据需要,编制结余设备材料明细表、应收应付款明细表、结余资金明细表等,将其作为竣工决算表的附件。内容包括以下4个方面:

① 竣工决算报告情况说明书

竣工决算报告情况说明书主要反映竣工工程建设结果和经验,是对竣工决算报表进行分析和补充说明的文件,是全面考核分析工程投资与造价的书面总结。

② 建设项目竣工决算报表

建设项目竣工决算报表要根据大、中型建设项目和小型建设项目分别制定。大、中型建设项目竣工决算报表包括:建设项目竣工财务决算审批表、竣工工程概况表、竣工财务决算表、交付使用资产总表、交付使用财产明细表。小型建设项目竣工财务决算报表包括:建设项目竣工决算审批表、竣工财务决算总表、建设项目交付使用资产明细表。

③ 建设工程竣工图

建设工程竣工图是真实地记录各种地上、地下建筑物、构筑物等情况的技术文件,是工程进行交工验收、维护改建和扩建的依据,是国家的重要技术档案。

国家规定:各项新建、扩建、改建的基本建设工程,特别是基础、地下建筑、管线、结构、井巷、桥梁、隧道、港口、水坝以及设备安装等隐蔽部位,都要编制竣工图。为确保竣工图质量,必须在施工过程中(不能在竣工后)及时做好隐蔽工程检查记录,整理好设计变更文件。

④ 工程造价对比分析

其中竣工财务决算说明书和竣工财务决算报表又合称为竣工财务决算,它是竣工决算的核心内容。

3) 工程项目竣工决算与结算区别

(1) 二者包含的范围不同

工程竣工结算是指按工程进度、施工合同、施工监理情况办理的工程价款结算,以及根据工程实施过程中发生的超出施工合同范围的工程变更情况,调整施工图预算价格,确定工程项目最终结算价格。它分为单位工程竣工结算、单项工程竣工结算和建设项目竣工总结算。竣工结算工程价款等于合同价款加上施工过程中合同价款调整数额减去预付及已结算的工程价款再减去保修金。

竣工决算包括从筹集到竣工投产全过程的全部实际费用,即包括建筑工程费、安装工程费、设备工器具购置费用及预备费和投资方向调解税等费用。按照财政部、国家发改委和建设部的有关文件规定,竣工决算是由竣工财务决算说明书、竣工财务决算报表、工程竣工图和工程竣工造价对比分析4部分组成。前两部分又称建设项目竣工财务决算,是竣工决算的核心内容。

(2) 编制人和审查人不同

单位工程竣工结算由承包人编制,发包人审查;实行总承包的工程,由具体承包人编制,在总承包人审查的基础上,发包人审查。单项工程竣工结算或建设项目竣工总结算由总(承)包人编制,发包人可直接审查,也可以委托具有相应资质的工程造价咨询机构进行审查。

建设工程竣工决算的文件,由建设单位负责组织人员编写,上报主管部门审查,同时抄送有关设计单位。大中型建设项目的竣工决算还应抄送财政部、建设银行总行和省、市、自治区的财政局和建设银行分行各一份。

(3) 二者的目标不同

结算是在施工完成已经竣工后编制的,反映的是基本建设工程的实际造价。

决算是竣工验收报告的重要组成部分,是正确核算新增固定资产价值、考核分析投资效果、建立健全经济责任的依据,是反映建设项目实际造价和投资效果的文件。竣工决算要正确核定新增固定资产价值,考核投资效果。

8.4.2 工程项目竣工决算审计

1) 工程项目竣工决算审计的概念

工程项目竣工决算审计,是指工程项目正式竣工验收前,审计机关依法对工程项目竣工决算的真实性、合法性、效益性进行的审计监督。其目的是保障建设资金合理、合法使用,正确评价投资效益,促进总结建设经验,提高工程项目管理水平。

竣工决算审计为工程项目全过程审计的重要内容之一,其主要目的是确定竣工财务决算的准确性、合理性,确认工程项目竣工财务决算是否真实、合法、有效。

2) 工程项目竣工决算审计的作用

(1) 全面真实地反映竣工项目的实际财务状况和最终建设成果。目前,在决算中脱离实际、高估冒算、弄虚作假、多列费用加大工程支出等问题十分突出。加强决算审计有利于杜绝这些问题的发生,有助于保证决算中相关指标的准确性,有利于科学评估投资效益和效果。

(2) 全面考核竣工项目的基本建设计划、概算的执行情况和投资效果。通过竣工决算审计,可以准确反映竣工项目设计及实际新增生产能力(或效益)、建设时间、工程质量、概算的实际建设成本、主要材料的概算消耗量和实际消耗量,从而可以全面考核计划的执行情况和投资效果。

(3) 促进工程项目节约投资。竣工决算是办理新增固定资产移交转账手续的依据,及时编报并审计竣工决算可以缩短建设周期,节约项目投资。

(4) 有利于强化固定资产的管理。及时办理工程交付手续,建设单位可以及时掌握本单位固定资产情况,对各类固定资产做到心中有数,也方便对固定资产的维护管理。

(5) 及时确定施工单位的财务成果,计算施工单位利润,及时缴纳税收,为国家增加积累。

(6) 有利于总结建设经验。通过决算与概算、预算的对比分析,可以总结经验,积累经济技术资料,进一步提高投资效果。

(7) 有利于提高决算编制质量。在审计中不断发现在决算上存在的问题,有利于不断完善决算管理制度,提高决算编制的及时性和准确性。

3) 工程项目竣工决算审计的特点

(1) 政策性强

基本建设具有投资大、周期长的特点。为了加强对建设资金的管理,使有限的资金发挥最大的效益,国家对管理和使用建设资金制定了许多制度和规定。工程项目竣工决算审计涉及的法律法规较多,除了《建筑法》、《审计法》以外,还涉及《中华人民共和国预算法》、《国家基本建设项目资金管理办法》、《国家重点建设项目管理办法》、《财政性基本建设资金投项目工程预、决算审查操作规程》、《国家重大建设项目稽查办法》、《基本建设财务管理规定》、《审计法实施条例》、《财政部投资审计暂行规定》、《建设项目审计处理暂行规定》等。正确执行和运用这些法规是管好、用好建设资金的保证,更是审计人员进行竣工决算审计的重要依据。因此,工程项目竣工决算审计人员必须严格按照现行法律法规的规定履行审计义务。

(2) 技术要求高

工程项目竣工决算涉及财务、经济、工程技术、法律、管理等方面,对工程竣工决算审计,不仅要具备一定的基建财务知识,而且要熟悉、精通工程图纸的识读、工程量的计算,定额的套用、各项取费标准的计算、施工程序和施工经验的掌握。对这些工程技术知识的正确掌握和运用,会直接影响到竣工决算审计的质量。

(3) 审计目标明确

竣工决算审计为工程项目全过程审计的重要内容之一,其主要目的是确定竣工财务决算的准确性、合理性,确认工程项目竣工财务决算是否真实、合法、有效。

(4) 审计时效性强

《基本建设财务管理规定》(财建〔2002〕394号)第37条规定:"建设单位及其主管部门应加强对基本建设项目竣工财务决算的组织领导,组织专门人员,及时编制竣工财务决算。设计、施工、监理等单位应积极配合建设单位做好竣工财务决算编制工作。建设单位应在项目竣工后3个月内完成竣工财务决算的编制工作。在竣工财务决算未经批复之前,原机构不得撤销,项目负责人及财务主管人员不得调离。"这就决定了竣工财务决算审计工作实施的时限。

(5) 审计范围的广泛性

工程竣工决算审计既涉及资金来源、使用、往来、结算的资金运动全过程,又涉及材料供应、图纸变更、国家政策调整、价格浮动等环节。审计人员在进行竣工决算审计时必须全面把握所涉及的各个环节,做到实事求是、客观公正的调查、审核、认定。

(6) 审计方式方法的多样性

工程竣工决算审计涉及的内容较多,因此,审计的方法也各不相同,如工程技术审计主要采用分析性复核法、复算法、文字描述法等方法,工程财务审计主要采用审阅、核对、盘存法、抽查法等方法,投资效益审计主要采用对比法、因素分析法等方法。

4) 工程项目竣工决算审计的内容

竣工决算的审计,一般包括以下几方面内容:

(1) 竣工验收工作的审计

竣工验收是全面考核建设工作,检查是否符合设计要求和工程质量的重要环节,对促进建设项目及时投产、发挥经济效益、总结建设经验有重要作用。因此,竣工验收是编制竣工决算的前提条件。审计时,主要审查建设单位在竣工验收之前是否系统整理有关工程建设的技术资料;各种设备技术档案是否齐全;各项资料是否分类立卷,分别保管,并在竣工验收时移交生产单位统一保管。如发现建设单位未按规范办事,应督促其及时整理资料,认真执行验收工作规范。

(2) 资金来源的审计

第一,审查建设单位资金来源的可靠度。将"竣工财务决算表"或"竣工决算表"中的"本年预算拨款"、"本年基建基金拨款"、"本年自筹资金拨款"、"基建借款"等项目所列实际数,同批准的概算进行比较,做出客观评价。如果各项资金来源的实际数等于或大于概算数,说明基建资金有足够的保证。相反,则表示资金来源不足。第二,检查各项资金来源是否正当、合理。特别要注意对自筹资金拨款的审查,防止乱拉滥用,损害国家或其他单位的利益。

(3) 投资支出的审计

首先审查"建筑安装工程投资"、"设备投资"、"其他投资"、"待摊投资"等项目的数额,是否与历年资金平衡表中各该项目期末数的合计相一致。其次,审查基建投资支出的节超情况。根据"竣工工程概况表",将基建投资支出的实际合计数与概算合计数进行比较,以考核基建投资节超情况,通过调查研究,查清情况,总结经验,并查出不当或不法行为,以提高基本建设管理水平。

(4) 结余资金的审计

建设项目竣工后,编制竣工决算前,建设单位应彻底清理施工现场和仓库,对剩余的设备、材料及其他财产物资,都要及时处理,收回资金,做到应收尽收,不得丢失、走漏或私分。对债权债务也应全面清理完毕。在正常的情况下,"竣工财务决算表"内除了银行存款和现金外,不应该有其他结余资金项目。如果还有设备、材料物资和应收应付账款时,应说明还有尚未处理的积压物资和不能及时清理的应收、应付账款。为此,应对建设单位"设备材料结算明细表"、"应收应付款明细表"进行分析,查明情况,提出处理意见。对收回的结余资金,首先应交清各项应付税款和其他应交款项,归还其他应付款项,然后按资金来源渠道进行处理,或归还基建投资借款,或上交财政或主管部门。

(5) 建设工期的审计

将实际与计划建设时间进行比较,看其是否按计划时间开工或竣工,并查明建设速度加快或延缓的原因。审计人员应查明影响建设工期的主观、客观原因和责任,做出客观公正的评价和结论。

(6) 工程质量的审计

工程质量的审计,可以根据竣工决算中所附的工程竣工验收技术资料来进行。主要审查有多少单位工程符合国家颁发的工程质量检验评定标准和验收规范,工程质量优良率和合格品率有多少,不符合质量要求的有多少,质量事故有多少。对于不符合质量要求的,必须督促施工单位进行返工或加固补修,确保工程质量,达到国家规定的质量标准。

5) 工程项目竣工决算审计的程序

(1) 审核委托

凡是政府投资或是国有资产形成的基本建设工程项目的竣工财务决算审核,统一由财政部门安排审核任务,指定一家编制(或审核)单位实施,然后办理委托手续。这是因为财政部门是政府投资和国有资产形成的基本建设工程的财务主管单位,它代表政府行使财政财务监管的职能,是投资性质所决定的。

建设单位根据财政部门指定且具有审查资格的编制(或审核)单位,与之签订"业务约定书"明确双方的责任和工作要求,商定审核费用。

(2) 审核准备

编制(或审核)单位接受业务委托后,即进入审核准备阶段,着手开展如下工作:

① 成立审核小组,提出审核人员名单,确定主审人员;

②调查了解工程项目的基本情况：工程进度、项目管理、财务收支及账务处理等，摸清被审核单位的条件是否已经具备；

③探测工程建设中的主要问题，特别是财务相关联事项；

④向建设单位提出审核所需资料（可以列出清单交建设单位）；

⑤分析情况，拟订审核计划，明确审核目标、实施的方法、步骤、人员分工、审核应掌握的重点问题，以及时间安排等；

⑥与建设单位联系确定具体实施时间、方法。

（3）审核实施

实施方式通常是就地实施，也可以送达审核。就地实施方式下需要做好的工作：

①取得审核资料，主要包括综合性资料；会计资料（账册、凭证、报表）；书面情况介绍，可以结合听取口头介绍。

②踏勘工程项目竣工状况，了解完工工程实体、竣工验收的资产状态。

③综合性资料审查。对项目建议书、可行性研究报告、扩初设计、批准总投资概算、招投标方式、施工、监理、开工、竣工及工程验收、设施试运行等相关资料进行符合性审查，查明工程项目履行基本建设程序是否规范、合理，存在什么问题。

④审查会计账目，对工程项目全部财务收支全过程进行审核，逐项审查建设成本、资金来源（拨款贷款和其他来源）、债权、债务、设备材料采购（收进、付出、结存）、工程价款结算、工程结余资金及竣工财务决算办理情况，查明财务处理的法规、政策依据、会计核算是否真实、准确，资金、财产是否账实一致。

⑤实物测试，核查库存情况，包括货币资金（银行存款、现金）、库存设备、器材的账面数与实存数是否一致，发现差异，查明原因，结合检查内部控制制度执行情况，账控物是否严密，手续制度是否完备。

⑥检查财务决算应办而未办事项，有无财务收支已发生而未进账，账实差异及坏账损失未处理，尚有的尾工工程、待清理的账款及悬案等待处理的财务事项。

⑦竣工财务决算报表的审核。对已编制的竣工财务决算报表及文字说明，进行账与表数字稽核，表表之间钩稽关系的复查，建设成本分配与交付使用资产成本计算的审核及文字说明内容的合理性与完整性的审查，尚未编制竣工财务决算报表的则审核财务决算日的资金平衡表。

⑧汇总审核工作底稿，分类汇集审核资料。按照审核程序将各类工作底稿分类汇总，归集审核发现的问题，检查审核证据是否充分齐全，问题是否查清，主审人审阅提出意见。

⑨整理反馈材料，将审核实施结果整理成书面汇报材料，能够反映工程项目总体状况和审核发现的问题，初拟出处理意见。

（4）审核反馈

将审核实施结果向授权机关和业务委托单位如实反馈，听取意见，便于进一步扩大审核成果，妥善处理问题。

向财政部门口头汇报审核情况和发现的问题，并提出初步处理意见，听取财政部门的看法，商酌有关问题的处理，必要时再征求建设单位主管部门、税务机关的意见，做好政策咨询等工作。

向建设单位反馈审核结果,听取建设单位的认定和否定意见,发现与事实还有出入的问题,进一步核实情况,取足证据,得出最终结论。

(5) 审核处理

在反馈和复查的基础上,取得建设单位认同后,落实有关问题的处理。

① 财务事项的处理:尚未进账的成本费用;不属于工程项目列支的费用;需要补办审批手续的财务事项;账实差异、盘盈盘亏;悬宕账款;缺口资金(尚未到位的投资);债权债务;涉税事项;其他。应当按照相关法规、政策进行调整。

② 会计账务的调整:与财务处理相关的账项调整,按处理结果调账;成本费用项目之间的账项调整,包括一级账户和明细账户发生额的调整;其他账户发生额、余额调整。

③ 审核竣工财务决算报表

建设单位根据审核处理后的账簿记录,编制(或调整)项目竣工财务决算报表和文字说明,审核小组予以指导、帮助;审核小组审核竣工财务决算报表。

(6) 完成审核报告

6) 工程项目竣工决算审计的依据

竣工决算的审计依据包括法律法规依据和工程依据。其中法律法规依据包括:《建筑法》、《审计法》及《预算法》等法律,《国家基本建设项目基金管理办法》、《国家重点建设项目管理办法》等工程项目管理办法,以及《中国注册会计师审计准则》等审计准则。

工程依据主要包括:

(1) 项目建议书、可行性研究报告及其投资估算;

(2) 施工图纸、图纸会审记录及设计变更通知单;

(3) 工程施工合同及补充协议;

(4) 经审批的施工图预算及修正预算;

(5) 有关财务账簿、凭证、记录及工程结算资料;

(6) 隐蔽工程检查验收记录;

(7) 工程竣工验收报告及竣工结算报表;

(8) 材料、设备和其他各项费用的调整依据;

(9) 预算外费用现场签证及批准的索赔报告;

(10) 工程项目竣工情况说明书等。

7) 需要被审计单位提供的资料

(1) 工程管理资料

① 建设项目立项批复文件(提供复印件)。

② 建设项目建议书及批复文件(提供复印件)。

③ 建设项目可行性研究报告及批复文件(提供复印件)。

④ 建设项目初步设计概算及调整概(预)算批复文件(提供复印件)。

⑤ 建设项目招标文件,包括项目招标工程量清单和招标控制价资料。

⑥ 建设项目投标文件,包括投标承诺书、商务标(投标报价)、技术标(施工方案)。

⑦ 项目评标资料,如评标报告等。

⑧ 中标通知书(提供复印件)。

⑨ 工程项目合同、协议及协议性文件，包括：工程勘察、设计合同；工程施工合同以及相关补充协议（提供复印件）；工程设备、物资采购合同及执行情况；工程监理合同及执行情况。

⑩ 建设项目管理制度相关资料，包括：建设项目"五制"除前述的应当提供的建设项目招标制、合同制等资料外还应提供实施"项目法人责任制"和"资本金制"的资料；建设项目工程管理办法；建设项目设备、材料的采购和验收管理等资料。

⑪ 建设项目效益等评价资料。主要是对生产、营运及重大公益性项目的建设后评价。

⑫ 建设项目规划、土地、环境许可等资料。

⑬ 项目建设许可证复印件。

⑭ 项目竣工验收资料。

（2）工程造价资料

除前述工程管理资料中涉及与工程结算（造价）有关的工程招投标、中标及合同协议等资料外还应当提供：

① 建设项目设计图纸、图纸会审纪要、工程变更签证及经济技术核定单。

② 工程竣工图纸。

③ 施工单位资质等级证书、取费证书和《安全文明施工措施评价及费率测定表》（提供复印件）。

④ 施工过程中的相关资料，含隐蔽工程记录、主要材料的合同及清单、重大设计变更资料、施工签证单、监理资料等，如地基验槽或测量记录、隐蔽工程验收记录、混凝土及砂浆检验报告、结构吊装记录等基础资料，施工及监理日志。

⑤ 质量检验评定表、质检部门核发的有关证书及各种调试方案或记录。

⑥ 施工期间协调会议记录。

⑦ 甲供材料或设备明细表。

⑧ 建设施工双方签字认可的材料价格等资料。

⑨ 工程相关图片或文字资料。

⑩ 施工单位编制的单项工程竣工结算书（业主应在送审结算封面签"同意送审"字样并盖章，同时提供复印件）含工程量计算式等（提供复印件）。

⑪ 施工期间当地建设局造价站公布的造价信息。

⑫ 中介机构已审核的工程竣工结算报告。

（3）工程财务及工程拆迁资料

① 建设项目资金、物资等财务管理办法。

② 建设单位各年度报表、会计账簿、会计凭证。

③ 建设项目竣工财务决算报表——含基本建设项目概况表、交付使用资产表、建设项目竣工财务决算报表编制说明书等（提供复印件）。

④ 建设项目开户银行、账号、银行对账单。

⑤ 建设工程拆迁补偿标准文件、政策法规依据。

⑥ 拆迁工程拆迁补偿合同、补充协议等。

⑦ 工程拆迁征用对象的原土地使用权证、房屋产权证等。

⑧ 拆迁土地赔付总额表、拆迁土地赔付分户金额明细表。

⑨拆迁青苗和树木赔付总额表、拆迁青苗树木赔付金明细表。
⑩拆迁建筑物费用和拆除废旧设备材料处理情况资料。
⑪拆迁原房屋评估资料以及拆迁土地评估资料。
⑫拆迁工程补偿与安置方案。
⑬被拆迁对象的补充安置情况资料。

8) 工程项目竣工决算审计的环节

(1) 审查决算资料的完整性

建设、施工等与建设项目相关的单位应提供的资料：经批准的可行性研究报告，初步设计、投资概算、设备清单；工程预算（投标报价）、结算书；同级财政审批的各年度财务决算报表及竣工财务决算报表；各年度下达的固定资产投资计划及调整计划；各种合同及协议书；已办理竣工验收的单项工程的竣工验收资料；施工图、竣工图和设计变更、现场签证、施工记录；建设项目设备、材料采购及入、出库资料；财务会计报表、会计账簿、会计凭证及其他会计资料；工程项目交点清单及财产盘点移交清单；其他资料，如收尾工程、遗留问题等。

(2) 竣工财务决算报表和说明书完整性、真实性审计

大、中型建设项目财务决算报表包括：基本建设项目竣工决算审批表；大、中型建设项目竣工工程概况表；竣工工程财务决算表；交付使用资产总表；交付使用资产明细表。

小型基建项目财务决算报表包括：竣工工程决算总表；交付使用资产明细表。

(3) 各项建设投资支出的真实性、合规性审计

包括：建安工程投资审计、设备投资审计、待摊投资列支的审计、其他投资支出的审计、待核销基建支出的审计、转出投资审计。

(4) 建设工程竣工结算的真实性、合规性审计

包括：约定的合同价款及合同价款调整内容以及索赔事项是否规范；工程设计变更价款调整事项是否约定；施工现场的造价控制是否真实合规；工程进度款结算与支付是否合规；工程造价咨询机构出具的工程结算文件是否真实合规。

(5) 概算执行情况审计

包括：实际完成投资总额的真实合规性审计，概算总投资、投入实际金额、实际投资完成额的比较；分析超支或节余的原因。

(6) 交付使用资产真实性、完整性审计

包括：是否符合交付使用条件；交接手续是否齐全；应交使用资产是否真实、完整。

(7) 结余资金及基建收入审计

包括：结余资金管理是否规范，有无小金库；库存物资管理是否规范，数量、质量是否存在问题，库存材料价格是否真实；往来款项、债权债务是否清晰，是否存在转移挪用问题，债权债务清理是否及时；基建收入是否及时清算，来源是否核实，收入分配是否存在问题。

(8) 尾工工程审计

包括：未完项目工程量的真实性和预留投资金额的真实性。

9) 工程项目竣工决算审计的审核重点

审核重点是审计必须重点关注的内容，也是审核质量控制的关键所在，工程项目竣工决算审计的重点，应当根据项目实际情况确定，工程项目竣工决算审计应当掌握的重点问题主

要包括:工程建设总成本、建筑安装成本、借款利息资本化、建设单位管理费、收纳不合规票据、工程价款结算、印花税及其他税金、材料及水电费结算、长期悬宕账款、尾工工程与或有性支出、试运行期费用列支、拆迁补偿费、工程项目混合建账、投资概算执行结果考核等。

(1) 工程建设总成本

审核的范围:建安投资、设备投资、待摊投资和其他投资。

审核依据:以批准概算为准,各种费用按概算口径确定。

费用界限:必须是本项目实际发生的成本费用,否则应予剔除。

成本项目归集:以会计制度规定为准,归集不当的逐项调账。

成本费用完整性:财务决算截止日期各项成本费用实际发生数是否已归集齐全(对外投资,被没收财物,支付的罚金、滞纳金、违约金、赔偿金以及捐赠、赞助费不能计进成本)。

确认建设总成本明细科目发生额,同时确认其对应账户发生额。

(2) 工程造价

工程造价是建设总成本的主要构成之一,这是审计发现问题频发区域,需特别关注。

工程造价确认,一般以工程造价审计的审定数为准,但也需进行复查认定,发现造价审计有不实之处可以重新审定。

未经造价审计而直接算进成本的建安支出要列出清单,待办审计手续后再认定,少量小额土建费用的认定可以不受此限。

单项工程造价需账内、账外同时审查,防止已完工未审计而不进账的情况发生。

结合施工、监理合同有关条款审查,关注工程款结算和附加条件执行(如奖励、投资等)。

(3) 借款利息资本化

列支范围:概算中规定有银行借款,又是本项目实际使用的借款发生的利息支出。

统贷统用的借款进入本项目的利息,先查明分摊标准是否合理,以及本项目实际占用的借款额度与时间,再确认支出数。

资本化截止时限,项目批准筹建开始,至工程交付使用时止,最长不超过竣工验收后3个月,超过时限的报财政审批同意。

不属于本项目使用的借款利息一律剔除,延期还款的罚息、滞纳金不能列支,特殊情况发生的借款先审核后慎重确认。

银行存款利息不作收入,冲减利息支出。

(4) 建设单位管理费

真实性审查,确认账面发生的管理费是本项目使用的实际费用,剔除应由行政(生产)负担的管理费,属于待摊投资的其他项目开支的应予转出。

控制标准按财政部〔2002〕394号文件规定,分档计算,业务招待费为管理总额的10%之内,对照标准划出超支或节约数,分析原因,超支部分需报经财政部门认可才能列支。

管理费发生时限为从项目筹建之日起至办理竣工财务决算之日止(竣工财务决算日与竣工验收交付使用日一致)。

(5) 收纳不合规票据

在建安成本审核中逐笔清查建筑安装发票,非本地发票详细列出清单(单位、工程项目、结算总额、缺发票金额)。

在设备投资审核中注意采购金额与发票金额是否一致,尚缺器材发票的详细记录。

按不合规票据应纳税金计算涉税金额。

确定期限(一般为发现之日起 15 天内)由建设单位向对方换取合规票据,逾期不能换取或索取的应由建设单位(票据收受者)负责补税、罚款(不能进入成本)。

(6) 工程价款结算

审核方法:将建安工程分项目和结算对象列出工程价款结算数(应付、已付、未付、应扣、欠付)清理有关账户发生额、余额;征询、核对账户余额,取得证明;发现差错或重复支付的查明原因加以纠正。

对照合同条款,检查有无遗漏的结算事项。

建安投资、不合规票据、工程价款结算三者结合一起连贯检查,有甲供材料、代垫水电费的要同时扣收甲供材料、水电费款项。

检查、总结工程价款结算制度上的经验、教训。

(7) 印花税及其他税金

特别关注印花税漏交,清查各类经济合同(施工、监理、设计、供货)应交未交的印花税。

清查工程收入(房租、出借资金利息收入、罚款、赔偿金收入等)、应交未交的营业税、所得税。

列出"涉税事项清单"计算应交税金,提出缴款期限。

(8) 材料、水电费结算

检查材料收、发、存管理制度,存在哪些薄弱环节。

稽核材料收入、领用、库存数,核对施工单位收取、扣回数,如有出入,查明数量金额,提出处理意见。

水电费实际代付数与扣回数之差额按合同规定处理。

工程价款结算的发票金额应包括材料、水电费,少开漏开的要补足发票金额。

材料收付不建账的需由建设单位采取补救措施进行清理后再作审核,先查明建设单位与施工单位之间的结算往来,再审查建设单位材料的账务处理,核实建设成本。

(9) 长期悬宕账款

不能落实债权的应收款项、未处理的物资报损和坏账损失、报废工程占用资金等。

逐笔审查,逆向追溯原因,查明数量金额,落实责任。

属于经办人员或施工单位责任的损失,留置账面继续追究和回收账款,确实无法追究单位和个人责任的损失,报经财政或主管部门批准列作待摊投资。

(10) 尾工工程与或有性支出

尾工工程进成本数根据项目投资控制在总概算的 5% 以内,超过 5% 的不能办理竣工财务决算。

尾工工程支出,应有概算内容和具体支付项目,经审核确认需实际支付的款项。

或有性支出没有确切的政策依据和计算依据不能以"预提费用"名义进入成本,此类费用一般应予剔除。

(11) 试运行期费用列支

试运期时间确认,根据批准的项目设计文件规定,引进设备的试运期按合同规定,超过期限并已符合验收条件的视同投产。

经过核实的试运期成本费用减除产品销售净收入后的差额作增加或冲减建设成本,列入负荷联合试车费。

试运行成本费用的收入与支出另行单独设账的应作延伸检查。

(12) 拆迁补偿费

要熟悉政府的拆迁补偿政策及本项目有关规定,拆迁补偿合同明确拆迁补偿的具体项目内容、支付标准、期限等。

有安置房补偿的,查清安置房购入面积(套数/平方米)金额,安置分配的面积(套数/平方米)金额,超面积部分处理面积(套数/平方米)金额,以及与安置相关的费用(补贴)支出,应支付数与已支付数,结出未支付数。

安置拆迁由专职机构负责,拆迁费用另列账目的,拆迁安置补偿费列支应作延伸审核,项目承担部分有无出入。

拆迁补偿有遗留问题的,查明情况和原因,提出合理界定项目应承担的费用。

发现疑点,把握实质性问题,深入取证,及时汇报。

(13) 工程项目混合建账

按照财政部财建〔2003〕724号文规定"一个建设单位同时承建多个建设项目,根据基本建设有关规定,每个基本建设项目都必须单独建账,单独核算",但是,一些建设单位常常是混合建账,统一核算,分不清资金来源,使竣工财务决算发生困难。

在遇到部分项目已竣工、部分项目继续在建的情况下,如何办理已竣工项目的财务决算,要视账务运作的具体情况而定,方法上可以先查明竣工财务决算项目的成本费用,交付使用资产及其相关资产、负债,并做好调账处理,然后相应地确定本项目投资来源,从总账到明细账双向分割出本项目的资金占用和资金来源,产生本项目决算日资金平衡表,在建设单位确认之后,再进行竣工财务决算审核,同时关注在建项目账实、账账的一致性、真实性,对今后的核算方法如何改进提出意见。

10) 工程项目竣工决算审计的方法

(1) 竣工决算审计方式

① 工程结算审计应从事后审计为主转变为事前介入、事中参与、事后审计。
② 基建专账与财务大账审计相结合。
③ 工程竣工结算(造价)审计与工程财务(决算)审计相结合。
④ 工程技术方法与财务审计方法相结合。
⑤ 资料审查与现场勘验相结合。
⑥ 内查与外调相结合。

(2) 工程项目竣工决算审计的方法

工程项目竣工决算审计的方法主要有:调查表法、复核法、抽查法等。

① 调查表法

调查表法是工程项目在竣工决算审计前通过对项目基本情况和项目建设情况等的资料调查,掌握审计所需基本信息,为项目决算审计提供完整的基础资料。常用的工程项目竣工决算审计前的调查表包括工程项目基本情况表和建设情况表。

• 工程项目基本情况表

工程项目基本情况表的内容包括：项目建设地址、占地面积、工程项目建设的各参与方、项目建设批准文件、投资总额、建设规模、建设起止时间、资金来源渠道、主要建设指标、未完工程说明等。表 8-5 反映了工程项目基本情况表的内容。

表 8-5　工程项目基本情况表

建设地址			主管单位	
占地面积			监督单位	
项目建设批准文件			项目法人	
			设计单位	
			监理单位	
			土建施工单位	
			安装施工单位	
			装饰施工单位	
			设备供应单位	
			其他	
投资总额	计划			
	实际			
建设规模	计划			
	实际			
建设起止时间	计划			
	实际			
资金来源渠道	应到位		实际到位	
	原币	人民币	原币	人民币
主要指标	项目（万元）	概算	实际	项目负责人	
	建安总费			工程负责人	
	设备投资总额			财务负责人	
	待摊投资总额			会计	
	其他投资总额			出纳	
	待核销基建支出总额			出纳	
				联系地址	
				电话	
				传真	
				邮编	

续表 8-5

项目内容	占概算投资比例(%)	已完成投资金额	尚需投资金额	预计完成时间
未完工程说明				
合计				

- 工程项目建设情况表

工程项目建设情况表主要反映了工程项目法人职责履行情况调查、项目立项情况调查、招投标情况调查、合同管理情况调查和财务核算情况调查,工程项目建设情况表内容如表 8-6 所示。

表 8-6 工程项目建设情况表

序号	内容	评价	备注
一	项目法人履行职责		
1	是否按照国家规定建立项目法人		
2	机构是否健全		
3	是否制定相应管理制度		
4	项目法人在立项时,是否严格执行国家有关利用基建资金建设有关基本建设项目的建设程序		
5	是否在工程项目开工前,到当地工程质量、安全监督机构办理工程质量、安全监督手续		
6	是否按照财务通则、会计准则和有关财务制度进行财务管理和会计核算		
二	项目立项		
1	项目立项程序是否合规、手续是否齐全,主要包括:		
(1)	是否编制可行性研究报告和项目管理建议书		
(2)	可行性研究报告的审批程序是否符合国家规定程序		
(3)	是否编制设计任务书		
(4)	设计任务书的编制是否在项目建议书和可行性研究报告批准后进行,是否报经国家有关部门批准		
(5)	初步设计是否报经国家有关部门批准		
(6)	初步设计是否在开工前一次完成,有无边设计边施工情况		
(7)	概述的调整是否按照国家规定的编制方法、定额、标准,由有资质的单位编制,是否经国家有关部门批准		
(8)	工程建设项目是否向当地建设行政主管部门或授权机构进行报建,开工前是否向建设行政主管部门申请领取施工许可证		

续表 8-6

序号	内　容	评价	备注
(9)	工程项目是否纳入上级主管部门下达的年度建设计划		
2	项目建设具体内容是否符合国家有关部门审定的概述要求，主要包括：		
(1)	有无概算外项目		
(2)	有无超概算的情况(非主观情况)		
(3)	无疑人员扩大建设规模和标准问题		
(4)	有无因人为因素造成损失浪费问题		
三	招投标情况		
1	项目建设单位是否制定招投标管理制度		
2	工程所有重大项目是否实施招投标		
3	招投标制度是否得到了有效执行		
四	合同管理		
1	合同的签订人是否经过适当的授权批准		
2	合同的签订是否采用了相关的合同范本		
3	合同的履行是否有管理单位项目责任人负责		
4	合同是否按照内部规定进行统一编号		
5	合同的内容是否恰当		
五	财务核算		
1	是否按照国家及企业相关文件建立财务核算制度		
2	是否具备专职的财务核算人员		
3	是否定期编制报表		
4	会计账簿、凭证、报表是否规范		

② 复核法

复核法是指审计人员对被审计单位经济活动的历史记录进行一次重复性的验算或验总，是对相关的记录和数据的正确性、完整性进行查对的一种审计方法。通过将有关的两个或两个以上的记录和数据进行比较对照，看其是否相符，同时查明各个记录间的连续性。通过复核，寻找不同记录间存在的差异，进一步分析差异产生的原因及导致的后果，收集必要的审计证据。

复核的内容主要是：证证复核，即原始凭证与有关的原始凭证、记账凭证同所附的原始凭证，以及记账凭证与汇总记账凭证等的复核，主要考查所附原始凭证的数量是否齐全，日期、业务、内容、金融同记账凭证上的会计科目及金额是否相符，原始凭证之间以及记账凭证与汇总记账凭证之间内容是否一致；账证复核，即记账凭证或原始凭证同账户记录间的复核，主要考查凭证日期、科目、金额与账户记录内容是否一致，各账簿转次页、承前页金额是否前后相符；账账复核，即会计账簿记录与会计报表记录是否相符；账表复核，即明细表各个项目之间的钩稽关系与各种会计报表自我钩稽关系的相互复核；表表复核，即明细表与其他有关报表及各种会计报表间的复核。

③ 抽查法

作为众多审计方法之一的抽查法，已为我国的常规审计工作广泛采用，其意义在于可大幅度地提高审计效率，即用较小的投入（尤其是时间和精力的投入）来获得审计人员所要的审计结论。抽查法，实际上就是从已确定的总体中抽取样本进行审查，并由此得出相应的审计结论的一种方法。因此，抽样就成了抽查法中一个至关重要的过程，这一过程包括以下两项主要内容：确定抽取多少样本及如何按已确定的样本数量将样本从总体中抽取出来。从理论上讲，抽样的方法有三种：任意抽样、判断抽样、统计抽样。

任意抽样无需确定应该抽多少样本，也不用考虑怎样将样本从总体当中抽取出来。利用这种方法得到的样本，其优点在于样本的随机性强，弱点是无法保证其特性代表了总体的特性，也不可能使抽取出来的样本正好触及被审对象的重要部分或薄弱环节，最终由此样本推断出的审计结论的风险程度就完全没有把握，审计质量也就得不到保障。判断抽样的方法在使用时是以审计人员的各种判断为前提的，抽样过程是有针对性的，可以针对审计对象的重要部分或薄弱环节进行抽样，但这样做减小了样本的随机性。此外，审计人员的判断可能存在偏差。不过这种抽样方法从很大程度上克服了任意抽样方法的不足，具有很强的可操作性。统计抽样方法是概率论数理统计理论在审计中的具体运用，这就决定了这种抽样方法的科学性。用这种方法抽样，既能科学地确定抽样规模（即样本数量的多少），又能采用随机的方法从总体中抽取样本，并且还能保证最终的审计结论的精确限度和可靠程度。与任意抽样方法相比，既保留了任意抽样方法下抽样随机性的优点，又避免了任意抽样方法无法控制审计风险程度及无法保证审计质量的致命弱点。与判断抽样相比，统计抽样将风险程度量化并加以控制，避免可能产生的人为偏见。但其运用的广泛性要弱于判断抽样。

审计人员在开展审计业务时若使用抽查法，应考虑遵循"先统计抽样，再判断抽样，弃任意抽样"的原则。在审计业务的具体实施阶段，首先应联系被审单位的实际，确定采用何种抽样方法是适宜的，然后才能按照确定的抽样方法具体地实施抽样，并进行审查。在具体选择抽样方法时，首先保证在统计抽样方法所需的条件具备的情况下，选用统计抽样方法；当统计抽样方法无法实施时，再考虑采用判断抽样方法；对于风险程度完全不能把握的任意抽样方法，则尽量不要采用。

11）编写工程项目竣工决算审计报告

（1）使用要求

工程竣工财务决算审核报告不同于注册会计师执业中的会计报表审核报告，由于用途的不同，报告的形式、内容、结构也有不同要求，使用者对报告的需求主要是：能够反映工程总体财务状况（投资其及使用结果，财务收支与建设成本形成，工程概算、预算的执行等）；较为详细地反映审核发现的问题与处理意见；提出投资效益评价与建议。

（2）报告形式

在实际工作中，通常采用的报告格式有两种：一种是详式审核报告，以正文详细表述报告内容，并以附件补充报告内容；另一种是简式审核报告，以正文概要叙述报告内容，而以附件详细补充报告内容，根据需要分别采用。

（3）注意的问题

形式的选择,因项目情况而定,不必强求一致,还需通过实践探索取得经验,力求形式完善,方便报告使用者易看、易懂、易用。

报告用词要通俗易懂,简洁明了,叙述层次清楚,内容写实为主,尽量少用或不用难以理解的专业术语,适应报告使用者的要求。

披露情况和问题讲究实质重于形式,观点明确不含糊其事,充分把握事实,点明性质,涉及财政投资违法违纪问题要如实反映按明文规定处理。

审核建议切合实际有针对性,便于采纳应用见实效。

审核报告阐述的内容相关数据要与建设单位编报的项目竣工财务决算报表及文字说明一致。

（4）建设项目竣工决算审计报告参考格式

① 决算审核报告,如:"关于××市××工程竣工决算的审计报告"

② 收件人:委托人

③ 建设项目基本情况,包括:建设项目立项;可研及投资概算情况;建设项目开工竣工情况;建设项目法人制、资本金制、招投标制、合同制和监理制的实施情况;建设项目构成和审计工作开展的总体情况。

④ 审核范围、审核依据、程序实施情况、审计承诺、被审计单位的会计责任及相关责任。

⑤ 审计结果,包括:工程竣工结算(造价)审计结果、工程财务决算(交付使用资产)审计结果和建设资金到位情况。

⑥ 审计评价,包括:

总体评价:即对被审计单位内控制度、工程项目实施情况做一个概括评价。

真实性评价:即评价被审计单位财务管理和会计核算是否符合国家审计、会计准则规定,会计资料是否真实反映了建设项目资金来源、资金运用和交付使用资产情况。

合法性评价:即评价被审计单位建设项目财务收支是否符合基本建设财务管理规定和其他相关法规的规定,是否存在漏计缴税金、将原有资产处置费用列入新建工程成本、施工单位编制的工程竣工结算多计等问题。

效益性评价:建设项目工期、投资概算、建设规模及标准、设计生产能力或功能、环保指标及相关的财务指标是否按照可研、概算预定的目标实现,从定性和定量两个方面进行评价。

⑦ 审计查出的主要问题及处理意见。

⑧ 审计意见和建议。

⑨ 签章和地址。签章应由具有工程预决算审核资格的相关人员签署。

⑩ 报告日期一般以外勤工作结束日为准。

⑪ 附件,如竣工财务决算表等。

长江三峡工程竣工财务决算草案审计结果
（2013年第23号公告）

根据全国人大财经委员会关于三峡工程竣工验收的相关要求和国务院的部署，审计署于2011年6月至2012年2月对长江三峡工程竣工财务决算草案进行了审计。具体包括：中国长江三峡集团公司（以下简称三峡集团公司）、国家电网公司编制的枢纽工程1和输变电工程竣工财务决算草案；国务院三峡工程建设委员会办公室（以下简称三峡办）编制的移民资金财务决算草案。审计过程中，就有关问题反复听取了三峡办、发展改革委、财政部、环境保护部、水利部、国家电网公司、三峡集团公司等单位以及重庆、湖北、湖南、上海等省市政府的意见。截至2012年11月底，审计发现的问题已全部整改。现将审计情况公告如下：

一、三峡工程的基本情况
（一）建设目标和内容

1992年1月，国务院常务会议通过了国务院三峡工程审查委员会对《长江三峡工程可行性研究报告》的审查意见。4月，七届全国人大第五次会议审议了《国务院关于提请审议兴建长江三峡工程的议案》，通过了《关于兴建长江三峡工程的决议》。1993年7月、1994年12月和1997年2月，国务院三峡工程建设委员会（以下简称三峡建委）先后批准枢纽工程初步设计报告、水库移民补偿投资概算总额及切块包干方案、输变电系统设计概算。根据以上审议批准结果，三峡工程建设目标是：将长江荆江河段防洪标准由十年一遇提高到百年一遇；配合其他措施，防止荆江河段发生毁灭性灾害；减轻洪水对武汉地区及下游的威胁；充分发挥发电、航运、灌溉、供水和发展库区经济等综合经济效益和社会效益。主要建设内容如下：

1. 枢纽工程。包括拦河大坝、水电站和通航建筑物等。拦河大坝全长1 983米，坝顶高程185米；水电站装机26台，总容量1 820万千瓦；通航建筑物为双线五级船闸和单线垂直升船机，年单向通过能力分别为5 000万吨和350万吨。水库正常蓄水位为175米，总库容为393亿立方米，其中防洪库容为221.5亿立方米。

2. 输变电工程。直流换流容量为1 800万千瓦，交流变电容量为2 275万千伏安，供电范围包括江苏、广东、上海等10省市，输电线路总长9 194公里，并配套建设调度自动化系统、继电保护等项目。

3. 水库移民。库区规划移民搬迁建房人口124.55万，迁建房屋4 365.5万平方米，搬迁工矿企业1 632家、城市（县城）12座、集镇114座，实施文物保护项目1 087处。

（二）概算及资金来源

三峡建委根据确定的建设内容，以1993年5月末价格水平为基准，批复三峡工程静态投资概算合计1 352.66亿元。其中：枢纽工程500.9亿元、输变电工程322.74亿元、移民资金529.02亿元；按照物价和利率等影响因素测算，动态总投资合计2 485.37亿元，其中：枢纽工程1 263.85亿元，输变电工程364.99亿元，移民资金856.53亿元。

根据国务院批准的筹资方案，建设资金主要来源为三峡工程建设基金、国家开发银行贷款、电网收益再投入以及发行企业债券、利用外资等。截至2011年12月底，三峡工程建设资金投入2 078.73亿元。其中：三峡工程建设基金1 615.87亿元，向长江电力股份有限公司出售发电机组收入350.31亿元，电网收益再投入110.69亿元，基建基金等专项拨款1.86亿元。在建设过程中，通过国家开发银行贷款和发行企业债券等筹措的资金，目前已全部偿还。此外，在移民搬迁安置中，国家还通过相关政策给予了资金支持。

（三）竣工财务决算草案情况

按照三峡集团公司等编制的竣工财务决算草案，三峡工程财务决算总金额为2 078.73亿元。具体情况：

1. 枢纽工程。截至决算基准日2008年12月31日，决算草案金额873.61亿元，其中：已完工项目投资801.51亿元，升船机、坝区整理完善等尾工项目预计投资72.1亿元。截至2011年底，这两个尾工项目分别完成其总投资的38%和43%。

2. 输变电工程。截至决算基准日2008年12月31日，输变电工程全部完工，决算草案金额348.59亿元。其中：一次系统项目322.95亿元（直流工程192.24亿元、交流工程130.71亿元），二次系统项目12.32亿元，专项费用8.59亿元，总预备费2.23亿元，电网调度大楼2.5亿元。

3. 移民资金。截至决算基准日2011年6月30日，实行任务和资金"双包干"、纳入三峡工程竣工财务决算草案的移民资金共856.53亿元，按21：4：75的比例分别计入防洪、航运和发电资产。此外，用于移民的资金还包括国家相关支持政策派生资金（移民资金存款利息、耕地占用税返还、超面积使用土地的出让金等）、三次提前蓄水一次性补助、工矿企业关闭破产补助等63.76亿元。截至2011年6月30日，移民搬迁安置已支出共计757.7亿元，在建项目或未完成结算项目162.59亿元。

按照竣工财务决算草案，三峡工程形成资产2 078.73亿元。其中：交付三峡集团公司1 729.25亿元，包括防洪资产179.87亿元、发电资产1 300.24亿元、航运资产247.55亿元（含升船机等尾工项目）、坝区接待中心等其他独立资产1.59亿元；交付国家电网公司输变电资产348.59亿元；三峡办办公楼等资产8 800万元待财政部批准后转出；核销80.8万元。

二、三峡工程建设取得的主要成效

1992年以来，在党中央、国务院正确领导和全国人民大力支持下，在三峡建委的直接领导下，项目法人和有关地方政府精心组织，顺利完成了三峡工程建设任务。从三峡办及有关部门、单位和地方政府提供的资料看，三峡工程建设取得了显著成效，在规划论证、建设管理、投资控制、科技创新、管理创新等方面形成了许多有益的经验和做法，为我国重大工程建设和管理提供了可借鉴的经验。

（一）各项建设任务如期或提前完成

在三峡工程建设中，有关方面注重协调配合，按计划有序推进各项工作，保证了建设进度和建设任务的完成。

一是枢纽工程方面。除批准缓建的升船机（按计划2015年建成）和增建的坝区整理完善项目外，初步设计的建设任务于2009年全面完成。其中截流、蓄水、发电和通航等主要控制性阶段目标均按期或提前实现：1997年大江截流；2003年实现水库135米蓄水、双线五级船闸如期试通航、电站首批机组并网发电；2006年水库蓄水至156米，提前1年进入初期运行；2008年左、右岸电站26台单机容量70万千瓦机组整体提前1年投产发电；2010年10月实现水库蓄水至175米设计水位。

二是输变电工程方面。2007年全面建成投产,提前1年完成初步设计任务。通过优化线路设计,建成±500千伏直流输电线路3条、总长度2 856公里,换流站6座、总容量1 800万千瓦;建成500千伏交流线路工程55项、线路总长度6 338公里,变电工程33项、总容量2 275万千伏安;同步建成配套的调度、通信等二次系统工程,保证了三峡电力"送得出、落得下、用得上"。

三是移民搬迁安置方面。截至2011年底,实际移民搬迁建房人口129.64万,迁建房屋5 054.76万平方米,分别比计划增加5.09万人和689.26万平方米;工矿企业、城市(县城)、集镇及文物保护单位搬迁等均按计划全面完成,初步实现了"搬得出"、"稳得住"的目标,保障了水库分期蓄水顺利推进。

(二)工程质量总体优良

在三峡工程建设中,有关方面高度重视质量管理,建立健全了质量监督管理体系,出现的质量缺陷都能及时加以处理。枢纽一期工程质量良好,二期工程质量总体优良,三期工程质量优良,枢纽工程投入运行以来,建筑物工作性态正常,机组运行可靠。输变电单项工程优良率达到100%,获国家优质工程奖和设计奖15项,系统运行安全稳定,未发生电网安全事故,其中交流输电线路2009年和2010年每百公里故障停运率均为0.094次,明显优于国内同类工程(平均分别为0.106次和0.199次);直流输电线路2009年和2010年每百公里故障停运率分别为2.3次和1.7次,约为国际平均水平的六分之一左右。移民工程已完工验收的迁建用房和学校、医院、公路、桥梁等1.83万个项目,投入使用情况总体良好。

(三)综合效益逐步显现

一是防洪效益明显,实现了荆江河段防洪标准由十年一遇提高到百年一遇的设计目标。自2006年实现水库156米蓄水以来,三峡工程在长江中下游防洪体系中开始发挥骨干作用,9次拦蓄洪峰流量超过5万立方米每秒的洪水,其中两次入库洪峰流量超过7万立方米每秒(1998年最大入库洪峰流量为6.48万立方米每秒),调蓄后下泄流量削减至4万立方米每秒左右,保证沙市不超警戒水位,有效减轻了长江荆江河段及中下游的防洪压力。

二是发电效益显著,促进形成了全国电网互联格局。截至2011年底,三峡电站累计发电5 310亿千瓦时,输送电量5 284亿千瓦时,有效缓解了华中、华东和华南用电紧张的局面。同时,实现华中与川渝、华东及南方电网联网,提高了电网运行的安全可靠性。

三是航运效益突出,提高了长江干流及库区支流航运条件和库区港口通航能力。水库蓄水后,坝址上游660公里主航道单位运输成本下降约37%。自2003年6月船闸通航至2011年底,过闸及翻坝货运量累计5.5亿吨,其中2011年过闸1亿吨,比2003年增长6.3倍;船闸年均通航率保持在94.6%至98.9%之间,明显高于84.13%的设计要求。

四是补水效益逐步发挥,为改善下游水域条件和缓解旱情发挥了积极作用。2003年至2011年,三峡水库枯水期向下游补水力度逐步增大,累计补水564天,共788亿立方米,枯水期流量最低月份平均流量从入库时每秒3 670立方米提高到出库时每秒5 430立方米。

五是节能减排效益开始显现,提升了对水电清洁能源的利用水平。按全国6 000千瓦及以上火电机组2003年至2011年标准煤耗测算,截至2011年底,三峡电站利用水能发电量可替代火电标准煤耗1.85亿吨,减少排放二氧化碳4.22亿吨、二氧化硫88万吨、氮氧化物142万吨、烟尘63.26万吨。

（四）移民生产生活水平不断提高

三峡工程移民工作全面贯彻落实中央各项方针政策，各有关地方积极开展对口支援工作，促进库区经济社会稳步快速发展，移民居住环境和库区基础设施明显改善，生产生活水平不断提高，居民收入稳定增长，库区安置和外迁的移民状况总体稳定。以1997年为基准，2011年三峡库区地区生产总值为4 444.66亿元，增长了6.71倍，年均增长12.5%；地方财政收入共计474.39亿元，增长了19.6倍，年均增长24.1%；公路通车里程达到8.22万公里，增加了6万公里，年均增长9.3%；城镇居民年人均可支配收入18 694元，增长了3.19倍，年均增长10.78%；农村居民年人均纯收入6 427元，增长了2.9倍，年均增长10.33%；农村移民饮用水水质和城市饮用水源地水质基本达到要求；城镇生活污水和垃圾集中处理率分别为72%和77%；包括幼儿教育、中小学教育、高等教育、职业教育和成人教育在内的具有地方特色的国民教育体系已建立并逐步完善，小学学龄儿童入学率达到99.9%；城乡医疗网络和公共文化服务网络初步建立，医疗卫生条件和保障水平逐步提高，新增病床26 447张；广播电视线路架设478.75万米、通讯线路591.66万米，电视人口覆盖率超过97%。

（五）生态环境建设与保护工作得到加强

三峡工程高度重视落实生态环境建设与保护政策措施，通过优化设计和环保施工，强化施工期噪声和"三废"污染控制，加强水土保持，及时恢复施工区植被，减少了对环境的不利影响。库区长江干流水质总体稳定，以优于三类为主。治理水土流失面积超过1.8万平方公里，入库泥沙量明显下降，年平均入库2亿吨，明显低于5.3亿吨的设计值，库区泥沙淤积好于预期。对受工程影响的珍稀特有动植物采取了有效保护措施。库区地质灾害防治工作取得初步成效，完成地质滑坡防治工程397处、高切坡防护项目2 874处、库岸防治204公里，避险搬迁7万余人，并建立了库区地质灾害监测与预警体系，设置专业监测点251个、群测群防监测点3 113个。

（六）对我国水电工程建设和重大装备技术进步起到了积极带动作用

三峡工程建设坚持科技创新，通过引进、消化、吸收再创新，实现大型水轮发电机组、大型铸锻件和直流输电工程国产化目标。有关国内厂商通过与国外厂商联合设计、合作生产，以及核心技术引进和消化吸收，已能够独立制造70万千瓦水力发电机组。枢纽工程获国家级科技成果奖21项、专利700余项，通过自主研发，大型水电机组的转轮水力设计、机组全空冷技术等关键核心技术达到国际领先水平。交流输电工程设备基本实现立足国内制造，直流输电工程设备国产化率达到70%左右。输变电工程获国家科技进步一等奖1项、专利135项，实现重大自主创新170项，建成了杆塔试验室、电力系统电磁兼容实验室等具有国际先进水平的重点试验室，解决了超大规模交直流互联电网的调度运行以及安全稳定控制技术难题，全面提升了我国输变电工程设计、制造、施工及运行管理水平。

三、审计评价

本次竣工财务决算草案审计，依据的标准主要是：七届全国人大第五次会议审议通过的三峡工程议案和兴建三峡工程的决议，三峡工程可行性研究报告，长江三峡工程建设移民条例，枢纽工程初步设计报告、输变电系统设计概算和水库移民补偿投资概算总额及切块包干方案等，财政部批复的长江三峡水利枢纽工程竣工财务决算办法。审计结果表明，三峡工程投资控制有效，静态投资控制在批复概算内，实际投资完成额控制在测算的动态投资范围内，工程建设和资金管理总体规范，竣工财务决算草案基本真实合规。

(一)投资控制有效

三峡工程实行"静态控制、动态管理"的投资管理方式。在国内良好的宏观经济环境和国家相关政策支持下,通过优化设计、科技创新、引入竞争机制、强化施工管理、优化融资方案,以及实行移民资金与任务"双包干"责任制等一系列措施,有效控制了工程投资。静态投资完成额1 352.66亿元,其中:枢纽工程500.9亿元、输变电工程322.74亿元、移民资金529.02亿元,与批准概算一致;竣工财务决算草案金额2 078.73亿元,比测算的动态投资减少了406.64亿元,其中枢纽工程减少390.24亿元、输变电工程减少16.4亿元。

(二)建设管理比较规范

三峡工程建立了政府主导、企业管理、市场化运作相结合的工程建设管理体制和"统一领导,分省(直辖市)负责,以县为基础"的移民工作管理体制,以及跟踪审计、年度稽察等监督检查机制。项目法人责任制、招标投标制、合同管理制、监理制执行总体较好,2000年招标投标法实施后,枢纽和输变电工程实际招标金额占应招标金额的92%。项目法人和相关地方政府认真执行国家政策法规,严格强化工程建设管理,管理水平不断提高。

(三)建设资金管理总体规范

三峡集团公司、国家电网公司、三峡办和有关地方政府认真遵守国家财经法纪,建设过程中及时整改审计和稽察发现的问题,建立并逐步完善了一系列适合大型水利工程建设特点的资金使用管理制度和财务管理办法,内控制度也比较健全;三峡工程建设基金到位及时,做到了专款专用。

(四)竣工财务决算草案基本真实

三峡集团公司、国家电网公司、三峡办和有关地方政府依据财政部批复的竣工财务决算编制办法及相关规定,及时编制了竣工财务决算草案,基本真实和完整地反映了资金来源、使用、工程建设和资产交付等情况。

四、审计结果和整改情况

(一)以前年度审计及整改情况

本次竣工财务决算草案审计之前,审计署根据国务院要求先后组织对枢纽工程和输变电工程进行了6次审计,对移民资金进行了13次审计。对审计发现的34.45亿元违规金额问题,三峡集团公司、国家电网公司、三峡办和相关地方政府高度重视,全面进行了整改,追回被挤占挪用等资金24.53亿元,收回多计的工程价款1.06亿元,纠正违规改变资金使用计划等问题金额8.86亿元,并制定和完善了143项管理制度和措施,强化了工程建设和资金管理。审计移送有关部门处理的76起违法违纪和经济犯罪案件均已办结,涉案的113人分别被追究刑事责任或受到党纪政纪处分。

(二)本次竣工财务决算草案审计及整改情况

本次审计中发现,三峡工程竣工财务决算草案共多计投资7.55亿元(占决算总金额的0.36%)。其中:多结算工程造价3.57亿元(枢纽工程1.91亿元,输变电工程1.66亿元),多分摊工程建设成本3.98亿元(枢纽工程1.33亿元,输变电工程2.65亿元);少计应摊未摊的工程建设成本1.58亿元。对此,三峡集团公司和国家电网公司相应调整了决算及交付使用资产价值,增减相抵后调减5.97亿元。调整后决算总金额为2 072.76亿元。其中:枢纽工程871.95亿元,输变电工程344.28亿元,移民资金856.53亿元。调整后的三峡工程竣工财务决算如表8-7所示(单位:亿元):

表 8-7 调整后的三峡工程竣工财务决算

项目	决算草案金额	调减	调增	调增后金额
合计	2 078.73	7.55	1.58	2 072.76
其中:枢纽工程	873.61	3.24	1.58	871.95
输变电工程	348.59	4.31	0	344.28
移民资金	856.53	0	0	856.53

注:按照任务和资金"双包干"原则,本调整不涉及移民资金。

除以上涉及竣工财务决算草案调整的事项以外,本次审计还发现,三峡工程由于施工难度大、建设周期长、移民搬迁安置任务重,以及建设初期相关法规制度不健全等,工程建设和资金管理中存在以下问题:

1. 建设管理不到位,导致增加投资 8.08 亿元。

(1) 枢纽工程建设中,未严格执行合同约定补偿材料价差及人工费,超标准支付招标代理费、监理费和维护费等,以及部分配件及施工设备长期闲置等,增加投资 6.95 亿元。对此,三峡集团公司查明了责任主体,建立健全了 43 项加强投资控制和合同管理的制度,完善了合同执行各个环节的管理和监督,并对长期闲置资产进行了处置。

(2) 输变电工程建设中,因设计标准偏低,资产长期闲置,增加投资 1.13 亿元。对此,国家电网公司通过对闲置资产的清理改造,已作为应急备用设备予以利用。

2. 移民资金被挤占挪用等涉及金额 2.79 亿元,主要用于非移民迁建项目、弥补行政管理费等支出。对此,重庆市和湖北省等地移民管理机构已全部收回相关资金,继续用于移民安置后续支出。

3. 一些中小项目的设计、施工、监理合同管理不够规范,涉及金额 41.3 亿元。

(1) 枢纽工程建设中,有 251 项中小项目未按规定进行招标,涉及金额 13.39 亿元。对此,三峡集团公司逐项进行了自查,加强了中小项目招投标管理,通过修订《招标采购管理制度(试行)》,制定《招标监督管理办法》,明确集团公司各级监察部门的招标监督职责,完善了中小项目招标评标监督管理。

(2) 输变电工程建设中,有 114 项应公开招标的合同采取邀请招标等形式,涉及金额 14.37 亿元;14 个标段被 11 家施工单位违规转分包,涉及金额 2.27 亿元。对此,国家电网公司在全面梳理和深入分析的基础上,严肃处理了违规邀请招标相关责任单位,对责任人进行了通报批评;清查处理了违规转分包行为,并修订完善了《招标采购活动管理办法》。

(3) 移民资金管理中,有 217 个工程项目和科研项目未按规定进行招标,涉及金额 9.82 亿元;161 个工程项目被违规转分包,涉及金额 1.45 亿元。对此,三峡办和重庆市、湖北省移民管理机构对其中 12 家责任单位进行了行政处罚,制定或修订了 16 项招投标管理制度,并加强监督管理,严防此类问题再次发生。

4. 部分移民管理机构和迁建单位移民资金决算编制和账务处理不合规,涉及金额 17.21 亿元。其中,32 个移民管理机构和迁建单位将 5.77 亿元移民资金通过以拨代支、虚列支出等方式直接编列决算;20 个移民管理机构和迁建单位存在收入与支出核算科目不正确和支出大类之间调剂使用等问题,涉及金额 11.44 亿元。对此,三峡办和重庆市、湖北省有关移民管理机构已调整决算报表、相关账务处理及投资计划。

5. 部分移民派生资金征收不到位、管理使用不规范,涉及金额8.55亿元。其中,8个移民管理机构应收未收土地出让金等派生资金4.76亿元;13个移民管理机构和迁建单位未按规定将派生资金纳入移民投资计划管理,直接用于移民安置等支出3.79亿元。对此,重庆市和湖北省人民政府已全额补收了应收未收的派生资金,将直接用于移民安置的派生资金纳入移民投资计划管理。

本次审计还发现涉嫌违法违纪和经济犯罪案件线索35件,涉及金额1.13亿元,已依法移送有关部门调查处理。截至2012年11月底,已有11人被追究责任,其余案件线索正在查处中。

此外,在本次审计过程中,还发现因补偿分配问题移民集体上访、地质灾害防治、库区生态环境治理等问题,审计署向国务院上报或向有关部门、地方政府转送共27期审计信息,有关部门和地方政府积极进行了整改,并完善了有关政策和制度。

五、审计建议

为切实做好三峡工程整体验收工作,更好地发挥工程的综合效益,提出如下建议:

(一)高标准做好三峡工程收尾工作。三峡集团公司应加强升船机项目建设管理,精心组织施工,高质量完成设备制造和安装调试,确保2015年按期建成并安全运行;统筹做好坝区整理完善项目管理,尽早发挥安全防卫、生态修复等作用。三峡办和湖北省、重庆市等有关地方政府应对未完工移民项目加强监督指导。同时,继续加强资金管理,努力节约投资,确保资金使用安全有效。

(二)继续做好三峡移民安稳致富工作。三峡办、有关部门和地方政府应围绕三峡库区基础设施和公共服务设施不完善、移民就业能力差等问题,按照三峡后续工作规划要求,着力优化库区经济发展结构,提高库区公共服务水平和移民社会保障水平,加强移民就业技能培训和就业引导工作,提高移民生产生活水平,确保库区移民逐步实现安稳致富。同时,对外迁移民情况进行深入调查研究,指导基层政府切实采取有效措施解决其实际困难,促进外迁移民更好地融入当地生产生活。

(三)进一步做好环境保护和地质灾害防治工作。三峡办、有关部门和地方政府应继续加强水污染防治和消落区治理等环境保护工作,处理好经济发展与水资源保护、生态环境建设之间的关系,提高国家水安全方面的战略保障能力;加大地质灾害防治力度,不断完善地质灾害防治长效机制,保障人民群众生命财产安全,促进三峡工程综合效益全面、协调和可持续发挥。

(四)进一步提高三峡工程综合调度能力。相关部门和单位要加快研究提出三峡工程正常运行后的管理体制方案,明确三峡工程管理范围、管理对象、管理体制、管理事项等;及时调整优化三峡水库调度运行方案,将保障下游防洪安全、下游河流和湖泊的基本生态流量、生产生活基本用水量作为调度运用的优先原则,研究不同运行方式下下游地区生态环境响应机制;抓紧开展适应船闸尺寸的船舶标准化、大型化建设工作,提高通航效率。

(五)认真总结三峡工程建设管理经验。发展改革委、三峡办应会同有关部门和湖北省、重庆市等地方政府,系统总结三峡工程建设和移民工作经验,不断深化建设管理体制改革,逐步完善国家重大投资项目的决策和管理机制。

注:1. 根据财政部批复的《长江三峡水利枢纽工程竣工财务决算办法》,三峡枢纽工程竣工财务决算编制范围不包括增建的三峡右岸地下电站,地下电站竣工财务决算单独编制。

由于本次审计时地下电站尚未完工,竣工财务决算尚未编制,本报告中有关表述、数据均不涵盖地下电站。待地下电站竣工财务决算编制完成后,审计署将专门进行审计。

2. 派生资金、三次提前蓄水一次性补助、工矿企业关闭破产补助等用于移民搬迁安置,视同移民资金管理。本次审计中,对其管理使用情况进行了审计。但该3项资金属于政策性投入,未列入移民补偿投资概算,不计入三峡工程建设成本,因此未列入三峡工程竣工财务决算。

(摘自中华人民共和国审计署网站2013年6月7日公告,按照原文格式未做改动)

9 工程项目绩效审计

9.1 概述

9.1.1 绩效审计理论

1) 绩效审计的产生背景

绩效审计起源于20世纪40年代中期。在这之前,传统的审计着力于财务报告的正确性和完整性,称为"财务审计"。二战后,政府在社会经济活动中的作用与日俱增,导致公营部门大批涌现和国家公共资金占用成倍增加,由此,人们对公营部门提高支出效率和明确经济责任的要求越来越高,同时,人们对获得政府使用和管理公共资源的效率和效果方面信息的愿望也不断高涨。

美国开辟了绩效审计的先河,早在1945年通过《联邦公司控制法案》,要求会计总署不仅应直接评价公营企业的合规性,而且应对管理效率和内部控制系统的效率加以评价,它要求公营企业应将年度经营预算和工作计划经预算总局提交总统和国会,由审计总署进行审计。这是美国最早的绩效审计方面的规范。

60年代,美国审计总署率先把注意力转向经济性审计(Economy Audit)、效率性审计(Efficiency Audit)和效果性审计(Effectiveness Audit)(也称"3E"审计),开始进行绩效审计试点。

进入70年代,美国审计总署的"3E"审计走向准则化。1972年,美国审计总署制定了《政府的机构、计划项目、活动及职责的审计准则》,提出了"绩效型审计"的要求,明确规定实施"3E"审计,这在国家审计史上还是第一次。这份被称为"黄皮书"的审计标准对绩效审计的内容、实施和报告做了具体规定。从此"3E"审计走上了规范化的道路,并得以快速发展。在这一时期,美国政府审计工作量的86%以上是从事"3E"审计的。

1993年,美国制定了"政府绩效与结果法案",要求各部门明确任务,确定目标,制定绩效衡量标准。目前,绩效审计已发展到对受托责任、风险管理等进行评价,政府审计工作已占全部审计工作的90%以上。同时为了避免"3E"审计的片面性,美国的政府绩效审计评价体系由硬性指标和软指标共同构成。

通过绩效审计和其他服务,美国审计总署每年为联邦政府节约了大量的资金。

1999年财政年度中,美国审计总署的工作带来了201亿美元的财政收益。即在审计活动方面投资的每一个美元都带来了57美元的收益。2000年财政年度,美国审计总署评估分析了社会安全改革、国防采购、军队维和行动、税收政策、计算机政策、管理人力资本的经济性、效率性和效果性,通过工作实现了230.2亿美元以上的直接财政收益,经费投入的每一个美元都带来了61个美元的收益。

进入21世纪后,美国《政府审计准则》更趋完善,有两章分别为绩效审计现场作业准则和绩效审计报告准则,详细规定了绩效审计的操作步骤和要求。过去的十多年里,绩效审有力地削减了美国政府的预算和可避免开支,提高税收 1 000 多亿美元;美国审计总署每年发表 1 000 多份报告,审计官员在国会作证 300 多次。现在美国政府绩效审计工作已经占其审计工作总量的 90% 以上。美国审计总署在开展绩效审计方面取得了惊人的业绩,且对世界范围内政府绩效审计的开展起到了巨大的推动作用。

在美国的带动下,西方许多国家,如英国、加拿大等政府审计机构先后从单纯的财务收支审计逐渐发展到绩效审计。这就使得绩效审计在西方国家快速发展。

我国的绩效审计起步较晚。20 世纪 80 年代初,随着国家审计署的成立及改革开放和市场经济体制的建立,我国绩效审计得到了较快发展,其发展经历了一个由微观到宏观、由单纯的企业经济效益审计到并重绩效审计的过程。国内较早的绩效审计论著是吕文基(1992)撰写的《经济效益审计教程》;1991 年至 2005 年中国审计学会多次举行"绩效审计"专题研讨会;1997 年郭振乾审计长主编的《中国审计学》中也对绩效审计进行了专门论述。审计机关积极开展绩效审计研究和试点工作,绩效审计不断向深度和广度发展,如全国审计机关同时对 2 万多个工程项目开工前进行审计,总投资额 105 815 亿元,审计后对 716 个不具备开工条件的工程项目提出了意见,压缩建设规模资金 128.5 亿元;同时,对全国 165 个国家的重点工程项目进行审计,共查出问题金额 106.5 亿元,经审计处理后,为国家节省投资 38 亿元。

中国加入 WTO 后,为了迅速与国际审计惯例接轨,全国审计工作会议明确提出,绩效审计是更高层次的审计目标,是审计工作的发展方向,并在《2003—2007 年五年审计工作规划》中指出:实行财政财务收支的真实合法审计与效益审计并重,逐步加大效益审计分量,争取到 2007 年,投入效益审计力量占整个审计力量的一半左右。各地审计机关也广泛开展以绩效审计为主的行业审计调查、离任审计、经济责任审计、专项资金及公共工程的绩效审计,取得一定成效,向审计现代化迈出可喜一步。

2) 绩效审计的概念

关于绩效审计的定义,世界各国都不尽相同,如美国由"3E"审计到现在的"绩效审计(Performance Audit)",英国称为"资金价值审计(Value for Money Audit)",加拿大称为"综合审计(Comprehensive Audit)",澳大利亚称为"效率审计(Efficiency Audit)",瑞典叫"效果审计(Effectiveness Audit)"。

最高审计机关国际组织 INTOSAI 在 1986 年第 12 次国际会议上,建议以"绩效审计"来统一各种有关效益审计的名称,并在《关于绩效审计、公营审计、公营企业审计质量控制的总声明》中进行了解释:"除了合规性审计,还有另一种类型的审计,它涉及对公营部门管理的经济性(Economy)、效益性(Efficiency)和效果性(Effectiveness)的评价,这就是绩效审计。"因此,绩效审计又称为"3E"审计。其中,经济性是指在适当考虑质量的情况下,尽量减少购置或使用资源的成本,即是否能够在不影响工作质量的前提下,节约支出;效率性是指提供的商品、劳务或其他成果与其所耗费的资源之间的关系,即如何能在资源投入一定的情况下,得到最大产出,或在产出一定时,使所需投入的资源最少;效果性是指项目、计划或其他活动的实际结果与预期结果之间的关系,即在多大程度上达到了政策目标、经营目标以及其他预期效果。

美国审计总署发布的《政府审计准则》中,将绩效审计定义为:"就是客观、系统地检查证据,以实现对政府组织、项目活动和功能进行独立评价的目标,从而增强公共责任性,以实现监督和采取纠正措施的有关各方决策提供信息。"

1983年英国公布的《国家审计法》,将绩效审计定义为:"检查某一组织为履行其职责而使用所掌握资源的经济性、效率性和效果情况。"

综上所述,绩效审计就是审计人员采用现代技术方法,依据一定的审计标准,客观、系统地对政府部门及企事业单位的项目、活动和功能就其实现经济性、效率性和效果性的程度进行独立的评价,提出改进意见,改善公共责任,为有关方面决策提供信息。

3) 绩效审计的特点

(1) 审计工作的独立性与客观性

绩效审计结果是否真实客观,主要取决审计机构和人员能否独立地开展工作,审计人员不应卷入或承担被审单位、部门或经济活动的经营管理责任;能够不受干扰独立审计;根据需要可以独立地取得和评价审计证据;审计报告中应充分、客观、公正地阐述自己的观点。

客观性不仅指审计人员的客观性,而且指审计过程和结论的客观性。审计人员在审计中应客观地收集与被审经济活动有关的证据,并对审计证据进行系统而客观的评价,最后提出审计意见时必须客观、公正,使审计结论可以验证。客观性是审计独立性的体现和结果。衡量客观性的一个重要标志是容许那些合格的绩效审计人员相互独立地对同一事项进行审查,会得出基本相似的结论。

在绩效审计的评价过程中,由于涉及许多价值标准,只有审计人员站在独立、客观的立场,实事求是,以正直诚实的态度不偏不倚地进行工作,排除自身偏见好恶的影响,克服在审计过程中来自各个方面的干扰,其得出的结论才能为经济责任的委托方和受托方所接受,也才能最终实现绩效的审计目标。

(2) 审计结论的建设性

绩效审计目的在于提高未来的绩效,揭示影响绩效高低的问题所在,向被审计单位提出改进建议,指出进一步提高绩效的具体途径和办法,因此绩效审计结果应当具备建设性特点,表现在:

① 以促进提高绩效、降低风险为目的;

② 以评价、服务为其主要职能,监督、鉴证为次要职能;

③ 其审计报告以指出被审单位问题和潜力所在、提出改善和提高的途径和措施为主要内容。

(3) 审计对象的真实性和合法性

为了保证绩效审计结论客观、真实,在填写审计工作底稿时要保证反映被审计单位财政、财务收支及经济活动的会计资料、情况报告等记录载体的真实性。另外,被审计单位财政、财务收支及经济活动本身应是合法的,因此,在进行绩效审计以前,应先对有关的财政、财务收支和经济活动进行合法性、真实性审计。

(4) 内容范围的广泛性和限定性

绩效审计的内容范围是很广泛的,既包括宏观经济活动,又包括微观经济活动;既包括国家和政府的经济行为,又包括企业、单位和其他组织的经济行为。同时由于被审计单位的业务活动涉及面广,故而审计时需同时涉及诸多单位。因此,绩效审计的对象既包括物质生产部门,也包括非物质生产部门,还有对投资项目的审计等;应用范围也宽广得多,既包括被审计单位各项业务活动,也包括其他非经济范畴的管理活动。它除了通常的政府机构财政收支和公共工程审计之外,还包括对政府投资的经济性、效率性、效果性进行必要的审查。

(5) 审计过程的延续性

被审计单位的绩效,有些可以马上体现出来,有些业务活动的绩效则需要经过一段时间才能表现出来。特别是公共工程项目,尤其是有些公共投入,如治理生态失衡,难以在短期内见到可以数字描述的效益。因此,在进行绩效审计时只对当期业务活动的直接绩效进行审查,难以获得充分的审计证据来全面评价其绩效。所以要进行追踪审计,即对业务活动的滞后性效益进行审查。

(6) 审计标准的多样性

绩效审计往往缺乏明确的法律制度或指标作为评价的标准。非营利机构业务活动的绩效既有经济效益,又有社会效益。经济效益的衡量可运用价值指标,有的可以用经济效益指标进行评价,而有的则只能用定性标准来衡量。这就需要考虑分析各个被审计单位或项目的具体情况进行综合评定。因此,必须用不同的标准进行审计评价。

(7) 审计方法的灵活性

审计内容的变化性决定了审计方法的灵活性。政府绩效审计不仅采用传统的、通用的财务审计的方法(如顺查法、逆查法、详查法、抽查法等),而且更多的是采用分析法、系统论、论证法、评价法,有的甚至采用模糊综合评判法等。审计人员必须根据审计对象、目标的不同制定不同的审计方案,选择适当的审计方法。

(8) 审计的风险性

绩效审计的风险大于其他的审计类别,其原因有两方面:

① 事前、事中和事后审计的并存,有些审计结论和建议只能根据趋势证据、环境证据间接做出,有一定的科学理论依据,但并不反映已发生的实际情况,客观证明力较弱。

② 绩效审计的风险往往表现为审计建议执行结果与预期不符,从而导致决策失误,或遭受严重实质性损失。

4) 绩效审计与传统审计财政财务收支的联系与区别

绩效审计与传统的财政财务收支审计既有联系又有区别,财政财务收支审计是基础,绩效审计是财政财务收支审计的发展和提高,是更高层次的审计形式。两者的区别主要体现在以下几方面:

(1) 目的不同

传统的财务审计主要是对被审计组织的财政财务收支的真实性合法性进行审计,也就是人们通常讲的制度基础审计,重点审查财务收支的准确性、合规性、合法性。而绩效审计目的主要是审查被审计单位是否进行有效的管理(经营),着眼点于管理的计划、控制和决策过程,强调对未来的改进,把重点放在经济性、效率性、效果性方面。

(2) 标准不同

传统财务审计主要依据会计准则、审计准则和相关法律法规,这些标准具有固定性、约束性、强制性。而绩效审计迄今为止还没有一个公认的适用各种情况的审计标准,因而绩效审计标准具有相对性和灵活性。

(3) 作用不同

传统的财务审计则主要是对既成的事实进行财务收支审计,更大程度上体现了查错防弊及证明作用。而绩效审计关注的是未来经济活动的改进,是面向未来的审计。在评价绩效的同时,更侧重提出促进提高绩效的建议,使审计更具有建设性。

(4) 报告形式不同

由于绩效审计涉及的对象较复杂,审计报告的形式很难用一种统一的形式固定下来。传统的审计报告形式已由审计准则将其固定下来,可变性较小。

9.1.2 工程项目绩效审计

1) 工程项目绩效审计的概念

工程项目绩效审计,是指由独立的审计机构或人员,依据有关法规和标准,运用审计程序和方法,对被审单位或工程项目建设活动和结果的合理性、经济性、有效性进行监督、评价和鉴证,提出改进建议,促进建设单位加强管理、提高投资效益的一种独立性的监督活动。其基本内涵包括:

(1) 工程项目绩效审计的主体是接受政府或其他相关单位委托的审计机构或审计人员,它不仅包括政府审计机构和审计人员,还包括社会中介机构如审计事务所及其他工作人员。

(2) 工程项目绩效审计的客体是工程项目,包括国家预算拨款项目、银行贷款项目、企业联合投资项目、企业自筹项目、利用外资项目和外资项目等。

(3) 工程项目绩效审计的目的是对工程项目的经济性、效率性和效果性进行审查和评价,以揭示工程项目在建设和管理过程中存在的问题,并提出改进工作的意见。

(4) 工程项目绩效审计的本质是一种经济监督活动,通过审计监督,促进工程管理部门加强管理,提高工程项目投资效率。

2) 工程项目绩效审计的意义

开展工程项目绩效审计,是以真实性和合法性审计为基础,以资金安全和效益为目标,以资金流向为主线,通过对工程项目的全过程审计,确保工程项目的经济性、效率性和效果性。因此,工程项目绩效审计对改善工程项目管理水平、提高工程项目投资效益具有重要意义。

(1) 实施绩效审计是投资者实行有效监督的需要

无论是国家投资项目,还是民资、外商投资项目,项目投资者不仅需要了解工程项目的建设情况,而且还需要获得项目建设方工程建设管理的效率和效果等方面的信息。审计机构从独立的第三者的角度,向投资者以及其他利害关系人提供客观公正的绩效审计报告,有利于投资者对工程实施进行有效的监督。

(2) 实施绩效审计是加强对工程项目权力制约和监督的需要

建设领域的权力主要表现为决策权、筹资权、审批权、监管权、建设资金支配权。实施绩效审计主要在以下几方面加强监督:

① 通过对工程项目绩效审计,跟踪工程项目是否存在因决策不科学、不合理或决策失误造成的无效投资及损失浪费等问题,监督决策者的决策行为。

② 通过对建设资金的审计,检查投资者有无财力严重透支的情况,监督融资行为是否合理、适当。

③ 通过对工程项目绩效审计,检查工程项目建设过程中是否存在项目概算与实际严重

脱节或弄虚作假申报项目、骗取财政资金的情况,监督投资监管部门的项目审批工作有无失察、失职的问题。

④ 通过对项目建设管理的审计,监督建设单位或有关部门领导是否有违反法律法规的规定,利用权力干预建设活动,如干预工程招标投标活动,干预工程合同的签订,在工程建设过程滥用权力,损害其他项目参加者的合法权益的行为。

⑤ 通过对项目审计和审计调查,检查是否存在建设领域因政府部门监管不力或监管滞后,造成损失浪费的问题,监督政府部门的监管行为是否及时有效。

⑥ 对政府工程而言,通过对建设资金的审计,检查各级政府及相关部门是否存在违反基本建设程序,滥用权力建设"政绩工程"、"形象工程"等违规行为,监督政府领导对建设资金的支配权。

（3）有利于提高资金管理水平和使用效率

开展绩效审计,通过对工程项目财政支出的监督和审查,促进被审计单位提高建设财政资金的管理水平和使用效益,重点揭露挤占、挪用、截留和挥霍浪费、贪污私分专项资金等违纪问题,确保专项资金专款专用,保障建设资金能够发挥最大效益,确保工程项目的顺利完成。

（4）有利于工程项目后续运营实现预期效果

工程项目的效益是在项目建成后的投产运营过程中实现的。项目建成后如果不能正常运行,就会造成资产闲置浪费,甚至报废毁损。开展绩效审计,调查已建成项目的运营状况,对建成项目的效益状况予以综合审计评价并与预期效益进行对比分析,分析产生差距的原因,从项目建设管理体制及运营机制等方面提出审计建议,促进工程项目的后续运营达到预期效果。

（5）促进投资管理体制不断完善

开展绩效审计,可以从经济效益、社会效益和环境效益3方面去衡量项目投资的效率,为政府投资决策提供依据,使政府投资能充分发挥改善投资与经济结构,引导社会投资方向的宏观导向作用,促进投资管理体制的不断完善,有利于少投入多产出,提高建设资金的管理水平和投资效益,促进国民经济和社会持续、快速、健康地发展。

（6）是促进审计自身发展的需要

从世界范围来看,发达国家在20世纪40年代就进入了以绩效审计为重点、效益审计与财务收支审计并存的现代审计阶段。而我国传统的投资审计都是以财务收支为主的真实合法性审计,大多数是事中事后审计,对事前的决策失误无能为力。审计署早在《审计署2003至2007年审计工作发展规划》中提出:"实行财务收支的真实合法审计与效益审计并重,逐年加大效益审计分量,争取到2007年,投入效益审计力量占整个审计力量的一半左右。""固定资产审计以效益审计为主,促进提高建设资金的管理水平和投融资体制改革。"这标志着我国的投资审计工作将由单纯关注工程项目本身违纪违规问题向投资绩效审计转变。因此,探索和开展工程项目投资绩效审计有利于适应审计大环境的变革,也是审计事业本身发展的需要。

3) 工程绩效审计的目标

明确目标是确定绩效审计内容、范围、方式和方法的基础。要进行绩效审计,首先需明确工程绩效审计的定位,来确定绩效审计的目标,并以审计目标为指导,制定具体审计方案,做好绩效审计的审前准备,认真实施绩效审计,形成有说服力的审计报告。

按照英国国家审计署的解释,绩效审计有两个主要目标:

① 对主要收支项目和资源管理的经济性、效率性和效果性向议会提出独立的资料、保证和建议;

② 确定提高效益的途径,帮助被审计机构采取必要的措施改进控制系统。

工程绩效审计应当将真实性审计、合法性审计与效益性审计相结合,兼顾项目的经济效益、社会效益、环境效益,以所产生的效果为前提,在效果一定的前提下,从立项、资金拨付、资金使用、管理这几个环节,对经济性、效率性、环境性进行评价。当审计发现存在不经济、效率不高等问题时,分析原因,提出相应建议。

具体来说,工程绩效审计包括以下目标:

(1) 促进建设单位更好地履行工程项目管理职责

通过绩效审计,可以揭示项目建设过程中存在的问题,落实相关责任,达到促进相关部门和项目建设单位严格履行职责的目的。

(2) 促进工程建设资金得到合理、有效使用

开展绩效审计,应当以财务收支审计为基础,以资金为主线,通过绩效审计检查项目总体安排的合理性并对投资效果做出总体评价,以促进项目资金的合理有效使用。

(3) 保证项目投产运营效果达到预期目标

通过绩效审计对项目建设管理体制、投融资体制及运营机制等宏观制度方面提出的审计建议,是促进项目的后续运营达到预期效果的有效的路径选择。

4) 工程绩效审计的依据

(1) 工程项目前期的有关依据。包括国家有关法律、法规和规章、制度;项目可行性研究报告;项目评估报告;项目立项、设计文件、计划;招标文件及中标单位投标书等。

(2) 工程项目实施阶段相关依据。包括项目实施规划方案;审计指南;施工及竣工图纸;现场签证及会议纪要;勘察、设计、监理、施工、采购、技术服务等技术合同;设计变更;工程财务资料等。

(3) 工程项目竣工阶段相关依据。包括工程验收及备案资料;工程竣工验收资料;监理档案资料;工程质量及安全事故报告;主要材料合格证及试验报告等。

(4) 工程项目运营阶段相关依据。包括建成后使用效果,经营状况,项目经济和社会效益,资金回收情况等。

5) 工程绩效审计的内容

工程绩效审计应关注如何将真实性、合法性和效益性三者有机地结合起来进行,不但要重视投资项目的建设成果,同时对项目建设过程中是否遵循法律法规也应予以重点关注。因此,工程绩效审计的范围和内容是非常广泛的,具体来说包括投资决策、建设方案、计划管理、资金管理、物资管理、施工管理、财务管理等方面。

由于内容的广泛性,对工程绩效审计内容进行分类时采用的标准不尽相同,分类的结果也有所差别。有些学者从宏观方面对工程项目绩效审计的内容进行了概括,强调其社会效益、经济效益和环境效益。更多的学者则根据工程项目管理的特点,重点通过对工程项目的决策、项目管理、工程造价的真实性和综合效益 4 个环节的审查来评价其经济性、效率性和效果性。

根据工程项目全寿命周期管理理论,笔者认为工程绩效审计主要包括以下两大方面内容:

(1) 工程项目管理审计

工程项目管理是以工程项目为管理对象,在一定的约束条件下,为最优化地实现项目投资目标,对项目寿命周期全过程进行有效的计划、组织、指挥、控制和协调,使生产要素优化组合、合理配置的系统管理活动。

为提高工程投资的经济效益,确保国家建设计划和工程项目的顺利实施,必须加强对工程建设全过程项目管理工作绩效的审计,以提高项目管理水平,保证项目建成后达到预期的目标。

工程项目管理贯串工程项目全寿命周期,因此,只有对工程项目管理工作进行全过程审计,才能对工程项目管理工作绩效做出一个完整、有效、合理的评价。工程项目管理审计包括以下几个阶段:

① 工程项目投资决策阶段的工程管理审计

项目投资决策阶段工作审计主要包括:项目前期策划工作审计、可行性研究工作审计和项目建设决策工作审计。

② 工程项目设计阶段的工程管理审计

工程项目设计阶段的工程管理审计主要包括:设计准备工作审计、方案设计工作审计和施工图设计阶段工作审计。

③ 工程项目建设招投标阶段的工程管理审计

工程招投标阶段的工程管理审计主要包括:招投标准备工作审计、招投标工作审计和工程项目合同订立工作审计。

④ 工程项目建设施工阶段的项目管理工作审计

工程项目施工阶段的项目管理工作审计主要包括:施工准备工作审计、施工工作审计和竣工验收工作审计。

⑤ 工程项目使用阶段的项目管理工作审计

本阶段的项目管理工作审计主要包括对缺陷责任期的保修管理工作和项目后评估工作进行审计。

(2) 工程项目投资效益审计

工程项目投资效益审计应当针对工程项目的经济性、效率性和效果性进行审计,其内容包括工程项目财务效益、社会效益和环境效益审计。

(3) 工程项目管理审计与工程项目投资效益审计的区别与联系

工程项目管理贯串工程项目全寿命周期,体现了工程项目的过程管理,因此工程项目管理审计应当采用"以过程为导向"的审计程序,即沿着项目实施过程的时间顺序,对项目从立项审批、实施、竣工、运营等各个阶段的实际管理状况进行比较和评价,对内部控制系统是否健全有效进行检查,及时发现内部控制系统中影响项目目标实现等重大风险的环节和存在问题的原因。

工程项目投资效益主要反映工程项目建成后投资目标的实现程度,因此,工程项目投资效益审计应当采用"以结果为导向"的审计程序,将项目立项文件中确定的项目建设内容和应实现目标与项目实际情况进行比较和评价,把对项目实现的目标和产生的社会影响等项目最终结果进行审计评价作为审计的起点向前追溯,直到发现问题存在的原因。

由于工程项目管理与工程投资效益密切相关,工程项目管理水平的高低直接决定了工程项目投资效益的状况,而工程投资效益的大小又体现了工程项目管理质量的高低。因此,在进行工程绩效审计时应当综合考查工程项目管理与工程投资效益状况,以便得到真实、客观的评价。

6) 工程绩效审计的程序

工程绩效审计包括审计准备阶段、实施阶段、报告阶段和后续阶段。

(1) 准备阶段

准备阶段是指从接受或确定审计项目到审计人员进入被审计单位为止进行各项审计准备工作的时期。审计准备阶段的主要工作包括:初步调查了解被审计事项,确定审计目标、范围和重点,确定审计评价标准,设计审计方式和方法,编制审计方案。

(2) 实施阶段

审计实施阶段包括:初步测试、收集审计证据、分析审计证据、酝酿审计意见和编制审计底稿5个方面的工作。

(3) 报告阶段

绩效审计报告阶段是指审计实施完成后,根据审计实施阶段所审查的问题及针对问题提出的改进建议和措施,编写审计报告,做出审计决定的过程。在此过程中,审计人员应核实在实施阶段中发现的问题,整理审计工作底稿,鉴定和补充必要的审计证据,评估被审计事项的效益,提出进一步改善经营管理和提高绩效的建议,起草、讨论审计报告,最终正式发送审计报告。

(4) 后续阶段

绩效审计的后续阶段是指审计项目完成后,对审计建议和改进措施的执行情况进行回访性审计的过程。通过回访性审计评价审计建议和措施的执行结果,帮助和促进被审计单位更好地执行审计建议和改进措施。后续审计虽然不是每一项绩效审计的必须环节,但从审计实践看,开展后续审计有助于绩效审计目标的实现。

7) 工程绩效审计的方法

(1) 审计方案的制定

审计方案分为审计工作方案和审计实施方案。审计工作方案是审计部门或单位为了统一组织多个审计组实施审计而制订的总体工作计划,审计实施方案是审计组为了完成审计项目任务,从发送审计通知书到处理审计报告全部过程的工作安排。审计实施方案是审计组的行动计划,通过审计方案中对于审计目标、审计评价标准、审计证据来源和审计步骤的规划,明确审计组成员的各自任务,为审计人员的行为提供指南。

编制审计实施方案必须综合考虑被审计事项本身特点、审计环境、对被审计事项了解的充分程度、审计人员的经验水平。在制定审计方案时应重点把握以下环节:

① 明确审计目标。工程绩效审计是对工程项目的经济性、效率性、效果性进行审查,做出独立、客观公正的评价,并提出改进意见。明确工程项目效益审计的目标是确定审计内容、范围、方式和方法的基础。

② 确定审计范围,明确工程项目绩效审计的定位,制定具体审计方案,做好绩效审计的审前准备、细化审计重点内容,认真实施审计,形成有说服力的审计报告。

要重点把握三个结合：

一是将工程项目可行性研究科学性审计、投资决策的合理性审计以及工程造价审计与经济性审计相结合；

二是将概算执行审计、建设工期审计以及资金使用的真实合法审计与效率性审计相结合；

三是将项目建设规模、质量管理、项目招投标审计、合同执行审计、目标实现程度审计与效果性审计相结合。

③ 合理安排审计人员。针对不同的项目特点，成立审计小组，整合审计资源，根据审计人员的专业特点，确定审计人员工作职责，让每一位参审人员充分发挥特长，圆满完成工程绩效审计的任务。

④ 明确评价指标的选取原则，把握动态，适时调整。根据项目的实际情况，明确选取原则，留有余地，以便于将来可能涉及的审计范围的扩展、审计深度的延伸、审计评价标准的创新等。

（2）工程绩效审计的组织方式

工程绩效审计应当根据工程项目管理的特点，结合审计工作的实际，将绩效审计与传统财务审计有机结合起来，选择适当的组织方式。

工程绩效审计可采用以下组织方式：

① 过程跟踪审计

跟踪审计又称同步审计，是指审计人员按照基本建设程序，逐步开展对工程项目绩效建设前工作的审计、在建期工作的审计和竣工后工作的审计等相关工作，并实现从以资金为主线转移到以项目建设为主线的审计重心转移。通过跟踪审计，更加重视对前期决策执行情况、资金筹集与使用情况、项目建设与管理情况以及项目建设效益情况等相关内容的审计工作，更加注重审计质量与审计效率的提高。

实行跟踪审计，可以将绩效审计的目标、内容与跟踪审计形式有机结合，深化和拓展了传统竣工决算审计方法，可以及时督促有关部门和单位纠正问题，有利于加强管理、减少损失浪费、提高投资效益。同时，跟踪审计法的有效实施还有利于规避审计风险，减少因审计结果与合同约定的工程价款不一致所引起的法律诉讼。

② 制度基础审计

审计单位通过对工程投资项目内部控制制度的描述、测试和评价，确认其内部控制制度是否健全和有效，并通过这种审计方式，寻找投资管理中的薄弱环节，并以此为基础，明确审计重点，充分体现审计的监督作用。

工程项目的内部控制一般分为三个层次：第一层次是经营责任制控制。包括项目法人责任制、资本金责任制、招标投标责任制、建设监理责任制和合同管理责任制5个方面。第二层次是项目建设程序控制。主要表现为建设全过程的进度控制、质量控制和投资控制等相关内容。第三层次是具体的现场控制，即现场签证控制、设计变更控制、授权控制等。

③ 战略协作审计

主要是指国家审计机关、社会审计组织和内部审计机构之间的协作性审计，充分利用国家审计机关在财务审计方面的专业优势、社会审计组织在工程造价审计方面的专长和内部审计机构的全过程介入项目建设监督工作的优势，实现在工程审计中的优势互补。

④ 审计调查

用专项审计调查的方法,向建设单位、设计单位、施工单位、监理单位、政府主管部门等项目相关者进行查证。

⑤ 综合审计

即绩效审计与其他专业审计如财务收支、经济责任、专项资金等审计相结合,综合运用各种专业技能,围绕技术、管理,以及相关资金运行等经济活动,充分开展对工程项目建设全过程的综合效益审计。

(3) 工程绩效审计的方法

工程绩效审计方法是指在审计实施过程中收集和分析审计证据的技术和手段。由于工程绩效审计对象和审计目标的多样性,导致审计技术和方法的多样性,工程绩效审计方法是多种审计方法的综合运用,包括财务收支审计法、基本建设预决算审计法、计算机审计法。这些审计方法在具体操作中,经过多年的审计实践,有的已形成了一套较为成熟的方法体系,如财务收支审计方法中的详查法、抽查法、顺查法、逆查法、调节法、对比/环比分析法、从以账项检查为基础到以制度检查为基础的审计方法等,基本建设预决算审计方法中的询证法、观察法、鉴定法、实地丈量法、实物图纸对照法、现场取样法等。多种审计方法的综合运用是工程绩效审计的特点之一。绩效审计要与财务收支审计相结合,对利用财务收支审计方法发现的问题,要从绩效的角度去审视和进一步剖析。

常用的绩效审计技术和方法可以分为数据收集方法和数据分析方法两大类。常用的数据收集方法有:审阅、观察、调查问卷、访谈、文献研究、研讨会等。常用的数据分析方法可以分为定性分析法和定量分析法两种。在搜集和评价信息的过程中,除了运用财务审计中广泛使用的审阅、观察、计算等技术和方法以外,还要运用调查研究和统计分析技术。具体方法为:

① 审阅法

审阅被审计单位的书面文件资料是绩效审计获取数据资料最基本、最直接也是最有效的方法。审阅和研究已有的书面文件是工程项目绩效审计中重要的技术与方法之一,审阅的对象可以是历史的和现实的文件资料,如财务资料、统计数据、预(决)算、合同、签证单、报告、会议记录和被审计单位内部的备忘录等,也可以是对未来和前景进行预测的数据资料,如现金流量预测、生产计划等。对文件资料的审阅和研究有助于审计人员掌握有用的信息和数据,但必须紧密围绕审计目标,并需对文件内容的可靠性做出适当评估。

② 观察法

观察是指审计人员到被审计单位的建设现场或被审计事项发生的现场进行实地察看,以了解有关活动的运转状况,了解现场施工(或建设)的意图,并将其与通过其他方法获取的信息进行对比的方法。如观察操作过程和程序、了解有关设备的运转情况、参观工作场所和实物建筑、实地验证资产等。审计人员可以采用录音、录像、拍照等方式增强观察法所获取资料的可信度与说服力。实地观察的结果可用于证实从其他途径获取的信息,也可直接用做审计证据。当书面文件和管理部门成为唯一的信息来源时,观察就是绩效审计中不可或缺的一种审计方法。

③ 调查问卷法

调查法是采用特定的形式从特定群体中系统地获取信息的方法。调查法获取信息的方式是非交互式的,通常采取问卷的形式,一次性获取特定的信息,被调查群体的规模一般较大。除采用问卷形式外,调查法还可以采用信件、电话、电子邮件、互联网等形式。调查时先要对调查内容和问卷进行精心设计,采用抽样方法,选取要调查的对象,然后向这些调查对象邮寄问卷、电话调查或当面进行询问,通过对样本调查结果的整理和分析获取证据,从比较分散的群体中获取对某一事项的评价意见和信息,并借此推断总体和形成结论。

④ 访谈法

在绩效审计中,审计人员经常需要当面向有关人员了解情况,获取某些特殊证据,因此访谈在绩效审计中应当是一种十分常用的审计方法。采用这种方法可以帮助审计人员加强对所审工程项目的理解,而且可以当面向访谈对象搞清楚工程项目有关事项的来龙去脉,十分方便灵活。使用这种方法时,审计人员在审计的不同阶段也有不同的访谈形式和方式,在不同的环节,使用不同技巧,如采用单独会谈和集体讨论等形式发现问题,或采用结构化和非结构化的问题列表。访谈的对象不仅是被审计单位,还包括其他相关单位、部门和个人。访谈的结果通常以访谈笔记、证词、录音等形式保存,访谈的结果需要有关部门的认可或进一步的证实。

⑤ 利用文献资料法

审计人员通常要回顾审计项目相关领域的研究报告、书籍和文章等,或过去的审计和评估资料等,以获取相关的重要信息,如背景资料或一些细节的信息,并更新和扩展自己在特定领域的知识。审计人员还可以利用其他单位或部门所提供或拥有的相关数据资料,如统计部门、财政部门等,如果面对电子数据环境,审计人员还会用到数据检索技术。

⑥ 研讨会法

研讨会可以聚集拥有不同知识、经验和观点的人员,通过与这些人员的沟通和讨论,审计人员可以获取专家的经验,对问题、观点和可能的措施进行讨论,了解各个方面的观点,听取不同的意见和建议,这对于科学地安排审计工作、得出正确的审计结论、形成适当的审计建议等都是大有帮助的。审计中可根据不同目的和要求,邀请合适的人员进行研讨,加研讨会的人可以是政府部门从事相关工作的人员、研究机构的专家和其他富有经验的人员。通过研讨会的深入沟通和讨论,审计人员不仅受到启发,而且还可以得到一些有价值的建议,如对建设方案合理性审计,聘请专家进行研讨就是一个非常有效的方法。

⑦ 案例研究法

案例研究是指审计人员选择一个或若干个对象作为案例进行研究,以便对被审计事项进行深入的调查和分析。在实践中所执行的试点审计程序就是案例研究法的最好应用。案例研究的结果可以用来证实已存在的问题,还可以佐证通过其他方法得出的结论,并且研究案例的过程也是经验的积累过程。审计人员在研究案例时不应过分关注所选择的对象本身,主要应利用所得出的结论性意见和所获取的经验。

⑧ 利用被审计单位拥有的数据资料法

被审计单位通常会拥有有关行业、单位和部门,或相关领域等的重要数据、信息和资料,审计人员利用被审计单位拥有的数据资料进行分析是非常重要的,这些数据包括管理信息系统的数据或从其他途径搜集来的数据,一般由管理部门提供。如果被审计单位的信息化程度较高,通常会建有管理信息系统或建立统一或专门的数据库和资料库。审计人员通过对被审计单位数据资料库的检索可以发现大量有用的信息和数据资料。

⑨ 利用专家工作法

由于投资绩效审计涉及面较广，对一些审计人员不具备相关知识、经验与技能的领域，往往需要聘请专家或专业人员从事部分工作，并利用他们的专业判断和工作成果，或审计人员直接取得并利用专家的报告、意见、评论和声明等。利用专家可以有效地补充和扩展审计资源。利用专家的有利之处是能够快速地获得相关的信息，能够有力地保证审计的权威性和专业性；不利之处是难以对专家的能力和工作成果进行判断和评估。审计人员可以将专家的工作成果作为审计证据，但必须对审计结论和审计建议承担全部责任。

⑩ 比较分析法

比较分析方法是指将反映被审计单位业绩的数据指标与相关的投入、业务指标、判断指标等进行比较，或通过与评价标准的对比来了解情况、获取证据或进行评价的方法。如对工程投资进行审计，将不同建设规模或生产能力与建设成本进行比较，确定其建设资金的利用情况。用大量的技术经济分析方法，去分析其投入与产出的比率关系，以考查是否实现了经济、效率和效果。

⑪ 定性分析与定量分析相结合法

一个工程项目往往存在多重目标，如投资、功能、工期、范围等。这些目标中有些可以用量化指标来评价，如投资额、工期等，而有些指标则难以量化，如功能质量、社会效益等。在审计实践中，要根据项目的不同特征，灵活采用定性分析和定量分析方法进行评价。

8）工程绩效审计报告

审计报告是审计小组或审计人员在审计工作结束后，将审计工作任务完成情况和审计工作的结果，向审计机构、委托者或有关部门提出的书面文件。它是记载审计人员实施审计的情况、反映审计目标实现程度和表达审计意见的书面文件。撰写审计报告是审计工作的最终产品，是审计过程中极为重要的一个环节。

工程绩效审计报告的格式与内容因审计评价对象、内容及审计目标的不同而不同。一般来说工程绩效审计报告应该包括以下内容：

（1）项目基本情况

主要介绍被审计项目和单位的基本情况，审计实施的基本情况，审计的目标与范围，审计的重点和审计标准。

（2）审计发现

是审计人员在对被审计单位的经营活动与内部控制的检查和测试过程中所得到的积极或消极的事实，一般应包括：所发现事实的现状；所发现事实应遵照的标准，如政策、程序和相关法律法规；所发现事实与预定标准的差异；所发现事实已经或可能造成的影响；所发现事实在目前现状下产生的原因（包括内在原因与环境原因）。

审计中发现的主要问题，要与审计评价相对应，反映项目建设和运营管理中存在的主要问题，并揭示影响项目运行效益的主要原因。

（3）审计结论

审计结论是内部审计人员对审计发现所做出的职业判断和评价结果，表明内部审计人员对被审计单位的经营活动和内部控制所持有的态度和看法。

在做出审计结论时，审计人员应针对本次审计的目的和要求，根据已掌握的证据和已查明的事实，对被审计单位的经营活动和内部控制做出评价。

(4) 审计建议

审计建议针对的是重要领域,要客观、合理、可行,绩效审计报告主要是建设性的,要站在帮助被审项目提高效益的角度上,从改进被审计单位管理的体制和方法、提高管理效率、以更好地完成项目建设目标的角度提出建议。

9.2 工程项目管理审计

9.2.1 工程项目管理概述

1) 工程项目管理的概念

工程项目管理是在一定约束条件下,以实现工程项目目标为目的,对工程项目实施全过程进行高效率的计划、组织、协调、控制的系统管理活动。工程项目管理具有以下特征:

(1) 工程项目管理是一种一次性管理

项目的单件性特征,决定了项目管理的一次性特点。在项目管理过程中一旦出现失误,很难纠正,损失严重。由于工程项目的永久性特征及项目管理的一次性特征,项目管理的一次性成功是关键。所以对项目建设中的每个环节都应进行严密管理,认真选择项目经理、配备项目人员和设置项目机构。

(2) 工程项目管理是一种全过程的综合性管理

工程项目的生命周期是一个有机成长过程。项目各阶段有明显界限,又相互有机衔接,不可间断,这就决定了项目管理是对项目生命周期全过程的管理,如对项目可行性研究、勘察设计、招标投标、施工等各阶段全过程的管理。在每个阶段中又包含有进度、质量、成本、安全的管理。因此,项目管理是全过程的综合性管理。

(3) 工程项目管理是一种约束性强的控制管理

工程项目管理的一次性特征,其明确的目标(成本低、进度快、质量好)、限定的时间和资源消耗、既定的功能要求和质量标准,决定了约束条件的约束强度比其他管理更高。因此,工程项目管理是强约束管理。这些约束条件是项目管理的条件,也是不可逾越的限制条件。项目管理的重要特点,在于项目管理者如何在一定时间内,在不超过这些条件的前提下,充分利用这些条件,去完成既定任务,达到预期目标。

2) 不同项目参加者的工程项目管理

在同一个工程项目中,不同的参加者都有项目管理的工作任务和职责,也都有自己相应的项目管理组织。由于他们各自在工程项目中的角色不同,上述各方项目管理的内容、范围和侧重点有一定的区别,最主要包括如下各个方面:

(1) 投资者的项目管理

投资者的目的不仅是工程建设完成交付运营,更重要的是通过运营收回投资和获得预期的投资回报。我国实行的工程项目业主投资责任制中的业主就是以投资者的身份进行从项目构思开始,包括建设和运营管理的全生命期的项目管理。

投资者为了实现投资目的,要对投资方向、投资项目的优先顺序、投资的分配、投资计划、项目的规模、建设管理模式等重大的和宏观的问题进行决策;为项目筹措并提供资金,更注重项目的最终产品或服务的市场,并从项目的运行中获得收益,以提高工程项目的投资效益。

(2) 业主的项目管理

业主以工程项目所有者的身份，作为项目管理的主体，居于项目组织最高层。根据工程项目管理体制的不同，他可能以不同的形式出现：

① 以建设单位身份承担工程的建设管理任务，或以业主的身份进行工程项目管理的单位或部门。虽然有时他承担项目的任务是从前期策划或可行性研究阶段开始，并延伸到运营阶段，但在项目立项前，由于项目是否上马尚不能确定，所以业主的身份也不能确定。正式以业主身份进行项目管理的是在立项后，所以他的项目管理的对象是从项目立项到工程竣工交付运营为止的工程建设过程。

② 对一些大型的实行投资项目业主全过程责任制的业主，他的管理对象是从项目的构思开始直到项目结束（包括整个运营管理）的全生命期的工程项目。但工程项目建成后交付运营，通常就作为企业或企业的一部分，不再以业主的身份出现。

业主对工程项目的管理深度和范围由项目的承发包方式和管理模式决定。在现代工程项目中，业主不承担具体的项目管理任务，不直接管理承包商、供应商、设计单位，而主要承担项目的宏观管理以及与项目有关的外部事务，如：

项目管理模式、工程承发包方式的选择；

选择工程项目的实施者（承包商、设计单位、项目管理单位、供应单位），委托项目任务，并以项目所有者的身份与他们签订合同；

工程项目重大的技术和实施方案的选择和批准；

工程项目设计和计划的批准，以及对设计和计划的重大修改的批准；

在项目实施过程中对重大问题的决策；

按照合同规定对项目实施者支付工程款和接受已完工程等。

(3) 项目管理公司的项目管理

在现代社会，项目管理模式也是丰富多彩的。业主可以将工程项目全部的、全过程的管理工作委托给项目管理公司，即项目管理总承包，也可以委托一些阶段性的管理工作（如可行性研究、设计监理或施工监理）；也可以委托单项咨询工作（如造价咨询、招标代理、合同管理或专项索赔等）。

项目管理公司受业主委托，提供项目管理服务，包括合同管理、投资管理、质量管理、进度控制、信息管理，协调与业主签订合同的各个设计单位、承包商、供应商的关系，并为业主承担项目中的事务性管理工作和决策咨询工作等。

(4) 承包商的项目管理

在相应的工程承包合同范围内，承包商为完成规定的设计、施工、供应、竣工和保修任务，并为这些工作提供设备、劳务、管理人员，对相关的工程承包进行计划、组织、协调和控制。使承包项目在规定的工期和成本范围内满足合同所规定的功能和质量要求。

他们的工程项目管理是从参加相应工程的投标开始直到承包合同所确定的工程范围完成，竣工交付，工程通过合同所规定的保修期为止。

在施工阶段，承包商承担的施工任务常常是实施过程的主导活动。他的工作和工程的质量、进度和价格对工程项目的目标影响最大。所以他的项目管理是最具体、最细致，同时又是最复杂的。

（5）政府对工程项目的管理

政府对工程项目的管理是指政府的有关部门履行社会管理的职能，依据法律和法规对项目进行行政管理，提供服务和做好监督工作，而不是作为投资者对政府投资项目的管理。政府的目的是维护社会公共利益，使工程项目的建设符合法律的要求，符合城市规划的要求，符合国家对工程项目建设的宏观控制要求。政府的项目管理工作包括：

工程项目立项的审查和批准；

工程项目建设过程中涉及建设用地许可、规划方案、建筑许可的审查和批准；

工程项目涉及环境保护方面的审查和批准；

涉及公共安全、消防、健康方面的审查和批准；

从社会的角度对工程项目的质量监督和检查；

工程项目过程中涉及的市场行为的监督；

在建设过程中违反法律和法规的行为处理等。

开展工程项目管理绩效审计，应当根据项目的特点和性质，结合工程绩效审计的目标和任务，确定将上述项目参加者中的哪一方或者哪几方纳入工程项目管理绩效审计的范围之中。

3) 不同项目阶段的项目管理工作

在工程项目的不同阶段，项目管理的重点和工作任务不同。按项目实施过程，项目管理工作可分为：

（1）工程项目的前期策划阶段

在本阶段，工程项目主要体现为投资者或上层组织对项目的构思、目标设计、可行性研究，以及评估和决策。项目管理工作主要包括：

① 项目构思的提出。

② 项目在社会经济发展中的地位、作用和影响力的策划。

③ 项目性质、用途、建设规模、建设水准的策划。

④ 项目的总体功能、项目系统内部各单项单位工程的构成以及各自的功能和相互关系、项目内部系统与外部系统的协调和配套的策划。

⑤ 与项目实施及运行相关的重要环节如项目总进度与财务安排的计划等环节的策划。

⑥ 可行性研究，并提出报告。

（2）工程项目的设计和计划阶段

包括：

① 工程项目的范围管理，包括确定项目范围、项目系统定界和结构分解（WBS）。

② 项目的计划管理，如实施方案、实施程序、工期计划、投资预算、投资计划、资源计划和优化、资金需求计划等；项目的组织设置，包括建立项目管理系统、项目组织机构设置、选择项目管理组织人员、各方面工作与职责的分配、编制项目手册；项目的信息管理，包括项目报告系统、文档管理等。

③ 设计管理，包括提出设计要求、确定项目质量标准和编制设计招标文件；设计工作控制和协调、设计文件的审查和批准；设计文件的行政性审批工作等。

④ 招标投标，包括进行合同策划，项目采购模式的选择；起草招标文件和合同文件；进行资格预审；组织开标、评标、定标；承包合同签订。

⑤ 实施前的准备工作。牵头进行施工准备,包括现场准备、技术准备、资源准备等,与各方面进行协调;签发开工令。

(3) 项目实施阶段控制工作,监督、跟踪、诊断项目实施过程,协调设计单位、施工承包商、供应商的工作。具体完成项目的范围管理、进度控制、投资控制、质量控制、风险控制、材料和设备管理、现场和环境管理、信息管理等工作。

(4) 项目后工作,包括:组织工程的验收与交接,费用结算;工程的运行准备;项目后评估;协助项目审计;对项目运行情况、投资回收等进行跟踪。

4) 项目管理的职能

(1) 工程项目投资管理

投资管理包括编制投资计划、审核投资支出、分析投资变化情况、研究投资减少途径和采取投资控制措施 5 项任务。

(2) 时间管理

包括工期计划的优化编制和实施有效控制。计划的优化编制,包括科学确定项目的工序及其衔接关系、持续时间、优化编制网络计划和实施措施。实施有效控制包括审核承包商的实施方案和进度计划;监督项目参加者各方按计划开始和完成工作;要求承包商修改进度计划,指令暂停工程,或指令加速;处理工期索赔要求等。

(3) 质量管理

包括:审核承包商的质量保证体系和安全保证体系;对材料采购、实施方案、设备进行事前认定和进场检查、验收;对工程施工过程进行质量监督、中间检查;对不符合要求的工程、材料、工艺的处置;对已完工程进行验收等。

(4) 采购和合同管理

包括:采购计划和采购工作的安排制订;招标投标管理,包括合同策划、招标准备工作、起草招标文件、合同审查;合同实施控制,包括合同交底、监督合同实施,对来往信件进行合同审查,审查承包商的分包合同,批准分包单位等;合同变更管理;索赔管理,解决合同争执等。

(5) 组织协调

协调各参加者的利益和责任,调解争执;向企业领导和企业职能部门经理汇报项目状况;举行协调会议等。

(6) 信息管理

包括:建立管理信息系统,确定组织之间的信息的形式、信息流;收集工程过程中的各种信息,并予以保存;起草各种文件,向承包商发布图纸、指令;向业主、企业和其他相关各方提交各种报告。

(7) 风险管理。它包括风险识别、风险计划和控制。

(8) 其他,如项目的范围管理,安全、健康和环境管理等。

9.2.2 工程项目管理审计

1) 工程项目管理审计的内涵及特点

(1) 管理审计的定义和特点

管理审计是指审计机构或人员按照一定的程序和方法,以被审单位的管理活动为主要审计对象,对其组织机构、计划、决策的科学性、可行性、效益性和内控制度的合法性、完整性、合理性、协调性、有效性、经济性等进行审核检查,评价其管理素质,查明问题并提出解决问题的办法,以改善管理素质、提高管理水平和效率为目的,从而促进经济效益提高而进行的一种审计活动。

管理审计是审计发展的新阶段与新趋势,与传统审计相比,有其自身的特点:

① 审计的对象或客体是被审计单位的管理活动,包括决策管理、计划管理、组织管理、合同管理、质量管理、费用管理、时间管理等。

② 审计的目标是科学性、可行性、效益性以及合法性、完整性、合理性、协调性、有效性、经济性等。

③ 管理审计的目的是通过审计揭露被审项目存在的问题和缺陷,并提出可能改进的建议,促进被审单位改善管理素质,提高管理水平和效率,保证组织在现有技术和装备的基础上提高经济效益。

④ 管理审计在时间导向上既包括现在,更注重未来。而传统的内部审计主要是查错纠弊、检查监督,基本上是事后的、被动的审计。

管理审计的审查重点是管理素质,它着眼于提高组织整体功能,从根本上改进组织管理,提高管理效率。从系统整体的高度来优化结构,提高管理组织和管理人员的素质,从而为实施挖掘潜力、提高经济效益的各种改进方案创造条件。

(2) 工程项目管理审计的定义和特点

工程项目管理审计是把现代管理审计的理念融入工程项目管理中,是指以工程项目经营管理行动为审计对象,对工程项目的管理工作从经济性、效益性、效果性做出独立、客观、公正的评价,为项目的投资者提供服务的审计活动。

工程项目管理审计,对提高资源的利用效率、提高经济效益有重大意义,对社会的可持续发展也具有很现实的意义。通过对工程项目的管理实行全过程、不同层次的审计评价,可以在很大程度上避免重复建设、建设投资效益低下、建设过程效率不高等问题,能够及时发现、揭露和纠正项目建设中存在的问题,堵塞工程管理上的漏洞,从源头上防止建设资金的损失、浪费,保证工程建设质量,使有限的经济资源发挥最大的效益。

工程项目管理审计是服务型审计,既包含了事前预测性的审计,也包括过程中的跟踪审计和事后竣工审计。审计人员对工程项目管理方案或行动进行全过程、全方位的审计,评价该工程项目的效益性、效果性。审计的主要目的是确定存在的问题,评估管理上的适当性;使工程项目管理创新所产生的利益最大化,对工程项目管理提出建议,并向适当人士报告评估结果及改进建议,为工程项目的决策者提供决策信息。

工程项目管理审计与项目可行性研究、项目后评估存在着一定的联系。项目可行性研究是项目决策过程中的一个活动,其目的是减少工程项目决策的盲目性,使项目的确定更具有科学性和经济性。项目后评估则是对已经完成的工程项目或已经结束的工作进行的评价,其主要目的是为了总结经验教训,为以后的项目提供借鉴,对项目本身没有更大的意义。由此看出,工程项目管理审计与项目可行性研究和项目的后评估的研究对象、内容、目的和作用各不相同,彼此不能相互替代。

工程项目管理审计具有的特点:

① 涉及面广、专业性强、审计难度大

工程项目涉及不同的建设领域。工程项目管理的多样性和复杂性,对审计人员提出更高要求,它不仅要求审计人员精通会计、审计业务,而且要求审计人员精通工程技术、工程经济和工程项目管理等领域的专业知识。

② 阶段性和连贯性

一个工程项目从构思、立项、设计、招投标、开工到工程竣工,是一个动态变化的过程,每个时期都有各自的工作重点和特点,具有鲜明的阶段性。同时,由于工程建设必须遵守基本建设程序,因此,工程项目管理工作又具有很强的连贯性,因此,对各阶段工程项目管理的审计既要相对独立更要相互统一。

③ 工程项目管理审计涉及工程项目建设全过程

传统审计主要是事后审计,而由于工程项目管理涉及工程项目建设全过程,因此,对工程项目管理审计必须采取事前、事中和事后相结合的审计方法,包括项目开工前审计、全过程跟踪审计及事后效果审计等。

④ 工程项目管理审计目标发生变化

随着现代审计的发展,审计方式由传统审计的"结果反馈"向管理审计的"过程实时控制方式"转变。因此,现代管理审计目标需要增添过程评价目标,即除 3E,即经济性(Economy)、效率性(Efficiency)、效果性(Effectiveness)外,还应包括协调性(Coordination)、系统性(Systematicness)、偏差性(Deviation)、合规性(Compliance)、公平性(Equity)和环境性(Environment)等目标。

2) 工程项目管理审计的目的和职能

工程项目管理审计的目的是提高工程项目经济资源的利用率和经济效益,它是审查、评价工程项目管理活动的审计,其本身不具有管理职能,不是直接的管理活动,而是一种评价性的间接控制活动,其作用是改进工程项目管理,提高经济效益,以建设性为主。工程项目管理审计的内容涉及财务、管理、工程等领域,是一种事前和全过程的审计活动,对工程项目及其管理起指导、建议作用。

工程项目管理审计的职能包括:

(1) 鉴证职能

鉴证是审计的首要职能,开展工程项目管理审计时,鉴证的对象为管理信息。审计人员应当根据可接受的管理评价标准,对工程项目的项目构思、目标设计、组织机构设置、计划制订、合同签订、资金使用、获利能力、管理政策和管理业绩等进行分析研究,对受托管理责任的履行情况发表意见。

(2) 评价职能

评价是工程项目管理审计不可或缺的一项重要职能。通过审核检查,考查被审计项目的组织机构,评价组织机构是否健全、高效,资源是否得到最有效的利用;考查被审计项目的管理制度,评价各项管理制度是否健全、执行情况如何;考查管理控制的技术,评价工程项目管理技术是否科学、先进、有效;考查总体管理业绩和管理效率,评价工程项目的目标是否得到实现。

(3) 建设职能

工程项目管理审计是面向未来和具有建设性的审计。由于强调面向未来,因而管理审计检查、评价的重点集中于管理部门的方针、计划编制、控制制度和决策过程。从调查、审核、分析直至最后提出审计报告,始终都突出一个中心,就是要为项目指出问题与潜力之所在,进而提出改善经营管理、提高管理业绩的途径与方法。

管理审计的建设性职能是评价职能的延伸。审计人员应将在履行鉴证和评价职能过程中所发现的各种问题提出改进建议,以书面或口头的方式,尽可能在编制管理审计报告前告知管理者,以利于改进管理。

3) 工程项目管理审计新理念

工程项目管理审计的新理念有以下几个方面:

(1) 管理审计不仅要关注内部控制,更要关注风险管理及项目治理,审计人员应该建立一种风险评估模式,将整个管理审计工作植根于以未来为导向的风险分析;

(2) 管理审计的年度计划将与组织最高层的战略风险相一致,审计计划与工程建设风险相一致;

(3) 管理审计的焦点不再是强调确认和测试控制的完整性,而是强调确认风险并测试这些风险是否得到有效管理;

(4) 管理审计的回应方式不再是反应式的、事后的、不连续的监控,而是互动式的、即时的、连续性的监控;

(5) 审计人员不仅仅是项目管理规划的观察者,同时也是参与者;

(6) 管理审计在组织中扮演的角色不仅是独立的评估者,更是风险管理及公司治理的整合者,审计人员应就投资决策、招标投标、战略联盟及环境保护等重大问题,及时、客观、独立地提出好的建议;

(7) 管理审计的建议不仅是强化控制,提高控制的效率和效果,而应该是规避风险、转移风险和控制风险,通过有效的风险管理来提高整体管理效率和效果。

4) 工程项目管理审计的内容

工程项目管理审计主要包括工程项目管理内部控制审计和工程项目管理的业务审计。

(1) 工程项目管理内部控制审计

工程项目管理内部控制审计主要是检查控制制度的健全性、合理性和有效性,查找"盲点"。通过符合性测试和实质性测试,对组织机构的职责分工、授权审批、目标控制、主要工程项目管理环节、实物控制程序等环节进行检查,评价工程项目管理秩序是否规范,是否严密和有效,各控制点是否由不同部门和个人去完成,管理职责分工是否明确,管理职权是否民主科学和相互制约,从中寻找失控点和漏洞,提出弊端及症结所在,从而强化项目管理,提高工程项目投资效益。

(2) 工程项目管理业务审计

工程项目管理业务审计主要是指基于工程项目管理各项管理内容进行的审计工作。可以通过对工程项目全寿命周期从投资决策、设计、招投标、项目施工、竣工验收,一直到投产运营各阶段各个环节管理的经济性、效率性、效益性进行评价来实现对工程项目建设全过程的管理。

5) 工程项目管理内部控制审计

(1) 控制的概念

在现代管理理论和实践中,控制有着十分重要的地位。在管理学中,控制包括提出问题、研究问题、计划、控制、监督、反馈等工作内容,是广义的控制。而狭义的控制指在计划阶段后对项目实施阶段的控制工作,即实施控制。在项目实施阶段,由于技术设计、计划、合同等已经全面定义,控制的目标十分明确,所以人们十分强调这个阶段的控制工作,将它作为项目管理的一个独特的阶段。它是项目管理工作最为活跃的阶段。

工程项目采用目标管理方法,所以项目实施控制又是目标控制。

由前期策划阶段确定的总目标和经过设计和计划分解为详细目标,必须通过实施控制才能实现。目标是控制的灵魂:没有目标则不需要控制,也无法进行控制;没有控制,目标和计划就无法实现。因此,项目实施控制的总任务是保证按预定的计划实施项目,保证项目总目标的圆满实现。

(2) 控制的内容和依据

传统的项目实施控制包括三大控制,即工期(进度)控制、成本(投资、费用)控制、质量控制。随着项目管理目标的扩展,项目控制的内容也在扩展,包括:项目范围控制,合同控制,风险控制,项目实施过程中的安全、健康和环境方面的控制。

工程项目的控制内容、目的、目标、依据如表9-1所示。

表9-1 工程项目的控制内容、目的、目标、依据

序号	控制内容	控制目的	控制目标	控制依据
1	范围控制	保证按任务书(或设计文件,或合同)规定的数量完成工程	范围定义	范围规划和定义文件(项目任务书、设计文件、工程量表等)
2	成本控制	证按计划成本完成工程,防止成本超支和费用增加,达到盈利目的	计划成本	各分项工程、分部工程、总工程计划成本、人力、材料、资金计划、计划成本曲线等
3	质量控制	保证按任务书(或设计文件,或合同)规定的质量完成工程,使工程顺利通过验收,交付使用,实现使用功能	规定的质量标准	各种技术标准、规范、工程说明、图纸、工程项目定义、任务书、批准文件
4	进度控制	按预定进度计划实施工程,按期交付工程,防止工程拖延	任务书(或合同)规定的工期	工期定额规定的总工期计划、批准的详细的施工进度计划、网络图、横道图等
5	合同控制	按合同规定全面完成自己的义务,防止违约	合同规定的各项义务、责任	合同范围内的各种文件、合同分析资料
6	风险控制	防止和降低风险的不利影响	风险责任	风险分析和风险应对计划
7	安全、健康、环境控制	保证项目的实施过程、运营过程和产品(或服务)的使用符合安全、健康和环境保护要求	法律、合同和规范	法律、合同文件和规范文件

(3) 工程项目实施控制程序

工程项目实施控制是一个积极的过程、持续改进的过程。作为一个完整的控制过程,项目实施控制可见图 9-1。它包括如下工作内容:

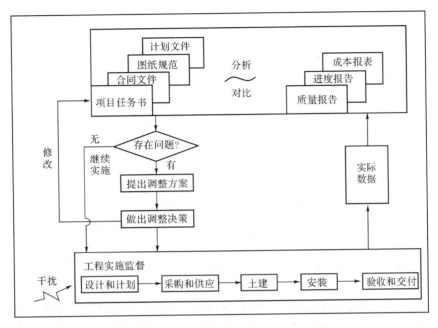

图 9-1 工程项目实施控制过程

① 监督项目实施

实施控制的首要任务是监督,通过经常性的监督以保证整个项目和各个工程活动按照计划和合同有效地和经济地实施,达到预定的项目目标。

② 跟踪项目实施过程

通过对实施过程的监督获得反映工程实施情况的资料和对现场情况的了解。将这些资料经过信息处理,管理者可以获得项目实施状况的报告。将它与项目的目标、项目的计划相比较,可以确定实际与计划的差距,认识何处、何时、哪方面出现偏差。

③ 实施过程诊断

为了对项目的实施过程进行持续改进,必须不断地进行实施诊断。实施诊断包括以下内容:对工程实施状况的分析评价;对产生问题和偏差原因的分析;原因责任的分析和实施过程趋向的预测。

④ 采取调控措施

当实际与计划出现偏差后,就应当根据分析情况,从组织、管理、技术、经济和合同等方面采取措施,干预实施过程,协调各单位、各专业的设计和施工工作,积极纠正偏差。

(4) 内部控制和内部控制制度

内部控制是指一个组织为了提高经营效率和充分地获取和使用各种资源,达到既定的管理目标,保护资产的安全完整,保证经营活动的经济性、效率性和效果性而在单位内部采取的自我调整、约束、规划、评价和控制的一系列方法、手续与措施的总称。

设置内部控制主要基于以下原因：

① 促使有关项目管理者在项目实施过程中实现高效化、专业化、规范化和自动化，并把意外损失减至最低程度；

② 促使管理阶层熟悉基本建设程序，保证按计划目标进行，及时发现和纠正偏差，保证项目目标的实现；

③ 有利于提高效率、减少风险、遵循法令，保证项目信息的可靠性。

内部控制基本方式包括目标控制、组织控制、人员控制、职务分离控制、授权批准控制、业务程序控制、措施控制和检查控制。

根据美国虚假财务报告委员会下属的发起人组织委员会（Committee of Sponsoring Organization，COSO）报告，控制环境、风险评估、控制活动、信息与沟通、监督5大要素构成内部控制系统的主体构架。

控制环境提供企业纪律与架构，塑造企业文化，并影响企业员工的控制意识，是所有其他内部控制组成要素的基础。控制环境的因素具体包括：治理结构、诚信的原则和道德价值观、评定员工的能力、董事会和审计委员会、管理哲学和经营风格、组织结构、责任的分配与授权、人力资源政策及实务。

风险评估就是分析和辨认实现所定目标可能发生的风险。具体包括目标、风险、环境变化后的管理等等。

控制活动，是确保管理阶层的指令得以执行的政策及程序，如核准、授权、验证、调节、复核营业绩效、保障资产安全及职务分工等。控制活动在组织内的各个阶层和职能之间都会出现，这主要包括：高层经理人员对企业绩效进行分析，直接部门管理，对信息处理的控制，实体控制，绩效指标的比较、分工。

信息系统与沟通不仅处理企业内部所产生的信息，同时也处理与外部的事项、活动及环境等有关的信息；企业所有员工必须从最高管理阶层清楚地获取承担控制责任的信息，而且必须有向上级部门沟通重要信息的方法，并对外界顾客、供应商、政府主管机关和股东等做有效的沟通。主要包括信息系统、沟通。

监督是由适当的人员在适当及时的基础下，评估控制的设计和运作情况的过程。监督活动由持续监督、个别评估所组成，其可确保企业内部控制能持续有效地运作。具体包括持续的监督活动、个别评估、报告缺陷。

内部控制制度是指将内部控制的内容和方法以文字或流程图形式做出具体规定，并付诸实施，使其连续执行，以形成制度。内部控制制度包括保护资产安全控制、确保信息可靠控制、有利决策正确控制、促进方针贯彻控制、提高工作效率控制和提高工作效果控制。

工程项目内部控制审计主要是对工程项目内部控制的健全性、可靠性、有效性和效率性进行审计监督。工程项目控制审计注重对项目计划与项目实施有效运行进行评价，着重对人力资源管理、组织管理制度的建立和运行管理等方面进行评价，其审计内容主要包括计划预算、组织人事、绩效评价等。其目的是促进工程项目组织机构建立健全内部控制制度，提高工程项目管理水平，促进项目实现预定目标，保证项目健康有序的运行。

（5）工程项目内部控制审计的内容

① 工程项目内部控制环境审计

主要考查项目内部控制系统所处的环境状况，包括：

◆ 项目特征，包括工程项目建设目标、工程项目的规模、技术复杂程度、工程项目融资情况、工程项目采购模式、项目参加者情况等；

◆ 项目管理权限的集中和分散情况，主要考查项目实施过程中权力是否过于集中、重大事项的决策是否经过充分讨论后集体做出、是否存在越权指挥等；

◆ 项目高层管理者对项目内部控制制度所持的态度和满意程度；

◆ 项目组织文化、诚信的原则和道德价值观及组织成员对此的理解与认同程度；

◆ 员工的绩效考核与激励机制的执行情况；

◆ 组织结构和责任的分配与授权；

◆ 外部环境影响，项目的外部环境因素也影响着企业内部控制政策和程序的实施，例如外部的监管机构及有关部门的政策与措施等。

② 内部控制风险评估

主要是对内部控制制度存在的风险进行评估，对内部控制存在的薄弱环节进行评价，分析这些薄弱环节对项目执行和项目目标实现程度的影响。如果出现下列情况之一时，应当将控制风险评估为高风险：

◆ 被审计单位内部控制失效；

◆ 难以对内部控制的有效性做出评估；

◆ 不进行符合性测试。

③ 内部控制活动审计

主要是对项目内部控制活动情况进行审计，重点审计各项管理制度是否健全，检查管理过程是否合法、合规，各参与部门的责、权、利是否明确，找出管理的薄弱环节，提出改进管理的意见。具体包括：

◆ 项目管理组织机构建立和运行情况，包括组织结构模式、工作分工、工作流程设计等；

◆ 内部控制制度的建立和健全情况，包括具体管理事项的工作制度、工作职责，以及各管理制度、项目管理行为准则的执行情况和效率等；

◆ 各职能部门工作人员的素质、知识和技能情况；

◆ 各职能管理部门的权责相称程度及其胜任情况；

◆ 项目实施过程中各部门各成员沟通和协调的情况；

◆ 工程项目信息管理系统的建立和运行情况等。

④ 信息与沟通审计

包括：

◆ 对内部控制支持的信息要求是否明确；

◆ 收集识别相关管理信息情况如何；

◆ 内部信息、外部信息包括哪些；

◆ 如何建立有效的内部沟通、外部沟通；

◆ 如何建立举报投诉制度和举报人保护制度。

⑤ 监督

监督指整个控制过程均应被监督，在必要时对所发现的偏离进行必要修正，或者通过正在实行的管理活动以及分别评价管理过程，监督其他要素的有效性。主要包括：

- ◆ 内控监督检查的方式有哪些；
- ◆ 监督检查机构如何行使权力；
- ◆ 内控缺陷如何报告；
- ◆ 如何改进内控缺陷；
- ◆ 如何评估内部控制；
- ◆ 内控自我评估如何报告。

6）工程项目管理业务审计

工程项目管理业务审计主要是指基于工程项目管理各项管理内容进行的审计工作。可以通过对工程项目全寿命周期从投资决策、设计、招投标、项目施工、竣工验收，一直到投产运营各阶段各个环节管理的经济性、效率性、效益性进行评价来实现对工程项目建设全过程的管理。

（1）工程项目管理审计的内容

工程项目管理贯串于工程项目全寿命周期，因此，只有对工程项目管理工作进行全过程审计，才能对工程项目管理工作绩效做出一个完整、有效、合理的评价。

① 工程项目投资决策阶段的工程管理审计

工程建设项投资决策直接决定了项目的规模和方向，根据项目建设意图进行项目的定义和定位，以便在项目建设活动的时间、空间、结构、资源多维关系中选择最佳的结合点，通过可行性研究，确定项目的最优建设方案，并展开项目运作，保证项目完成后获得满意的经济效益、环境效益和社会效益。因此投资决策阶段的工作必须建立在科学性和可靠性的基础上，减少和避免投资决策的失误，努力提高工程投资的效益。

项目投资决策阶段工作审计的重点包括：

◆ 项目前期策划工作审计

前期策划工作审计的重点是：项目构思工作的真实性和客观性；项目目标系统的完备性和实现的可能性；项目定位的准确性和客观性，是否编制项目管理规划方案，方案实施的可行性，项目建设工作结构分解的完整性和准确性，里程碑计划实施的程序性和可行性等。

◆ 可行性研究工作审计

可行性研究工作审计的重点包括：可行性研究报告的编制单位主体资格；市场预测是否准确；项目财务评价和国民经济评价的基础数据是否正确可靠；项目是否按照预定的内容和规模进行，是否符合规模经济与当地特点；可行性研究报告的真实性和科学性；建设条件和技术方案的先进性、客观性、经济适用性和实现的可能性；分析项目的投资估算、资金筹集和融资方案是否可行、合理，资金是否按时到位，有无影响工程建设的进度和计划的实施；评价指标的完整性和准确性等。

◆ 项目建设决策工作审计

在本阶段审计重点包括：项目建设决策工作程序的合法性、项目的建设标准的客观性、建设地点选择的准确性等。

② 工程项目设计阶段的工程管理审计

◆ 设计准备工作审计

设计准备工作审计的重点包括：项目建设目标是否明确，设计任务书是否完备，设计单位选择是否合理，设计所需的地质勘探等资料是否完整、准确等。

◆ 方案设计工作审计

方案设计工作审计的重点包括：初步设计方案是否经过论证、功能是否满足建设单位的要求、方案是否符合国家规范标准、设计概算是否控制在建设单位的期望值之内、设计是否经过审查、程序是否规范合理、设计进度是否符合建设目标等。

◆ 施工图设计阶段工作审计

施工图设计工作审计的重点包括：有无实行限额设计，各专业设计配套协调是否合理，设计是否满足建设单位的投资、功能和进度要求，结构、选材等方面是否合理，在满足建设单位投资目标条件下新技术、新材料、新工艺的应用情况，设计文件是否经过有关部门的批准，设计变更是否合理等。

③ 工程项目建设招投标阶段的工程管理审计

◆ 招投标准备工作审计

招投标准备工作审计的重点包括：是否制订了相应的筹资计划，筹资是否经济合理，资金计划是否满足工程建设需要，项目的拆迁工作是否满足建设要求，项目是否经过有关部门的批准，招标申请资料是否完整、内容是否真实，招标机构的组建或招标代理单位的选择是否合理、合法等。

◆ 招投标工作审计

招投标工作审计的重点包括：招标方式和程序是否合理、合法，招标文件是否经过完备性、有效性和公正性审查，标底是否经过审计、是否体现优质优价，投标资格预审工作是否合理、合法，开标、评标、定标过程是否规范合法，评委的选择及评委的评审工作是否公平公正，评标办法是否合理，评标报告是否真实合法，中标人是否在评委推荐的中标候选人范围内，中标结果是否进行公示等。

◆ 工程项目合同订立工作审计

合同订立工作审计的重点包括：合同当事人主体资格是否真实，是否按照中标人的投标文件和中标通知书的内容订立合同，合同条款是否齐全、严谨、公平、合法，承包合同双方的权利和义务是否明确，双方责任划分是否清楚，合同是否对工程分包提出相应的资质、能力、范围等规定，招标项目合同是否进行备案等。

④ 工程项目建设施工阶段的工程管理审计

◆ 工程项目施工准备工作审计

施工准备工作审计的重点包括：是否认真进行了图纸会审，是否按照合同约定提供现场条件，是否申请领取施工许可证，各项目参加方工作制度、例会制度和信息沟通制度是否建立，物资供应渠道是否落实、能否满足工程项目建设需要等。

◆ 工程项目施工工作审计

施工工作审计的重点包括：各项目参加方是否根据各自的职责范围，建立健全了相应的内控制度并有效执行；相互间是否形成相互配合、相互制约的管理机制，以确保工程施工期间各环节的畅通；工程质量、进度和投资目标是否得到有效控制；物资采购供应是否满足进度要求；工程计量支付是否按照合同文件进行，计量的基础资料是否真实完善；工程变更和签证的审批是否建立了严格的程序；工程索赔是否遵守了法律法规和合同文件；工程验收、资金到位是否严格按合同约定执行；等等。

◆ 工程项目竣工验收工作审计

竣工验收工作审计的重点包括：承包商是否按照合同约定完成项目建设任务；项目是否通过预验收，如未通过预验收，承包商是否在规定期限进行整改；是否按照合同约定组织竣工验收；项目是否能够正常使用或形成生产能力；承包商是否按照要求进行整改；竣工工程结算是否真实、准确；设计变更、现场签证是否完整合理；工程财务决算费用是否客观合法等。

⑤ 工程项目使用阶段的项目管理工作审计

本阶段的项目管理工作主要包括缺陷责任期的保修管理工作和项目后评估工作，审计工作侧重分析项目投入使用后项目的实际运行情况，并与项目前期策划所确定的目标相比较，以判断该项目是否实现预期目标。

(2) 项目管理绩效审计指标的设立

为了提高建设工程项目管理审计质量，必须使审计工作规范化。要科学评价工程项目管理绩效状况，如何建立项目管理审计的评价标准或评价指标是亟待解决的问题。目前工程项目绩效审计刚刚被引入我国，并没有正式的法律法规对其绩效评价指标加以界定，没有一套科学、系统的评价指标体系予以参考，这加大了绩效审计工作的难度。因此对工程项目绩效审计评价指标体系的研究已是当务之急。

① 工程项目管理绩效审计标准的特征

◆ 客观性

评价标准应当能客观地反映工程的效益，包括经济效益和社会效益。

◆ 科学性

评价标准必须科学、合理，保证审计结果真实客观。

◆ 可操作性

评价指标可采用定性与定量相结合，保证能够做出客观评价。

◆ 可比性

不但要对项目可行性研究、规划设计、施工和竣工验收等阶段进行纵向分析，而且要对不同地区的同类项目进行横向比较，全面、真实地反映工程项目管理可能存在的问题。

◆ 权威性

评价标准应当能够反映同类工程项目管理的真实水平，能够被评价者、评价对象及有关部门所接受。

◆ 完整性

评价指标应当完整，不能有遗漏，保证做出全面、完整的评价。

② 评价指标体系的基本框架结构

工程项目管理的重点是目标控制和过程管理，因此，对工程项目管理绩效审计应当从目标审计和过程审计入手。本文用项目的成功度来衡量工程项目管理的绩效水平。

◆ 工程项目目标成功度

项目目标成功度包括两方面的内容：一是项目预定目标的实现程度，即对照原定目标完成的情况，检查项目实际实现的情况和变化，分析实际发生改变的原因，以判断目标的实现程度；二是项目目标设计的正确性和合理性。项目目标评价可以从项目的系统目标入手，从功能目标、技术目标、经济目标、社会目标和生态目标方面进行评价。

◆ 工程项目过程成功度

由于项目管理工作贯串于项目整个生命期,对工程项目的过程审计,是对项目立项决策、建设实施及运营管理全过程的系统总结与回顾,是对项目前期工作及实施过程中各主要环节的工作绩效进行全面评价,对实际结果偏离预期目标的原因进行分析,从而为今后改进项目管理工作积累经验。根据工程项目生命期项目管理的任务,工程项目过程成功度可分为:

Ⅰ. 工程项目策划阶段成功度

可以从项目前期策划工作、可行性研究费用和质量、项目决策周期、决策程序的合理性、决策方法的科学性等方面进行审计。

Ⅱ. 工程项目实施阶段成功度

项目实施阶段是项目财力、物力集中投放和耗用过程,它对项目能否发挥投资效益有着十分重要的意义。实施阶段成功度可以从勘察设计工作、招投标工作、建设环境、项目变更情况、施工组织与管理、建设工期、工程质量和安全情况、项目竣工验收等方面进行审计。

Ⅲ. 投资执行成功度

主要审计资金来源是否正当、可靠,资金总额是否符合项目开工建设的要求,资金供应是否适时、适度,资金使用情况是否合理等。可以从建设资金筹措、施工期各年度资金到位率及投资完成情况、工程竣工决算与投资估算设计概算的比较分析、工程投资节余或超支的原因分析等方面进行审计。

Ⅳ. 项目运营阶段成功度

主要衡量项目的实际运营情况和实际投资效益,与预测情况或其他同类项目的运营情况相比较,总结经验教训,为进一步提高项目投资效益提出切实可行的建议。项目运营阶段成功度可以从项目运营管理水平(达到设计能力、财务状况等)和项目效益预测(达到设计能力状况及预测、市场需求状况及未来预测、项目竞争能力现状及预测、项目运营外部条件现状及预测等)等方面进行审计。

(3) 项目管理绩效审计方法

工程项目管理审计范围涉及工程项目的全过程,审计的技术方法有观察法、比较法、结构法、分类法、归纳和演绎方法、分析与综合方法、类比法、数学法、实验法等。在审计时应当注意以下几点:

① 定性与定量相结合

以定量指标为主、定性指标为辅,特别注意指标的可度量性,尽量使非数量指标定量化,以避免评价的随意性。

② 横向比较与纵向分析相结合

工程项目管理绩效审计,不但要对项目全生命期有关指标进行纵向分析,而且要对同类项目的技术经济指标进行横向比较,全面、真实地反映工程项目管理可能存在的问题。

③ 与现代项目管理理论相结合

进入 21 世纪后,项目管理范围不断扩大,应用领域进一步增加,与其他学科的交叉渗透和相互促进不断增强。因此,进行绩效审计时可运用现代项目管理理论,如挣值的理论和方法以及系统论、信息论和控制论等,以保证审计结果更加真实可靠。

④ 注意项目管理与投资项目效益审计的区别

工程项目效益审计一般从经济性(Economy)、效率性(Efficiency)和效果性(Effectiveness)三方面进行,其重点是从整体上评价工程项目的投资效益,包括经济效益和社会效益。而工程项目管理的重点是目标控制和过程管理,工程项目绩效审计的结果是对项目管理绩效的度量,而项目管理绩效的结果则反映了工程项目绩效的形成原因。

9.3 工程项目投资效益审计

9.3.1 概述

1) 工程项目投资效益审计的含义

(1) 工程项目投资效益审计的概念

工程项目投资效益审计就是审计机构或审计人员对工程项目的投资活动和结果进行综合系统的审查、分析,对照一定的标准,综合评价项目所产生的经济效益、社会效益和生态效益的现状和潜力,提出提高项目效益的建议,促进建设单位加强管理和提高效益的活动。

(2) 工程项目投资效益审计的目的

工程项目投资效益审计的目的就是对项目的经济性、效率性、效果性进行审查,做出客观评价,揭示工程项目建设过程中存在的问题,最终提出改进意见,促使被审计单位改善管理,确保工程项目建设目标得到顺利实现。工程项目的经济性主要是考虑全寿命周期费用,目标是在投资决策、工程设计、施工和维护过程中满足使用目标的前提下减少项目投资,尽量节约,避免浪费。效率性主要指工程项目的资金运用是否得当,工程的工期是否达到预定的标准,有无延误工期的情况,工程采购的物资是否得到充分利用。效果性主要是关注工程投资目标的实现情况,是否达到预定的标准,是否取得预定的效益,这里的效益不仅包括经济效益,还包括微观经济效益、宏观经济效益、环境保护、社会效益等相关内容。

(3) 工程项目投资效益审计的范围

工程项目投资效益审计涉及工程项目建设活动的全过程,包括投资决策、计划安排、资金来源与使用、设计与施工、竣工决算、效益评价等诸多环节。工程项目投资效益审计范围包括微观和宏观两个层次。

① 微观层次效益审计主要是对项目实施效果和项目财务效益进行审计,包括建设效果审计、预算效益审计、预算执行效益审计和财务效益审计。

建设效果审计主要是对工程项目建设内容、规模、标准和概算投资等完成情况进行审计,包括建设内容完成情况、概算执行及完成投资情况、建设工期情况、工程质量及项目运行情况、建设安全情况、建成生产能力及生产情况、工程技术经济资料管理等情况的审计。

预算效益审计主要是对前期项目管理、决策、筹资、预算等工作进行审计,包括立项、可行性研究、环保评价、初步设计及其概算、施工图设计及其预算、招标投标、合同订立、项目法人责任制、内控制度的建立、征地和拆迁补偿以及前期财务收支情况的审计核查。重点是可行性研究、决策、概算、预算及招标投标的核查。

预算执行效益审计主要是对建设实施期的成本、进度、质量和安全的有效控制情况进行审计,包括工程结算、工程质量、施工安全、建设工期和进度、设备材料采购、物资管理、合同管理、监理管理、技术经济资料管理、会计核算和财务管理等审计核查工作。重点是工程结算、工程质量、建设工期、建设成本管理的核查。

财务效益审计主要是从项目角度出发,根据现行的财税制度和价格体系从项目财务角度分析、计算项目的财务盈利能力和清偿能力,考查工程项目财务效益状况及如何提高工程项目财务效益,据以判断工程项目的效益性的审计过程。主要包括交付使用资产情况、项目运行情况、建成新增生产能力情况、达产达标情况、生产经营情况、投资回报情况和债务偿还情况等。重点是财务决算情况、项目运行情况、生产经营管理和效益情况的核查。工程项目财务效益审计主要依照《工程项目经济评价方法与参数》和现行的财务制度进行。

② 宏观层次效益审计主要是对工程项目建成后对国民经济、社会和环境的影响进行评价。包括国民经济效益审计、社会效益审计、环境效益审计和项目可持续性评价。

国民经济效益审计主要是按照资源配置原则,从国家整体角度考虑,计算工程项目对国民经济的净贡献,即需要国家付出的代价和对国家所做的贡献,审计工程项目是否符合国家当前产业政策和生产力合理布局情况,是否符合地方经济发展情况,对国民经济增长的贡献情况,对国家和地方财政收入增长的贡献情况,对促进和带动相关产业发展情况等等,据以判断工程项目的效益性。

社会效益审计主要是从全社会的角度考查评价项目为实现国家和地方的各项社会发展目标所做的贡献与影响,以及项目与社会的相互适应性,以实现资源的最佳配置。具体包括加强和完善地方基础设施的建设情况;改善投资环境,促进增加就业机会情况;健全地方总体功能,为各行业的建设和发展夯实基础,为地方经济发展和社会进步,提供必要的条件情况;促进人的全面发展、素质的提高和社会文明情况;促进人民身体健康水平提高情况;促进地方树立良好形象和塑造诚信情况;等等。

环境效益审计主要是从工程项目对环境影响角度,来分析评价工程项目对各项污染物治理达到国家和地方规定标准的程度,从而全面反映工程项目对自然环境与生态环境的贡献和影响,包括:"三废处理"和美化环境情况;治理和预防污染情况;促进当地社会经济可持续发展情况;促进环境资源的再生和可持续利用情况;改善人居环境和生活空间,促进人民生活质量的提高的情况;增强人们的环境意识,自觉保护环境的情况;等等。

项目可持续性评价是指在项目建设完成投入运行之后,按照可持续发展理论,对项目的既定目标是否能按期实现、项目是否可以持续保持产出较好的效益、接受投资的项目业主是否愿意并可以依靠自己的能力继续实现既定的目标、项目是否具有可重复性等方面做出评价。

实际操作中,投资效益审计的主线包括财务效益审计和国民经济效益审计,兼顾社会效益审计和环境效益审计。

(4) 工程项目投资效益审计的方式

根据中国内部审计协会 2007 年颁布的《内部审计具体准则第 25 号——经济性审计》《内部审计具体准则第 26 号——效果性审计》《内部审计具体准则第 27 号——效率性审计》的要求,经济性审计可以在工程项目实施前、实施中和竣工验收投入使用后进行,即事前、事中和事后审计;其重点是对工程立项决策和建设成本确定过程的审计,即事前审计;效率性审计主要在实施中和竣工验收投入使用后进行,即事中和事后审计,审计重点是注重工程建设过程的控制,表现为事中控制;效果性审计则是在竣工验收投入使用后进行,注重工程支出结果的审查,表现为事后控制。

（5）工程项目投资效益审计的程序

工程项目投资效益审计程序与其他项目效益审计程序的基本步骤大体相同，一般来讲分为"以过程为导向"的效益审计程序和"以结果为导向"的效益审计程序。

①"以过程为导向"的效益审计程序

"以过程为导向"的效益审计程序就是沿着项目实施过程的时间顺序，把项目从立项审批、实施、竣工、运营等各个阶段的实际投入、产出、成果、影响与项目文件规定的目标和要求进行比较和评价，对内部控制系统是否健全有效进行检查，及时发现内部控制系统中影响项目目标实现等目的的有重大风险的环节和存在问题的原因。一般包括下列11个步骤：

Ⅰ．选择和确定效益审计项目。一般应考虑以下因素：审计可能产生的影响、被审计事项的重要程度、被审计事项的风险程度、被审计项目本身是否属于重大项目、被审计事项的难易程度、拟确定的审计项目最近是否接受过审计或其他类型的检查、审计的成本效益分析等。

Ⅱ．进行审前调查，编制效益审计方案。内容主要有确定效益审计目标、确定审计重点、确定审计评价标准、确定审计方法、确定审计组织方式和分工、确定具体时间安排、确定审计报告程序、规定审计纪律等。

Ⅲ．确定重要性水平。考虑一个数额在规模上是否重要时，审计师应该将该数额与相应的基础进行比较。考虑一个数额在性质上是否重要时，审计师应该重点从这个项目的特点方面去考虑，如政治因素、责任性联系、社会敏感性和法律要求等。存在4种潜在的影响效益的因素：数量、质量、时效性以及成本。决定成本的两个因素是节约和效率。

Ⅳ．分析审计风险。审计结论与实际存在差异会形成一定的风险。审计风险通常被划分为3大类：固有风险、控制风险和审查风险。固有风险指没有控制制度时财务会计信息或其他信息错报的可能性。控制风险指控制制度未能查出会计等信息错报的可能性。这两类风险是审计师无法直接控制的，因为这两类风险与被审计单位的业务环境和管理环境密切相关。实务中，审计师通过对固有风险和控制风险的估计来选择适当的实质性审计程序，将审计风险控制在可以接受的范围。

Ⅴ．测评内部控制。在效益审计中，进行内部控制测评时主要应关注以下内部控制：有助于被审计单位经济地、有效率地和有效果地运行，保证管理政策的贯彻执行和产生及时可靠的财务和管理信息。如果会计或其他信息系统实行电算化，审计人员还应确定内部控制是否有效运行以保证数据的真实性、可靠性和完整性。

Ⅵ．进行效益比较和评价。选择确定恰当的应当实现的标准与项目实际达到的情况进行对比，评价其实现效益的程度。评价标准应当是客观的、全面的、可比的、公认的、明确的。评价标准是一种审计证据，被审计单位必须认可并签字盖章。

Ⅶ．对可能产生的审计效果进行中期评估，以决定是否改变审计思路和比较方法，或是否进一步审计，以避免浪费时间和审计成果不大。

Ⅷ．分析造成效益不好的原因和证据。

Ⅸ．与被审计单位交流审计结果。

Ⅹ．编写审计报告。以恰当的形式陈述审计结果，报告内容应易于理解，避免含糊不清，只需包括由充分的、相关的审计证据支持的信息，并应独立、客观、公正和富于建设性。效益审计报告的结构主要包括：审计项目介绍、审计目标和范围、审计标准、审计事项和成果、结论和建议,还可包括被审计单位的反馈意见。

Ⅺ. 后续跟踪。审计人员在出具审计报告后,应对审计报告中提出的审计建议的整改情况进行跟踪,同时对审计项目进行总结和分析。此外,还要对是否有必要开展后续跟踪审计以及何时开展后续跟踪审计进行初步规划。

② "以结果为导向"的效益审计程序

"以结果为导向"的效益审计程序其最突出的特点是把项目立项文件中确定的项目建设内容和应实现目标与项目实际情况进行比较和评价,把对项目实现的目标和产生的社会影响等项目的最终结果进行审计评价作为审计的起点向前追溯,直到发现问题存在的原因。

该效益审计程序与"以过程为导向"的效益审计程序同为 11 个步骤,只是在第 3 个至第 6 个步骤有区别:

Ⅲ. 收集所有与项目成果有关的项目可行性研究报告、项目协议和其他立项文件,确定项目应实现目标,研究确定审计评价标准。

Ⅳ. 对项目建设目标完成情况进行审计评价。根据项目应实现的技术经济指标评价项目是否达到预期建设目标,分析影响项目建设目标实现的主要原因,包括项目建设过程和管理情况等,如有必要,可对项目立项的科学性和应实现目标的合理性进行分析。

Ⅴ. 对项目运营管理情况进行审计评价。根据项目应实现的技术经济指标评价项目完成后是否按照项目目标正常运营;有无由于缺少资金和管理不善等原因,致使项目倒闭、毁损、荒废和效益低下等问题;评价项目的可持续发展能力和实现经济、社会、环境效益的程度。

Ⅵ. 对项目还贷情况进行评价。审查项目执行单位还贷情况,审查项目执行单位是否故意拖欠贷款债务;分析项目无力还贷或长期拖欠贷款本息的原因。重点审查项目执行单位有无悬空债务、逃废债务等问题。

9.3.2 微观层次效益审计

微观层次效益审计主要是对项目实施效果和项目财务效益进行审计,包括建设效果审计、预算效益审计、预算执行效益审计和财务效益审计。其中,建设效果和预算效益审计已经在相关章节做出说明,这里主要阐述预算执行效益审计和财务效益审计。

1) 预算执行效益审计

预算执行效益审计主要是对建设实施期的成本、进度、质量和安全的有效控制情况进行审计,包括工程结算、工程质量、施工安全、建设工期和进度、设备材料采购、物资管理、合同管理、监理管理、技术经济资料管理、会计核算和财务管理等审计核查工作。预算执行效益审计包括投资额分析法、建设期分析法、建设质量评价法。

(1) 投资额分析法

投资额分析法是一种定量分析,根据分析对比的标准不同,分为投资额差异分析法和单位功能的造价分析法。

① 投资额差异分析法。投资额是在正常的生产条件、合理的生产经营管理水平下,根据各个施工单位的社会劳动平均耗用水平确定的。分析实际投资额与预算投资额的差异,可以发现项目建设成本与社会平均水平的差异,找到项目建设和管理的成功或失误之处。具体分析以下几点:

◆ 概算调整和设计变更情况。分析因工程设计变更、材料代用而产生的预算变更,调整后技术上能否匹配,经济上是否合理,是否存在挤入计划外项目和超标准建设情况。

◆ 设备和材料采购情况。检查设备和材料采购是否实行招标方式以节约建设资金;是否按设计规格数量采购,有无盲目采购造成损失浪费;建设物资是否与同期生产耗用物资严格区别核算。

◆ 待摊投资超支幅度和原因。检查所发生的房屋购置、办公生活用家具器具购置、为可行性研究而发生的固定资产购置、无形资产和递延资产,是否属概算范围,是否与概算确定的内容、数量和标准相符,是否应由该项目承担,有无滥发奖金或把乱摊派费用挤入工程项目投资内的情况。

◆ 损失浪费项目分析,如施工中出现的塌方、返工、建筑物倾斜、人身安全事故等。

② 单位功能的造价分析法。工程项目单位功能工程造价,是建设项目每一单位生产能力或功能的实际投入成本,如工业企业单位生产能力造价、建筑物平方米造价。将工程项目单位功能实际造价与同期其他地区技术条件类似的工程项目进行横向比较,可以找到工程项目管理的横向总差距。

(2) 建设期分析法

通过对比标准化项目计划建设工期和其他地区或单位类似工程的建设工期,找到建设过程中项目时间管理的差距。形成差距的原因取决于建设方工程前期准备是否充分,项目前期可行性研究工作、地质勘探设计工作的准确性,工程建设过程中项目调整的次数,施工单位、施工组织设计衔接精确程度,先进施工工艺、技术、设备和材料的采用情况。

(3) 建设质量评价法

审计可以借用建设质量监督部门日常质量抽查记录和项目竣工质量验收文件,来判断工程项目质量水平。可以检查施工单位资质等级和质量保证体系认证证书,审查施工单位是否存在越级承包工程和转包工程。审计还要检查施工单位对建筑材料、构配件、设备进场试验检测的记录,审查施工现场质量控制情况。审计还要审查工程监理人员的日常工作记录,查看工程监理人员在日常工作中是否认真履行工程监理职责,工程施工过程是否符合设计要求、施工技术和工程质量性安全标准。

2) 财务效益审计

工程项目财务效益审计主要依照《建设项目经济评价方法与参数》和现行的财务制度进行。财务效益审计可建立以下三层指标体系:

(1) 第一层指标

① 财务净现值(FNPV)

财务净现值是指按行业的基准收益率或设定的折现率,将项目计算期内各年净现金流量折现到建设期初的现值之和。它是考查项目在计算期内盈利能力的动态评价指标。其公式表达为:

$$FNPV = \sum_{t=1}^{n}(CI-CO)_t(1+i_c)^{-t}$$

式中:CI——现金流入量。

CO——现金流出量。

$(CI-CO)_t$——第 t 年的净现金流量。

n——计算期。

i_c——基准收益率或设定的折现率。

$FNPV$ 可通过各年净现金流量的现值求得。当 $FNPV \geqslant 0$ 时,认为项目的盈利能力满足行业基准或社会折现要求。

② 财务内部收益率($FIRR$)

财务内部收益率是反映项目盈利能力常用的动态评价指标。财务内部收益率本身就是一个折现率,它是指项目在整个计算期内各年净现金流量累计等于零时的折现率。公式表示如下:

$$\sum_{t=1}^{n}(CI-CO)_t(1+FIRR)^{-t}=0$$

财务内部收益率是一个较综合的效益评价指标,其优点是比较直观。当 $FIRR \geqslant i_c$ 时,认为项目的增量盈利能力满足要求,其经济效益是可接受的。

③ 投资利润率(R_p)

投资利润率是指项目达到设计生产能力后的一个正常生产年份的年净利润总额与项目总投资的比率,它是考查项目单位投资盈利能力的静态指标。对于生产期内各年的利润总额变化幅度较大的项目,应计算生产期内年平均净利润总额与项目总投资的比率。其计算公式为:

$$R_p = NB/K$$

式中:NB——项目正常运行后年净利润总额;

K——项目投资总额。

将投资利润率与行业平均投资利润率对比,以判别项目单位投资盈利能力是否达到本行业的平均水平。

④ 投资利税率(R_t)

投资利税率是指项目达到设计生产能力后的一个正常年份的年净利税总额或项目生产期内的年平均利税总额与项目总投资的比率。其计算公式为:

$$R_t = B_t/K$$

式中:B_t——实际所得利税总额或平均实际利税总额;

K——项目投资总额。

将投资利税率与行业平均投资利税率对比,以判别单位投资对国家积累的贡献水平是否达到本行业的平均水平。

⑤ 资本金利润率(R_c)

资本金利润率是指项目达到设计生产能力后的一个正常年份的年净利润总额与资本金的比率,它反映投资项目的资本金的盈利能力。其计算公式为:

$$R_c = NB/K_c$$

⑥ 投资回收期(P_t)

它是指以项目的净收益抵消全部投资(包括固定资产等)所需要的时间。投资回收期可根据财务现金流量表中的累计现金流量计算求得。其计算公式为：

$$P_t = m - 1 + \frac{\left|\sum_{t=0}^{m-1} NPV_t\right|}{NPV_m}$$

式中：m——累计净现值开始出现正值的年份；

$\left|\sum_{t=0}^{m-1} NPV_t\right|$——上一年累计净现值的绝对值；

NPV_m——当年净现金流量。

在财务评价中求出的投资回收期(P_t)与行业的基准投资回收期(P_e)比较，当$P_t < P_e$时，表明项目投资在规定的时间内收回，项目可行。

⑦ 资产负债率

资产负债率是反映项目各年所面临的财务风险程度及偿债能力指标。它是负债总额与全部资产总额之比。其计算公式为：

$$资产负债率 = \frac{负债总额}{资产总额} \times 100\%$$

资产负债率可用以衡量项目利用债权人提供资金进行经营活动的能力，也反映债权人发放贷款的安全程度，其基准值没有确定的说法。对债权人而言，资产负债率越低越好；对投资者而言，一般希望比率高些，但过高也会影响到项目资金筹措能力。通常，资产负债率大于100%时，说明项目资不抵债，视为已达到破产的临界值。

⑧ 流动比率

流动比率是反映项目各年偿付流动负债能力的指标，它是流动资产总额与流动负债总额之比。其计算公式为：

$$流动比率 = \frac{流动资产总额}{流动负债总额} \times 100\%$$

流动比率可用以衡量项目流动资产在短期债务到期前可以变为现金用于偿还流动负债的能力。通常，清偿能力分析时，还应计算速动比率。

(2) 第二层指标

反映项目后评价与前评价两者之间财务指标偏离程度的指标，主要包括：净现值变化率、内部收益率变化率、投资利润率变化率、投资利税率变化率、资本金利润率变化率、投资回收期变化率、资产负债率变化率、流动比率变化率等。

(3) 第三层指标

分析财务指标偏离原因的指标，主要包括：固定资产投资变化率、销售收入变化率、经营成本变化率、销售利润变化率、生产能力变化率、项目工期变化率、项目资金综合成本变化率等。

需要说明的是项目工期的提前或滞后对项目的费用、效益均有很大的影响，从而极大地影响项目的财务指标。另外,不同的资金筹集渠道影响项目的还款方式、利息的多少,相应地也影响了项目的财务指标。

9.3.3 宏观层次效益审计

宏观层次效益审计主要是对工程项目建成后对国民经济、社会、环境的影响及项目的可持续发展情况进行评价。包括国民经济效益审计、社会效益审计、环境效益审计和项目可持续性评价。

1) 项目的国民经济效益审计

(1) 国民经济效益和费用的划分

项目国民经济效益审计中的效益与费用是指实际产生的或根据项目生产期的实际情况判断或预测将要产生的效益和费用,应遵循统一的效益和费用的划分和确定的原则。

项目的实际效益是指项目对国民经济所做的贡献,有直接效益和间接效益之分。直接效益是指项目产出物(按实际产出数量或重新预测的产出数量计)用影子价格计算的经济价值。一般表现为:为满足国内需求而增产的该产出物的效益;替换成或部分替换成其他同类产品生产企业的产出物,使被替代企业停产或减产而减少的国家有用资源耗费的效益;增加出口或减少进口所增收或节支的国家外汇等。间接效益(外部效益)是指项目为社会做出了贡献,而项目本身并未得益的那部分效益。

项目的实际费用是指国民经济为项目实际付出的代价,也有直接费用和间接费用之分。直接费用是指用影子价格计算的项目投入物(包括一次性实际投入额和经常性实际投入额)的经济价值。一般表现为其他企业为供应本项目投入物而扩大生产规模所实际耗用的资源费用、减少对其他项目投入物的供应而放弃的实际效益、增加进口或减少出口所实际耗用的或减收的外汇等。间接费用(外部费用)是指社会为项目付出了代价,但项目本身并不需要支付的那部分费用。

项目的间接效益和间接费用统称"外部影响"或"外部效果"。国民经济效益审计中的"外部影响"的衡量和计算尤为重要,因为这些"外部影响"都是实际发生的,因而具有客观的计算或估算依据。

(2) 国民经济指标体系

国民经济效益审计指标可分为三类:一是反映项目投资的实际国民经济效益的指标。它们主要是实际经济内部收益率、实际经济净现值、实际经济净现值率和实际投资净效益率,前三个指标为动态指标,后一个指标为静态指标。二是反映项目效益审计得到的实际国民经济效益与前评价或其他同类项目的国民经济效益偏离程度的指标。它们主要是实际经济内部收益率变化率、实际经济净现值变化率、实际经济净现值率变化率和实际投资净效益率变化率。三是项目的经济影响评价,主要分析和评价项目对所在国家及地区等外部环境经济发展的作用和影响。包括分配效果、技术进步和产业结构。

(3) 实际经济内部收益率($REIRR$)

它是反映项目对国民经济实际贡献的相对指标,是项目生命期内实际经济净现值累计等于零时的折现率。其表达式为:

$$\sum_{t=1}^{n}(RECI-RECO)_t(1+REIRR)^{-t}=0$$

式中：$RECI$——实际的或根据实际情况重新预测的经济现金流入量；

$RECO$——实际的或重新预测的经济现金流出量；

n——计算期；

$(RECI-RECO)_t$——第 t 年的实际或重新预测的净经济现金流量；

t——表示年份，$t=1,2,\cdots,n$。

项目实际内部收益率大于或等于社会折现率时，项目的实际国民经济效益较好。

(4) 实际经济净现值（RENPV）

它是反映项目对国民经济实际贡献的绝对指标，是用社会折现率将项目生命期内各年的实际净效益折算到建设起点（建设期初）的现值之和。其计算公式为：

$$RENPV=\sum_{t=1}^{n}(RECI-RECO)_t(1+i_{RS})^{-t}$$

式中：i_{RS}——后评价时选定的社会折现率。

实际经济净现值大于零，表明项目除按社会折现率水平取得收益外，还有额外收益；实际经济净现值等于零，表明项目刚好以社会折现率作为投资收益率取得国民经济净效益；实际经济净现值小于零，表明项目的实际投资收益率低于社会折现率，比以社会折现率作为投资收益率取得的国民经济效益差。

(5) 实际经济净现值率（RENPVR）

它是实际经济净现值与实际投资总额现值的比率，是衡量项目投资的国民经济净效益的相对指标。其计算公式为：

$$RENPVR=\frac{RENPV}{R_{P(I)}}\times 100\%$$

式中：$R_{P(I)}$——实际投资总额的现值。

(6) 实际投资净效益率

它是反映项目投产后，单位实际投资对国民经济年实际净效益所做贡献的静态指标，是项目达到设计生产能力后的正常年份内的年实际净效益与项目实际投资总额的比率。当正常年份的实际年净效益变化幅度较大时，应计算年平均实际净效益与项目实际投资总额的比率。其计算公式为：

$$实际投资净效益率=\frac{年实际净效益或年平均实际净效益}{实际投资总额}\times 100\%$$

实际投资净效益＝年实际产品销售收入＋年实际外部收益－年实际经营成本－
年实际折旧费－年实际技术转让费－年实际外部成本

(7) 实际经济内部收益率变化率

它是反映项目效益审计得到的项目经济内部收益率与前评价经济内部收益率或与国内外其他同类项目经济内部收益率偏离程度的指标，其计算公式为：

$$\text{实际经济内部收益率变化率}$$
$$= \frac{\text{实际经济内部收益率} - \text{预测(或其他项目)经济内部收益率}}{\text{预测(或其他项目)经济内部收益率}} \times 100\%$$

(8) 实际经济净现值变化率

它是反映经济净现值与前评价经济净现值或其他同类项目经济净现值偏离程度的指标。计算公式为:

$$\text{实际经济净现值变化率}$$
$$= \frac{\text{实际经济净现值} - \text{预测(或其他项目)经济净现值}}{\text{预测(或其他项目)经济净现值}} \times 100\%$$

(9) 实际经济净现值率变化率

它是反映项目效益审计得出的经济净现值率与前评价经济净现值率或国内外其他同类项目经济净现值率偏离程度的指标。其计算公式为:

$$\text{实际经济净现值率变化率}$$
$$= \frac{\text{实际经济净现值率} - \text{预测(或其他项目)经济净现值率}}{\text{预测(或其他项目)经济净现值率}} \times 100\%$$

(10) 实际投资净效益率变比率

它是反映项目效益审计得出的投资净效益率与前评价预测的投资净效益率或其他国内外同类项目投资净效益率偏离程度的指标。计算公式为:

$$\text{实际投资净效益率变化率}$$
$$= \frac{\text{实际投资净效益率} - \text{预测(或其他项目)投资净效益率}}{\text{预测(或其他项目)投资净效益率}} \times 100\%$$

(11) 分配效果

分配效果主要指项目效益在各个利益主体之间的分配比例是否合理。在效益评价的基础上,以财务评价将分配效果进一步明确为从各出资者角度出发的财务分配效果,将国民经济评价进一步细化为分别以中央、地方、公众和外商为主体的经济效果评价。前者的现金流入部分应采用出资者的股利收入和盈余资金之和,现金流出部分采用出资者的自有资本投入。其评价指标为各利益主体利益分配的比例,计算公式如下:

$$\alpha_i = \frac{ENPV_i}{\sum ENPV_i}$$

其中:α_i——分别表示中央财政、地方经济和社会公众的利益分享比例;

$ENPV_i$——分别表示中央财政、地方经济和社会公众的经济净现值。

各利益主体的经济现金流量的具体内容如下:

① 中央财政经济评价部分

其资金流量中的流入部分有:资本收益(中央部分),包括股利、盈余资金;中央税,包括增值税、消费税、营业税(中央分享部分)、资源税(中央分享部分)、中央所属企业所得税、关税、汇出税;国有银行收益,包括政策性银行贷款本息回收,商业性银行贷款本息回收。

流出部分有：国家资本投入；国有银行贷款；中央财政补贴，包括对资本货物的补贴、对原材料和燃料动力的补贴、对产品的补贴以及其他补贴。

② 地方经济评价部分

其资金流量中的流入部分有：资本收益（地方部分），包括股利、盈余资金；中央税，包括增值税、消费税、营业税（地方分享部分）、资源税（地方分享部分）、地方所属企业所得税、个人所得税、土地补偿和土地出让所得、城市维护建设税等；地方银行及财政贷款本息回收；就业效果，包括职工工资、奖金、福利等。

流出部分有：地方资本投入、地方财政及银行贷款、土地机会成本、城市设施补贴、其他补贴和外部费用。

③ 公众经济评价部分

流入部分有：资本收益（公众部分），包括股利和盈余资金；公众债券本息回收。

流出部分有：公众资本投入、债券投资和个人所得税。

④ 外商经济评价部分

流入部分有：资本收益（外商部分），包括股利和盈余资金、国外银行贷款本息回收。

流出部分有：外商资本投入额、国外银行贷款。

此外，分配效果分析中还应包括项目对于不同地区的收入分配的影响。对于相对富裕地区和贫困地区的收入分配可设立不同的权重系数，以体现国家鼓励项目对经济不发达地区投资的政策取向。

（12）技术进步

技术进步是人们在生产中使用效率更高的劳动手段、先进的工艺方法，以推动社会生产力不断发展的运动过程。技术进步的类型有：

① 劳动节约型的技术进步，指由劳动者技能的提高而增加产品产量、减少活劳动消耗的技术进步。

② 资金节约型的技术进步，指技术进步带来的效果超过了新的投资。

③ 劳动与资金不变型的技术进步，指在投入生产过程的劳动力和资金不变的情况下，增加了产品产量的技术进步。一定时期的技术水平、技术发展速度和技术对经济、社会发展的作用，表明技术进步的程度。它反映了生产力中物质技术基础的变革，是促进经济增长的主要因素。

根据国家发改委、财政部、住建部、交通部、工业与信息化部和水利部等部门颁布的技术政策、产业政策，并参照同行业国际技术发展水平，评价项目对技术进步和适用程度的作用，项目对技术开发、技术创新、技术改造、技术引进的作用，项目对高新技术产业化、商品化和国际化的作用，以及项目对国家部门和地方技术进步的推动作用，并运用价值工程的原理，分析其经济合理性。

（13）产业结构

十六大报告明确提出，要推动产业结构优化升级，形成以高新技术产业为先导、基础产业和制造业为支撑、服务业全面发展的全新格局。改革开放30多年来，我国基本上进入了工业化中期阶段，基本实现了产业结构调整与合理化阶段的任务。这一阶段我国三类产业的演变规律是，第一产业比重下降，第二、第三产业比重上升。国民经济总量增长从主要由第一、二产业带动转为主要由第二、第三产业带动。以此为起点，我国开始进入产业结构升级与高级化的新阶段。所以评价项目建成后对国家、地方的生产力布局、结构调整和产业结构合理化的影响是经济影响评价的一个重要内容。

2) 项目社会效益审计

项目的社会效益审计是要分析项目对国家或地方社会发展目标的贡献和影响。项目社会效益审计包括项目对社会发展目标的贡献情况审计和项目对社会发展目标的影响情况审计。项目对社会发展目标的贡献,是指项目的实施对社会各项发展目标带来的好处(效益),包括经济效益、社会效益、环境效益、有形效益和无形效益。项目对社会发展目标的影响,包括自然影响与社会影响。前者如对自然与生态环境的影响、对自然资源的影响;后者如对社会人口、劳动形式、劳动组织、社会就业、社会政治、文化艺术的影响等。

(1) 项目对社会发展目标的贡献

① 对国家或区域经济发展目标的贡献。审计时应侧重于从宏观角度对项目的社会经济贡献和影响进行评价。

② 对项目影响区综合经济发展的贡献。主要包括项目对项目区经济生产总值的总贡献和人均贡献;对项目区生产结构改变,工、农、服务业产值比例的变化产生的影响;项目引起的项目区土地利用调整和土地增值分析等。

③ 对项目影响区部门经济发展的贡献。主要包括对农业经济发展的贡献、对工业经济发展的贡献、对服务业等第二产业经济发展的贡献。

④ 项目的负经济效益。包括项目本身直接造成的经济损失或付出的社会代价和项目投产后带来的社会负效应中的经济负效益。

⑤ 项目社会经济效益分配的公平、公正性分析。即考查项目对公平分配和扶贫政策的影响,主要从公平原则和效益分配两个方面进行分析。

⑥ 项目对人民生活水平和生活质量的贡献和影响分析。该影响包括居民收入变化、人口和计划生育、住房条件和服务设施、教育和卫生、营养和体育活动、文化历史和娱乐等。

⑦ 对自然资源的开发利用分析。主要包括对土地资源合理利用情况分析,野生生物的保护措施分析,文物、古迹、旅游景点的保护分析等。

(2) 项目对社会发展目标的影响

① 对人口发展的影响

交通基础设施对项目区的经济发展所起的作用,必定对项目区人口的发展和变化有影响,其影响面包括人口数量、人口质量、人口增长率、男女比例、文化结构、职业结构、家庭结构等。项目对上述诸方面的影响应予以分析评价。

② 项目对劳动者就业的贡献

包括短期就业、长期直接就业、长期间接就业等方面。对项目的就业评价,可用一个类别相同而又采用了影子价格的已评价项目进行对比,其就业率指标可用下列公式计算:

$$单位投资就业人数 = 新增就业人数/项目总投资$$

其中:新增就业人数包括项目及其相关的新增就业人数,项目总投资包括直接和间接的投资。

③ 对项目区和社会安全稳定的影响分析

项目影响的范围很广,有人受益、有人受损;还可能引发其他消极因素产生,对消极因素处理不当就形成了社会不稳定因素。对项目在这方面发生的影响应给予恰当的评价,包括项目对当地城镇和地区基础设施建设和未来发展的影响,社区的社会安定、社区福利、社区组织机构和管理机制等。

④ 项目对社会的负面影响

项目往往要征用大量土地,会影响当地居民的生产生活甚至导致部分人员居住地的迁移,有的补偿不到位,会引起群众的不满,造成一些负面的影响。项目对社会环境生产的负面影响是多种多样的,应阐明审计项目的具体负面影响、采取的补救措施、对遗留问题的处理意见等。

3) 项目环境效益审计

《中华人民共和国环境影响评价法》已经于2003年9月1日正式实施,这充分说明了国家对环境保护的重视。环境评价制度的建立和推行,为有效地减少新污染和环境破坏起到了很大作用。

项目的环境效益审计是指对照项目前评价时批准的《环境影响报告书》重新审查项目环境影响的实际结果,审查项目环境管理的决策、规定、规范、参数的可靠性和实际效果。在审查已实施的环境评价报告和评价环境影响现状的同时,要对未来进行预测,判断其在以后过程中对环境造成影响的可能性。

环境效益审计包括以下内容:

① 污染控制

检查和评价项目排放的废气、废水、废渣和噪音是否在总量和浓度上达到了国家和地方政府颁布的标准。项目选用的设备和装置在经济和环保效益方面是否合理,项目的环保治理装置是否运转正常。项目环保的管理和监测是否有效。

② 项目对地区环境质量的影响

环境质量评价要分析项目中对当地环境影响较大的若干种污染物,这些物质与环境背景值相关,并与项目的三废排放有关。环境质量指数 I_{EQ} 的计算公式为:

$$I_{EQ} = \sum_{i=1}^{n} Q_i / Q_{i0}$$

其中:n——表示项目排放的污染物种类;

Q_i——表示第 i 种污染物的排放数量;

Q_{i0}——表示第 i 种污染物政府允许的最大排放量。

③ 项目对自然资源的利用和保护

项目对自然资源的利用和保护,包括水、海洋、土地、森林、渔业和野生动植物等自然界中对人类有用的一切物质和能源的合理开发、综合利用、保护和再生增值。资源利用分析的重点是节约能源、节约水资源、土地利用和资源的综合利用等,评价项目实施后对其影响程度。

④ 项目对生态平衡的影响

项目对生态平衡的影响主要指人类活动对自然资源环境的影响,其内容包括人类对植物和动物种群,特别是对珍稀濒危野生动植物、重要水源涵养区、具有重要科教文化价值的地质构造以及其相互依存关系的影响。对可能引起或加剧的自然灾害和危害的影响,如土壤退化、植被破坏、洪水和地震等,分析项目所带来的正面和负面影响。

4) 工程项目持续性评价

项目的持续性评价是指在项目建设完成投入运行之后，按照可持续发展理论，对项目的既定目标是否能按期实现、项目是否可以持续保持产出较好的效益、接受投资的项目业主是否愿意并可以依靠自己的能力继续实现既定的目标、项目是否具有可重复性等方面做出评价。

工程项目持续性分析包括两层含义：一是项目对业主方持续发展的影响；二是项目对国家持续发展的影响。项目持续性评价应该对这两方面所涉及的持续发展因素进行分析。

工程项目可持续性后评价应包括社会经济可持续性评价、工程项目效果可持续性评价、项目环境可持续性评价、项目资源利用可持续性评价、管理体制与政策可持续性评价和协调性评价。

(1) 社会经济可持续性评价

工程项目社会经济可持续性评价，主要是评价项目对社会的交通、文教、卫生、就业、治安的影响，对人口与资源、环境的平衡关系、社会分配关系、失业和社会平等、文化教育和卫生健康以及社会保障体系的健全状况等进行分析、评价。工程项目收益分配是否公平、是否有利于消除贫困等社会问题、是否增加项目所在区域的经济财富和福利都是工程项目复杂系统可持续的重要条件。其评价指标包括人均 GDP 增长率、人均收入增长率、利税增长率、人口增长率、居民就业率、生活收入等。不同类型工程项目，应选择不同的具体评价指标。

(2) 工程项目效果可持续性评价

工程项目效果可持续性评价包括 4 个方面：

① 财务经济性

主要评价项目实际的年财务现金净流量、年国民经济效益费用净流量等是否达到项目的预期目标；评价项目工程使用效果、设施实际利用情况和工程设施维护情况是否能保证项目的可持续运转；根据项目实际营运的情况，对项目未来年期的财务净流量或国民经济效益费用流量实现的可能性进行合理评价；以得出工程项目的经济效益和运营是否可持续。

在持续性分析中要强调 3 点：一是评价时点之前的所有项目投资都应作为沉没成本不再考虑；二是要通过项目的资产负债表等来反映项目的投资偿还能力，并分析和计算项目是否可以如期偿还贷款和实际还款期；三是通过项目未来的不确定性分析确定项目持续性的条件。

② 项目科技进步性

项目只有具有先进的技术才能避免被淘汰的命运或延长其淘汰时限，其科技进步性可通过项目设计的先进性和所采用技术的先进性两方面来进行评价。

◆ 项目设计的先进性

项目的设计要具有科学性、超前性，并有发展余地。设计时除了要考虑人们现在的生活需要，还要考虑未来需要，使项目具有一定的前瞻性，能与以后的经济、技术、文化发展相衔接。

设计的先进性还表现在尽可能利用已有的新技术、新材料、新工艺，并具有一定的超前性，为以后发展留出接口，在设计时应考虑空间的合理利用，并为用户自己的改造提供条件，使改造成为可能，延长淘汰时限。

◆ 技术的先进性

项目的技术先进性主要指项目实施技术和运营技术的先进性。项目的技术先进性表现在已有先进技术成果的应用上和为以后技术发展留出的接口上,项目的技术先进性使项目能经得起时间的考验,同时具有可持续发展前景。

③ 项目的可改造性

由于科学技术的发展,项目的生命周期逐渐缩短。如果项目具有一定的可改造性,能够与技术发展相适应,就能延长项目的生命周期,实现项目的可持续发展。项目的可改造性评价可从两方面进行:一是改造的经济可能性;二是改造的技术可能性。

◆ 改造的经济可能性

改造的经济可能性指项目改造过程中的追加投资成本效益分析,即评价项目改造时追加投资与项目产出比,由此决定是对该项目进行投资改造还是按报废进行处理。对项目的改造再应用也是延长项目生命周期、提高项目资源利用率、降低项目生命周期成本的有效措施。要提高项目持续发展能力,必须降低项目改造成本,使改造具有经济可能性。

◆ 改造的技术可能性

改造的技术可能性是指对原项目进行改造的技术支持度,改造实现的可能性,改造后运营的安全性、可靠性的评价。

项目改造的技术可能性与项目的技术先进性相辅相成,只有采用先进的技术,并且所用的技术完全支持以后项目的改造,改造才可能成为现实,才能延长项目的生命周期,为持续发展创造条件。

④ 项目的可维护性

项目的可维护性是指项目运营期间维修、维护的难易程度,运营期间的维修、维扩费用的高低,项目与新技术接口处理的难易程度及接口处理的费用状况。只有项目维护简单、费用低,项目才具有生命力,才有发展前景。项目的可维护性是项目可持续发展的前提,并为可持续发展提供保障。

(3) 项目环境可持续性评价

任何项目都处于一定的自然环境和社会环境中,对环境不可避免地产生影响,对环境的影响是决定项目能否持续发展乃至能否存在的主要因素之一。工程项目的环境可持续性后评价,主要是评价项目对土地、水、大气的影响,项目的环境质量控制能力,污染治理和综合利用等。项目对环境的影响包括自然环境、社会环境、生态环境等几方面。

① 对自然环境的影响

对自然环境影响是指项目是否造成环境污染,如光污染、噪声污染、废气污染、污水污染等,也是指项目与周围自然环境是否具有相容性、协调性,即项目是否破坏了周围自然环境,是否与周围自然景观相协调。只有当项目达到污染治理标准,并且与周围自然环境相协调,项目才具有持续发展的可能。

② 对社会环境的影响

对社会环境的影响包括对周围居民生活的影响、对社会文化的影响、对社会经济环境的影响等,也就是说项目是否与社会文化相容,是否与人们的生活习惯相协调,是否与经济发展相吻合,并具有一定的前瞻性。一个项目只有符合社会文化要求,不影响居民生活,与经济发展相协调,才有存在的可能和继续发展的必要。

③ 对生态环境的影响

项目处在一定的环境中,都或多或少地对生态环境产生影响,对生态环境影响的评价主要通过比较项目存在前后生态环境的变化,如三峡工程、小浪底工程等大型水利工程项目,必须考虑其对生态环境的影响,将对生态环境影响的评价作为可持续评价的一个主要方面。

(4) 项目资源利用可持续性评价

项目在整个生命周期的各个阶段都离不开资源,资源的持续性和资源利用的合理性直接关系到项目能否持续发展,可持续的工程项目是资源、环境与经济社会发展之间的合理平衡,是在保证生态环境系统的稳定性和均衡性及不损害后代人利益的条件下的发展。资源利用可持续性评价可按项目的建设期、运营期、报废三个阶段进行分析。

① 项目建设期资源利用情况

建设期资源利用主要是建筑材料的选择利用。建筑材料的选择不仅关系到项目的建设质量,而且关系到运营成本(效益),还关系到项目拆除后资源的回收利用。因此必须对建筑材料的选择进行评价,并通过它来评价项目的可持续性。为了实现项目可持续发展,应尽可能选择对环境影响小的和可再生的节能环保建材。

② 项目运营期资源利用情况

影响项目可持续发展能力的项目运营期资源包括项目运营所需资源和项目运营产生的废弃物两方面,项目运营所需资源供应的连续性、项目废弃物处理的合理性直接影响项目的持续发展能力。

◆ 项目运营所需资源。项目运营所需资源主要指项目运营所需原材料。原材料的可再生性和对环境的影响直接关系到项目的可持续性。对项目的可持续性进行评价必须对项目运营所需资源进行评价,只有这样,才能全面论证项目的可持续发展能力。

◆ 项目运营产生的废弃物处理和利用情况。对于化工厂、造纸厂、热电厂等大型工业项目,必须对项目废弃物的处理和再利用进行评价,由此来判定项目是否具有持续发展的前景。如造纸厂、化工厂都是大量用水项目,而水是不可再生资源,必须考虑水的循环利用和污染处理;对于热电厂、煤矿等项目,则必须考虑项目废弃物的处理,因为项目的废弃物处理和利用关系到项目对环境的影响,直接关系到项目的存在与发展,所以在进行可持续评价时必须考虑项目的废弃物利用和处理状况,并对其做出评价,通过它进一步评价项目是否具有持续发展能力。

③ 项目报废后资源的再利用情况。项目报废后的资源再利用主要指项目拆除后的废弃物、主要设备、设施的再利用或处理。项目报废后资源的回收再利用,是对社会资源的节约。只有合理利用或处理了这些废弃物,才能减少其对环境的影响,才有利于整个社会和经济的可持续发展。

(5) 管理体制与政策可持续性评价

即评价项目的科学决策水平、工程质量、项目规模、项目运行机制、经营管理、用户满意度、配套设施建设以及对政策法规的适应性等。主要包括项目机构后评价和经营管理机制后评价两个方面。

工程项目组织机构是实现项目目标、保证项目持续运营的基础,其主要评价内容有:

① 工程项目组织机构构成评价,包括项目的实际人员数量、实际工作能力、工作能力效率与工程项目预期的人员数量、工作能力、工作效率评价。

②项目组织机构的能力评价,包括机构的发展趋势、经营管理能力、维持能力、吸收或应用新技术的能力等方面的评价。

③项目组织机构资源获得能力评价,指项目组织机构是否具备或能获取足够的资源(人才、物质、资金资源),以保证项目目标的顺利实现。

④项目组织机构的协调能力评价,是指机构内部和外部的协调能力,主要包括项目机构内部协调性评价、项目与外部环境协调性评价、项目与社区协调性评价、项目与政府的协调性评价等。

经营管理机制后评价主要包括项目机构各部门、成员之间是否有合理明确的分工合作机制评价,机构成员的待遇、服务和晋升机制评价,项目运营是否有健全的管理机制和激励机制,项目机构经常性维护机制评价,项目组织机构的计划、预算、组织、协调机制评价等。

(6) 协调性评价

影响工程项目可持续性的因素涉及社会、经济、生态环境、管理机制等诸多方面,系统内各子系统的结构组合模式,决定了工程项目的综合效益。根据复杂系统理论,系统的结构决定功能,功能决定效益,当系统结构合理,各子系统间协调一致时,系统产生整体协同放大效应,总体功能效益大于各子系统功能效益的简单加和,反之亦然。所以,评价这些因素发展是否协调,是否有利于项目产生协同放大效应,也是工程项目可持续性后评价的一个重要内容。其评价指标包括:经济与环境协调系数、经济与社会协调系数、社会与环境协调系数等。

9.4 工程项目绩效审计评价指标体系的构建和评价方法

工程项目绩效审计评价指标体系是反映工程项目投资总体效益的概念和具体标准,是衡量和评价工程项目经济性、效率性和效果性,揭示工程建设存在问题的重要手段,是根据工程绩效评价工作的要求,按照一定的标准,对工程项目进行科学合理、层次清晰、实用可行的分类而形成的指标体系。

9.4.1 工程项目绩效审计的评价指标体系框架

1) 工程项目绩效审计标准

工程项目绩效审计标准应采取定量与定性相结合的方法,其中定性标准包括国家的法律法规,党和政府的各项方针、政策,主管部门的有关规定等;定量标准则包括工程预算、计划的各项具体指标,各项业务规范和经济技术指标等;总之,是要能综合反映物化劳动和活劳动消耗的绝对量指标。

工程项目绩效审计标准应具备以下特征:

(1) 客观性。即选用的评价标准能客观地反映工程的绩效。

(2) 相关性。即投资效益评价指标必须与建设工程效益有关。

(3) 可靠性。即投资效益审计评价标准的内容必须科学、合理,保证正确使用审计评价标准,不会做出错误的结论。

(4) 可理解性。评价要避免空洞的理论,要易于被使用者理解。

(5) 可操作性。无论定性评价还是定量评价,根据评价指标均能得出结论来。

(6) 可接受性。效益评价标准要能够使被评价者与评价对象接受,还要能够被有关管理部门接受。

（7）可比性原则。要力求使审计评价标准与有关计划标准相适应，并能够进行历史的纵向比较和与国内外先进水平进行横向比较。

（8）恰当性。即对工程的绩效恰如其分地给予判断和评价。

（9）完整性原则。目的是保证对被审计单位和工程项目绩效做出全面、完整的衡量和评价。

（10）代表性。所选定的评价标准必须能代表并适用于同类工程。

2）评价指标选择的要求

工程项目绩效审计需要多少指标，用什么样的指标，是一个比较困难的问题，也是一个比较复杂的问题。目前，我国政府对此还没有统一的规定。我们应从实际出发，按照绩效审计工作的要求，根据具体情况选用。一般来说，工程项目绩效审计的评价指标选择要注意以下问题：

（1）全面评价工程项目的经济性、效率性和效果性。

指标的选取一定要全面，不能漏缺了重要的指标。由于工程的评价指标很多，没办法也不可能把所有的评价指标都选用，所以选取的指标要有代表性。首先，要抓住反映工程项目绩效主要方面的主要指标；其次，要注意指标内容的相关性，不但有个体指标，还要有相关指标；最后，要注意指标形态的统一性，不但有价值量指标，还要有使用价值量指标，既有横向比较指标，又要有纵向比较指标。

（2）指标设置要适当、合理。

工程项目个体差异较大，所以选择审计指标应根据具体情况确定，所采用的审计指标数量也要适宜。如，大项目多设几个指标，小项目少设几个指标；重要问题和有疑问的地方多设几个指标，问题比较清楚的地方少设几个指标。

（3）效益与公平应相互结合。

在确定和制定评价标准、评价指标时，要注重效益与公平相结合。工程利用资源的效率与效果是效益问题，不同主体的利益分配是公平问题，要考虑到不同利益主体对效益和公平有不同偏好。因此，在设置工程绩效审计评价指标时，不能只满足于对工程经济性、效率性和效果性进行评价，还应该考虑到项目的实施对所在地社会效益、自然环境的影响，应坚持独立性，不能偏于一方，力图找到一个最佳平衡点。

（4）要兼顾各种评价依据的互补性。

任何一个绩效审计项目，其效益评价依据的来源均有多种，包括相关的法律、法规，有关部门的政策、准则、考评办法、专业标准及专家意见，其他具有类似情况或在该领域居领先地位的单位的效益水平、预算或计划指标，等等。对此，要根据被审计项目的特点统筹兼顾各种评价依据，以便对被审计项目做出全面、客观的综合评价。

（5）注意定性指标与定量指标相结合

建立工程项目效益审计评价指标体系，应考虑效益评价的特殊性，将定量评价与定性评价相结合，尽可能采取量化指标。工程项目支出的结果往往包含着多重的社会、政治及经济目标的要求，有的可以用量化指标来评价，有的难以用量化指标来评价而又对被审计项目产生重大影响的资源和耗费，也应采用一些特殊的方法进行估量，并纳入评价范围。对可以定量描述的项目，必须通过多角度、多层次的指标进行量化评价，才能使定量评价更具有证明力和说服力,评价结果才更直观,更具有可比性,才能有效降低审计风险。而对只能定性描述的项目,还需要全方位评价社会效益,提高定性评价的科学性。因此,建立工程项目绩效审计评价指标体系,定量分析与定性评价的有机结合是确保评价质量的关键。

3) 工程项目绩效审计的评价指标体系框架

工程项目绩效审计的评价指标体系应当与工程项目绩效审计的内容相一致。根据绩效审计内容,可建立绩效审计的四级评价指标体系,其指标体系如表9-2所示。

表9-2 工程项目绩效审计的评价指标体系

一级评价指标	二级评价指标	三级评价指标	四级评价指标
工程项目管理审计	项目内控制度	内控制度体系	控制环境、风险评估、控制活动、信息与沟通、监督
	项目目标成功度	项目目标成功度	功能目标、技术目标、经济目标、社会目标、生态目标
	项目过程成功度	策划阶段成功度	工作费用和质量、决策周期、程序的合理性、方法的科学性
		实施阶段成功度	从项目实施各环节方面进行审计
		投资执行成功度	资金筹措、施工期各年度资金到位率及投资完成情况、工程竣工决算与投资估算设计概算的比较分析、工程投资节余或超支的原因
		运营阶段成功度	设计能力达标率、财务状况、市场需求状况、竞争能力现状、运营外部条件等
工程项目投资效益审计	微观效益审计	预算执行效益审计	投资额差异、单位功能造价、建设期、质量
		财务效益审计	财务净现值及变化率、财务内部收益率及变化率、投资利润率及变化率、投资利税率及变化率、资本金利润率及变化率、投资回收期及变化率、资产负债率及变化率、流动比率及变化率
	宏观效益审计	国民经济指标	实际经济净现值及变化率、实际经济净现值率及变化率、实际投资净效益率及变化率、实际经济内部收益率及变化率、分配效果、技术进步、产业结构
		社会效益	项目对社会发展目标的贡献率、项目对社会发展目标的影响
		环境效益	污染物排放总量、环境质量指数、自然资源利用和保护、项目对生态平衡的影响
		可持续性评价	社会经济可持续性、项目效果可持续性、项目环境可持续性、项目资源利用可持续性、管理体制与政策可持续性、项目协调性

9.4.2 工程项目绩效审计的评价方法

1) 绩效评价方法概述

上述评价指标中,既有定量分析指标,如净现值、内部收益率、单位功能造价等,更包括大量定性分析指标,如可持续发展指标、项目对社会发展目标的影响指标等。要使工程项目绩效审计更加客观、真实,应当采用以定性分析为主、相关评价指标分析为辅的方法,将动态与静态、定量与定性、价值量与实物量等分析结合起来做出正确评价。

随着科学技术的发展,越来越多的评价方法在项目绩效评价工作中得到了广泛应用,比较典型的有专家评价法、数据包络分析(DEA)方法、人工神经网络分析法、项目执行报告体系(PPR)、平衡计分卡、物元分析法、层次分析法、灰色理论、模糊综合评价法、熵评价法和路径分析法等。这里重点介绍层次分析法和模糊综合评价法对工程项目绩效进行综合评价。

2) 层次分析法

层次分析法(Analytic Hierarchy Process,简称 AHP 法)是美国运筹学家 T. L. Saaty 于 20 世纪 70 年代提出来的,它是一种定性与定量分析相结合的多目标决策分析方法,适用于结构较复杂、决策准则多且不易量化的决策问题。它把一个复杂问题表示为一个有序的递阶层次结构,利用人们的判断,对决策方案的优劣进行排序。这种方法能够统一处理决策中的定性与定量因素,具有实用性、系统性、简洁性的特点。层次分析法有很多优点,其中最重要的一点就是简单明了。层次分析法不仅适用于存在不确定性和主观信息的情况,还允许以合乎逻辑的方式运用经验、洞察力和自觉。

层次分析法的理论核心是将一个复杂系统分解为若干个组成部分或因素。这些因素按不同属性分成若干个组,每个因素又受到一系列子因素的影响,以形成不同层次。同一层次的因素作为准则,对下一层次的某些因素起支配作用,同时它又受上一层次因素的影响。根据目标、因素和子因素相互间的支配关系构成一个多层次递阶结构模型。在一个层次递阶结构模型中,自上而下通常包括目标层、准则层和方案层。

层次分析法的总体思路见图 9-2:

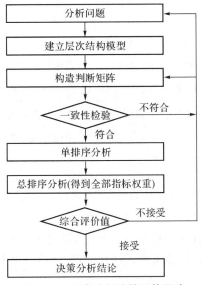

图 9-2 层次分析法的总体思路

按上述总体思路,层次分析法解决问题的一般步骤为:
① 建立层次模型

在深入分析所要研究的问题之后,将问题中所包含的指标划分为不同层次,包括目标层、准则层和方案层。同一层次的指标作为比较和评价的准则,对下一层次的某些指标起支配作用,同时,它又从属于上一层次的指标。分层结构图如图9-3:

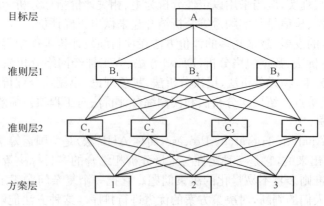

图9-3 递阶层次结构示意图

② 构造判断矩阵

在建立层次结构模型以后,上下层次之间指标的隶属关系就被确定了。在此基础上,需要对每一层次中各指标的相对重要性做出判断。在层次分析法中,为了使判断量化,将这些判断通过引入合适的标度用数值表示出来,构成判断矩阵(以下用 A 表示)。判断矩阵表示针对上一层次的某指标,本层次与之有关指标之间相对重要性的两两比较。判断矩阵通常引用下面的1~9标度方法,如表9-3所示。

表9-3 1~9标度法

标度(a_{ij})	判断矩阵标度的含义
1	表示两个指标相比,具有同样重要性
3	表示两个指标相比,一个指标比另一个指标稍微重要
5	表示两个指标相比,一个指标比另一个指标明显重要
7	表示两个指标相比,一个指标比另一个指标强烈重要
9	表示两个指标相比,一个指标比另一个指标极端重要
2,4,6,8	为上述相邻判断的中值
倒数($1/a_{ij}$)	a_{ij} 为 i 指标与 j 指标比较得到的判断值,$1/a_{ij}$ 为 j 指标与 i 指标比较得到的判断值

假设某上级指标的下层有 n 个指标与之相关,则这 n 个指标相对于这个上级指标的重要性可以采用判断矩阵的方式计算出来,这时的判断矩阵 A 可以表示为:

$$A = (a_{ij})_{m \times n}, (i = 1, 2, \cdots, m; j = 1, 2, \cdots, n)$$

9 工程项目绩效审计

层次分析法通过求取判断矩阵的特征值和特征向量的办法来确定指标的权重,最大非零特征值($\lambda_{\max}$)所对应的特征向量(W)即为各指标的权重向量。

在精度要求不高的情况,可以用近似方法计算$\lambda_{\max}$和W,一般可以采用"和法"和"方根法"。在此不做详细描述。

③ 一致性检验

人们对复杂事物的各因素进行两两比较时,不可能做到完全一致,难免存在估计误差,这就必然导致特征值和特征向量也会有误差,从而得到的也是有偏差的指标相对权重向量。为了减小这种误差,必须对构造的判断矩阵进行一致性检验。计算检验判断矩阵一致性的指标CI的公式为:

$$CI = \frac{\lambda_{\max} - n}{n-1}$$

其中:$\lambda_{\max}$——判断矩阵最大特征值。

该指标越大说明判断矩阵的完全一致性越差。一般只要随机一致性比率$CR<0.1$($CR=CI/RI$,RI为平均随机一致性指标,见表9-4),就认为判断矩阵的一致性可以接受,否则需要重新进行两两比较判断,重新得到判断矩阵。

表9-4 平均随机一致性指标

n	1	2	3	4	5	6	7	8	9	10	11
RI	0	0	0.52	0.89	1.12	1.26	1.36	1.41	1.46	1.49	1.52

判断矩阵的维数越大,其一致性也越差,故应适当放宽对高维判断矩阵一致性的要求。

④ 指标总排序

对通过了一致性检验的判断矩阵求特征值和特征向量,最大特征值对应的特征向量即为对应指标的相对上层指标重要性,经过归一化处理即可得到指标的权重。所有指标都可以通过上述方法确定其相对重要性,最终得到全部指标的总排序,并通过归一化处理得到各指标的权重。

⑤ 建立综合评价模型

假定全部评价指标共有t个,则构造的综合评价模型为:

$$V = \sum_{i=1}^{t} W_i Y_i$$

其中:V——项目绩效评价的综合评判值;

W_i——各指标的权重;

Y_i——第i个评价指标经过标准化处理后的值

层次分析法最大的优点是提出了层次本身,它使得评价人能够认真地考虑和衡量指标的相对重要性。但是影响工程项目绩效评价的因素较多,很多定性的指标的判断是比较模糊的,层次分析法在解决这类模糊问题时,用确切的1:9尺度显得过于武断,加之在评价的过程中,由于人为的参与,待评估或优选的方案的实际情况或多或少地受决策者的主观判断、偏好及对问题的理解等因素的干扰,给实际的评价带来了一定的误差。

3）模糊综合评价法

现实生活与工程领域存在着许多不确定性。这些不确定性,给人们分析、判断及应用事物带来诸多不便。人们需要以一种有效、客观、实用的方法来解决不确定性问题。

美国控制论专家扎德(Zadeh)于 1965 年首次提出了模糊集的概念。之后,人们基于模糊集,发展出了多种多样的模糊数学方法。模糊综合评价就是根据模糊集的理论和方法来确定不确定性问题,它能够全面、合理地考虑各种不确定性因素,对解决问题的方案进行全面审查和综合评价。工程项目绩效审计涉及诸多评价指标,为使在审计时尽可能客观地考虑诸多影响因素,克服部分因素间相互连锁给权重分配带来的困难,模糊综合评判方法为我们客观、科学、合理地评价工程项目提供了一条有效的途径。

模糊综合评判法以隶属度来描述模糊界限,通过 W（权重集）与 R（单因素评价集）的合成运算 B（隶属度值）来完成这一过程,其实质是对评价因子的加权的过程,即 $B = W \circ R$（$\circ$ 为模糊算子）。根据运算结果按照隶属度最大原则即可求出评价结果。

（1）模糊目标决策数学模型

① 一级模糊多目标决策的数学模型

设有两个有限论域：$U = \{x_1, x_2, \cdots, x_n\}$，$V = \{y_1, y_2, \cdots, y_m\}$。其中 U 代表多目标决策的多种因素组成的集合,称之为因素集或指标集；V 为多种决策目标构成的集合,称之为评语集或评判集。一般而言,因素集中的各因素对被评判事物的影响是不一致的。因此各因素就有各自的重要性分配,称为权重分配,是 U 上的一个模糊向量,记为：

$$A = \{a_1, a_2, \cdots, a_n\} \in F(U)$$

其中, a_i 表示 U 中第 i 个因素的权重,且满足 $\sum_{i=1}^{n} a_i = 1$。此外, m 个评语在模糊环境下也非绝对的肯定或否定。因此,综合决策的结果可看作 V 的模糊集,记为：

$$B = \{b_1, b_2, \cdots, b_m\} \in F(V)$$

其中, b_m 表示第 m 种评语在评判目标总体 V 中所占的地位。

如果从 U 到 V 有模糊关系 $R = \{r_{ij}\}_{n \times m}$，那么利用 R 就可得到一个模糊变换 T_R。因此便有如下结构的模糊多目标决策的数学模型：

◆ 因素集 $U = \{x_1, x_2, \cdots, x_n\}$
◆ 评判集 $V = \{y_1, y_2, \cdots, y_m\}$
◆ 构造模糊变换

$$T_R : F(U) \to F(V)$$
$$A a \quad A \circ R$$

这样,由 (U, V, R) 三元体就构成了一个模糊多目标决策的数学模型。此时,若输入一个权重分配 $A = \{a_1, a_2, \cdots, a_n\} \in F(U)$，通过模糊变换 T_R，则可得到一个综合决策 $B = \{b_1, b_2, \cdots, b_m\} \in F(V)$。也就是

$$\{b_1, b_2, \cdots, b_m\} = \{a_1, a_2, \cdots, a_n\} \circ \begin{bmatrix} r_{11} & r_{12} & \cdots & r_{1m} \\ r_{21} & r_{22} & \cdots & r_{2m} \\ \vdots & \vdots & & \vdots \\ r_{n1} & r_{n2} & \cdots & r_{nm} \end{bmatrix}$$

使用 Zadeh 算子有 $b_j = \bigvee\limits_{i=1}^{n} (a_i \cdot r_{ij}), j = 1, 2, \cdots, m$。

如果 $b_k = \max\{b_1, b_2, \cdots, b_m\}$，则按最大隶属原则对该事物做出综合决策为 b_k。这样由模糊变换 T_R 作为转换器就构成模糊多目标决策系统。

模糊多目标决策的核心在于综合各因素的结果做决策。众所周知，对由单因素确定的事物做出决策是容易的。但是，事物涉及了多个因素时，就要综合考虑诸多因素对事物的影响而做出一个接近于实际的决策，从而避免仅根据一个因素就做出评价而带来的片面性，这就是多目标决策系统的特点。一级模糊多目标决策决策系统见图 9-4。

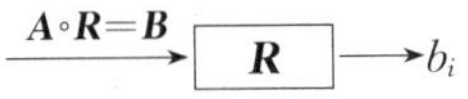

图 9-4 模糊多目标决策一级决策系统

② 多目标多级模糊综合评价决策模型

由于工程项目绩效审计采用的是多级评价指标体系，以克服单级评价中权重向量难以确定的困难，因此，在对各指标进行评价时，必须根据指标所处的不同层次，从最低级进行评价，逐级向上。对于一些复杂的系统，需要考虑的因素很多，这时会出现两个方面的问题：一是因素过多，对它们的权数分配难以确定，即使确定了，由于因素多，每个因素的权值都很小，常会出现经运算后显现不出有价值的结果的情况；二是因素可能有层次或类别，难以在同一水平上确定出权重。这时可采用多级模糊多目标决策系统，某一级的评价结果就成为上一级模糊集上的模糊关系矩阵，直至得到最高一级的评价结果，即可得到方案的综合评价系数向量。下面以二级模糊多目标决策来说明其步骤。

第一步：将因素集 $U = \{x_1, x_2, \cdots, x_n\}$ 按某种属性分成 s 个子因素集 $u_1, u_2, \cdots, u_s$。其中

$$u_i = \{x_{i_1}, x_{i_2}, \cdots, x_{i_m}\}, (i = 1, 2, \cdots, s)$$

且满足：

◆ $i_1 + i_2 + \cdots + i_s = n$
◆ $u_1 \bigcup u_2 \bigcup \cdots \bigcup u_s = U$
◆ 对任意的 $i \neq j, u_i \bigcap u_j = \varnothing$

第二步：对每一子因素集 u_i 分别做出一级多目标决策。若设评语集 $V = \{y_1, y_2, \cdots, y_m\}$，且 u_i 中各因素相对 V 的权重分配是

$$A = \{a_{i_1}, a_{i_2}, \cdots, a_{i_m}\}$$

若 R_i 为单因素评价矩阵，则可得一级评判向量

$$B_i = A_i \circ R_i = \{b_{i1}, b_{i2}, \cdots, b_{im}\}, (i = 1, 2, \cdots, s)$$

第三步:将每个 u_i 看作一个因素,记

$$K = \{u_1, u_2, \cdots, u_s\}$$

这样,K 又构成一个因素集,K 的单因素评判矩阵就由一级评判向量组成:

$$B = \begin{bmatrix} B_1 \\ B_2 \\ \vdots \\ B_s \end{bmatrix} = \begin{bmatrix} b_{11} & b_{12} & \cdots & b_{1m} \\ b_{21} & b_{22} & \cdots & b_{2m} \\ \vdots & \vdots & & \vdots \\ b_{s1} & b_{s2} & \cdots & b_{sm} \end{bmatrix}$$

每个 u_i 作为 U 的一部分,反映了 U 的某种属性,可以按它们的重要性给出权重分配。

$$A = \{a_1, a_2, \cdots, a_s\}$$

从而可得二级模糊多目标决策:

$$B = A \circ R = \{b_1, b_2, \cdots, b_m\}$$

如果每个子因素 $u_i(i = 1, 2, \cdots, s)$ 还含有不同类型的或不同层次的子因素,则可将 u_i 再进行划分,类似于二级决策过程可得三级决策模型,甚至四级、五级模型等。

对多级综合评价的过程,可建立多层次综合评价模型。其上、下级指标的综合评价过程可用如图 9-5 所示的框图表示。第 $i+1$ 级综合评价结果作为第 i 级综合评价的输入值,依次类推。

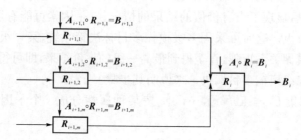

图 9-5 上下级综合评价模型

于是可建立多级综合评价模型如图 9-6 所示。

第N级评价 → ⋯ → 第i+1级评价 → ⋯ → 第i级评价 → ⋯ → 第1级评价 → ⋯ → 做出评价

图 9-6 多级综合评价模型

③ 评价指标隶属度的确定

多指标评价的一个显著特点是指标间的不可公度性,即各个指标之间没有统一的度量标准,因而难以比较。所以在进行综合评价前,应先确定评价指标体系中各个指标的隶属度,指标可以分为定量指标和定性指标,计算方法分别如下:

◆ 指标临界值的确定

定量指标对应于指标评语集 $V = \{$很好,好,一般,较差,差$\}$,V 的 5 级指标临界值

($\{x_1, x_2, x_3, x_4, x_5\}$)的确定可通过研究不同项目绩效审计报告计算得到,计算方法和思路如下:

由于我国不同区域的社会、经济、环境差异比较大,笼统地确定一个指标临界值是欠妥的,为此,将我国领域划分为三个区域:东部、中部、西部,分别确定各区域范围内的指标临界值。

对某一区域,尽可能收集各项目的绩效审计报告,根据各个项目的绩效审计报告,统计各定量指标的指标值U_i($i=1,2,\cdots,k$,k为指标统计数)。

对于效益型指标,$x_5 = \max U_i$,$x_1 = \min U_i$,

$$x_3 = \frac{\sum_{i=1}^{k} U_i}{k},$$

$$x_4 = (x_3 + x_5)/2, x_2 = (x_1 + x_3)/2。$$

对于成本型指标,$x_1 = \max U_i$,$x_5 = \min U_i$,x_2、x_3、x_4求法与上述相同。

◆ 定量指标隶属度计算

对于定量指标隶属度的确定方法可以分为效益型指标、成本型指标(越小越好型)两种情况考虑,将指标值代入下列公式即可求出各指标的隶属度。

效益型指标隶属度

$$r_{ij}^1 = \begin{cases} 1 & u_{ij} \geqslant x_5 \\ (u_{ij} - x_4)/(x_5 - x_4) & x_4 \leqslant u_{ij} \leqslant x_5 \end{cases}$$

$$r_{ij}^k = \begin{cases} (x_{6-k+1} - u_{ij})/(x_{6-k+1} - x_{6-k}) & x_{6-k} \leqslant u_{ij} < x_{6-k+1} \\ (u_{ij} - x_{6-k-1})/(x_{6-k} - x_{6-k-1}) & x_{6-k-1} \leqslant u_{ij} < x_{6-k} \end{cases}$$

$$r_{ij}^s = \begin{cases} 1 & u_{ij} \leqslant x_1 \\ (x_2 - u_{ij})/(x_2 - x_1) & x_1 \leqslant u_{ij} \leqslant x_2 \end{cases}$$

式中,$k = 2, 3, 4$;

x_i——指标临界值;

u_{ij}——指标值;

r_{ij}^s——指标隶属度,($s = 1, 2, 3, 4, 5$)。

成本型指标隶属度

$$r_{ij}^1 = \begin{cases} 1 & u_{ij} \leqslant x_5 \\ (x_4 - u_{ij})/(x_4 - x_5) & x_5 \leqslant u_{ij} \leqslant x_4 \end{cases}$$

$$r_{ij}^k = \begin{cases} (x_{6-k+1} - u_{ij})/(x_{6-k} - x_{6-k+1}) & x_{6-k+1} \leqslant u_{ij} \leqslant x_{6-k} \\ (x_{6-k-1} - u_{ij})/(x_{6-k-1} - x_{6-k}) & x_{6-k} \leqslant u_{ij} \leqslant x_{6-k-1} \end{cases}$$

$$r_{ij}^s = \begin{cases} 1 & u_{ij} \geqslant x_1 \\ (u_{ij} - x_2)/(x_1 - x_2) & x_2 \leqslant u_{ij} \leqslant x_1 \end{cases}$$

式中,$k = 2, 3, 4$;

x_i——指标临界值;

u_{ij}——指标值；

r_{ij}^s——指标隶属度，($s=1,2,3,4,5$)。

◆ 定性指标隶属度的确定

对于定性指标，利用模糊集值统计法来确定其指标值。这里给出定性指标量化的计算方法，其计算步骤如下：

首先建立定性评价指标集：$U=\{u_1,u_2,\cdots,u_n\}$，其中：u_i 为各定性评价指标。

给出定性评价指标临界值标准为 $\widetilde{B}=\{1,0.8,0.6,0.4,0.2\}^{\mathrm{T}}$，然后建立指标评价的评语集 $V=\{好,较好,一般,较差,差\}$，评语集对应的模糊子集为 $E=\{E_1,E_2,E_3,E_4,E_5\}$。为了后面数据处理的方便性，在此有必要将上述指标数量化，即

$$V=\{好(1),较好(0.8),一般(0.6),较差(0.4),差(0.2)\}$$

让评价者(共 m 人)分别对所调查的问题发表看法并统计结果。应用专家调查法确定出评价指标集中第 i 个元素 u_i 对备择集中 j 个元素 V_j 的隶属度。具体确定方法如表 9-5 所示。

表 9-5 定性评价指标隶属度的确定

评价指标 (U)	评价等级(备选集)V					专家人数
	(0.8,1]	(0.6,0.8]	(0.4,0.6]	(0.2,0.4]	[0,0.2]	
u_1	m_{11}	m_{12}	m_{13}	m_{14}	m_{15}	m
u_2	m_{21}	m_{22}	m_{23}	m_{24}	m_{25}	
...	...	...	...	...	...	
u_n	m_{n1}	m_{n2}	m_{n3}	m_{n4}	m_{n5}	

其中，$\sum_{j=1}^{5}m_{ij}=m,(i=1,2,\cdots,n)$

将以上矩阵 $\boldsymbol{M}=(m_{ij})$ 中的元素归一化处理，$r_{ij}=m_{ij}/m$，进而得到了模糊隶属度矩阵 $\boldsymbol{R}$。$\boldsymbol{R}$ 行向量即为本层各指标的隶属度值。

(2) 综合评价结果最大隶属度有效度检验

一般情况下，采用综合评价最终结果向量 $\widetilde{A}$ 提供的信息，利用最大隶属度原则，对结果做出判断。但最大隶属度原则损失的信息太多，有效度不高，因此在运用此方法时，必须检验其有效度，检验公式为：

$$\alpha=\frac{n\beta-1}{2\gamma(n-1)}$$

式中：α——最大隶属度；

β——评语集中第一大分量比重；

γ——评语集中第二大分量比重；

n——评语个数。

当 $\alpha\geqslant 0.5$ 时，则认为使用最大隶属度原则有效。当 $\alpha<0.5$，可采用加权平均判定被评

对象的等级。

以等级 $a=(a_1,a_2,\cdots,a_n)$ 作为变量,如 $a=(1,2,3,4,5)$,以综合评价结果 $b=(b_1,b_2,\cdots,b_n)(0\leqslant b_j\leqslant 1,n$ 为可能出现的评语个数) 作为权数,则被评价对象所隶属的等级值为:

$$A=\frac{\sum_{j=1}^{n}a_jb_j}{\sum_{j=1}^{n}b_j}$$

参考文献

[1] 时现. 建设项目审计[M]. 北京:中国时代经济出版社,2008
[2] 曲炜. 我国政府投资项目审计监督法律问题研究[D]. 北京:中国政法大学,2007
[3] 高志明. 论国家建设项目审计决定与承包合同的法律效力及其协调[J]. 审计月刊, 2005(8)
[4] 黄有亮等. 工程经济学[M]. 2版. 南京:东南大学出版社,2006
[5] 韦梅东. 审计方法在固定资产投资项目审计中的应用研究[D]. 南宁:广西大学,2008
[6] 马志永. 天津开发区建设项目审计管理研究[D]. 天津:天津大学,2006
[7] 余灿. 对建设项目审计的深度思考[J]. 南京晓庄学院学报,2005,21(1)
[8] 高雅青. 基本建设项目审计案例分析[M]. 北京:中国时代经济出版社,2008
[9] 李三喜. 建设项目审计精要与案例分析[M]. 北京:中国市场出版社,2006
[10] 张来斌,程传勇. 谈复核法与核对法在审计中的运用[J]. 金融经济,2006(6)
[11] 张学军. 抽查法在我国审计实务中的运用[J]. 华东船舶工业学院学报,1999,13(3)
[12] 曹良成,姚福清. 工程造价舞弊行为与审计揭弊对策[J]. 审计月刊,2008(5)
[13] 巴连旭. 关于工程招投标的审计监督[J]. 经济师,2009(4)
[14] 赵丽. 基建项目全程跟踪审计之探讨[J]. 科技信息,2008(28)
[15] 丁红华,杨明亮. 论工程量清单计价模式下工程造价审计风险的有效控制[J]. 金融经济,2008(20)
[16] 刘中华. 实行工程量清单招标后如何确定审计工作重点[J]. 黑龙江科技信息,2009(5)
[17] 黄文杰. 建设工程招标实务[M]. 北京:中国计划出版社,2002
[18] 时现. 建设项目审计[M]. 北京:北京大学出版社,2002
[19] 高红玲. 工程量清单计价模式下建设工程造价审计[J]. 财会研究,2005(9)
[20] 王漪. 试论分析性复核技术在审计中的应用[J]. 安徽教育学院学报,2005,23(3)
[21] 苑志钢. 公共投资项目绩效审计之研究[D]. 开封:河南大学,2008
[22] 陈冠蕾. 建设项目投资绩效审计研究[D]. 长沙:中南大学,2006
[23] 吕耀俊. 建设项目绩效审计理论和实务研究[D]. 上海:华东师范大学,2005
[24] 刘新民. 政府公共工程绩效审计研究[D]. 北京:首都经济贸易大学,2005
[25] 王春飞. 政府投资项目绩效的审计研究——以青岛市为例[D]. 青岛:中国海洋大学,2008
[26] 周文东. 工程项目管理审计的研究与实证分析[D]. 杭州:浙江大学,2005
[27] 熊炜. 基于绩效目标的项目管理审计研究[J]. 中国集体经济,2009(12)
[28] 陈华. 中国政府外债项目效益审计评价[D]. 上海:同济大学,2006
[29] 凌云鹏. 海勃湾电厂三期工程项目经济效益后评价研究[D]. 北京:华北电力大学,2006

[30] 武艺.我国工程建设项目后评价及其发展对策研究[D].重庆:重庆大学,2003
[31] 徐科.交通基础设施项目后评价研究[D].重庆:重庆大学,2007
[32] 陆小建.高速公路可持续发展后评价指标体系及方法研究[D].成都:西南交通大学,2007